精品课程配套教材
21世纪应用型人才培养“十三五”规划教材
“双创”型人才培养优秀教材

税收筹划

主 编 李普亮 王彦平 赵 红

SHUISHOU CHOUHUA

图书在版编目（CIP）数据

税收筹划 / 李普亮，王彦平，赵红主编．—青岛：中国海洋大学出版社，2019.9

ISBN 978-7-5670-2317-8

Ⅰ.①税…　Ⅱ.①李…　②王…　③赵…　Ⅲ.①税收筹划-高等学校-教材　Ⅳ.①F810.423

中国版本图书馆 CIP 数据核字（2019）第 168310 号

出版发行　中国海洋大学出版社
社　　址　青岛市香港东路 23 号　　**邮政编码**　266071
出 版 人　杨立敏
网　　址　http://pub.ouc.edu.cn
电子信箱　2880524430@qq.com
订购电话　010-82477073（传真）　　**电　　话**　010-82477073
责任编辑　王积庆
印　　制　北京俊林印刷有限公司
版　　次　2019 年 9 月第 1 版
印　　次　2019 年 9 月第 1 次印刷
成品尺寸　185 mm×260 mm
印　　张　18
字　　数　390 千
印　　数　1—10000
定　　价　45.00 元

编 委 会

主　编：李普亮　王彦平　赵　红

编　委：贾卫丽　柴　静　刘德春

郑翠霞　刘　洋　王　丹

王　云　武玉琴　阳艳雪

付　斌　杨　念　钟德仁

葛君梅　王　江　袁　睿

前　言

美国著名政治家本杰明．富兰克林曾经说过：“人生中只有两件事不可避免，那就是死亡和纳税。”税收与每个人的日常生活息息相关。从国家的角度看，税收是必不可少的，它是国家满足社会公共需要的物质基础，但对于社会的每个个体而言，税收毕竟是对其经济利益的侵蚀，纳税人主观上就会产生减轻税收负担、保护自身经济利益的需要。但降低税负和保护自身经济利益必须在不违法的前提下进行，否则可能会给纳税人带来更大的损失。实践中，确有不少纳税人因为出现偷漏税、欠税甚至抗税等违法行为而遭受惩罚，实属得不偿失。恰当的税收筹划既有利于纳税人降低自身税负和增进经济利益，还可帮助纳税人避免因违反国家相关法律法规而引致的惩罚。随着一国法制环境的完善以及人们依法纳税意识的增强，税收筹划的发展空间将日益广阔。

税收筹划在西方发达国家已经相对比较成熟，但在我国仍处于初级发展阶段，相关从业人员的素质也良莠不齐。从教育的角度看，许多院校的经管类专业已经顺应经济社会发展的需要开设了税收筹划课程，大量的税收筹划教材也应运而生。本教材在编写过程中参考了大量已出版教材及各界人士在不同媒体发表的研究成果，并在此基础上力所能及地突显出了自身的一些特点，主要表现在以下三个方面：一是注重强化内容的前沿性。由于中国正处于重要的税制改革期，税收法律法规和政策复杂多变，本教材在内容编排上尽可能体现了最新的税收法律法规和政策，进而让读者能够更好地把握税收筹划的前沿。二是注重强化案例分析。本教材在阐述税收筹划基本理论和方法的基础上，十分注重税收筹划的相关案例分析，既有利于加强读者对税收筹划理论知识的理解，也进一步增强了内容的趣味性。三是注重内容的完整性。本教材既注重税收筹划的理论知识讲解，更注重税收筹划的实务操作，而且筹划实务的相关内容几乎涵盖了我国现行的所有税种（包括 2018 年开征的环境保护税），在突出重点税种筹划内容讲解的同时，对小税种筹划内容的阐述也尽可能详尽。

由于税收筹划在我国尚处于起步阶段，无论在理论上还是实践中仍然存在许多问题，加之编者水平有限，书中错误或疏漏之处在所难免，热忱欢迎广大读者及时提出有助于教材完善的任何意见和建议。

最后，感谢中国海洋大学出版社为本教材提供了出版机会，尤其要感谢出版社的编辑，他认真负责的工作态度值得学习。另外，全体编者对本文参考的相关文献资料的作者也一并表示感谢！

编者

CONTENTS 目录

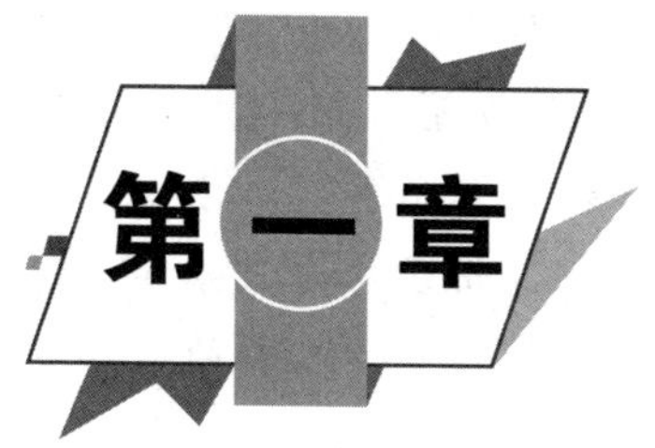

第一章 税收筹划导论

学习目标

通过本章学习，掌握税收筹划的内涵、外延、特点、原则和目标，理解税收筹划产生的原因，了解税收筹划的发展现状和税收筹划的意义，能够较为准确地把握逃避缴纳税款（偷税）、漏税、欠税、骗税、抗税、避税、节税及税负转嫁等几种涉税行为的表现及相互之间的区别。

学习要点

税收筹划的内涵、外延、特点和原则；逃避缴纳税款（偷税）、漏税、欠税、骗税、抗税、避税、节税及税负转嫁等涉税行为的界定及相互之间的区别。

案例导入

A税务局在进行纳税评估对象筛选时，发现甲贸易公司在上一年度缴纳了一笔土地增值税，查阅相关资料后得知，甲公司将一栋商务楼转让给了乙公司，该楼系甲公司8年前建造。8年来，甲公司所在地的房价几乎翻了一番，评估人员估值该楼房价值8000万元，增值约4000万元左右，但甲公司仅缴纳了600万元土地增值税，有点偏低，于是将甲公司纳入了评估对象。

按照甲公司账面上反映的销售收入及各项可以扣除的成本、费用等数据复算，缴纳的土地增值税似乎没有大出入，评估人员又仔细查阅了双方签订的销售合同、销售发票及账面收款情况，也没有发现异常。通过计算每平方米单位售价后，评估人员仍觉得有些偏低，遂咨询契税部门并得以确认后将收入作为重点评估内容。此外，甲公司财务负责人解释，由于公司急需大量资金，所以与乙公司谈判时降低了售价。但评估人员发现，乙公司的资金均分四次给付，每隔两个月付一次，签订合同后半年时间才付清了全部款项，而且这期间公司也未发生使用大额资金的情况，明显不像急于收回房款的情形，为了进一步弄清情况，评估人员分别至商务楼和乙公司进行了实地查看和走访。

调查得知，甲公司为了处置已基本闲置的该栋商务楼，与乙公司商妥，以7700万元的价格出售给乙公司，但甲公司的子公司需租用其中一层，甲公司为了少缴纳土地增值税，乙公司为了少缴纳房产税，双方决定压低合同价格，合同价格仅签6000万元，合同少体现的价格以甲公司子公司长期租用一层楼的租金及水电、物业费抵算，双方互不开票，于是双方签订了阴阳合同，一份是以6000万元反映的假合同，用于双方记账和纳税申报，另一份是全额7700万元反映的真实合同，但没有想到未能逃过评估人员的火眼金睛。最终，甲、乙两公司按照实际情况分别如实补缴了相关税费。

（案例来源：刘卫红，刘志耕．阴阳合同难逃火眼金睛，中国税务报，2018-6-15）

思考：甲公司和乙公司的行为是否属于税收筹划？究竟何为税收筹划？税收筹划与逃避缴纳税款、漏税、欠税、骗税、抗税等违法行为有何区别？

第一节　税收筹划的内涵与外延

一、税收筹划的内涵

税收筹划是由英文中的“tax planning”一词翻译而来。虽然这个术语正在日益为人熟知，但究竟何为税收筹划，在理论界并没有完全一致的观点，有些学者也将其等同于纳税筹划或税务筹划。荷兰国际财政文献局（IBFD）认为：税收筹划是指纳税人通过对经营活动或个人事务活动的安排，以达到缴纳最低税收的目的。美国 W. B. 梅格斯博士在与别人合著的《会计学》中指出：在纳税义务发生之前，有系统地对企业的经营或投资行为做出事先安排，以达到尽量地少交所得税，这个过程就是税收筹划。印度税务专家 N. J. 雅萨斯威则认为：“税收筹划是纳税人通过对财务活动的安排，充分利用税务法规提供的包括减免在内的一切优惠，从而享得最大的税收利益。”Saccy M. Jones 和 Sheccy C. Catanach 将税收筹划定义为对交易事项的组织安排，它使得税收成本减少，税收节约增加，从而使交易的净现值最大。国内许多学者在借鉴国外文献成果的基础上，也给出了自己对税收筹划内涵的界定。何鸣昊等人认为，企业税收筹划就是企业在法律允许的范围之内，通过对经营事项的事先筹划，最终使企业获取最大的税收利益，从某种程序上可以理解为在税收及相关法律允许的范围内，企业对经营中各环节，如内部核算、投资、交易、筹资、产权重组等事项进行筹划，在众多纳税方案中，选择税收负担最低的方式。盖地提出，税收筹划是纳税人依据所涉及的税境，在遵守税法、尊重税法的前提下，规避涉税风险，控制或减轻税负，以有利于企业实现财务目标的谋划、对策与安排。计金标认为：税收筹划是指在纳税行为发生之前，在不违反法律、法规（税法及其他相关法律法规）的前提下，通过对纳税主体（法人或自然人）经营活动或投资行为等涉税事项做出的事先安排，以达到少缴税和递延纳税为目标的一系列谋划活动。刘蓉认为，税收筹划是指纳税人站在企业战略管理的高度，在符合国家法律和税收法规的前提下，选择涉税整体经济利益最大化的纳税方案，处理生产、经营、和投资、理财活动的一种企业涉税管理活动。黄凤羽通过比较各种观点发现，学者们对税收筹划内涵的界定并没有本质上的区别，只不过侧重点有所不同，进而提出了如下观点：税收筹划是指纳税人或其代理机构在遵守税收法律法规的前提下，通过对企业或个人涉税事项的预先安排，实现合理减轻税收负担的一种自主理财行为。

综观上述各种观点可以看出，不同学者对税收筹划内涵的界定有许多共性，比如税收筹划的前提是守法或不违法，而且都是对涉税事项进行事先安排，但对于税收筹划的目的却存在不同的认识，如税收负担最小化、递延纳税、规避涉税风险、涉税整体经济利益最大化以及税收利益最大化等。综合有关税收筹划的概念，我们认为：税收筹划是指纳税人或其代理人在纳税义务发生之前，在遵守或不违反税法及其他法律法规的前提下，按照整体利益最大化的原则，通过对纳税主体（法人和自然人）筹资、投资、生产、经营、分配、重组等多种涉税事项做出事先安排，以减少应纳税额、延期纳税或降低涉税风险为目的的筹划活动。

理解税收筹划的内涵应当把握以下几个要点：一是税收筹划必须是在守法或不违法的前提下进行，这也是税收筹划与逃避缴纳税款、漏税、骗税、抗税等涉税行为的最大区别。二是税收筹划的主体不一定是纳税人自身，也有可能是纳税人的代理人。现实中，许多纳税人本身并不具备税收筹划的条件，相反，一些会计师事务所、税务师事务所具有更加丰富的专业知识和实践操作技能，可以接受纳税人委托为纳税人提供税收筹划服务。三是税收筹划是在纳税人纳税义务确定之前由纳税人或其代理人对行为进行的事先安排。四是税收筹划的目的并不唯一。通常认为，税收筹划的目的是减轻纳税人税负，但不能简单将税负最小化视为税收筹划的终极目的，纳税人必须将税收筹划与企业的整体利益结合起来。

二、税收筹划的外延

理论界对税收筹划的外延同样持有不同的观点。盖地认为，税收筹划亦称税务筹划、纳税筹划，有广义和狭义之分。其中，狭义的税收筹划仅指节税，广义的税收筹划既包括节税，也包括避税和税负转嫁。张中秀则认为，税收筹划不等同于税务筹划，两者的关系可用图 1－1 表示。

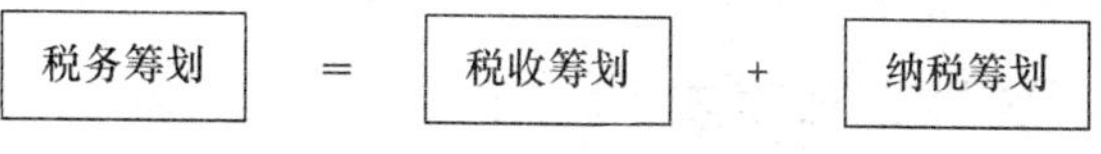

图 1－1 税收筹划与税务筹划的关系

按照张中秀的观点，税收筹划是站在税收征管的角度进行的策划，以期将应收的税款尽可能收上来，而纳税筹划是站在纳税人减少税收成本角度所进行的策划，以便纳税人尽可能在政策法规允许的范围内少缴税款从而减少税务成本。进一步来看，纳税筹划的基本内容又包括三个部分，即避税筹划、节税筹划和转嫁筹划，如图 1－2 所示。

纳税筹划 = 避税筹划 + 节税筹划 + 转嫁筹划

图 1－2 纳税筹划的基本内容

不难看出，张中秀提及的纳税筹划的外延与盖地所说的广义上的税收筹划外延是一致的。黄凤羽指出，税收筹划与税务筹划、纳税筹划所指向的研究客体是基本一致的，三者之间仅仅是使用者用词习惯上存在着某种差异。综合学者们的观点，我们认为，税收筹划应是站在纳税人减少税收成本角度所进行的策划，纳税人在没有违反税法及其他法律法规条件下做出的有利于增进自身利益的安排都无可厚非，因此，税收筹划的外延应当包括避税筹划、节税筹划和转嫁筹划。

第二节　税收筹划的产生与发展

一、税收筹划的产生

纳税人在不违反法律、法规和政策规定的前提下，通过对自身行为的安排和筹划，尽可能减轻税收负担，以获取税收利益的行为很早就存在。历史上，英国政府征收的窗税就是一个典型的例子。英国的窗税是1697年威廉三世在位期间，政府透过制定《解决削边钱币不足法案》而开征的税项，最初在1697年开征的窗税原本只适用于英格兰地区，后来扩展到苏格兰及整个大不列颠王国。窗税最初设立时，共分两部分，第一部分是对每座楼宇划一收取固定的2先令税款；第二部分的税款则按楼宇窗户数目的多寡而厘定。按当初规定，一座楼宇凡拥有10扇或以上窗户，都要缴交第二部分的税款，拥有10至20扇窗户的楼宇业主要交4先令，多于20扇窗户的要交8先令。在1766年，政府修例，拥有7扇或以上窗户的楼宇都要缴纳第二部分的税款，这个下限后来又于1825年上调为8扇窗户；而原本第一部分的楼宇固定税率后来亦于1778年改为浮动税率，并按物业的价值征税。一般而言，窗税的评税工作相当其他税项简易，房屋愈大，窗户愈多，业主就要相对缴交更多的税。然而，窗税尤其对当时的中产阶级构成很大负担，使之相当不受欢迎，有舆论更认为此举无异于向“光和空气”征税。不少人为了减轻负担，索性将一些窗户封起。时至今日，英国到处仍可见到一些窗户被封起的历史建筑。英国居民将窗户封起以便减轻窗税的做法便是税收筹划的一种具体体现。

税收筹划的产生有其特定的主观原因和客观原因。

（一）税收筹划产生的主观原因

从宏观角度来看，税收是国家履行职能的物质基础，是纳税人为享受政府提供的公共产品支付的代价。但就单个纳税人而言，其缴纳的税收通常与其享受的公共产品具有非对等性和非直接相关性，同时，由于公共产品的非竞争性和非排他性特征，纳税人往往存在“免费搭车”的动机。更重要的是，市场经济条件下，每个纳税人都是一个特定的经济主体，有其特定的经济利益诉求。对于个人而言，税收无疑是对其收入或财富的一种侵蚀。对于企业来说，往往以利润最大化或企业价值最大化为经营目标。而企业利润是在收入扣除相关成本、费用、税金以及损失等的基础上核算出来的。在收入一定的情况下，降低企业成本费用，支出则可以获得相对高的经济收益。而税务支出作为一项特殊的成本直接表现为企业资金的净流出和利润的抵减，从而削弱了企业的获利能力和直接利润，是企业经济利益的一种损失。因此，纳税人从根本上来说有减少纳税支出的主观愿望和需要。概而言之，税收筹划的产生主要缘于纳税人对自身经济利益的追逐。当然，如果纳税人缺乏最大化自身经济利益的动机，税收筹划也就没有存在的必要。在计划经济体制下，企业吃国家的大锅饭，实现的利润大部分上缴财政，几乎没有自身利益可言。企业即使通过税收筹划减轻税负，也不过是将税收转化为利润上交国家，这种情况下，企业缺乏足够的动机去进行税收筹划。

当然，偷逃税方式也可能会通过降低纳税人税负增进其经济利益，但这些行为一旦败露，纳税人将会付出太大的风险和代价，使纳税人承担极大的心理压力。而税收筹划则既不违反税法，不致遭到法律的严厉打击，又能获得额外效益，因此，纳税人主观上具有对税收筹划的需求。

（二）税收筹划产生的客观原因

任何事物的出现总是有其内在原因和外在刺激因素。即便纳税人基于自身经济利益最大化的需要在主观上具备了税收筹划的动机，但如果客观上缺乏实施税收筹划的条件和环境，那么税收筹划的可行性恐难保证。总体来看，税收筹划产生的客观原因主要包括三个方面。

1. 纳税人具有税收筹划的权利

税收法定原则要求对税法的解释原则上只能采用字面解释的方法，不得作任意扩张，也不得类推，以加重纳税人的纳税义务。只要没有违背税法中明文规定的内容，纳税人无论是利用优惠规定也好，还是利用税法不完善之处也好，都是纳税人的权利、是合法的，应当受到保护。20 世纪 30 年代英国上议院议员汤姆林爵士针对“税务局长诉温斯特大公”一案做出了如下声明：“任何一个人都有权安排自己的事业。如果依据法律所做的某些安排可以少缴税，那就不能强迫他多缴税收。”即使税收筹划是合法的，它们符合道德标准吗？1947 年，美国联邦法官勒尼德·汉德以下面的方式回答了这一问题：“法院一直认为，人们安排自己的活动，以达到降低税负的目的是不可指责的。每个人都可以这样做，不论他是富人还是穷人，而且这样做是完全正当的，因为他无须超过法律的规定来承担国家的税收。税收是强制课征而不是无偿捐献，以道德的名义来要求税收纯粹是奢谈。”这个为税收筹划进行的勇敢辩护强调每个人都有缴纳合法税款的公民义务，但不用多交一分钱。当公司管理者进行有效的税收筹划时，应该认识到他们的行为是合理的。按照税收法定主义原则要求，在税收征纳过程中应避免道德判断。

在法治社会中，国家通过法律形式赋予纳税人各种权利，税收筹划权就是其中重要的一种。原因在于权利有两方面含义：一是法的规定性，它对权利拥有者来说是客观存在的；二是权利拥有者具有主观能动性。前者以法律界定为标准，具有强制性、固定性；后者则表明虽然法律对权利的规定是实施权利的前提，但还需要纳税人在守法的前提下，主动地实现其需求，即纳税人对自己主动采取的行为及其后果事先要有所了解，并能预测将给自己带来的利益。从这个角度说，税收筹划就是这种具有法律意识的主动行为。

税收筹划是纳税人的一项基本权利，纳税人在法律允许或不违反税法的前提下，有从事经济活动、获取收益的权利，有选择生存与发展、兼并与破产的权利，税收筹划所取得的收益应属合法收益，承认纳税人的税收筹划权是法制文明的表现。

税收筹划是企业对社会赋予其权利的具体运用，属于企业应有的社会权利。它不该因企业的所有制性质、组织形式、经营状况、贡献大小不同而不等。在税收筹划上，政府不能以外资企业与内资企业划界，对前者采取默许或认同态度，对后者则反对和制止。其实，反对企业正当的税收筹划活动，恰恰助长了逃避缴纳税款、欠税及抗税等违法行为的滋生。因此，鼓励企业依法纳税、遵守税法的最明智的办法是让纳税人充分享受其应有的权利（其中包括税收筹划），而不是剥夺其权利，促使其走违法之道。

欧盟的一些国家在税法中以各种方式明确税收筹划是纳税人的权利，很多国家都存在着较为成熟的纳税筹划。如美国有专门的税务代理事务所、咨询机构和专家，为纳税人提供这方面的服务；纳税人也可以依据从税务机关所取得的信息资料、有关专家撰写的出版物（如纳税筹划手册、指南）自己做纳税筹划。

2. 税收制度和政策的差异性

按照税收法定主义的要求，每个税种的构成要件必须是法定的，即每个税种的纳税人、课税对象、税目、税率、课税环节、纳税期限等税收要件必须以法律形式做出规定，且有关课税要素的规定必须尽量明确。由于国家目标的多重性和经济活动的复杂性，各国或各地区普遍实行的是复合税制，即同时征两个以上税种的税制，它从各个方向选择征税对象、设置税种、确定征税办法，使其有不同特点、作用的各个税种同时并存，相互补充，协调配合，组成一个有机的整体，因而不可避免地出现了种种税制差异：①多个税种并存，不同税种适用不同的纳税人、征税对象、税率、纳税环节、纳税期限、减免规定等；②各种经济组织和个人因从事生产经营投资的不同，而分别适用不同的税种；③即使一些经济组织和个人适用相同的税种，也因所处的行业、地区、企业组织形式等方面的差异而适用不同的税率、减免优惠等。就国内税收筹划而言，税收制度的差异性带来的筹划空间主要有以下几个方面。

（1）纳税人的可变通性。任何一个税种都有其特定的纳税人，但纳税人的身份并非不可改变的。譬如，按照我国现行税法规定，个人独资企业和合作制企业缴纳个人所得税，而公司制企业缴纳企业所得税，企业通过改变自身的组织形式就可以实现纳税人身份的转换，企业在进行税收筹划时可以根据实际需要选择适当的组织形式。再比如，增值税纳税人的类型包括一般纳税人和小规模纳税人，两种类型纳税人的增值税计算规则存在显著差异，纳税人类型的不同会带来增值税负担的差异，因此，纳税人应当在两种类型纳税人之间做出合理选择。事实上，在一定条件下，一般纳税人和小规模纳税人是可以相互转化的。增值税小规模纳税人如果会计核算健全，能够准确提供税务资料，也可以向主管税务机关申请一般纳税人资格认定。对于那些年销售额未达到一般纳税人标准的小规模纳税人来说，可以根据自身实际情况判断究竟作为哪一类纳税人税负更轻，进而对自己的身份做出调整。

（2）征税对象金额的可调整性。在既定税率前提下，征税对象金额越小，税额也就越小，市场法人主体税负也就越轻。因而市场法人主体想方设法尽量调整征税对象金额，使其税基变小，也可达到税收筹划的效应。以企业所得税为例，《中华人民共和国企业所得税法》第二十八条规定，符合条件的小型微利企业，减按20%的税率征收企业所得税。根据《中华人民共和国企业所得税法实施条例》，这里所说的小型微利企业是指从事国家非限制和禁止行业，并符合下列条件的企业：①工业企业，年度应纳税所得额不超过30万元，从业人数不超过100人，资产总额不超过3000万元；②其他企业，年度应纳税所得额不超过30万元，从业人数不超过80人，资产总额不超过1000万元。另外，根据《财政部 税务总局关于实施小微企业普惠性税收减免政策的通知》（财税〔2019〕13号），2019年1月1日至2021年12月31日期间，对小型微利企业年应纳税所得额不超过100万元的部分，减按25%计入应纳税所得额，按20%的税率缴纳企业所得税；对年应纳税所得额超过100万元但不超过300万元的部分，减按50%计入应纳税所得额，按20%的税率缴纳企业所得税。需要注意的是，财税〔2019〕13号文中的小型微利企业是指从事国家非限制和禁止行业，且同时符合年度应纳税所得额不超过300万元、从业人数不超过300人、资产总额不超过5000万元等三个条件的企业。由此看出，当企业的资产总额和从业人数符合小型微利企业标准时，企业能否享受小型微利企业的税收优惠待遇关键取决于其年度应纳税所得额的大小，而企业的年度应纳税所得额具有一定的可调整性，完全可以通过某些正当途径将其控制在税法规定的标准以内，进而有利于企业充分享受小型微利企业的低税率和减半征税待遇。

【案例1-1】

甲企业从业人员50人，资产总额500万元，按核定征收方式缴纳企业所得税。2019年1～11月销售收入为3700万元，按核定应税所得率8%计算，应纳税所得为296万元。该企业预计12月份销售收入为100万元，如果按直接收款销售结算方式确认销售收入100万元，年终汇算收入总额为3800万元，按应税所得率8%计算，应纳税所得为304万元，超过300万元，将无法享受财税［2019］13号文规定的小型微利企业税收优惠政策，该年度缴纳的企业所得税为76万元（304×25%）。

思考：该企业应如何进行企业所得税筹划？

【解析】按照小型微利企业的标准，甲企业在2019年仅仅因为年度应纳税所得额略超过了300万元而丧失了享受企业所得税优惠的机会，未免有些遗憾。为此，该企业可以考虑将12月份的销售业务采取分期收款结算方式，以书面合同的形式约定分两次收回货款，其中第一笔货款50万元在2019年12月31日之前的某一天收取，第二笔货款50万元在2020年1月初的某一天收取。这样一来，甲企业2019年全年的销售收入为3750万元，按应税所得率8%计算，应纳税所得额为300万元，最终应纳企业所得税额为：100×25%×20%+200×50%×20% =25（万元）。对于递延到下一个年度的50万元收入，即便不能享受小型微利企业的税收优惠待遇，其对应的企业所得税额为：50×8%×25%=1（万元）。筹划后较筹划前可节税50万元（76－25－1）[①]。

（3）税率上的差别性。税制中不同税种有不同税率，即便同一税种的不同税目或同一税种的不同纳税人也有不同税率，这为纳税人实施税收筹划提供了客观条件。比如，当前

① 当然，该案例的筹划方案并不唯一，也可考虑采用公益性捐赠的方式进行筹划，但基本思路是让企业能够尽量享受到小型微利企业的税收优惠待遇。

我国增值税的基本税率为13%，但纳税人在销售部分特定商品时可以适用9%低税率，如果纳税人既销售适用税率为13%的货物，又销售适用税率为9%的货物，通过分别核算不同税率货物的销售额并按照各种货物的适用税率计算增值税，有利于减轻纳税人税负。

【案例1-2】

A公司既生产经营粮食白酒，又生产经营某种配制酒。2019年度，粮食白酒的销售额为800万元，销售量为20万千克，配制酒销售额为750万元，销售量为10万千克，但该公司没有分别核算。2020年度，该公司的生产经营状况与2019年度基本相同。

思考：公司应如何进行税收筹划？（粮食白酒的消费税税率为20%加0.5元/500克，药酒的消费税税率为9%）

【解析】由于粮食白酒和配制酒适用的消费税税率不同，按照现行消费税法的相关规定，纳税人兼营不同税率的应税消费品，应当分别核算不同税率应税消费品的销售额、销售数量，否则从高适用税率。因此，A公司进行消费税筹划的关键在于是否分别核算粮食白酒和配制酒的销售额和销售数量。

方案一：对粮食白酒和配制酒的销售额和销售数量没有分别核算。在该方案下，该公司应缴纳的消费税为：

（800＋750）×20%＋（20＋10）×2×0.5＝340（万元）

方案二：对粮食白酒和配制酒的销售额和销售数量分别核算。在该方案下，该公司应缴纳的消费税情况如下：

①粮食白酒应纳消费税：

800×20%＋20×2×0.5＝180（万元）

②配制酒应纳消费税：

750×10%＝75（万元）

③方案二合计应纳消费税为：

180＋75＝255（万元）

比方案Ⅰ节省的税额为：340－255＝85（万元）

方案二由于充分利用了分别核算可以适用不同税率的政策从而达到了节税的效果。

需要注意的是，这里所谓的“分别核算”主要是指对兼营的不同税率的货物在取得收入后，应分别如实记账，分别核算销售额，并按照不同的税率各自计算应纳税额，以避免适用税率混乱出现少缴或多缴税款的情况。

（4）起征点及减免税优惠的存在性。起征点是指税法规定开始征税的数额起点。征税对象未达到起征点的不征税，达到起征点则全额计税。纳税人可以充分利用起征点对其经济行为做出合理安排。以增值税为例，假定某省关于增值税起征点的规定如下①：销售货物的，为月销售额2万元；销售应税劳务的，为月销售额2万元；按次纳税的，为每次

① 增值税起征点的适用范围仅限于个人。

(日)销售额 500 元。举个极端的例子，如果个体户张某预计某个月份的销售额恰好为 2 万元，则其在月末应主动减少货物销售将其销售额控制在 2 万元以内，这里不妨假定为 19999 元，这样一来，虽然其销售收入减少了 1 元，但其应纳增值税额却由原来的 600 元(20000×3%)减少至 0 元。此外，税法中的各种减免税优惠政策也为纳税人节税提供了广阔空间。我国现行的 18 个税种均有不同程度的优惠政策。税收优惠对节税潜力的影响表现为：税收优惠的范围越广、差别越大、方式越多、内容越丰富，则纳税人税收筹划的空间也就越大。

当然，税收制度的差异不仅存在于一个国家或地区内部，国家与国家之间的税收制度往往也存在较大差异，进而为国际税收筹划提供了较大空间，主要表现在以下几个方面：

第一，税种的差异。虽然几乎世界上所有国家都实行复合税制，但它们开征的税种却往往存在很大不同。比如，有的国家开征了资本利得税、财产税、遗产赠与税等税种，但也有不少国家并未开征上述税种。虽然很多国家都开征了增值税，但却有生产型、收入型和消费型的差别。

第二，纳税人身份判定标准的差异。关于人们的纳税义务，国际社会有三个基本原则：一是一个人作为一国居民必须在其居住国纳税；二是一个人如果是一国公民，就必须在该国纳税；三是一个人如果拥有来源于一国境内的所得或财产，在来源国就必须纳税。前两种情况我们称之为属人主义原则，后一种情况我们称之为属地主义原则。由于各国属地主义和属人主义上的差别及同是属地或属人主义，但在具体规定，如公民与居民概念上存在差别，甚至不同国家对居民身份的判定标准也不相同，这也为国际纳税筹划带来了大量的机会。在中国香港，符合以下任一条件的个人视为中国香港税收居民：通常(ordinarily)居住于香港的个人①，在某纳税年度内在中国香港停留超过 180 天或在连续两个纳税年度(其中一个是有关的纳税年度)内在香港停留超过 300 天的个人。在新加坡，符合以下任一标准的个人视为新加坡税收居民。①定量标准：纳税年度的前一公历年内在新加坡境内居住超过 183 天，纳税年度的前一公历年在新加坡境内工作(作为公司董事的情况除外)超过 183 天。②定性标准：个人在新加坡永久居住，合理的临时离境除外。而我国对自然人居民的判断标准是：①在境内有习惯性住所；②在境内虽无习惯性住所，但在境内居住，而且居住时间满 183 天。由于各个国家对居民身份的判定标准不同，从理论上来说，一个人有可能不成为任何一个国家的居民，从而减轻自己的税负。

第三，税率的差异。各国税率高低不一，而且有的采取比例税率，有的采取累进税率。以个人所得税为例，根据毕马威会计事务所最新研究数据，每个国家个人所得税率不一样，2016 年全球个税税率最高的国家为丹麦，税率 56.4%，其他国家税率如挪威 46.9%，爱尔兰 46.25%，丹麦 56.4%，芬兰 54.25%，法国约 49%，德国 20%，希腊 45%，爱尔兰 46.25%，巴西 27.5%，加拿大 33%，智利 40%，奥地利 45%，印度 35.54%，印度尼西亚 30%，墨西哥 35%，新西兰 33%，南非 41%，新加坡 22%，英国 45%，瑞典 57.1%，瑞士 40%，美国 39.6%，俄罗斯约 13%，日本 55.95%，荷兰 52%。

① 如果个人在中国香港有自己或家人所居住的永久性的家，则该个人一般会被视为“通常居住于中国香港”。

对纳税筹划者来说，这种征收方式和税率高低的差异就是纳税筹划的基础。通过人的流动，资金所得的流动，从高流向低，避开高税负国。还有利用税率差异进行避税，它发生在所得税在一国税收体系中地位相近的国家之间，由于税率形成的差别极大，国际税率的高低不同，而导致同一笔跨国所得在不同国家所纳的税款相差很大。另外，一些国家还对同一税种在不同纳税申报方式下的税率做出了差异化规定，为纳税人进行税收筹划提供了较大空间。表 1-1 显示了 2018 年不同纳税申报方式下美国个人所得税的税率，对于相同的家庭收入水平，如果选择不同的申报方式，其税负水平存在一定差别，纳税人可以根据实际情况灵活选择有利于自身利益的申报方式[①]。

表 1-1　2018 年美国个人收入所得税的税率情况　　单位：美元

税率/%	单身收入	已婚联合申报收入
10	不超过 9525	不超过 19050
12	9525—38700	19050—77400
22	38700—82500	77400—165000
24	82500—157500	165000—315000
32	157500—200000	315000—400000
35	200000—500000	400000—600000
37	超过 500000	超过 600000

第四，税基的差异。例如，所得税税基为应税所得，但在计算应税所得时，各国对各种扣除项目规定的差异可能很大。许多发展中国家，政府为了吸引外商前来投资，在涉外税法中做了一些优惠规定，还在一定程度上缩小了税基。有许多国家规定某项成本费用可以扣除，但另一国家可能不予扣除，这就引起税基范围的差别。

第五，税收优惠力度的差异。许多国家，尤其是发展中国家，经济发展迫切需要大量投资。在国内资金不足的情况下，这些国家便大力吸收外国投资，为达此目的，这些国家采用了大量的税收优惠措施，为投资者提供了减免税及纳税扣除，不惜代价来吸引国外投资。各种税收优惠措施使得实际税率大大低于名义税率，为跨国纳税人进行国际税收筹划提供了许多机会。由于各种优惠措施是税法中明确规定的，所以人们利用这些措施也是合理的。此外，各国税收优惠措施存在程度上的差异，这自然为跨国纳税人选择从事经营的活动的国家和地区提供了回旋余地。

在税收实践中，除了税收制度和政策的导向性差异，税收法律制度也会存在自身难以克服的各种纰漏，如税法、条例、制度不配套，政策模糊、笼统，内容不完整等，这也为企业进行税务筹划提供了有利条件。

---

① 自 2019 年 4 月 1 日起，增值税税率再次进行调整，本书所有增值税相关业务均按最新税率计算。

3. 税收法制环境和税收征管体系的完善

税收筹划的产生与一国的税收法制环境和征管水平息息相关。当一个国家的税收法制很不健全、税收征管水平很低时，一部分纳说人通过各种方式疏通税务机关而达到少缴税的目的，另一部分纳税人则倾向于偷税、漏税甚至抗税，还有一部分纳税人则任凭税务机关多征、强征税款。纳税人一般采取媚从或屈从税务机关的态度，而很少考虑税收筹划。在这一特定阶段，由于法制不健全，腐败泛滥、涉税犯罪猖獗，税收筹划基本上没有生存的空间。但随着税法体系的完善、税收执法力度的加强及税收征管水平的提高，通过各种违法手段减轻税负的空间日趋缩小，而腐败的税务官员得到惩治的概率亦在提升，越来越多的纳税人开始考虑如何在不违法的前提下降低税负，在这一阶段，偷税、漏税、避税、税收筹划同时并存。由此，税收筹划开始萌芽、发展。当一个国家或地区的税收法制环境和税收征管达到较高水平时，尽管仍然存在涉税犯罪、违法现象，但社会已然形成纳税要合法的整体意识，借助税收筹划，合法减少税赋，成为大多数纳税人的首选。对税务机关而言，也逐渐认识到税收筹划的积极意义，税收筹划成为全社会认同的一种理财模式，成为纳税人减轻税负的主流选择。

二、税收筹划的发展

税收筹划工作在国外开展的较早，也非常普遍。随着社会经济的发展，税收筹划日益成为纳税人理财或经营管理整体中不可或缺的重要组成部分。尤其一些跨国公司，其所面对的是不同的国家和地区的税收政策以及复杂的国际税收环境，税收筹划方案是其管理层进行重大决策的重要依据。在以跨国公司为代表的纳税主体、以提供税收筹划服务的社会中介机构和税务部门为代表的税收筹划利益相关者的共同推动下，税收筹划呈现出“全球性、长远性、专业性、市场性”的新趋势。社会中介组织，包括会计师事务所、审计师事务所和税务代理所业务中很大部分收入来自于为客户提供税收筹划。尽管税收筹划在促进企业和经济发展方面发挥了很大作用，但在实践中，多数国家都出现了不同程度的恶意税收筹划。20 世纪 90 年代中期之后，由于企业经营模式、金融市场和全球化运营变得愈加复杂，税收及法律体系日益变化，不断发展的信息技术工具使更加复杂且精密的分析、金融产品得以实现和产生等外部经济环境迅速变化，受税务中介之间竞争残酷，某些国家税务咨询行业相对宽松的自律环境及收费与纳税人通过税收筹划获取的税收利益挂钩等内部环境的影响，某些国家的税务中介不断推出挑战税法极限的税收筹划，逐渐形成了税务中介有意愿、有能力推广高风险避税方案的氛围，严重威胁了税务机关的税收征收和管理。特别是国际避税地的存在为跨国纳税人进行国际避税活动提供了极大的便利。目前，国际社会对遏制利用避税地进行恶意税收筹划达成了共识。2009 年，二十国集团在伦敦峰会上公布了避税地名单，世界各国也陆续出台了遏制避税地的法案。为了防止恶意避税给国家带来的税收流失，世界各国在税收立法、税收征管等方面不断推出新的反避税措施，加大反避税力度。例如，在税收立法方面不断完善反避税立法，如对避税港投资进行限制、规范转让定价、针对资本弱化制定一系列措施和法规等。许多国家先后仿效美国实行转让定价法规，要求跨国交易作价遵守公平交易原则。在税收征管方面，寻求国际税收征管领域的合作和协调，来解决逃避税和国际税收冲突。从纳税人有关资料信息的获取，到反避税审计、调整方法都不断改善和加强，实质重于形式这一原则得到日益广泛的运用。

过去很长一段时期内，税收筹划在我国被人们视为神秘地带和禁区，直到1994年我国第一部由中国国际税收研究会副会长、福州市税务学会会长唐腾翔与唐向撰写的《税收筹划》的专著由中国财经出版社出版，才揭开了税收筹划在我国的神秘面纱。该书对税收筹划和避税问题从理论上予以科学的界定，正确区分了避税与税收筹划的界限，引导企业正确理解税收筹划，并提醒企业必须遏制避税。6年后，在《中国税务报》筹划周刊上，出现了“筹划讲座”专栏。税收筹划由过去不敢说、偷偷地说，到现在敢说且在媒体上公开地说，是一次社会观念与思维的大飞越。现今，税收筹划已经开始悄悄地进入人们的生活，企业的税收筹划欲望不断增强，筹划意识也在不断提高，而且随着我国税收环境的日益改善和纳税人依法纳税意识的增强，税收筹划更被一些有识之士和专业税务代理机构看好，不少机构已开始介入企业税收筹划活动。北京、深圳、大连等税收筹划较为活跃的地区，还涌现出不少税收筹划专业网站。社会上的各种有关税收筹划的培训班也异常火爆，人满为患。税收筹划正日益为人熟知和接受。

然而，由于这项工作的开展要受到诸多客观条件的制约，如市场经济体制的建立和完善、法律法规的健全和落实、企业和社会的认知程度、税收筹划服务机构、税收筹划人员的业务素质、运作水平等，因此税收筹划在我国实务界开展的较晚，在实践中还存在不少问题，主要表现在以下几个方面。

(1) 纳税人对税收筹划的认识不到位，税收征管水平有待提高，影响了纳税人对税收筹划的选择和应用。随着我国市场经济的发展及宏观税负的不断攀升，纳税人减轻税负的愿望越来越强烈。但不少纳税人依法纳税的意识还比较淡薄，仍然倾向于通过财务造假等违法行为实现偷漏税目的。而且，我国税收筹划的理论研究比较滞后，税收筹划的基本知识也未能得到有效普及，许多纳税人对税收筹划的内涵、特点和要求都缺乏清晰的认知，甚至将其偷漏税等违法行为等同起来，这在很大程度上制约了纳税人税收筹划工作的开展，有些纳税人的税收筹划行为在无形当中演变成为涉税违法行为。与此同时，与多数发达国家相比，我国税收征管水平相对偏低，一些地区税务征管人员的素质不高，依法征税的意识不强。一方面，对纳税人实际存在的涉税违法行为不能及时发现和查处，人为降低了逃避缴纳税款、漏税、骗税等行为的成本，在很大程度上纵容了纳税人通过涉税违法行为减轻税负的侥幸心理；另一方面，不少纳税人花费很多精力与税务机关疏通关系，不利于提高纳税人进行有效税收筹划的积极性，同时也使得税务咨询机构丧失了一部分市场，造成市场需求短板。

(2) 税务代理发展缓慢，影响了纳税人对税收筹划服务的需求。税收筹划是一种高层次的理财活动，需要在相关涉税业务发生之前，准确把握业务的过程和环节所涉及的税种，国家现有的税收优惠政策，涉及的税收法律、法规中存在的可以利用的立法空间等，利用税法提供的空间和税收优惠政策达到节税目的。这就要求税收筹划人员应当是高智能复合型人才，需要具备法律、税收、财务会计、统计、金融、数学、管理等各方面的专业知识，还要具有严密的逻辑思维、统筹谋划的能力。筹划人员在进行税收筹划时不仅要精通税法，随时掌握税收政策变化情况，而且要非常熟悉企业业务情况及其流程，制定出不同的纳税方案，优化选择进而做出最有利的决策。目前大多数企业缺乏从事这类业务的专业人才，难以进行有效的税收筹划，而且，税收筹划为企业创造效益的机会稍纵即逝，需要有专业训练的税务专家适时为其出谋划策。因此，税务代理机构的发展十分重要。税收筹划是税务代理中技术要求最高、最体现税务代理智力性特点的业务，现在世界上有许多会计师事务所、律师事务所和税务师事务所纷纷拓展有关税收筹划的咨询业务。我国税务代理制度经过三十多年的发展，取得了很大进步，但还存在很多问题，如税务代理法制建设滞后，税务代理业监管体制不完善，高素质专业人才匮乏等，与到 2020 年基本实现税收现代化的要求相比，还存在着很大差距，也无法与税务代理已得到普遍推行的国际接轨。总体来看，在税收筹划方面能够满足市场需求的高素质专业人才十分匮乏，有些理论上的专家在实践操作中反而变成了所谓的“砖家”，进而影响了纳税人对税务代理服务的需求。

（3）税法建设与宣传滞后，增加了纳税人及其代理人进行税收筹划的难度。税法是进行税收筹划最直接的法律依据，与多数发达国家相比，我国税法的权威性不高，政策法规不完备，现有的税收实体法中，经全国人大及其常委会立法的包括《中华人民共和国个人所得税法》《中华人民共和国企业所得税法》《中华人民共和国车船税法》《中华人民共和国烟叶税法》《中华人民共和国船舶吨税法》《中华人民共和国环境保护税法》《中华人民共和国耕地占用税法》和《中华人民共和国车辆购置税法》八部①，其余大都为国务院颁布的暂行条例，此外，国家税收主管部门、地方人大和地方政府也有权制定不同层次和效力的税法。由于现有税法的内容不够完备，再加上我国的税制改革正在不断推进，在实践中，相关税收立法部门会根据实际需要出台大量补充性的通知，使得我国税法复杂多变，而且也增大了税收执法过程中的自由裁量权。同时，我国税法宣传还存在不少问题，比如：税收宣传形式单一，缺乏深度，较少得到纳税人和广大民众的普遍认同；宣传内容过于主观，缺少针对性，税收宣传的实际效果不佳；宣传停留在税务机关一家“独唱”阶段，未形成合力，整个税收宣传工作过于分散、不够系统，没有形成广泛参与的良好氛围；宣传缺乏长远规划，往往一个阶段集中进行大规模宣传，却忽视长期、持久性的宣传，导致国家政策、税收法令不能深入人心。如此一来，纳税人和税务代理机构难以全面、及时、准确地把握税法的相关规定，从而难以据此进行有效的税收筹划。

（4）企业管理水平不高，影响了税收筹划的实效。税收筹划是企业管理的重要内容，而企业的管理水平也是影响税收筹划效果的重要因素。税收筹划是纳税人在从事投资和经营活动之前把税收作为影响最终成果的一个重要因素来进行决策，在纳税义务发生之前就对自己的纳税方式、规模做出安排，不同于纳税义务发生之后才想办法规避纳税义务的逃税行为。同时，企业要选择使税后利润最大化的方案，而不一定是税负最轻的方案，这就要求企业从全局角度、以整体观念来看待不同方案，而不是把注意力仅局限于税收负担大小上，否则会误导经济行为或造成投资失误。为此，企业管理人员不仅要熟悉相关税法、

① 其他税种的税法有的正在征求意见，有的尚在制定当中。

会计法、经济法知识，还要对未来的经营情况有一定的预测能力，对企业的经济活动有一定的财务分析能力。但是，我国许多企业特别是中小企业管理水平不高，会计核算比较混乱，企业的财务人员和管理人员缺乏有效沟通和协调，这些都在一定程度上制约税收筹划的实际效果。

第三节　税收筹划的特点及原则

一、税收筹划的特点

1. 合法性或非违法性

合法或不违法是税收筹划最基本的要求，也是税收筹划区别于逃避缴纳税款、漏税、骗税、抗税等涉税行为的基本标志。需要强调的是，不违法与合法并不等价，现实中的法律可能会存在“真空”，对某些事项并未做出明确规定，纳税人的行为如果恰好触及了这些真空地带，我们充其量仅能称其“不违法”，而不能称其为“合法”。通常认为，纳税人利用税法或其他法律法规的疏漏或模糊之处进行的涉税行为安排是不违法的，它也是税收筹划的一种形式。但是，如果纳税人的某些涉税行为是税法或其他法律法规明确允许的，甚至是鼓励的，则认为它是合法的。合法性或非违法性有两方面的含义：一是筹划方案要符合或者不违反有关法律法规的规定，二是筹划方案在实施过程中要符合或不违反法律、法规的规定。

2. 事先性

在经济活动中，纳税义务通常具有滞后性。企业交易行为发生之后有纳税义务才缴纳各种流转税；收益实现或分配之后，才缴纳所得税；财产取得之后，才缴纳财产税；等等。这在客观上提供了纳税前事先做出筹划的可能性。税收筹划不是在纳税义务发生之后想办法减轻税负，而是在应税行为发生之前通过纳税人充分了解现行税法知识和财务知识，结合企业全方位的经济活动进行有计划的规划、设计、安排，来寻求未来税负相对最轻、经营效益相对最好的决策方案的行为，具有超前性特点。如果经营活动已经发生或者应纳税收已经确定再去偷漏税或欠缴税款，都不能认为是税收筹划。

3. 风险性

成功的税收筹划可以给企业带来多种收益，实践中，人们往往只认识到税收筹划的巨大利益，而对税收筹划风险估计不够，造成了纳税人经济、时间等的浪费，得不偿失。所谓税收筹划风险是指纳税人在进行税收筹划因各种不确定因素的存在，使筹划收益偏离纳税人预期结果的可能性。税收筹划风险来源于税收筹划过程中纳税人自身以及所依存的环境的各种不确定性。具体来看，税收筹划的风险主要包括以下四个方面。

（1）政策风险。企业的税收筹划活动往往与国家政策特别是国家的税收政策密切相关。但在国家相关政策既定的条件下，纳税人对政策的理解和选择可能会发生偏差，对政策的基本要求缺乏全面了解，从而可能导致自己的行为出现失误，这种风险可称之为政策选择风险。比如，正常情况下，固定资产采用加速折旧方法相对于直线折旧方法更有利于实现递延纳税，但税法对可以采用加速折旧方法的固定资产是有限制的，主要包括：由于技术进步，产品更新换代较快的固定资产；常年处于强震动、高腐蚀状态的固定资产。如果企业的固定资产并不符合税法中加速折旧的条件，而企业却采用了相应的加速折旧方法，会导致税收筹划的失败。另一方面，一个国家的税收政策通常不是一成不变的，很多政策常常处于动态的变化当中，如果纳税人未能及时了解相关政策的最新变化，仍然将税收筹划方案建立在原有的政策基础之上，则很有可能导致不必要的损失，这种风险可称之为政策变更风险①。比如，过去许多企业倾向于通过资本弱化②的方式规避企业所得税，税法对关联企业之间的债权性投资和权益性投资的比例并无限制，但 2008 年实施新的企业所得税法以后，上述情况发生了变化。《中华人民共和国企业所得税法》第四十六条规定：企业从其关联方接受的债权性投资与权益性投资的比例超过规定标准而发生的利息支出，不得在计算应纳税所得额时扣除。《财政部国家税务总局关于企业关联方利息支出税前扣除标准有关税收政策问题的通知》（财税〔2008〕121 号）对企业从其关联方接受的债权性投资与权益性投资的比例做出了明确规定，其中，金融企业为 5∶1，其他企业为 2∶1，企业实际支付给关联方的利息支出，不超过以上规定比例和税法及其实施条例有关规定计算的部分，准予扣除，超过的部分不得在发生当期和以后年度扣除③。新规定出台后，企业通过资本弱化进行筹划的空间受到很大限制，如果对债权性投资和权益性投资的比例安排不当，将无法取得预期效果。

（2）成本风险。从辩证的角度看，成本与收益是一个矛盾的密不可分的两个方面：任何一项有利可图的决策，其背后都要付出与之相应的成本，税收筹划也不例外。税收筹划成本是指由于采用筹划方案而增加的成本，包括时间成本、人力成本、心理成本、货币成本，以及风险成本等多种类型成本。成本的大小和税收筹划收益的对比直接导致筹划的成功与否，例如，如果企业采用分立企业的形式进行税收筹划，那么就应该考虑企业的注册、管理、经营等费用，还需要考虑新设立企业的税收成本以及关联企业之间的风险成本。从理论上分析，只有当新发生的费用或损失小于取得的收益时，该筹划方案才是合理的。如果在筹划时对成本和收益的预测不够准确和全面，或者筹划方案的设计本身不够恰当，或者筹划方案在实施过程中出现偏差，或者纳税人的经济活动出现了未预期的变化，进而导致筹划的费用或损失大于取得的收益，筹划方案就是失败的。因此，对一个成功的筹划方案来讲，收益和成本的比例应该在一个理想的范围内。

（3）征纳双方认定差异的风险。税收筹划的政策风险之一就是政策选择错误的风险，即自认为采取的行为符合一个地区或国家的政策精神，但实际上会由于政策的差异受到相

① 政策变更风险，又称为时效性风险。

② 资本弱化是指企业通过加大借贷款（债权性筹资）而减少股份资本（权益性筹资）比例的方式增加税前扣除，以降低企业税负的一种行为。借贷款支付的利息，作为财务费用一般可以税前扣除，而为股份资本支付的股息一般不得税前扣除，因此，有些企业为了加大税前扣除而减少应纳税所得额，在筹资时多采用借贷款而不是募集股份的方式，以此来达到避税的目的。

③ 企业如果能够按照税法及其实施条例的有关规定提供相关资料，并证明相关交易活动符合独立交易原则的；或者该企业的实际税负不高于境内关联方的，其实际支付给境内关联方的利息支出，在计算应纳税所得额时准予扣除。

关的限制或打击。严格意义上的税收筹划应当是合法的，符合立法者的意图，但这种合法性还需要税务行政执法部门的确认。在这一确认过程中，客观上存在着税务行政执法偏差从而产生税收筹划失败的风险。因为我国税法对具体的税收事项常留有一定的弹性空间，即在一定的范围内，税务机关拥有自由裁量权，再加上税务行政执法人员的素质又参差不齐，这些都客观上为税收政策执行偏差提供了可能性。也就是说，即使是合法的税收筹划行为，结果也可能因税务行政执法偏差而导致税收筹划方案或者在实务中根本行不通，从而使方案成为一纸空文；或者被视为偷税或恶意避税而加以查处，不但得不到节税的收益，反而会加重税收成本，产生税收筹划失败的风险。

(4) 信用风险。如果纳税人的税收筹划因操作不当被判定为涉税违法行为，那么该企业的声誉将会因此遭受严重损失，企业在客户和社会公众心目中的形象会大打折扣，对其日后的经营活动带来很大负面影响。除此之外，涉税违法行为的认定还可能会导致税务机关更加严格的稽查，更加苛刻的纳税申报条件及程序，从而增加了企业的纳税申报时间及经济上的成本。2014 年 8 月 25 日，国家税务总局发布了《纳税信用评价指标和评价方式(试行国家税务总局公告 2014 年第 48 号)》(简称《评价指标》)，自 2014 年 10 月 1 日起，全国税务系统将根据此指标体系，采用年度评价指标得分和直接判级相结合的方式评价纳税人的纳税信用。《评价指标》依据法律法规的相关规定，针对纳税人涉税行为违法违规，参考失信行为中体现的纳税人主观态度、能力遵从、实际结果和失信程度等，分别设计了 1 分、3 分、5 分、11 分的扣分标准。纳税人的筹划行为如果违反法律法规，将会直接影响自身信用，进而导致相应损失。此外，2014 年 7 月，国家税务总局出台了《国家税务总局关于发布〈重大税收违法案件信息公布办法（试行）〉的公告》；2014 年 12 月，国家税务总局又与国家发改委等 20 个部门联合签署了《关于对重大税收违法案件当事人实施联合惩戒措施的合作备忘录》，上述两个文件奠定了税收违法“黑名单”的制度框架。2016 年 4 月，国家税务总局修订了《重大税收违法案件信息公布办法（试行）》；2016 年 12 月，国家税务总局又与国家发改委等 33 个部门修订并联合签署了《关于对重大税收违法案件当事人实施联合惩戒措施的合作备忘录（2016 版）》，并将联合惩戒单位由 21 个增加到 34 个，惩戒范围由 18 项扩大到 28 项，扩大了税务机关对失信纳税人实施联合惩戒的协作范围。税收违法“黑名单”制度的推行极大提高了纳税人的信用风险。2017 年全国各级税务机关共计公布税收违法“黑名单”4228 件，同比增长近 2 倍；推送多部门联合惩戒 6.42 万户次，同比增长 153%。

4. 专业性

税收筹划涉及税收、会计、统计、数学、管理等多门学科知识，是一项高智力的活动，需要周密的规划、广博的知识，需要筹划人员具有良好的专业知识和技能。税收筹划的专业性有两层含义，一是指企业的税收筹划需要由财务、会计，尤其是精通税法的专业人员进行；二是现代社会随着经济环境日趋复杂，各国税制也越趋复杂，仅靠纳税人自身进行税务筹划已显得力不从心，税务代理、咨询及筹划业务应运而生，税务筹划呈日益明显的专业化特点。

5. 方式多样性

每个税种都有其特定的构成要素，各税种在纳税人、征税对象、税目、税率、课税环节、减免税等方面都存在着差异，尤其是各国税法、会计核算制度、投资优惠政策等方面的差异，这就给纳税提供了寻求低税负的众多机会，也就决定了税收筹划在全球范围内的普遍存在和形式的多样性。纳税人可以结合自身实际选择一个或者同时选择几个切入点进行税收筹划。

6. 全局性

税收筹划影响的不仅仅是税收，还会涉及企业生产经营的其他方面，需要多个部门的协同配合。具体来说，税收筹划的全局性可以从以下两个层面理解：其一，税收筹划可能影响企业的决策。税收筹划牵一发而动全身，企业的各种决策都是在考虑了相关因素后才做出的。当企业把税收作为一个因素加以考虑时，决策就可能会发生改变。从这一点看，税收筹划的影响具有全局性。其二，税收筹划需要多个部门配合完成。税收筹划并不只是财务一个部门的事情，企业内部税收筹划工作的顺利开展，离不开财务部门与其他相关部门的密切配合。如果财务部门从税收筹划的角度出发，与其他相关部门共同寻求最佳方案，就可以实现企业利益的最大化。比如，对于一个房地产企业而言，开发销售毛坯房和精装房的税负存在很大差别，究竟做出哪种选择依赖于企业的决策部门、管理部门以及财务部门等的共同参与。

二、税收筹划的原则

（一）守法原则

税收筹划要在税收法规、税收政策、税收征收程序上来选择实施的途径，在国家法律法规及政策许可的范围内降低税负，获取利润的。合法或不违法是税收筹划的底线。纳税人进行税收筹划时必须熟悉税法及其他相关法律法规和政策的基本规定，准确把握合法、不违法和非法的界限。在实际操作中，要避免以下两种情况，一是某些纳税人往往对税法及其他相关法律法规和政策的理解有偏差或筹划动机不纯，筹划的最终结果成了恶意避税或者逃避缴纳税款；另一种是因纳税人疏忽和过失造成少缴税款的情况，尽管纳税人并非主观故意，但其疏忽过失行为也是违反了法律。还需说明的是，究竟何为“非法”，何为“非违法”，何为“合法”，完全取决于一国的国内法律，没有超越国界的法律的同一标准。在一国为非法的事情，也许到了另一国就变成了天经地义的事情，离开了各国的具体法律，很难从一个超脱的国际观点来判断哪一项交易、哪一项业务、哪一种情况是非法的。

（二）时效性原则

税收筹划是纳税人在遵守国家税法及其他相关法律法规和政策的前提下进行的一种理财活动。而一个国家的税法及其他相关法律法规和政策是随着经济环境变化不断修正、完善和变动的，一项税收筹划方案在此时是有效的，但在税法变动时可能就是无效的，因此，税收筹划方案的设计和实施必须注重其时效性，密切关注国家财税法规变化，并随着国家税收法律法规变动，及时修订或调整纳税筹划方案，来规避税收筹划可能带来的风险。以存货成本计价方法为例,《中华人民共和国企业所得税暂行条例实施细则》(财法字〔1994〕第3号)第三十五条规定:“纳税人的商品、材料、产成品、半成品等存货的计算,应当以实际成本为准。纳税人各项存货的发生和领用,其实际成本价的计算方法,可以在先进先出法、后进先出法、加权平均法、移动平均法等方法中任选一种。计价方法一经选用,不得随意改变;确实需要改变计价方法的,应当在下一纳税年度开始前报主管税务机关备案。”因此,过去很长一段时期内,纳税人在某些情况下可以根据实际需要通过选择后进先出法进行税收筹划。但2008年开始实施的《中华人民共和国企业所得税法实施条例》(中华人民共和国国务院令第512号)第七十三条规定:“企业使用或者销售的存货的成本计算方法,可以在先进先出法、加权平均法、个别计价法中选用一种。计价方法一经选用,不得随意变更。”不难看出,后进先出法已经退出了历史舞台,基于这种存货计价方法的税收筹划方案已无法奏效。

(三)综合性原则

税收筹划需要考虑综合性。由于多种税基相互关联,某种税基缩减的同时,可能会引起其他税种税基的增大;某一纳税期限内少缴或不缴税款可能会在另外一个或几个纳税期内多缴。因此,税收筹划需要综合考虑,不能只注重个别税种税负的降低或某一纳税期限内少缴或不缴税款,而要站在纳税人整体财务管理目标的高度,具有长远性的考虑。一般情况下,税收负担的减轻,就意味着纳税人股东权益的增加。但是在一些特殊情况下,税负的降低并不会带来纳税人股东权益的增加。比如:由于税法规定纳税人的借款利息可以在所得税前扣除,因此纳税人利用财务杠杆原理为了追求节税效应,就要进行负债经营。但是利用财务杠杆是有风险的,随着负债比率的提高,纳税人的财务风险及融资成本也必然随之增加,当负债资金的利息率超过了全部资金的息税前利润率时,负债经营就会出现负的杠杆效应,这时候,所有者权益利润率会随着负债比例的升高而下降。因此,纳税人进行税收筹划不能只以税负轻重作为选择纳税方案的唯一标准,而应该着眼于实现纳税人的综合财务管理目标。

税收筹划还必须注重税收与非税因素的权衡,包括税收支出和筹划成本支出的权衡,节税与风险的权衡,节税与现金流的权衡等。比如,现行企业所得税法规定,国家需要重点扶持的高新技术企业减按15%的税率征收企业所得税,纳税人投资于此种类型的企业虽然可以享受优惠税率,但很多高新技术企业往往经营风险很高,纳税人涉足这一领域未必会盈利,甚至有可能血本无归,纳税人必须谨慎行事。另外,一般认为,递延纳税有利于纳税人获得货币资金的时间价值,相当于纳税人获得了一笔无息贷款,但如果一个企业的现金前松后紧,递延纳税反而不利于企业资金收支的管理,会加剧后期现金流动的紧张,造成企业资金运动困难,甚至产生税款支付风险。

此外,中国注册税务师协会发布的《税收筹划业务规则(试行)》指出,税收筹划业务是指税务师根据委托人服务需求、业务模式及数据信息,依据国家税收政策及其他相关法律法规,通过对委托人生产经营、财务管理或税务处理的运筹和规划,综合平衡各方面成本与效益,为委托人提供战略发展、风险防范、降本增效等方面的设计方案以及实施取向的服务。从中不难可以看出,现实中的税收筹划应当坚持综合性原则。

【案例1-3】

A公司年购进用于经营的存货250万元（不含税），年销售额为450万元（不含税），该企业的大部分客户是一般纳税人。由于该公司年销售额没有达到一般纳税人的标准，因此，正常情况下应选择小规模纳税人的身份，年应纳增值税额为7.5万元（250×3%）。但根据《增值税一般纳税人登记管理办法》（国家税务总局令第43号）第三条规定，年应税销售额未超过规定标准的纳税人，会计核算健全，能够提供准确税务资料的，可以向主管税务机关办理一般纳税人登记。因此，如果该公司主动健全会计核算，也可以选择登记成为一般纳税人，此时，其年应缴纳增值税为26万元（450×13%－250×13%）①。这样看来，A公司认为应该选择小规模纳税人身份。

【解析】单从增值税税负看，A公司选择小规模纳税人身份是理性的。但A公司大部分客户是一般纳税人，这些客户采购货物时必须取得增值税专用发票才能抵扣进项税额，而A公司如果选择了小规模纳税人身份，则只能开具普通发票或者让税务机关代开3%的专用发票，难以满足客户的实际需要，容易导致产品滞销，销售收入和整体利润减少，节税再多也是枉然。所以，税收筹划者必须明确，税收筹划仅是财务管理的一个组成部分，它追逐的不只是企业的某种税负最轻，而是在纳税约束的环境下，使企业税后利润或企业价值最大化；否则会因小失大。

（四）保护性原则

保护性原则即账证完整原则。企业应纳税额要得到税务机构的认可，而认可的依据就是检查企业的账簿凭证是否符合要求。完整的账簿凭证，是税收筹划是否合法的重要依据。如果账簿凭证不完整，甚至故意隐藏或销毁账簿凭证就有可能演变为逃避缴纳税款行为。比如，根据《中华人民共和国企业所得税法》和《中华人民共和国企业所得税法实施条例》的相关规定，企业用于开发新技术、新产品、新工艺发生的研究开发费用可以享受加计扣除优惠，即：研发费用计入当期损益未形成无形资产的，允许再按其当年研发费用实际发生额的50%，直接抵扣当年的应纳税所得额；研发费用形成无形资产的，按照该无形资产成本的150%在税前摊销。除法律另有规定外，摊销年限不得低于10年。但企业享受上述优惠政策是有条件的。《财政部 国家税务总局 科技部关于完善研究开发费用税前加计扣除政策的通知》（财税〔2015〕119号）明确指出，本通知适用于会计核算健全、实行查账征收并能够准确归集研发费用的居民企业，同时对企业的会计核算和管理提出了具体要求。

（1）企业应按照国家财务会计制度要求，对研发支出进行会计处理；同时，对享受加计扣除的研发费用按研发项目设置辅助账，准确归集核算当年可加计扣除的各项研发费用实际发生额。企业在一个纳税年度内进行多项研发活动的，应按照不同研发项目分别归集可加计扣除的研发费用。

（2）企业应对研发费用和生产经营费用分别核算，准确、合理地归集各项费用支出，

① 自2019年4月1日起，增值税税率再次进行调整，本书所有增值税相关业务均按最新税率计算。

对划分不清的，不得实行加计扣除。如果企业研发费用各项目的实际发生额归集不准确、汇总额计算不准确，税务机关有权对其税前扣除额或加计扣除额进行合理调整。因此，如果企业对其发生的研究开发费用的会计处理不符合上述要求，那么试图通过享受加计扣除的优惠政策实现节税的行为将无法得到税务机关的认可。

（五）风险防范原则

税收筹划的风险是客观存在的，如果无视这些风险，盲目地进行税收筹划，其结果可能事与愿违，因此企业进行税收筹划必须充分考虑其风险性。首先是要防范未能依法纳税的风险。虽说企业日常的纳税核算是按照有关规定去操作，但是由于对相关税收政策精神缺乏准确的把握，容易造成事实上的偷逃税款而受到税务处罚。其次是不能充分把握税收政策的整体性，企业在系统性的税收筹划过程中极易形成税收筹划风险。比如有关企业改制、兼并、分设的税收筹划涉及多种税收优惠，如果不能系统地理解运用，很容易发生筹划失败的风险。另外税收筹划之所以有风险，还与国家政策、经济环境及企业自身活动的不断变化有关。比如，在较长的一段时间里，国家可能会调整有关税法，开征一些新税种，减少部分税收优惠等。为此，企业必须随时做出相应的调整，采取措施分散风险，争取尽可能大的税收收益。

【案例 1－4】①

A 公司在中国境外设立了一个公司，专门收取境外佣金，而对于收取的这部分佣金并未在我国申报缴纳企业所得税。该境外公司收入占公司总收入的 20%～25%，而其相应的成本费用均在境内公司做了扣除，故该部分收入应当全额调增应纳税所得额。在税务稽查时被税务机关做出补税、滞纳金、罚款的处罚决定。税务机关认为，通过对该公司所设立境外公司的机构设置情况的了解，得知该公司只是在境外开设了账户，而未设置实际管理机构和人员。

【解析】根据国税发〔2009〕82 号文件相关规定，境外中资企业是指由中国境内的企业或企业集团作为主要控股投资者，在境外依据外国（地区）法律注册成立的企业。境外中资企业同时符合以下条件的，根据企业所得税法第二条第二款和实施条例第四条的规定，应判定其为实际管理机构在中国境内的居民企业（以下称非境内注册居民企业），并实施相应的税收管理，就其来源于中国境内、境外的所得征收企业所得税。

（1）企业负责实施日常生产经营管理运作的高层管理人员及其高层管理部门履行职责的场所主要位于中国境内；（2）企业的财务决策（如借款、放款、融资、财务风险管理等）和人事决策（如任命、解聘和薪酬等）由位于中国境内的机构或人员决定，或需要得到位于中国境内的机构或人员批准；（3）企业的主要财产、会计账簿、公司印章、董事会和股东会议纪要档案等位于或存放于中国境内；（4）企业 1/2（含 1/2）以上有投票权的董事或高层管理人员经常居住于中国境内。

此外，国税发〔2009〕82 号文件提出，对于实际管理机构的判断，应当遵循实质重

① 郝书坤．一起未经设计的境外避税失败案例［EB/OL］，智慧源，2017-12-05。

于形式的原则。

从上述规定不难看出，该公司设立的境外公司因为实际经营管理机构在境内，所以应当判定为中国的居民纳税人，其来自中国境内、外所得，应当在中国申报缴纳企业所得税。

所以，如何进行合理合法税务筹划，包括交易双方的架构、交易的价格、结算方式等等，是一门非常微妙的学问，企业需要与专业的财税服务公司合作。一方面要有足够的证据去证明交易的平等、自愿和正当商业目的；另一方面需要与税务机关保持良好的沟通，避免纳税人与税务机关产生分歧，尽可能减少税收筹划风险。

第四节　税收筹划的目标和意义

一、税收筹划的目标

税收筹划的目标有许多表述，如税负最小化、利润最大化、整体利益最大化、企业价值最大化等。税负最小化是一种浅层次的认识，有一定的片面性，而利润最大化容易导致企业经营者追求短期利润，造成行为短期化，不利于企业长期稳定发展。由于税收筹划是与企业财务系统之间存在着融合与互动的关系，那么探讨税收筹划目标，就不可能不考虑企业财务管理的目标。从财务管理目标的演变过程来看，经历了筹资最大化、利润最大化阶段，目前已经走向企业价值最大化阶段。所谓企业价值最大化，是指通过企业财务上的合理经营，采用最优的财务政策，充分考虑资金的时间价值和风险与报酬的关系，在保证企业长期稳定发展的基础上，使企业总价值达到最大。企业价值最大化具有深刻的内涵，其宗旨是把企业长期稳定发展放在首位，着重强调必须正确处理各种利益关系，最大限度地兼顾企业各利益主体的利益。从科学发展观来看，企业价值最大化目标更强调企业的持续发展能力。因此，相对于税负最小化和利润最大化目标而言，以企业价值最大化为目标的税收筹划是税收筹划发展的高级阶段。

从企业价值的计算原理上来看，企业价值就是企业未来现金流量的折现值，其影响因素主要有两个：一是企业未来的现金流量；二是折现过程中所使用的折现率。由此可以推出提高企业价值的三种途径：第一，增加未来的现金流量，这能够直接提高未来现金流量的折现值，即企业价值；第二，使未来的现金流量提前，这种做法尽管不能增加现金流量的总额，但由于改变了现金流量的分布状况，使前期现金流量增加，后期现金流量减少，无疑也能提高未来现金流量的折现值，即企业价值；第三，降低折现率，在其他条件不变的情况下，即意味着企业价值的增加。

立足企业价值最大化目标，税收筹划的具体目标应包括以下几点。

（1）减少应纳税额。企业对直接减轻税收负担的追求，是税收筹划产生的最初动因。企业缴纳税款，会导致企业现金流量的减少，而通过税收筹划，减少企业的应纳税额，无疑会直接增加企业的现金流量，从而会增加企业价值。

（2）实现延迟纳税。一般来说，企业在一定时期内应纳税总额不变的条件下，如果能够通过税收筹划改变应纳税额在各个纳税期的分布，做到“前少后多”，实现税收递延，则有利于企业的现金流量提前，提高企业价值。而且，延迟纳税不仅可以通过使现金流量提前提高企业价值，而且还具有增加现金流量，从而提高企业价值的效果。因为企业通过延迟纳税，相当于从政府获得了一笔无息资金，假如企业每期都将10万元的税款延迟一年缴纳，即相当于第一年获取10万元无息贷款，第二年虽然要偿还这笔“贷款”，但是该年又可以获取10万元的无息“贷款”，这笔“贷款”应在第三年还，第三年在偿付第二年的“贷款”时，又可以获得10万元的“贷款”……如此反复下去，则相当于一笔10万元的贷款永远不用清偿。通过这笔资金的运作，企业也可以获得一定的收益，从而增加企业的现金流量和企业价值。不过，延期纳税在某些情况下也可能会给企业带来不利影响，企业是否选择延期纳税还必须充分考虑企业的盈亏状况、税收优惠政策及现金流等因素。此外，考虑延期纳税给企业带来的货币时间价值的同时，还要考虑边际税率因素，因为边际税率的改变可能会抵消货币时间价值的作用。

（3）力求涉税零风险。涉税风险是指纳税人在对纳税而采取各种应对行为时，所可能涉及的风险，主要包括以下几种：一是经济风险。纳税人如果多交了税，虽然可以在法律上免除违法责任与风险，但是其自身利益却会受到损害，承担经济受损的风险。比如，某公司主管会计小李由于没有弄清进项税额的抵扣要求，误认为是将本期认证的增值税专用发票用于下期申报增值税时抵扣，导致做账会计小张在2月份将已认证未抵扣的一张增值税专用发票漏报，该发票现已过抵扣期限，使公司多交了税款。二是法律风险。纳税人如果为了减轻税收负担而选择逃税，虽可达到少交税目的，但是却由此要承担可能造成的法律风险，最终遭到法律的惩罚。三是心理风险。纳税人逃税在承担法律风险的同时，还要承受由此所造成的心理负担。四是“权力税”风险。在目前我国税收管理体制及税收执法环境不够完善，“权力税”具备存在的条件。一些企业为了达到少交税的目的，通过寻租行为，利用关系为自己少交税服务。在这种情况下，应该看到“权力税”是一种涉税违法行为，要为此承担法律风险和心理风险，而且寻租成本高昂。所谓涉税零风险是指企业账目清楚，纳税申报正确，缴纳税款及时、足额，不会出现任何关于税收方面的处罚，即在税收方面没有任何风险或风险极小到可以忽略不计的一种状态，它可以使企业避免不必要的经济损失和名誉损失，有利于企业的生产经营，也能减轻纳税人担心受罚的精神成本。涉税风险对企业价值的影响，是通过折现率来体现的，如果企业的涉税风险很低，则折现率就比较低，从而在其他条件不变的情况下，就提高了企业价值；如果企业涉税风险很高，则折现率就比较高，从而在其他条件不变的情况下，就降低了企业价值。

需要说明的是，税收筹划的具体目标不是截然分开的，不同企业可以有不同的具体目标，同一企业在同一时期可能有几种具体目标，其不同时期的具体目标可能有所不同，有所侧重。

二、税收筹划的意义

（一）有利于增进纳税人的经济利益

从个体纳税人的角度看，税收增加了纳税人的支出，是对纳税人经济利益的一种侵蚀。通过有效的税收筹划，可以帮助纳税人在不违法的条件下减少应纳税额，进而增加税后收益，或者通过递延纳税获得货币资金的时间价值，或者通过降低企业的涉税风险减少纳税人的风险成本，这些都有利于纳税人的经营和发展。与此同时，企业税负的降低也为企业主动下调产品价格提供了空间，有利于形成企业产品的价格优势，进而提高产品的市场竞争力。

（二）有利于提高纳税人依法纳税的意识

税收筹划是纳税人依法纳税意识提高到一定阶段的体现。一般来说，依法纳税意识淡薄的纳税人更倾向通过偷漏税等手段去追求税收利益，而依法纳税意识较强的纳税人更倾向通过税收筹划去最大化自身经济利益。反过来，税收筹划的开展也有助于进一步强化纳税人依法纳税的意识，这是因为，税收筹划的底线是合法或不违法，纳税人如果既要追求税收利益，又不至于因出现违法行为而受到处罚，就必须熟知税法及其他相关法律法规和政策的相关规定以及违反这些规定可能付出的代价，并在此基础上对自己的行为做出合理安排，这对于提高纳税人依法纳税的意识无疑具有积极的推动作用。

（三）有利于企业加强内部财务管理，提高经营管理水平

税收筹划要在经营活动开展前对经营活动进行全面安排，这要求企业详细制订财务计划和投资筹资计划，并能准确预测出资本成本和投资效益，这对企业内部财务管理提出了较高要求。与此同时，税收筹划的保护性原则要求企业必须完善会计核算，企业的会计凭证要真实完整，会计账簿设置和记录要符合税法要求。这些对于促进企业经营管理的规范化具有重要作用。

（四）有利于促进税法的完善

从长期来看，一个国家的税法总是处于一个动态的完善过程当中。但在短期，税法仍可能存在覆盖面上的空白、衔接上的间隙处和掌握上的模糊处，而且，相关立法部门可能尚未意识到税法的漏洞或不足之处。许多纳税人恰恰利用了税法的漏洞或不足之处去规避税负，进而给国家带来税收流失。随着时间的推移，相关立法部门逐步意识到了相关法律法规的缺陷，进而采取措施去弥补这些缺陷。2008 年 1 月 1 日开始实行的《中华人民共和国企业所得税法》第四十五条规定：由居民企业，或者由居民企业和中国居民控制的设立在实际税负明显低于本法第四条第一款规定税率水平的国家（地区）的企业，并非由于合理的经营需要而对利润不作分配或者减少分配的，上述利润中应归属于该居民企业的部分，应当计入该居民企业的当期收入。从很大程度上讲，正是企业避税行为的发生催生了相关反避税条款的出台，从而大大减小了企业的避税空间。这种“道高一尺，魔高一丈”的避与堵，大大加快了税制建设进程，促使税法不断趋于完善。纳税人通过各种避税安排给国家带来的税收流失也可以视为一国税法完善所支付的代价。

（五）有利于国家利用税收杠杆促进经济社会持续健康发展

税收不仅是国家筹集收入的主要手段，而且对经济社会发展发挥着重要的调节作用。国家可通过税种的开征、征税范围的调整、税率变动、税收优惠政策来调节社会经济中微观主体的经济活动。比如，我国现行税法针对某些特定地区、特定产业或特定类型的纳税

人出台了不同形式的税收优惠政策，旨在通过这种潜在的利益激励引导纳税人去从事国家所期望的行为，从而达到优化产业结构、保护生态环境、促进区域协调发展等目的。以《中华人民共和国企业所得税法》为例，该部法律的第三十三条规定：企业综合利用资源，生产符合国家产业政策规定的产品所取得的收入，可以在计算应纳税所得额时减计收入。纳税人如果熟悉此条规定，并利用某些废弃物资源生产了符合国家产业政策规定的产品，则纳税人不仅可以减轻税负，而且也有利于国家实现缓解资源短缺和促进节能环保的目标，做到了个体利益与国家利益的统一。反之，如果纳税人对国家的系列税收优惠政策无动于衷，无意利用这些优惠政策进行税收筹划，则国家通过税收杠杆促进经济社会健康发展的初衷将难以实现。

（六）有利于国家涵养税源，长期稳定地增加税收收入

企业作为独立的经济利益主体，它必定把税收视为成本。如果税负很重，企业税后利润很少，则企业会考虑是否有必要继续经营这一项目，一旦企业停止经营，则国家税收就变成无源之水。企业通过有效的税收筹划有助于增进自身经济利益，而盈利的增加会促使企业增加投资，扩大经营，则国家税收也会不断增加。因此，从短期来看，税收筹划可能会在一定程度上影响税收收入增长；但从长期来看，税收筹划可以推动税源的扩张，有利于税收的持续稳定增长。

第五节　税收筹划与涉税违法行为的区别

一、几种常见的涉税违法行为

（一）逃避缴纳税款（偷税）

“偷税”是社会公众熟知的一个概念，而“逃避缴纳税款”正是对“偷税”的替代表达。《中华人民共和国税收征收管理法》第六十三条规定：“纳税人伪造、变造、隐匿、擅自销毁账簿、记账凭证，或者在账簿上多列支出或者不列、少列收入，或者经税务机关通知申报而拒不申报或者进行虚假的纳税申报，不缴或者少缴应纳税款的，是偷税。”但法学家们指出，“偷税”这一概念并不严谨，从通常含义上说，“偷”是指将属于别人的财产据为己有，而在税收问题上，应缴税款原本属于纳税人的合法财产，之所以发生偷逃税行为，是因为纳税人没有依法履行缴纳税款的义务，因此，偷税行为与平常概念中的盗窃行为不同。第十一届全国人民代表大会常务委员会第七次会议通过的《中华人民共和国刑法修正案（七）》用“逃避缴纳税款”取代了“偷税”，并将“逃避缴纳税款”的行为规定为“纳税人采取欺骗、隐瞒手段进行虚假纳税申报或者不申报”。与《中华人民共和国税收征收管理法》对偷税行为的表述相比，《中华人民共和国刑法修正案（七）》对逃避缴纳税款行为的描述更宽泛，更具有“口袋”性质，将更有利于对犯罪行为的认定。事实上，2013年6月7日，国务院法制办公室对外发布的《中华人民共和国税收征收管理法修正案》（征求意见稿）也将“偷税”改为了“逃避缴纳税款”。因此，“偷税”这一概念将要退出

历史舞台，取而代之的便是“逃避缴纳税款”。

实践中，纳税人的逃避缴纳税款有多种表现，凡是采取欺骗、隐瞒手段进行虚假纳税申报或者不申报一律视为逃避缴纳税款，而且这种行为是纳税人主观上的一种的故意行为，一旦被发现，将会受到相应处罚。对于逃避缴纳税款行为的法律责任，《中华人民共和国刑法修正案（七）》有如下规定：

“纳税人采取欺骗、隐瞒手段进行虚假纳税申报或者不申报，逃避缴纳税款数额较大并且占应纳税额百分之十以上的，处三年以下有期徒刑或者拘役，并处罚金；数额巨大并且占应纳税额百分之三十以上的，处三年以上七年以下有期徒刑，并处罚金。

“扣缴义务人采取前款所列手段，不缴或者少缴已扣、已收税款，数额较大的，依照前款的规定处罚。

“对多次实施前两款行为，未经处理的，按照累计数额计算。

“有第一款行为，经税务机关依法下达追缴通知后，补缴应纳税款，缴纳滞纳金，已受行政处罚的，不予追究刑事责任；但是，五年内因逃避缴纳税款受过刑事处罚或者被税务机关给予二次以上行政处罚的除外。”

《中华人民共和国税收征收管理法修正案》（征求意见稿）对逃避缴纳税款行为的处罚规定如下：

纳税人采取欺骗、隐瞒手段进行虚假纳税申报或者不申报，逃避缴纳税款的，由税务机关追缴其不缴或者少缴的税款、税款滞纳金，并处不缴或者少缴的税款百分之五十以上五倍以下的罚款；构成犯罪的，依法追究刑事责任。

扣缴义务人采取前款所列手段，不缴或者少缴已扣、已收税款，由税务机关追缴其不缴或者少缴的税款、税款滞纳金，并处不缴或者少缴的税款百分之五十以上五倍以下的罚款；构成犯罪的，依法追究刑事责任。

【案例 1－5】①

2019 年 5 月，A 市国税局稽查局收到一份协查函，外地税务机关请该局对某医药公司取得的涉嫌虚开增值税专用发票协查。由于该公司 2017 年、2018 年因接受虚开增值税专用发票偷税已被税务机关给予过行政处罚，经研究，该局决定成立专案组立案调查。专案组认为，该公司是曾有过两次偷税行为的企业，除涉嫌接受虚开发票外，可能还会存在其他税收违法问题，因此调查不应仅局限于发票，应对该公司开展全面检查。

在正式检查前，办案人员对该企业所属行业的特点进行了摸底调查。该企业属于药品和医疗器械批发、零售行业。这类企业销售对象既有需要发票的购货单位，也有相当一部分城乡、街道、乡村的诊所、药店购货时不索要发票。专案组调取企业申报资料和开票信息资料分析，发现该医药公司在检查所属期内，增值税纳税申报销售收入均为开票收入，并没有未开票销售收入。这与该行业企业的经营特点不符。专案组认为，该企业隐瞒不开

① 案例来源：容新峰 邓华君 冯绍康．一起 3000 万元账外收入偷税案，稽查方式值得关注［J］．中国税务报，2015-10-12。编者引用案例时略作调整。

票销售收入偷税嫌疑很大。

因该医药公司是当地重点税源企业，为减轻办案阻力，根据检查预案，专案组决定先以发票协查名义进入企业调查，在发票协查过程中，查看该公司的财务资料和其他相关涉税资料。但是，检查人员实地初查后发现，该公司财务账目上药品购、销、存各项目并无异常，并与其银行基本账户的资金流水一致。

专案组并没有气馁，按照医药行业经营特点，结合当前不法企业偷税的惯用手法，再次进行案情分析。专案组认为，企业基本银行账户的资金流水没有异常，说明该企业有可能将不开票销售业的购进药品、销售取款等各环节，全部采取账外运营方式。

办案人员认为，在不能大量使用现金进行交易的情况下，该公司账外购进和销售药品的货款，很有可能通过个人银行账户进行操作。若真如此，查找用于存放账外销售货款的个人银行账户，就成为突破此案的关键。据此判断，专案组及时调整检查思路与方式，兵分两路实施调查：一组人员负责摸清企业组织架构，调查了解主要管理人员及其社会关系，并根据企业财务账目信息，从中筛选与该企业经常有款项来往的重点客户，以备核查；另一组人员根据药品属专卖产品，售后均有销售清单的行业经营特点，对城乡接合部一些小规模药品商店实施调查，了解其进货渠道，并重点调查购买药品时的付款方式，并对相关原始单据进行取证。

功夫不负有心人。检查人员终于从A市城乡接合部一些小药品店找到了一些购货时原始转账单据。通过到相关银行调查账户开户人资料，并与该企业主要管理人员及其社会关系核对，检查人员确认，转账单据上的账户由该医药公司某主要负责人弟媳开设。该账户资金流水单显示，账户中经常有款项汇入和转出，资金的进出状况与账外经营收付款项的特征高度吻合。在对该账户多笔汇入款项方外调后，检查人员最终确认，该个人银行账户即是该医药公司用于账外经营收取销售药品款项的账户。至此，案件调查取得关键性突破，该医药公司通过开设个人银行账户方式，隐匿账外销售收入偷税的事实逐渐浮出水面。

由于汇入该个人资金账户的款项来源众多，金额大，全面查清每一笔款项的来源难度较大。于是，专案组决定，从海量银行流水数据中，筛选款项较大的汇款账户，顺藤摸瓜调查购货单位。经过专案组的不懈努力，检查人员调查取得了大量该医药公司账外与药品经销企业签订的购销协议、销货清单、出库单和银行转账信息等经营证据。

在掌握了该公司账外经营偷税的证据后，专案组约谈了该公司财务负责人。面对检查人员提供的证据，该公司财务负责人无法自圆其说，承认了该企业账外经营偷逃税款的违法事实，并提供了该公司存储账外经营数据电脑的具体位置。根据企业财务负责人提供的线索，检查人员突击检查了这台存放账外经营数据的电脑，按电子取证程序固定了该企业偷逃税款的电子证据。此外，根据企业销售部门与财务部门每个月对账的特点，取得了企业定期销售汇总表和销售货款收取情况的明细数据。

经查，该医药公司通过账外经营方式，共隐瞒销售收入3140万元，少申报缴纳增值税533万元。A市国税局稽查局依法对该医药公司做出追缴增值税、加收滞纳金和罚款合计1059万元的处理决定。同时，由于5年内该公司因偷税已被税务机关给予过两次以上行政处罚，目前A市国税局已依法将此案移送当地公安机关查处。

【解析】本案是一宗典型的医药公司账外经营偷税案。调查过程中，办案人员首先分析了待查企业特征，发现该公司是曾有两次偷税经历的高风险企业，因此没有局限于就票查票。虽然初查无收获，但由于办案人员对该企业所属行业进行了深入调查，了解企业经营特点，因此及时改变检查方向，由下游企业购销记录和资金支付入手，逆查涉案企业资金流，最终使案件查办获得突破。

账外经营具有很大的危害性，突出表现在两个方面：一是账外经营会引起企业同行业之间的恶性竞争，甚至可能导致“劣胜优汰”，扰乱正常的市场秩序；二是账外经营会扰乱正常的税收秩序，把应该交给国家的税款占为已有，变成企业的利润，损害了国家利益。同时，这种逃避缴纳税款的行为也极易引发全行业、配套企业偷逃税的连锁反应。

账外经营成为许多纳税人逃避缴纳税款的常用手段，具有很大的隐蔽性，逃税者通过现金交易、体外循环，将企业从原材料购进、生产到销售整个生产经营置于账外反映，使得税务部门调账检查难以发现问题。但企业的经济活动往往存在着连锁反应，如果哪个环节出现纰漏，税务机关就可以顺藤摸瓜，终究发现企业逃避缴纳税款的真面目，纳税人最终将会为自己的行为付出惨痛代价。

（二）漏税

漏税是指纳税人无意识地漏缴或者少缴税款的行为。漏税是由于纳税人不熟悉税法规定和财务制度或者由于工作粗心大意等原因造成的，如错用税率，漏报应税项目，少计应税数量，错算销售金额和经营利润等。漏税与逃避缴纳税款有着性质上的区别，判定漏税的关键是主观上并非故意。但需要指出的是，尽管理论上对逃避缴纳税款和漏税两种行为比较容易区分，但在实践操作中却存在一定难度，因为一项行为究竟是不是纳税人主观上的故意行为并不容易判定。

虽然漏税并非纳税人的故意行为，但仍然是一种违法行为，如果纳税人被发现有漏税行为，同样也应受到处罚。不过，目前实行的《中华人民共和国税收征收管理法》中并无“漏税”一说，该部法律仅在第五十二条规定：因纳税人、扣缴义务人计算错误等失误，未缴或者少缴税款的，税务机关在三年内可以追征税款、滞纳金；有特殊情况的，追征期可以延长到五年。而《中华人民共和国税收征收管理法修正案》（征求意见稿）中明确提出了“漏税”一词，并对纳税人的漏税行为做出如下规定：

纳税人、扣缴义务人因过失未缴或少缴税款造成漏税的，税务机关在三年内可以追征税款、税款滞纳金；有特殊情况的，追征期可以延长到五年。

纳税人、扣缴义务人因过失未缴或者少缴税款造成漏税的，税务机关除按照本法第五十三条的规定追缴其未缴或者少缴的税款、税款滞纳金外，可以处未缴或者少缴税款百分之二十以下的罚款。

（三）欠税

按照税法规定，每个税种都有其特定的纳税期限。纳税人、扣缴义务人超过征收法律法规规定或税务机关依照税收法律、法规规定的纳税期限，出现未缴或少缴税款的行为，即为欠税。欠缴税款的行为既影响国家税款的及时入库，又占用了国家税款，破坏了税法的严肃性，应该承担法律责任。

欠税的成因尽管有很多，但从纳税人的角度来看，主要有两个：从客观实际上看，资金短缺是造成企业欠税的直接原因；从主观意识上看，纳税意识差是企业欠税的主要原因。欠税有的是纳税人的故意行为，如纳税人或扣缴义务人出于占用税款的动机不按时缴纳税款，也有的是纳税人的非故意行为，如忘记了申报缴纳税款的时间。但无论如何，由于欠税影响了国家税收的及时足额入库，因此，一般情况下，纳税人的欠税行为会受到相应处罚，包括补缴税款、加收税款滞纳金和罚款等。《中华人民共和国税收征收管理法》第六十五条规定："纳税人欠缴应纳税款，采取转移或者隐匿财产的手段，妨碍税务机关追缴欠缴的税款的，由税务机关追缴欠缴的税款、滞纳金，并处欠缴税款百分之五十以上五倍以下的罚款；构成犯罪的，依法追究刑事责任。"

在《中华人民共和国刑法》中针对欠缴税款的行为还专门设置了"逃避追缴欠税罪"。逃避追缴欠税罪是指纳税人违反税收征收管理法规，欠缴应纳税款，并采取转移或者隐匿财产的手段，致使税务机关无法追缴欠缴的税款，数额较大的行为。这一罪种有四个构成要件：一是纳税人必须存在欠缴税款的前提；二是纳税人必须存在主观故意，也就是说纳税人具有对抗税务机关的追缴，逃避国家税收的故意；三是纳税人在欠税款的前提下，实施了转移或者隐匿财产的行为；四是纳税人实施的转移或者隐匿财产行为造成了税务机关无法追缴纳税人欠缴税款的后果，并且欠税数额达到了法定的数额。对逃避追缴欠税罪的法律责任，《中华人民共和国刑法》第二百零三条规定："纳税人欠缴应纳税款，采取转移或者隐匿财产的手段，致使税务机关无法追缴欠缴的税款，数额在一万元以上不满十万元的，处三年以下有期徒刑或者拘役，并处或者单处欠缴税款一倍以上五倍以下罚金；数额在十万元以上的，处三年以上七年以下有期徒刑，并处欠缴税款一倍以上五倍以下罚金。"

这里需要强调的是，现实中有些纳税人出现欠税行为并不是主观上的故意行为，而是因其特殊困难导致的。《中华人民共和国税收征收管理法》第三十一条规定："纳税人因有特殊困难，不能按期缴纳税款的，经省、自治区、直辖市国家税务局、地方税务局批准，可以延期缴纳税款，但是最长不得超过三个月。"《中华人民共和国税收征收管理法实施细则》第四十一条指出："纳税人有下列情形之一的，属于税收征收管理法第三十一条所称特殊困难：（一）因不可抗力，导致纳税人发生较大损失，正常生产经营活动受到较大影响的；（二）当期货币资金在扣除应付职工工资、社会保险费后，不足以缴纳税款的。"因此，如果纳税人符合延期纳税条件并且其提出的延期纳税申请通过税务机关审批，那么，在规定的时间内，其欠税行为不会受到处罚。但如果纳税人的延期缴纳税款申请未能得到税务机关批准，则税务机关将会从纳税人缴纳税款期限届满之日起加收滞纳金。

（四）骗税

骗税是指采取弄虚作假和欺骗手段，将本来没有发生的应税行为虚构成发生了应税行为，将小额的应税行为伪造成大额的应税行为，从而从国库中骗取出口退税款的违法行为，因此，骗税是特指我国的骗取出口退税而言的。出口退税是国际贸易中通常采用的并为世界各国普遍接受的、目的在于鼓励各国出口货物公平竞争的一种退还间接税（目前我国主要包括增值税、消费税）的税收措施。近年来，我国制定了调高出口退税率等一系列鼓励出口贸易的政策措施，作用积极。但是，一些不法分子在利益驱动下，采取虚开增值税专用发票、假报出口、买票退税等违法犯罪手段骗取巨额出口退税，牟取暴利，增值税违法犯罪案件频频发生。

【案例 1－6】①

2019 年 6 月，W 市国税局接到省国税局下发的辖区内 A 公司的出口退税疑点数据。A 公司是 W 市一家工贸一体类企业，主要从事服装鞋帽的制造加工及进出口业务，法定代表人徐某是 W 市人大代表。2017 年，该公司曾经因为接受虚开增值税专用发票被处罚。由于此次下发的疑点数据较大，W 市市国税局第一时间成立了专案组，正式对 A 公司开展调查。

为避免打草惊蛇，专案组首先从外围调查入手，调取了该公司申报出口退税的全部申报及备案资料文件，其中包括海运提单、发票复印件等，并进行整理归类。为了解实际情况，专案组前往 A 公司的主管税务机关，详细调查其日常纳税情况，并以日常巡查的名义到该公司生产一线实地走访。正是这次实地走访，发现了企业暴露出的疑点。该公司 2018 年度申报销售额为 2984 万元，免、抵、退办法出口销售额为 19648 万元，但在走访中，专案组发现该公司生产线单一，生产车间工人较少，明显不具备与出口销售相匹配的生产能力，其出口数据很有可能存在问题。与此同时，专案组还发现，在 A 公司的办公地点还存在另一家专门从事出口的关联公司——某进出口有限公司（以下简称 B 公司）。B 公司与 A 公司均为独立法人，但办公场所位于同一地点，B 公司员工工资均由 A 公司发放，事实上为“两块牌子，一套人马”。

种种疑点表明两家公司存在骗取出口退税的重大嫌疑，经请示审批后，专案组将 B 公司与 A 公司一并列入检查。在初步获取案情信息，充分做好查前准备的基础上，专案组正式下户稽查。专案组人员分为五个小组分头行动，迅速控制了涉案公司的单证部门、财务部门、原材料仓库、产成品仓库及生产线等关键部门。而此时，该公司的单证管理人员文某却离奇地失联了。结合前期调查分析和以往打击骗税的工作经验，专案组经过反复推演，将目光放在了工贸类企业出口退税所涉及的外汇结算、退税单据和供货来源（发票来源）三个关键环节上。专案组同时与 W 市市公安机关取得联系，成立联合专案组，集中力量查办此案。

首次下户稽查中，专案组在从财务部门提取的资料中发现，该公司有通过其他人员购入大额外汇的嫌疑。经公安身份比对，这些人员已被公安机关列为非法从事外汇买卖的嫌疑人。为打开案件突破口，专案组首先将目标锁定在了外汇黄牛和 A 公司的财务人员李某身上。经对外汇黄牛和涉案公司的外汇结汇账户调查，专案组查实了其购汇情况。检查人员通过政策宣传，以法攻心，最终突破了财务人员李某的心理防线，查获了其私藏的企业内账 21 本。在内账中，检查人员发现了 A 公司通过其员工银行账户向黄牛转账人民币的

① 案例来源：蔡景像 李旭峰 周鹏，董晓岩．W 市破获一起特大骗取出口退税案［J］．中国税务报，2016-01-26。作者引用案例时略作调整。

记录，经外汇结算账户交易明细比对，发现外汇黄牛均在两天内通过境外账户将相应的外汇转账到该结算账户。同时，公安机关发现失联的单证管理人员文某正藏身于浙江金华。专案组迅速联合公安机关进行布控，及时抓获了文某。经审讯查明，W 市两家货代公司涉嫌向 A 公司及 B 公司出售出口货物信息。专案组随即对两家货代公司开展突击检查，当场查获了 A 公司及 B 公司购买出口货物信息的证据。

为固定企业接受虚开进项发票的证据，专案组对进项发票来源涉及的 W 市百余户企业一一展开调查，并及时向异地税务机关发出协查函，对涉案公司取得的异地发票进行全方位协查。经多方协作，专案组最终查明，A 公司及 B 公司为申报退税，仅在 W 市本地就取得虚开增值税专用发票 1687 份，价税合计 1.22 亿元；协查所涉及的 158 户异地企业、3064 份发票中，回复已证实虚开增值税专用发票涉及企业 67 户，发票 1740 份，价税合计 2.92 亿元。

随着证据链条的固定和完善，公安机关对两家公司负责人、财务人员、货代公司人员和虚开发票中间人进行了抓捕。在证据面前，相关犯罪嫌疑人均承认了犯罪事实，揭开了案件的层层谜团。A 公司及 B 公司在自身没有真实货物交易的情况下，一方面取得虚开的增值税专用发票，虚构货物购进情形，另一方面在从黄牛处购买外汇 5280 万美元，营造结汇假象，同时向货代公司购买了 5457 万美元出口货物信息，制作虚假报关单证，以他人的货物冒充自己公司的货物应付海关的通关检查，以虚假的报关单证向国税部门申请出口退税，骗取国家出口退税 7027 万元。

【解析】骗取出口退税行为是一个比较复杂的过程，要经过一系列环节。骗取出口退税行为人最常用的手段包括以下几种。

（1）假报出口。“假报出口”具体是指行为人根本没有出口产品，但为骗取国家出口退税款而采取伪造单据、凭证等手段，虚构已税货物出口事实，包括以下几种情形：①伪造或者签订虚假的买卖合同；②以伪造、变造或者其他非法手段取得出口货物报关单、出口收汇核销单、出口货物专用缴款书等有关出口退税单据、凭证；③虚开、伪造、非法购买增值税专用发票或者其他可以用于出口退税的发票。

（2）其他欺骗手段。包括骗取出口货物退税资格；将未纳税或者免税货物作为已税货物出口；虽有货物出口，但虚构该出口货物的品名、数量、单价等要素，骗取未实际纳税部分出口退税款等。

本案例中，A 公司一方面取得虚开的增值税专用发票，虚构货物购进情形，另一方面营造结汇假象，制作虚假报关单证，以他人的货物冒充自己公司的货物应付海关的通关检查，以虚假的报关单证向国税部门申请出口退税，是一种比较典型的骗取出口退税行为。

对于骗取出口退税行为的处罚，《中华人民共和国税收征收管理法》第六十六条规定：以假报出口或者其他欺骗手段，骗取国家出口退税款的，由税务机关追缴其骗取的退税款，并处骗取税款一倍以上五倍以下的罚款；构成犯罪的，依法追究刑事责任。对骗取国家出口退税款的，税务机关可以在规定期间内停止为其办理出口退税。《中华人民共和国刑法》对骗取国家出口退税款的行为规定如下：

第二百零四条：以假报出口或者其他欺骗手段，骗取国家出口退税款，数额较大的，处五年以下有期徒刑或者拘役，并处骗取税款一倍以上五倍以下罚金；数额巨大或者有其他严重情节的，处五年以上十年以下有期徒刑，并处骗取税款一倍以上五倍以下罚金；数额特别巨大或者有其他特别严重情节的，处十年以上有期徒刑或者无期徒刑，并处骗取税款一倍以上五倍以下罚金或者没收财产。

纳税人缴纳税款后，采取前款规定的欺骗方法，骗取所缴纳的税款的，依照本法第二百零一条的规定定罪处罚；骗取税款超过所缴纳的税款部分，依照前款的规定处罚。

二百零一条：纳税人采取欺骗、隐瞒手段进行虚假纳税申报或者不申报，逃避缴纳税款数额较大并且占应纳税额百分之十以上的，处三年以下有期徒刑或者拘役，并处罚金；数额巨大并且占应纳税额百分之三十以上的，处三年以上七年以下有期徒刑，并处罚金。

从《中华人民共和国刑法》第二百零四条和第二百零一条规定不难看出，如果纳税人缴纳税款后，以假报出口或者其他欺骗手段骗取所缴纳的税款，是按照逃避缴纳税款罪处理的，骗取税款超过所缴纳的税款部分，才按照骗取出口退税罪处理。

（五）抗税

抗税是指纳税人以暴力、威胁方法拒不缴纳税款的行为。所谓暴力，是指对税务人员人身施加攻击或者强制，如殴打、捆绑、扣押、禁闭等。此外，为阻挠征税而捣毁税务人员的交通、通讯设备，冲击打砸税务机关的，亦属实施暴力。所谓威胁，是指行为人为了抗拒缴纳税款，用口头、书面或者其他方法使税务人员精神处于恐惧状态，从而迫使税务人员不敢征税的一种抗税手段。威胁的内容可以是多方面的，如杀害、伤害、毁坏财产、加害亲属、损害名誉等。抗税行为的基本特征包括：①当事人明知侵害的对象是正在依法执行征税职务的税务人员；②采取阻碍的方式，通常以暴力、威胁方法迫使税务人员放弃执行职务；③实施这种行为的主体既可以是纳税人、扣缴义务人，也可以是其他人。因此，构成抗税行为的关键特征是对税务机关和税务人员实施暴力和威胁，抗税行为成立与否并不决定于抗拒缴纳税款的数额大小，只要以暴力、威胁方法拒不缴纳税款，不管税款多少，都可构成抗税。

抗税是所有未按规定缴纳税款的行为中手段最恶劣、情节最严重、影响最坏的行为，是一种明目张胆地对抗国家法律的行为，它不仅严重妨碍了国家税务人员依法执行公务，扰乱了正常的税收秩序和社会秩序，影响了国家税收收入的实现，而且给税务人员的安全带来了威胁。特别是那些以暴力方法对税务人员进行人身伤害的抗税行为，所侵害的客体不只是国家税收，而且指向税务人员的人身健康和生命权权利。《中华人民共和国税收征收管理法》第六十七条规定："以暴力、威胁方法拒不缴纳税款的，是抗税，除由税务机关追缴其拒缴的税款、滞纳金外，依法追究刑事责任。情节轻微，未构成犯罪的，由税务机关追缴其拒缴的税款、滞纳金，并处拒缴税款一倍以上五倍以下的罚款。"《中华人民共和国刑法》第二百零二条规定："以暴力、威胁方法拒不缴纳税款的，处三年以下有期徒刑或者拘役，并处拒缴税款一倍以上五倍以下罚金；情节严重的，处三年以上七年以下有期徒刑，并处拒缴税款一倍以上五倍以下罚金。"

按抗税罪处罚的暴力最大限度只能是造成轻伤害，如果以暴力方法抗税致人伤害超过这一限度，根据《中华人民共和国刑法》有关规定，致人重伤或者死亡，按照故意伤害罪、故意杀人罪从重处罚，并处罚金。《最高人民法院关于审理偷税抗税刑事案件具体应用法律若干问题的解释》（法释〔2002〕33号）第六条规定，实施抗税行为致人重伤、死亡，构成故意伤害罪、故意杀人罪的，分别依照刑法第二百三十四条第二款、第二百三十二条的规定定罪处罚。

逃避缴纳税款罪与抗税罪的主要区别有以下三点。

（1）犯罪客体不完全相同。前者侵犯的是税收征管制度；后者在侵犯税收征管制度的同时，还侵犯了税收征管人员的人身权利。

（2）客观行为不同。前者表现为以欺骗、隐瞒的方式，不缴或者少缴税款的行为；后者表现为以暴力、威胁方法拒不缴纳税款。

（3）犯罪主体不同。前者自然人和单位均可构成，后者则只能由自然人构成。

二、税收筹划行为

（一）节税

节税是指纳税人立足税收法律法规和政策的差异性，尤其是充分利用税收优惠政策，采取合法的手段，对经营、投资、理财等经济活动进行筹划和安排，以达到减轻税收负担的经济行为。节税不仅是合法的，也是合理的。需要说明的是，判断涉税行为合理与否的主要标准是看这些行为是否符合国家的立法精神和政策意图。由于节税行为经常是与节能环保、资源综合利用、科技进步、下岗再就业、基础设施建设等我国政府鼓励的项目相联系的，它体现的是个体利益和国家利益的统一，因此，国家对于节税一般是持鼓励、支持的态度。

（二）避税

避税是指纳税人利用税法漏洞或者缺陷，通过对经营及财务活动的精心安排，以期规避或减轻税负的经济行为。与节税相比，避税虽然不违法，但却是不合理的，它违背了国家的立法精神和政策意图。可以说，避税是纳税人利用税法上的漏洞和不成熟之处，靠小聪明去打税法的“擦边球”，以谋取税收利益。比如，实践中，一些纳税人通过变更公司组织形式达到避税目的。例如，企业所得税法合并后，遵循国际惯例将企业所得税以法人作为界定纳税人的标准，原内资企业所得税独立核算的标准不再适用，同时规定不具有法人资格的分支机构应汇总到总机构统一纳税。不同的组织形式分别使用独立纳税和汇总纳税，会对总机构的税收负担产生影响。企业从组织形式上有子公司和分公司两种选择。其中，子公司是具有独立法人资格，能够承担民事法律责任与义务的实体；而分公司是不具有独立法人资格，需要由总公司承担法律责任与义务的实体。有些企业根据分支机构盈亏、分支机构是否享受优惠税率等情况，通过适时调整企业的组织形式达到避税目的。再比如，在我国内外资企业所得税统一之前，外资企业可以享受许多内资企业所不能享受的减免税优惠，一些内资企业就通过各种途径将自己的资金经国外转手投入自己的企业，用以获得“合资”的证明，从而享受税收优惠政策。

避税虽然没有违反现有法律法规，但其危害性却不能忽视，主要表现为：①避税行为直接导致了国家税收收入的减少；②侵犯了税收法律法规的立法意图，使其公正性、严肃性受到影响；③避税行为的出现对于社会公德及道德造成不良侵害，使诚信纳税受到威胁，造成守法经营在市场竞争上处于不利地位，扰乱正常的市场秩序。

避税者根据“法律无明文规定不为罪”的原则，认为避税“合法”。因为其在一定时候的确是可以为纳税人带来利益，因此，在一开始，避税的概念是中性的，也曾在纳税人中风靡一时。但随着避税范围的扩大，给我国财政收入造成的影响也在不断地增大，政府在税法中不断加入反避税条款。例如《营业税改征增值税试点实施办法》第四十四条规定“纳税人发生应税行为价格明显偏低或者偏高且不具有合理商业目的的，主管税务机关有权按照税法规定确定销售额”；《中华人民共和国企业所得税法》第四十一条规定“企业与其关联方之间的业务往来，不符合独立交易原则而减少企业或者其关联方应纳税收入或者所得额的，税务机关有权按照合理方法调整”等。自 2015 年 2 月 1 日起，我国开始实施《一般反避税管理办法（试行）》，对企业实施的不具有合理商业目的而获取税收利益的避税安排，实施的特别纳税调整。为此，纳税人需要从企业战略、行业特点、经营常规等多维度向税务机关解释商业实质以说明其合理性，如果税务人员不能接受纳税人的观点，则会进一步实施反避税调查。

【案例 1－7】

美国知名快餐品牌汉堡王（Burger King）公司于 1954 年成立于美国佛罗里达州迈阿密，现已发展成为世界第二大汉堡连锁店，在全球近 100 个国家拥有逾 13000 家门店，市值接近 100 亿美元。2014 年 8 月，汉堡王宣布将斥资 110 亿美元收购加拿大咖啡和零食连锁企业提姆霍顿，并将企业总部迁至加拿大。尽管集团运营地仍在美国，但汉堡王此次收购行为使得合并后的公司将改变其税务国籍，成为加拿大的居民公司，形成公司倒置。汉堡王之所以能够实施倒置并购，原因就在于美国税法对居民公司的认定采用注册地原则，而不论其实际管理机构所在地是否在美国境内。汉堡王的倒置并购在税务层面可以实现以下两个目的：一是适用低税率①，二是规避海外利润的税收成本②。汉堡王公司的避税行为正是充分利用了美国和加拿大对居民公司认定标准的差异。

【解析】汉堡王的行为显然是美国政府不倡导的，但这并没有违反美国的相关法律法规。美国法官汉斯曾说，人们合理安排自己的活动以降低税负，是无可指责的，每个人都可以这样做，不论他是富人还是穷人，纳税人无须超过法律的规定来承担国家的税收。美国公司可谓深谙此言之精髓。大多数的美国公司都会把降低税负、控制税收成本作为其财

① 2013 年汉堡王在美国的实际税率为 27.5%，而在加拿大，公司所得税名义税率仅为 15%。而且，汉堡王的收购行为得到了加拿大政府的大力支持，汉堡王为此获得了加拿大政府的税收优惠承诺，因此，合并后的公司在加拿大的实际税率可能只有 10%左右。实际税率从 27.5%降低到 10%，能够给汉堡王降低超过三分之一的税负成本。

② 由于美国国内的快餐业市场竞争非常激烈，汉堡王考虑把战略重心转移至海外市场。收购加拿大的提姆霍顿可以综合发挥两公司在全球业务拓展的优势，提高国际增长潜力。因此，未来汉堡王的海外利润将会逐渐增多。由于美国税法规定美国的居民公司就其全球收入向美国政府纳税，而加拿大税法不会对其居民公司的海外分支机构的盈利征税。因此，汉堡王与提姆霍顿合并后的公司的海外利润只需在利润来源国当地缴税就可以自由汇回加拿大，从而规避了海外利润在母国的税收成本。

务管理的重要目的，并且特别重视税收因素对公司生产、经营以及投融资的影响。一些知名的跨国公司甚至不惜重金聘请专业人士为其量身定做税务筹划方案。但必须注意的是，避税行为虽不违法，但往往是政府不倡导的，随着一个国家和地区反避税力度的加大，过去的避税行为很可能会受到越来越严格的限制。比如，针对大量公司税收倒置的避税行为，美国财政部 2015 年 11 月宣布出台新的针对性政策，对美国企业的海外并购、注册地迁往海外等行为扩大监管范围，对企业并购后的股权评估也做了更详细和严格的限制。财政部这一新规的目的是应对“公司税收倒置”问题，阻止美国公司以将注册地迁往海外的方式避税。这些新规涉及的限制条款包括：如果海外并购后，新公司的母公司是第三国的纳税主体，此类并购将受到限制；限制公司并购后通过扩大母公司股本降低美国公司的持股比例，以达到美国公司持股不超过80%的要求，进而进行注册地更改；加大执法力度，除非新公司业务总量的25%以上位于某个国家和地区，否则禁止将公司注册地迁往该地。此外，财政部还将严格限制对迁出注册地的公司的税收优惠。这些新措施即时生效，并追溯至 2014 年 9 月 22 日，对之后发生的并购都有监管权限。

（三）税负转嫁

1. 税负转嫁的概念

税负转嫁是税收筹划的一种特殊形式，它的原理与前面的节税和避税有所不同。在税收学中，纳税人和负税人是两个不同的概念，前者是指税法规定的直接负有纳税义务的单位和个人，而后者是指实际承担税负的单位和个人。在实践中，纳税人和负税人未必是一致的，某些税收表面上来看是由某个单位或个人缴纳的，但这些单位和个人可以通过某种手段将其缴纳的税收转嫁给其他单位或个人。税法上规定的纳税人将自己所缴纳的税款转移给他人负担的过程就是税负转嫁。比如，卷烟和白酒都属于应税消费品，卷烟厂和白酒厂是消费税的纳税人，但厂家可以通过提高产品价格的方式将其缴纳的消费税转嫁给买方。

税负可以完全转嫁，也可以部分转嫁。完全转嫁是指纳税人将自己应负担税款的全部转嫁给他人负担，而部分转嫁则是纳税人将自己应负担税款的一部分转嫁给他人负担，余下部分则由自己负担。纳税人究竟选择完全转嫁还是部分转嫁，还要综合考虑多种因素影响，包括商品的供求弹性、市场结构、成本变动及课税制度等。

2. 税负转嫁的方式

税负转嫁存在多种方式，包括前转、后转、混合转嫁、消转和税收资本化等。

（1）前转。前转也叫顺转，是指纳税人将其所纳税款顺着商品流转方向，通过提高商品价格的办法，转嫁给商品的购买者或最终消费者负担，这是税负转嫁最典型、最普遍的形式。税负前转实现的基本前提条件是课税商品的需求弹性小于供给弹性。

（2）后转。后转即纳税人将其所纳税款逆商品流转的方向，以压低购进商品价格的办法，向后转移给商品的提供者。税负后转实现的前提条件是供给方提供的商品需求弹性较大，而供给弹性较小。

（3）混合转嫁。混合转嫁又叫散转嫁，是指纳税人将自己缴纳的税款分散转嫁给多方负担。混转是在税款不能完全向前顺转，又不能完全向后逆转时采用。严格地说，混转并不是一种独立的税负转嫁方式，而是前转与后转等方式的结合。

（4）消转。消转是指纳税人在不提高售价的前提下，以改进生产技术、提高工作效率、节约原材料、降低生产成本，从而将所缴纳的税款在所增利润中求得补偿的一种转嫁方式。因为它既不是提高价格的前转，也不是压低价格的后转，而是通过改善经营管理、提高劳动生产率等措施降低成本增加利润，使税负从中得到抵消，相当于纳税人自己消化了税收负担，所以称之为消转。

（5）税收资本化。税收资本化是指纳税人以压低资本品购买价格的方法将所购资本品可预见的未来应纳税款从所购资本品的价格中一次扣除，从而将未来应纳税款全部或部分转嫁给资本品出卖者。税收资本化的原理和后转非常相似，也可以视为后转的一种特殊形式，不同的是，税收资本化面向的对象是资本品，比如不动产、有价证券等。税收资本化需要满足三个条件：一是交易的财产必须具有资本价值，可长时间使用，并有年利和租金；二是冲抵资本的价值可能获取的利益应与转移的税负相同或相近；三是被课税商品必须具有耐久性的性质，只有经久不变的商品才可以经受多次课税，而且每年课税税额相对固定，才可能预计今后各年应纳税额，这些商品课税额的确定有助于从课税商品的资本价值中扣除。

假设甲企业从乙企业购买一块土地，假设土地每年年末产生的收益分别为 R_1、R_2、R_3……，R_n，在政府无税收的条件下，则这块土地的现值为：

$$PV=\frac{R_1}{1+r}+\frac{R_2}{(1+r)^2}+\cdots\cdots+\frac{R_n}{(1+r)^n}$$

其中，r 为贴现率。

从理论上分析，乙企业土地出售时，甲企业所能接受的价格即为 PV。假定政府每年年末对土地征收的税收为 T_1、T_2、T_3……，T_n，则土地是现值变为：

$$PV'=\frac{R_1-T_1}{1+r}+\frac{R_2-T_2}{(1+r)^2}+\cdots\cdots+\frac{R_n-T_n}{(1+r)^n}$$

此时，甲企业为购买土地愿意支付的价格也下降为 PV'，从而将以后支付的税收一次性转嫁给乙企业，价格下降的幅度即税收转嫁总量：

$$PV-PV'=\sum_{i=1}^{n}\frac{T_i}{(1+r)^i}$$

3. 税负转嫁的前提条件

从税负转嫁的概念及其方式来看，税负转嫁的实现依赖于以下两个基本前提。

一是商品经济的存在。税负转嫁是在商品交换中通过商品价格的变动实现的。没有商品交换的存在，就不会有税收负担的转嫁。

二是自由定价体制的存在。除了消转这种特殊的税负转嫁方式之外，通常意义上的税负转嫁与商品价格的变动息息相关，这就要求生产经营者或其他市场主体必须能够根据市场供求关系的变化自行定价。我国在实行高度集中的计划管理体制时，价格由政府直接控制，纳税人缺乏自主定价权，基本上不存在税负转嫁。实行市场经济体制后，政府对价格大部分放开，企业已有很大的自由定价权，以自由价格为基础的自由定价制度已基本形成，税负转嫁具备了客观条件。

4. 税负转嫁与节税、避税的区别

税负转嫁与节税、避税既然同属于税收筹划的范畴，三者自然具有税收筹划的共性，但税负转嫁又是一种特殊的税收筹划，它与节税、避税等筹划行为还具有较大不同，主要表现在以下四个方面。

（1）基本前提不同。税负转嫁的前提是价格自由浮动，而节税和避税则不依赖价格。

（2）产生效应不同。税负转嫁对价格产生直接影响，一般不直接影响税收收入，相反，节税和避税将对税收收入产生直接影响，对价格则不产生直接影响。

（3）适应范围不同。税负转嫁适应范围较窄，受制于价格、商品供求弹性和市场供求状况，节税和避税适应范围很广，灵活多变，方法多样。

（4）税负转嫁有时对纳税人也会产生不利影响，有时纳税人会主动放弃，而对于节税和避税，纳税人通常不会轻易放弃。

【案例 1－8】

A 公司主要从事高端智能手机的生产经营。2019 年 5 月，由于公司财务人员工作失误，公司被税务机关发现存在偷税行为，最终补缴税款、滞纳金 50 万元，同时被处行政罚款 10 万元，给公司造成严重损失。为了尽可能弥补偷税造成的损失，公司决定自 2019 年 7 月起，将产品售价提高 10%，以期通过提高价格的形式将补缴的税款、滞纳金和罚款转嫁出去，但此后半年内，公司的销售额出现大幅下滑。由于调价方案未能取得预期效果，2020 年 1 月底，公司决定较大幅度下调手机价格，调整后的价格甚至低于了最初的定价水平。但此后几个月内，公司的销售量虽然略有上升，但实际销售额仍然在下降。公司负责人一直存有疑惑：为什么提价策略和降价策略均未能取得预期效果？

【解析】本案例中，A 公司通过提高价格的方式将其税负进行了转嫁，但由于智能手机需求价格弹性较大，其价格一定幅度的上升会导致其销售量出现更大幅度的下降，这样一来，公司的销售额下降就不足为奇。按照上述分析逻辑，从理论上说，当公司将智能手机的价格进行较大幅度下调时，其销售量理应出现更大幅度上升，进而导致销售额的增长，但事实却并非如此。这是因为，公司频繁调整价格的策略已经影响了公司及公司产品在消费者心中的形象，价格的下调给别人一种不可信赖的感觉，使人认为产品质量有问题，因而销售额只是小幅上升，而且恢复又需要一定时间，故使企业销售额再次下降。可以看出，税负转嫁的运用是有风险的，企业应慎重对待，如果运用不成功，会导致企业得不偿失。

三、涉税违法行为与税收筹划行为的区别

通过前面的介绍，我们已经熟悉了涉税违法行为及税收筹划行为的表现和特点。表 1－2进一步从性质、效果、人员素质、政府态度、纳税水平和发展趋势几个方面对几种涉

税行为的不同之处进行了总结①。不同类型的纳税人可能倾向于选择不同的涉税行为，正可谓“野蛮者抗税，愚昧者偷税，糊涂者漏税，狡猾者骗税，机敏者避税，精明者节税”。

表1-2　几种涉税行为的区别

	逃避缴纳税款	避税	节税
性质	违法，不合理	不违法，不合理	合法，合理
效果	未被发现，则纳税人能获得税收利益，但导致国家利益受损；如被发现，纳税人损失大，但可减少国家利益损失	纳税人只能获得短期经济利益，国家利益也会受到一定损失	纳税人能获得短期和长期经济利益，国家利益从长期来看也会得到增进
人员素质	损公肥私、不择手段	善打“擦边球”	懂经济、熟法律、精税收、善运算
政府态度	坚决打击	反避税	鼓励
纳税水平	低水平（愚昧者）	中等水平（机敏者）	高水平（精明者）
发展趋势	越来越少	越来越少	越来越多

案例分析与讨论

学习完前面的内容，我们现在可以对【案例导入】中提出的问题进行回答了。税收筹划是指纳税人或其代理人在纳税义务发生之前，在遵守或不违反税法及其他法律法规的前提下，按照整体利益最大化的原则，通过对纳税主体（法人和自然人）筹资、投资、生产、经营、分配、重组等多种涉税事项做出事先安排，以减少应纳税额、延期纳税或降低涉税风险为目的的筹划活动。税收筹划有其自身的特点，主要包括合法性或非违法性、事先性、风险性、专业性等多个方面，其中合法性或非违法性是税收筹划应当坚守的底线，这也是税收筹划与逃避缴纳税款、漏税、欠税、骗税等涉税行为最本质的区别。本案例中，一是联合乙公司弄虚作假，与乙公司签订了销售商务楼的虚假合同，从销售合同到会计处理隐瞒了1700万元的商务楼销售收入，属于严重的财务舞弊；二是甲公司不仅自己少计收入偷逃了大额土地增值税、增值税和企业所得税，而且还伙同其子公司协助乙公司隐瞒房屋出租收入，偷逃房产税、增值税、企业所得税和契税，属于税收违法行为。因此，对于纳税人而言，若要进行有效的税收筹划，必须深入学习和了解税收筹划的相关知识和技巧，确保在不违法的前提下去获取尽可能多的税收利益。

本章小结

税收筹划是指纳税人或其代理人在纳税义务发生之前，在遵守或不违反税法及其他法律法规的前提下，按照整体利益最大化的原则，通过对纳税主体（法人和自然人）筹资、

① 表1-2仅以逃避缴纳税款作为涉税违法行为的代表。

投资、生产、经营、分配、重组等多种涉税事项做出事先安排，以减少应纳税额、延期纳税或降低涉税风险为目的的筹划活动，它的外延应当包括避税筹划、节税筹划和转嫁筹划。税收筹划虽然在短期内可能会影响国家税收收入，但其对一国经济社会发展的意义不容小视，主要表现在：有利于增进纳税人的经济利益；有利于提高纳税人依法纳税的意识；有利于企业加强内部财务管理，提高经营管理水平；有利于促进税法的完善；有利于国家利用税收杠杆促进经济社会持续健康发展；有利于国家涵养税源，长期稳定地增加税收收入。

税收筹划与逃避缴纳税款、欠税、骗税等行为不同，这种行为有其自身的特点，主要包括合法性或非违法性、事先性、风险性、专业性、方式方法多样性以及全局性。但需要注意的是，税收筹划的目标并非一味追求税负最小化，其总体目标可确定为企业价值最大化，具体目标可细化为以下三个方面：一是减少应纳税额，二是实现延迟纳税，三是力求涉税零风险。在实际操作中应注意以下遵循以下几条原则：守法原则、时效性原则、综合性原则、保护性原则和风险防范原则。

税负转嫁是一种比较特殊的税收筹划，包括前转、后转、混合转嫁、消转和税收资本化等。税负转嫁与节税、避税既然同属于税收筹划的范畴，三者自然具有税收筹划的共性，但税负转嫁又是一种特殊的税收筹划，它与节税、避税等筹划行为还具有较大不同。但需要注意的是，税负转嫁有时对纳税人也会产生不利影响，有时纳税人会主动放弃；而对于节税和避税，纳税人通常不会轻易放弃。

思考与练习

一、思考题

1. 什么是税收筹划？它有何特点？

2. 如何理解税收筹划的目的？

3. 税收筹划产生的客观条件有哪些？

4. 如何理解税收筹划的风险性？

5. 税收筹划应遵循的原则有哪些？

6. 制约我国税收筹划发展的因素有哪些？

7. 节税、避税及偷税等涉税违法有何区别？

8. 税负转嫁的方式有哪些？税负转嫁与节税和避税相比有何特殊性？影响税负转嫁的因素有哪些？

二、练习题

1. A 公司与一家房地产开发公司签订了一份一年期的房屋租赁协议，租金人民币 10 万元，同时代房地产开发公司缴纳了 1.2 万元房产税。对于代缴的 1.2 万元房产税，A 公司经理本以为取得了缴款书就可以在年终企业所得税前扣除，然而，主管税务机关却未予认可。问：税务机关为什么不允许 A 公司扣除代缴的税款？A 公司应如何筹划？

2. 甲方欠乙方货款 11700 元，付款时甲方无现金支付，顶给乙方价值 11700 元的货物，根据乙方要求开具专用发票。乙方为了尽快获得资金，于是以 10000 元的含税价格将这批货物卖出，乙方按规定作销售处理。该笔业务应纳增值税为：[10000/（1+13%）]×13%－[11700/（1+13%）]×13%＝－195.58 元。说明可以抵顶该企业其他货物的销项税 195.58 元。有人据此得出结论：“易货贸易作销售处理对企业有利”，这一说法正确吗？为什么？

3. 案例分析①。

2019 年 7 月底，S 县国税局稽查局收到一封署名邹某的实名举报信，邹某在举报信中称：A 贸易公司成立于 2012 年 9 月，主要经营皮具系列产品，2014～2018 年销售金额约为 25 亿元，但企业并未如实纳税申报，累计有近 7500 万元左右经营收入未如实进行纳税申报，具有偷逃税款行为。

接到举报信息后，S 县国税局稽查人员经过分析后认为对被举报企业 A 贸易公司 2012 年度～2018 年度纳税情况实施税收检查。按照检查人员的要求，A 贸易公司会计林某拿出了企业 2012 年度～2018 年度相关账册和涉税资料，检查人员仔细查阅这些资料后发现，会计提供的这些账册资料并不完整，并且没有发现举报信中所说的情况。检查组人员于是要求会计林某联系企业负责人，并向林某表示，根据实名举报信息，企业存在未如实进行纳税申报隐匿收入偷逃税款嫌疑，如果对抗税务机关检查，情节严重将承担法律责任。

经检查人员发现，这名企业负责人竟然就是举报人邹某。面对检查人员的质疑，邹某吞吞吐吐地说出了事情的真相：原来，在 A 贸易公司经营过程中，邹某因为和另外一位隐名大股东洪某在经营方向和收益等方面发生分歧，洪某一气之下拿走了企业的财务部门电脑、账册，以及包括详细记录销售情况的备查账簿，并就此失联，导致 A 贸易公司无法正常经营，为了能够找到洪某，邹某想到了向税务机关举报的办法……

经查实，专案组认为，该公司的备查账簿是此案调查中重要的涉税资料，需认真审查账簿记载内容是否与举报信内容吻合，以确定该企业是否具有账外经营少计收入偷逃税款的违法事实。同时，A 贸易公司具有流通企业和一级批发商等明显行业特点，专案组人员研究后认为，案件调查重点应该放在企业资金往来上，结合企业账簿信息、业务往来数据，对与该企业有经营往来和资金收支的企业实施外调，以获取证据。

通过对 A 贸易公司备查账簿仔细审查，专案组人员发现了几笔数额惊人的个人汇款账务信息，这些信息均记在公司出纳吴某和企业员工名下，分别是：2016 年 10 月～12 月期间，收到广州、厦门等地邹某、黄某某、魏某某和叶某某等人汇款 3683.83 万元；2018 年 1 月～6 月期间，收到邹某、黄某某、魏某某、叶某某等人汇款 5128.3 万元。

同时，办案人员还发现，A 贸易公司账务处理违规，该企业用应付代理商的费用直接冲销货款收入，2015 年 10 月～2018 年 6 月，A 贸易公司累计冲销货款 1146.4 万元，这些货款未计收入未进行纳税申报，已结转至营业成本项目。此外，该公司账目处理还存在

① 案例来源：林伟建，王炳林，董晓研．高管内讧曝出账外偷税隐情［N］．中国税务报，2018-05-22。案例表述略作调整。

"管理费用—会议费科目"中列支代理经销商费用；将购进货物无偿赠送代理经销商，未做增值税纳税申报及应纳税所得额调整；将取得餐费发票的进项税额在产品销项税额中抵扣等违规情况。

为进一步核实A贸易公司备查账簿中的个人账户巨额资金往来是否与企业账外经营有关，专案组开始对相关企业人员实施外调取证。

2019年初，专案组人员多次奔赴广州，在当地税务机关的配合协助下，找到了A贸易公司的代理商之一广州B公司，并从B公司财务部门取得了2016年1月～2016年7月期间，B公司业务往来的出货记录、货物发运单以及财务账目数据，经核查，B公司在此期间购买货物的款项支付情况，与A贸易公司备查账簿中金额记载完全吻合，证实A公司员工个人账户中收到的汇款确为广州代理商汇付给A贸易公司的购货款，A贸易公司利用公司员工个人账户收取货款的方式，隐匿企业经营收入。

随后，专案组派出多批办案人员赴南京、厦门、安徽和南昌等地，逐一对与A贸易公司有业务交易往来的35家代理企业的负责人、财务人员和采购人员约谈询问，详细了解A贸易公司与其进行的货物购销、运输以及资金收支往来情况，并制作了详细的询问调查笔录。

外调结果显示，2016～2018年检查年度，A贸易公司备查账簿中涉及的35户外地代理企业与其签订购销协议，多次向A贸易公司购买皮包、皮带、箱包等产品。A贸易公司与各家代理商约定，每次货物交易均以发货单为凭证进行结算，由对方将货款直接汇入出纳员吴某等30多个企业人员个人银行账户中，以此达到账外经营偷逃税款的目的。

谨慎起见，办案人员对A贸易公司近5年交易记录、账簿数据进行反复核算，并与其银行账户资金往来情况仔细核对，相互印证，最终证实二者基本相符。A贸易公司累计隐匿经营收入9958.54万元，偷逃企业所得税2194.23万元，增值税1473.76万元。针对A贸易公司的违法行为，S县国税局稽查局依法对其做出补缴税款、加收税收滞纳金并处罚款5515.02万元的处理决定。目前，案件已移交司法机关作进一步处理。

思考：上述案例对纳税人进行税收筹划有何启示？

第二章 税收筹划的基本策略、实施流程及影响因素

学习目标

通过本章学习，掌握税收筹划的切入点、基本技术及具体方法；熟悉税收筹划方案实施的基本流程及税收筹划的影响因素。

学习要点

税收筹划的切入点、基本技术和具体方法。

案例导入

A企业是一家典型的劳动密集型企业。随着劳动力价格和原材料价格的不断上涨，企业的成本费用越来越高，同时税负也相对较重，企业的利润空间不断压缩。企业的负责人张某毕业于某大专院校的财务管理专业，学习过“税收筹划”课程，他认为，人工成本和原材料成本受到整个市场大环境影响，下降的空间不大，但企业的税负具有一定弹性，可以通过适当的税收筹划减少企业的应纳税款。通过查阅国家相关税法，张某了解到，如果能够吸纳一些残疾人员就业，企业就可以在计算应纳税所得额时按照实际支付给残疾职工工资的100%加计扣除。张某考虑到企业的生产工艺比较简单，残疾人员经过培训后应该也可以胜任岗位要求，于是，在企业招聘员工时，有意识地提高了残疾人员的录取比例。A企业所在地的经省级人民政府批准的最低工资标准为1800元/月，但张某认为，残疾人员的劳动生产率较之正常的员工相对较低，招聘残疾人员时只同意按照1600元/月的标准给他们发放工资，而且，也没有为这些员工缴纳基本养老保险、基本医疗保险、失业保险和工伤保险等社会保险。2019年年初，企业在申报缴纳2018年企业所得税时，对残疾职工的工资进行了加计100%扣除处理。但税务机关经过审核认为，张某企业不符合残疾职工工资加计扣除100%的政策，只能据实扣除。张某想不明白，国家明明有这样的税收优惠政策，为什么自己却无权享受？

思考：A企业进行税收筹划的切入点是什么？为什么其支付给残疾人员的工资不符合加计扣除100%的政策要求？

第一节　税收筹划的基本策略

税收筹划的基本策略是指纳税人在确定税收筹划切入点的基础上，为实现税收筹划目标而采取的各种基本技术和方法的集合。从理论上分析，税收筹划的技术和方法复杂多样，但在实践中，纳税人究竟采取何种方法和手段，首先取决于税收筹划的切入点。需要注意的是，税收筹划的切入点并不唯一，它包括但不仅限于以下几个方面：①选择税收筹划空间大的税种为切入点；②以纳税人构成为切入点；③以影响应纳税额的几个基本因素为切入点；④以不同的财务管理过程为切入点。纳税人选择的税收筹划切入点不同，其采用的筹划技术和方法也应有所差异。一国税制不管多么复杂，但其税种的基本构成要素却是相对确定的，主要包括纳税人、课税对象、税目、税率、纳税环节、纳税期限、纳税地点、减税免税等。实践中，以税种的构成要素为切入点进行税收筹划不失为一种有效的选择。

一、税收筹划的切入点及技术要求

（一）纳税人的筹划

纳税人是指税法规定的直接负有纳税义务的单位和个人。任何一个税种首先解决的就是国家对谁征税的问题。以纳税人为切入点的税收筹划技术要点如下。

1. 避免成为某个税种的纳税人

每个税种都有其特定的纳税人，因此，规避某种税负最彻底的方法就是避免成为该税种的纳税人。比如，根据《中华人民共和国企业所得税法》规定，在中华人民共和国境内，企业和其他取得收入的组织（以下统称“企业”）为企业所得税的纳税人，依照该法的规定缴纳企业所得税，但同时该法也指出，个人独资企业、合伙企业不适用本该法。因此，投资者选择企业的组织形式时，如果要避免缴纳企业所得税，可以考虑设立个人独资企业或合作制企业。

2. 转化为特定类型的纳税人

纳税人的类型不同，其税收待遇是存在一定差别的。比如，企业所得税的基本税率是25%，但是一些特定类型的企业可以适用比较优惠的企业所得税税率。比如，小型微利企业减按20%的税率征收企业所得税，国家重点扶持的高新技术企业减按15%的税率征收企业所得税。为此，在某些情形下，企业可以创造条件让自己成为可以享受优惠税率的企业，从而获得税收利益。再比如，增值税的小规模纳税人和一般纳税人采用不同的计税方法，这两类纳税人的增值税税负孰轻孰重并不能一概而论。在税法允许的范围内，纳税人可以在两种纳税人身份之间进行合理选择。

3. 进行税负转嫁

与纳税人相关的另外一个概念是负税人，它是指实际承担税负的单位和个人。纳税人和负税人有时可能是不一致的，因为在某些情况下，纳税人可以通过某种方式（如提高商品售价）将其缴纳的税款转嫁给其他单位或个人。比较容易进行税负转嫁的税种主要是指一些流转税，如增值税、消费税、营业税和关税。因此，在不能避免成为某些税种纳税人的条件下，纳税人可以根据自身情况通过制定一个合理的价格将其缴纳的税款转嫁给其他单位或个人。税负转嫁的基本方式有前转、后转、混合转嫁及税收资本化等，但不论通过哪种方式进行转嫁，都是通过改变商品或劳务价格的方式实现的。在实践中，还有一些纳税人试图通过签订合同的方式进行税负转嫁，这样可能会导致不必要的损失。

【案例 2－1】

甲公司与乙公司签订了一份一年期的房屋租赁协议，甲公司支付租金 10 万元（不含税），同时代乙公司缴纳房产税、增值税、城建税及教育费附加等相关税费。对于代缴的相关税费，甲公司经理本以为取得了缴款书就可以在年终企业所得税前扣除，然而，主管税务机关却未予认可。那么，通过租赁协议转嫁税费对租赁双方有何负面影响？乙公司和甲公司应如何进行税收筹划？

【解析】《中华人民共和国房产税暂行条例》第二条规定：“房产税由产权所有人缴纳，产权属于全民所有的，由经营管理的单位缴纳。产权出典的，由承典人缴纳。产权所有人、承典人不在房产所在地的，或者产权未确定及租典纠纷未解决的，由房产代管人或者使用人缴纳。”本案例中，乙公司是租赁房产的产权所有人，因此，其应为房产税的纳税人。财税〔2016〕36 号附件一《营业税改征增值税试点实施办法》第一条规定，在中华人民共和国境内销售服务、无形资产或者不动产（以下称应税行为）的单位和个人，为增值税纳税人。本案例中，乙公司是租赁服务的提供者，因此乙公司应为增值税及附加在增值税上的城建税及教育费附加的法定义务人。不过，乙公司通过租赁协议将相关税费转嫁给了甲公司负担。从结果上看，这种做法对于租赁双方都没有好处。首先，由于乙公司（产权所有人）是相关税费的法定义务人，因此它要承担甲公司不缴税款需要补税的风险；其次，承租方代缴的税费无法在企业所得税前扣除，因为该项支出不符合税前扣除的相关性原则。

根据两个企业的实际情况，筹划思路如下：首先，房产税改由乙公司自己缴纳，并提高房屋租赁金额，确保乙公司整体收益不变；其次，通过纳税主体的改变增加甲公司的税前抵扣额；最后，通过签订新的房屋租赁协议达到节税目的。

假设租金在 10 万元（不含税）合同基础上再增加 A 万元（不含税），使得乙公司整体收益不发生变化，那么乙公司的税费支出如下：

增值税＝（10＋A）×5%①

① 根据《纳税人提供不动产经营租赁服务增值税征收管理暂行办法》规定，一般纳税人出租其 2016 年 4 月 30 日前取得的不动产，可以选择适用简易计税方法，按照 5%的征收率计算应纳税额。本案例假定乙公司出租的房产是 2016 年 4 月 30 日前取得。

城建税、教育附加费＝（10＋A）×5%×（7%＋3%）

房产税＝（10＋A）×12%

假定租赁房产的年度折旧额为Y万元，此时乙公司关于此项资产的税后利润为：

［（10＋A）－Y－（10＋A）×5%×（7%＋3%）－（10＋A）×12%］×（1－25%）

而筹划之前乙公司的税后利润为：（10－Y）×（1－25%）

若要保持乙公司在两种方案中税后利润不变，则应满足如下条件：

［（10＋A）－Y－（10＋A）×5%×（7%＋3%）－（10＋A）×12%］×（1－25%）＝（10－Y）×（1－25%）

由此得到A＝1.43（万元）

这就意味着，乙公司租金增加1.43万元（不含税），并自行缴纳相关税费，其整体收益未发生变化。

对于甲公司而言，虽然支付的租金由原来的10万元增加到11.43万元，但新增的1.43万元却可以在缴纳企业所得税前得到扣除，有利于降低甲公司的企业所得税和增加甲公司的税后利润。对于乙公司而言，提高租金后利润并未减少，而且还可以避免因甲公司未能及时代缴税款引发的纳税风险。由此可见，企业签订经济合同需要考虑税收因素，在坚持合同双方共赢的前提下，按税法规定调整合同内容，承租方可以达到节税的目的，出租方也可降低自己的涉税风险。

（二）课税对象的筹划

课税对象是指税法规定对什么征税，是征纳税双方权利义务共同指向的客体或标的物，是区别一种税与另一种税的重要标志。比如，个人所得税的课税对象是自然人取得的各类应税所得，企业所得税的课税对象是指企业的生产经营所得、其他所得和清算所得。以课税对象为切入点的税收筹划技术要点如下。

1. 让课税对象成为免税对象

通常情况下，每个税种都有自己特定的课税对象，但有些税种的课税对象是可以享受免税待遇的。以我国个人所得税为例，对个人取得的国债利息、教育储蓄存款利息所得及国务院财政部门确定的其他专项储蓄存款或者储蓄性专项基金存款的利息所得可以免征个人所得税；个人转让自用达5年以上并且是唯一的家庭居住用房取得的所得也可以免征个人所得税。如果懂得这些规定，纳税人有可能将个人所得转变为免税所得。

2. 尽可能降低税基

税基又称计税依据，是据以计算课税对象应纳税款的直接数量依据，它解决对课税对象课税的数量问题，是对课税对象的量的规定。不管一个税种适用的是哪种类型的税率，在其税率既定的条件下，税种的税基越小，其应纳税额也越小。税法中存在大量可以从计税依据中减除各种扣除额、宽免额、冲抵额的规定，各项扣除越大，计税基数就越小，应纳税额也会越小。例如，企业所得税计算公式为：应纳所得税额＝应纳税所得额×所得税率，“应纳税所得额”是税基，在所得税率一定的情况下，“应纳所得税额”随“应纳税所得额”这一税基的减少而减少。为此，纳税人应当在不影响整体收入的前提下尽可能减小税基。比如，企业可以利用我国企业所得税法中关于研究开发费的加计扣除的规定，加大研究费用的投入，一方面可以增强产品的竞争力，另一方面可以减少应纳税款。

进行税基筹划时需要注意税法中关于扣除的相关规定。以住房转让中的个人所得税为例，《国家税务总局关于实施房地产税收一体化管理若干问题的通知》（国税发〔2005〕156号）规定，个人转让住房缴纳个人所得税按“转让收入一房产原值一转让住房过程中缴纳的税金及有关合理费用”的20%征收。为此，在确认转让收入和房屋原值基础上，税收筹划时要注意两方面的问题：一是纳税人在转让住房时实际缴纳的营业税、城市维护建设税、教育费附加、土地增值税、印花税等税费可以扣除；二是从2006年8月1日起，纳税人按照规定实际支付的住房装修费用、住房贷款利息、手续费、公证费等费用可扣除。但在扣除相关合理费用时，文件要求纳税人必须提供符合要求的凭证，具体要求如下：第一，支付的住房装修费用。纳税人能提供实际支付装修费用的税务统一发票，并且发票上所列付款人姓名与转让房屋产权人一致的，经税务机关审核，其转让的住房在转让前实际发生的装修费用，可以按规定比例扣除。第二，支付的住房贷款利息。纳税人出售以按揭贷款方式购置的住房，其向贷款银行实际支付的住房贷款利息，凭贷款银行出具的有效证明据实扣除。第三，纳税人按照有关规定实际支付的手续费、公证费等，凭有关部门出具的有效证明据实扣除。因此，纳税人发生的各类合法合理的支出，必须取得和保留有效凭证，力求做到应扣尽扣，从而通过降低税基减少应纳税额。再比如，对于企业发生的通过公益性社会团体的捐赠支出，必须取得省级以上（含省级）财政部门印制并加盖接受捐赠单位印章的公益性捐赠票据或加盖接受捐赠单位印章的《非税收入一般缴款书》收据联，方可按规定进行税前扣除。

3. 充分利用起征点或相关税收优惠

我国现行税制中，有些税种可以享受起征点待遇或相关税收优惠，而起征点待遇或相关税收优惠与这些税种的课税对象税额是直接相关的。比如，财税〔2016〕36号附件一《营业税改征增值税试点实施办法》第五十条规定，增值税起征点幅度如下：按期纳税的，为月销售额5000～20000元（含本数）；按次纳税的，为每次（日）销售额300～500元（含本数）。根据《财政部 税务总局关于实施小微企业普惠性税收减免政策的通知》（财税〔2019〕13号），2019年1月1日至2021年12月31日，对月销售额10万元以下（含本数）的增值税小规模纳税人，免征增值税。当纳税人的销售额处于起征点或相关税收优惠的临界点时，可以灵活调整销售额以便充分享受起征点待遇或免税待遇。

【案例2-2】

A企业是增值税小规模纳税人，按照财税〔2019〕13号文的规定，自2019年1月1日至2021年12月31日，如果A企业的月商品销售额不超过100000元，则可以享受免征增值税的待遇。那么，A企业应如何筹划其月销售额？

【解析】首先需要说明的是，对于月销售额10万元以下（含本数）的增值税小规模纳税人免征增值税这一优惠政策，其中的销售额是指不含税销售额。因此，如果A企业的月含税销售额不超过103000元，则可以免征增值税。此时，A企业的销售额越大越好。但如果A企业的月含税销售额超过103000元，则要考虑应负担的税收状况。由于企业月含税销售额超过103000元时，需要缴纳增值税及其对应的城建税和教育费附加[①]，此时存在一个节税点的问题。假定A企业的月含税销售额为X元，商品成本占不含税销售额的比例为k，如果要使商品月含税销售额为X时的税后利润不低于月含税销售额为103000元时的利润，则月含税销售额X应满足如下关系式：

$$\frac{X}{1+3\%}\times(1-k)-\frac{X}{1+3\%}\times 3\%\times(7\%+3\%+2\%)\geqslant 30000\times(1-k)+900$$

通过上式不难发现，企业月含税销售额X的取值与商品成本占不含税销售额的比例k密切相关，因此，不同企业的节税点应该是不同的。

（三）税目的筹划

税目是在税法中对征税对象分类规定的具体的征税项目，反映具体的征税范围，是对课税对象质的界定，凡列入税目的即为应税项目，未列入税目的，则不属于应税项目。在某些情况下，一个税种中不同税目的税率和计税方法可能存在差异，纳税人可以通过适当操作选择税负较低的税目。另外，有些税种在同一个税目下面还设有不同的子目，不同子目的计税方法和税率也并不完全相同。以消费税为例，在其税目“烟”下面分设了“卷烟”“雪茄烟”和“烟丝”三个子目；税目“酒及酒精”下面设立了“白酒”“黄酒”“啤酒”“其他酒”四个子目，税目“小汽车”下面设立了“乘用车”和“中轻型商用客车”两个子目。有些子目还进行了更进一步细分，如“卷烟”又包括“甲类卷烟”和“乙类卷烟”，“啤酒”又包括“甲类啤酒”和“乙类啤酒”，“乘用车”根据气缸容量的不同又被划分为七类。纳税人可以根据不同税目和子目计税方法和税率的特点对税目进行筹划。比如，对于啤酒而言，每吨出厂价（含包装物及包装物押金）在3000元（含3000元，不含增值税）以上的是甲类啤酒，每吨出厂价（含包装物及包装物押金）在3000元（不含增值税）以下的是乙类啤酒。其中，甲类啤酒的税率为250元/吨，乙类啤酒的税率为220元/吨。纳税人可以通过调整啤酒的出厂价格改变其所适用的税目，从而减轻税负。

（四）税率的筹划

税率是对征税对象的征收比例或征收额度，是衡量税负轻重与否的重要标志。中国现行的税率主要有比例税率、定额税率、超额累进税率、超率累进税率。比例税率即对同一征税对象，不分数额大小，规定相同的征税比例，它又可分为三种具体形式：单一比例税率、差别比例税率、幅度比例税率。定额税率是税率的一种特殊形式。它不是按照课税对象规定征收比例，而是按照征税对象的计量单位规定固定税额，所以又称为固定税额，一

① 根据《财政部 国家税务总局关于扩大有关政府性基金免征范围的通知》（财税〔2016〕12号），将免征教育费附加、地方教育附加、水利建设基金的范围，由现行按月纳税的月销售额或营业额不超过3万元（按季度纳税的季度销售额或营业额不超过9万元）的缴纳义务人，扩大到按月纳税的月销售额或营业额不超过10万元（按季度纳税的季度销售额或营业额不超过30万元）的缴纳义务人。

般适用于从量计征的税种。累进税率指按征税对象数额的大小，划分若干等级，每个等级由低到高规定相应的税率，征税对象数额越大税率越高，数额越小税率越低。累进税率因计算方法和依据的不同，又分为全额累进税率、超额累进税率和超率累进税率等。以税率为切入点进行税收筹划的技术要点如下。

1. 充分利用税率差异技术

（1）针对不同税种的税率差异进行税收筹划。只要不同的税种之间的比例税率存在差别，那么按不同税种缴税就会产生不同的税负。在存在差别税率且通过合法的方法可以适用低税种的情况下，企业首先需要考虑按低税负税种纳税的问题。例如，企业的混合销售行为，对增值税一般纳税人来说，需要缴纳增值税，而对于营业税纳税人却需要缴纳营业税。由于增值税的税率和营业税税率并不相同，所以就有了筹划的必要。

（2）针对不同税目的税率差异进行筹划。只要同一税种内不同税目的比例税率存在差别，其税负上就会存在差别。如果客观上存在将一种税目的征税对象转化为另一种税目的征税对象的可能性，那么企业就应该通过将高税率的征税对象转化为低税率征税对象，以降低税负。如果一种产品适用高税率，与之相近的另一种产品适用低税率，而两种产品之间存在转化的可能，那么就可以通过将一种产品转化为另一种产品而适用低税率；如果企业对外提供的一项劳务适用高税率，另一种劳务适用低税率，而两种劳务之间存在可转化性，那么企业就可以通过将一种劳务转化为另一种劳务而适用低税率。

2. 通过分别核算适用不同的税率

企业在对外提供劳务或销售货物时，交易对象往往并不是单纯的，而是具有一定的复杂性。如果税法规定不同性质的交易适用不同的税目，不同税目的税率存在差异，而企业又没有办法将全部交易转化为低税率的话，那么分别核算交易事项、分别适用不同的税率是一种明智的选择。比如，某企业既销售普通货物，又销售免税商品，在这种情况下，最好能将两类商品分别核算，以防税务部门进行纳税调整致使企业多交税款。

3. 运用分割技术降低适用的税率

分割技术就是使应税所得、应税财产在两个或更多纳税人之间进行分割而减少税收的筹划技术。很多国家的所得税与财产税都是累进税率，计税基数越大，适用的边际税率越高。将所得或财产在利益相关人之间进行分割，可以降低税基，从而适用较低的税率，达到节减税收的目的。比如，一对英国夫妇有 40 万英镑在丈夫名下的共同财产，他们有一个儿子。丈夫有这样的想法，如果他先去世，要把共同财产留给妻子，因为英国规定，丈夫给妻子的遗产可以免征遗产税，妻子去世后再将财产留给儿子，财产并没有发生被征两次遗产税的情况。丈夫寻求税务咨询，税务顾问建议，正确的做法是丈夫生前就把 40 万英镑的共同财产分为两部分，自己留下 32.5 万英镑财产，把 7.5 万英镑财产划到妻子名下，在他去世时把他那部分财产留给儿子，妻子去世时再把她那部分财产留给儿子。因为尽管丈夫的财产遗赠给妻子时免税，但妻子去世时留给儿子的遗产超过 32.5 万英镑的部分要按 40%的税率向英国政府缴纳遗产税。英国的遗产税实行夫妇分别申报纳税，在遗产税上每个人都享有 32.5 万英镑的免税额。这里面有一个不是人人会发现的税收陷阱，就是每个纳税人也只有 32.5 万英镑的免税额。所以，丈夫生前就把共同财产分成两个都小于 32.5 万英镑的部分，由夫妇各自把自己部分的财产留给儿子，可以节减遗产税。

（五）纳税环节的筹划

纳税环节主要是指税法规定的征税对象在从生产到消费的流转过程中应当缴纳税款的环节。广义的纳税环节指全部征税对象在再生产中的分布，如资源税分布在生产环节，所得税分布在分配环节等。狭义的纳税环节指应税商品在流转过程中应纳税的环节，是商品流转课税中的特殊概念。在商品经济条件下，商品从生产到消费通常经过产品制造、商业批发、商业零售等环节。商品课税的纳税环节，应当选择在商品流转的必经环节，如果对所有环节都征税，可能会造成税负的不公平，因为有些产品从制造到零售要经过多次商业批发环节，有些产品却可能只经过一次商业批发环节或者未经批发直接进入零售环节，甚至还可能不经过商业零售直接进入消费环节。按照纳税环节的多少，可将税收课征制度划分为两类，即一次课征制度和多次课征制度。一次课征制度是指一种税收在各个流通环节只征收一次税，如我国的消费税、车辆购置税等。多次课征制，指一种税收在各个流通环节选择两个或两个以上的环节征税，如我国的增值税。

利用纳税环节进行纳税筹划时，应尽可能避开或推迟纳税环节的出现。比如，关联企业中生产（委托加工、进口）应税消费品的企业，如果以较低价格将应税消费品销售给其独立核算的销售部门，则可以降低计税依据，从而减少应纳消费税税额。而独立核算的销售部门在销售商品时，只缴纳增值税，不再缴纳消费税，这样可使集团的增值税税负不变的情况下降低了消费税税负。

（六）纳税期限的筹划

纳税期限是税法规定的纳税人、扣缴义务人发生纳税义务或者扣缴义务以后向国家缴纳税款或者解缴税款的期限。纳税期限是根据纳税人的生产、经营规模和应纳税额的大小以及各个税种的不同特点确定的，包括纳税计算期和税款缴库期。根据《中华人民共和国增值税暂行条例》的规定，增值税的纳税期限分别为 1 日、3 日、5 日、10 日、15 日、1 个月或者 1 个季度。纳税人的具体纳税期限，由主管税务机关根据纳税人应纳税额的大小分别核定；不能按照固定期限纳税的，可以按次纳税。纳税人以 1 个月或者 1 个季度为 1 个纳税期的，自期满之日起 15 日内申报纳税；以 1 日、3 日、5 日、10 日或者 15 日为 1 个纳税期的，自期满之日起 5 日内预缴税款，于次月 1 日起 15 日内申报纳税并结清上月应纳税款。

纳税人在合法的期限内纳税，是不会被加收滞纳金的。同样是合法纳税，从时间上来说，有的纳税期限对企业有利，有的对企业不利。如果纳税人在合法的期限内尽量推迟纳税时间，不但有利于资金周转，还可以获取一定额外的利息收入，达到合理避税的目的。按照现行税法规定，纳税人应在填发税款缴纳证的次日起的 7 日内向指定银行缴纳税款，这其中星期日和节假日除外。1995 年 5 月以来，中国开始在全国范围内推行五天工作制，即一周两天休息制，另外再加上众多的国家法定节假日，这样就为企业进行延迟纳税筹划提供了机会。另外，当纳税人因有特殊困难，不能按期缴纳税款时，经省、自治区、直辖市国家税务局、地方税务局批准，可以延期缴纳税款，但是最长不得超过三个月。这里所说的特殊困难包括以下两种类型：①因不可抗力，导致纳税人发生较大损失，正常生产经营活动受到较大影响的；②当期货币资金在扣除应付职工工资、社会保险费后，不足以缴纳税款的。

与纳税期限相关的另外一个概念是纳税义务发生时间，它是指应税行为发生的时间。在通常情况下，税法对某个税种的纳税义务发生时间都有较为明确的规定。以增值税为例，根据《中华人民共和国增值税暂行条例》及《中华人民共和国增值税暂行条例实施细则》的规定，增值税纳税义务发生时间如下：销售货物或者应税劳务，为收讫销售款项或者取得索取销售款项凭据的当天；先开具发票的，为开具发票的当天；进口货物，为报关进口的当天。不同的销售结算方式下，增值税的纳税义务发生时间是不同的，纳税人通过调整销售结算方式可以改变纳税义务发生时间。例如：某电缆厂（增值税一般纳税人）当月发生的电缆销售业务有 3 笔，货款总计 1800 万元（不含税价）。其中，第一笔 800 万元，货款两清；第二笔 300 万元，两年后一次付清；第三笔 700 万元，其中一年半后付 500 万元，余款 200 万元两年后结清。企业若对以上 3 笔业务全部采取直接收款方式，则应当在当月全部计算销售额，计提销项税额共计 234 万元（1800 万×13%）；若对未收到的货款不计提销项税额，则违反了税法规定，少计销项税额 130 万元（1000 万×13%），属于偷税行为；若对未收到的 300 万和 700 万元应收账款，分别采用赊销和分期收款的结算方式，就可以延缓纳税时间。但应注意的是，纳税人在采用赊销和分期收款销售结算方式时应在书面合同中约定收款日期，同时避免先开具发票，否则无法达到递延纳税的目的。

递延纳税并不能减少纳税的绝对额，但推迟缴税的时间相当于得到一笔无息贷款，考虑到货币时间价值和机会成本因素，相对来说节减了税款。又如，利用税法中规定的某些固定资产可以采取加速折旧的政策，尽量将应缴纳的企业所得税推迟到以后年度，也是延期纳税技术的应用。

（七）减免税的筹划

减税、免税是税法对某些纳税人或课税对象的鼓励或照顾措施。减税是减征部分应纳税款，免税是免征全部应纳税款。减税免税规定是为了解决按税制规定的税率征税时所不能解决的具体问题而采取的一种措施，是在一定时期内给予纳税人的一种税收优惠，同时也是税收的统一性和灵活性相结合的具体体现。

1. 免税技术

免税技术是指使纳税人避免纳税义务，或使纳税人从事免税活动，或使征税对象成为免税对象，从而免纳税收的直接节税的筹划技术。免税是国家对特定地区、行业、企业、项目或某种情况给予的完全或部分免纳税收的优惠。免税的方式有法定减免、特定减免和临时减免三种，其中法定减免是主要形式，后两种免税方式具有不公平性和随意性。世界各国都对特定减免和临时减免相对限制，但由于我国经济正处于转型时期，税制中出现了不少的特定和临时免税的条款。企业应充分利用这些免税条款，达到节税目的。

免税技术具有以下特点：①运用的是绝对节税原理，直接免除纳税人的应纳税额，属于绝对节税型税收筹划技术；②简单易行，一般不需要利用数理、统计、财务管理等专业知识进行税收筹划，也无须通过复杂的计算，甚至不用计算，不用比较，就能知道是否可以节减税收，技术非常简单直观；③适用范围窄，免税是对特定纳税人、征税对象及情况的减免，如必须从事特定的行业，在特定的地区经营，要满足特定的条件等，才能享受免税待遇，而这些不是每个纳税人都能或都愿意做到的，因此，免税技术往往不能普遍运用，适用范围狭窄；④具有一定风险性，在能够运用免税技术的企业投资、经营活动中，往往有一些是被认为投资收益率低或风险高的地区、行业、项目和行为。为此，运用免税技术时应注意以下两点。其一，使免税期尽量最长化。在合法、合理的情况下，尽量使免税期最长化。许多免税都有期限规定，免税期越长，节减税收越多。其二，使免税待遇尽量更多。在合法、合理的前提下，应当争取尽可能多的项目获得免税待遇。与缴纳税收相比，免征的税收就是节减的税收，免征的税收越多，节减的税收也越多。

2. 减税技术

减税技术是指在合理合法的前提下，使纳税人减少应纳税额而直接节税的税收筹划技术。减税是按照税收法律、法规，减除纳税人一部分应纳税款，是对某些纳税人、征税对象进行扶持、鼓励或照顾，以减轻税收负担的一种特殊规定。由于减税的基本原理与特点与免税基本一致，二者也经常结合使用，习惯上称之为“减免技术”，在此不再赘述。

税法中的减免税有两种方式：一是出于照顾性目的的税收减征，是国家对不可抗拒的原因造成的财物损失而进行的财物补偿，如对于遭受自然灾害地区的企业、残疾人员经营行为的税收减征；二是出于奖励性目的的税收减征，是对纳税人贯彻国家产业政策的财务奖励，比如对从事国家重点扶持的公共基础设施项目投资经营所得、从事符合条件的环境保护和节能节水项目的所得给予的“三免三减半”减免优惠。

二、税收筹划的具体方法

税收筹划的具体方法是在现行税法框架下，为获取税收利益，利用基本税收筹划技术而采用的具体方法。主要是从缩小税基、降低税率、免减税等方面进行筹划，常见的具体方法有以下几种。

（一）转让定价法

转让定价法又称转让价格法、价格转让法，是指关联企业之间进行产品交易和劳务供应时，为均摊利润或转让利润，根据双方的意愿，制定低于或高于市场价格的价格，以实现减轻税负的目的。它是企业进行纳税筹划的最基本的方法之一。

由于买卖双方均有权根据自身情况确定所生产和经营产品的价格标准，因而转让定价法被企业广泛运用。关联企业通过转让定价的方法，把企业利润由高税区转移到低税区甚至转移到国外。从关联企业整体来看，一个或几个关联企业的高进低出，必然伴随着另一个或几个关联企业的低进高出，其总体利润并未变化，但通过人为安排在不同地点成员企业间转移利润，就可以达到减轻集团税负的目的①。

① 我们将在国际税收筹划一章中对此方法进行更加详尽的介绍。

（二）成本费用调整法

成本费用调整法是指企业通过对不同会计期间成本费用进行调整或分配（摊销），以达到调节各年度应税所得，使企业综合税负降低的避税方法。成本费用调整法应用的基本前提是合法性，税法和会计制度中关于成本费用计价或摊销的政策或具体方法是具有一定弹性的，在法律法规许可的范围内对成本费用进行科学的分配以减轻企业税负，正是体现财务管理人员价值的重要方面。利用成本费用调整法进行税收筹划的范围很广，存货发出计价、长期资产摊销是两个重要方面。

存货发出计价方式对计算所得税影响很大，现行税法规定企业可以采用先进先出法、加权平均法、个别计价法等。当物价持续上涨时，宜采用加权平均法；当物价持续下降时，则采用先进先出法。这样可以使销货成本提高，减少当期利润，达到减少所得税的目的。当然，在运用存货计价进行税收筹划时要注意法规中关于“不得随意改变存货计价方式”的规定。

长期资产是被资本化了的费用支出，这些资产需要在其使用周期内摊销，即分期转化为各核算期的费用。从整个资产寿命周期考虑，摊销费用的总计金额是确定的，但每年具体分摊多少却会影响到各年应缴的所得税金额。从税收筹划的角度，在利润高的年份应该多摊，在亏损年度应该少摊，但这种思路在现实中是很难实现的，原因是企业不可能准确预计各年盈亏，国家也不会许可不规则的摊销政策。实践中，考虑到货币时间价值和机会成本的客观存在，对于固定资产折旧、无形资产和长期待摊费用的摊销，应选取最大限度地缩短折旧年限和加速折旧以及缩短摊销年限的方法，以获得相对节税的好处。

（三）融（筹）资避税法

融资避税法又称为资本弱化避税法，是利用选择融资方式调节融资费用使企业整体税后利益最大化的方法，这也是关联企业之间常用的一种避税形式。企业融资方式可分为负债融资与股权融资两类，负债融资的利息计入财务费用，可以在缴纳所得税前扣除，而股权融资的股息只能在税后利润中支付。资本弱化是指企业通过加大借贷款（债权性筹资）而减少股份资本（权益性筹资）比例的方式增加税前扣除，以降低企业税负的一种行为，因此，有些企业为了加大税前扣除而减少应纳税所得额，在筹资时多采用借贷款而不是募集股份的方式，以此来达到避税的目的。融资避税法的应用一般是通过集团内企业相互之间提供贷款，利用降低或提高利息费用把利润由高税负企业向低税负企业转移，从而减轻集团整体税负。虽然目前各国税法中均规定了反资本弱化条款，但由于不同国家关于这方面的立法原则、立法方式、立法内容均有较大的差异，实际操作中判断是否实质上为资本弱化的界限也难以把握，故融资避税法的使用仍有一定的弹性空间。

（四）临界点筹划法

税法中有大量的关于临界点的规定，纳税人的某些特征在临界点之上或之下会导致其税负的较大差异，比如，增值税法和营业税法中存在起征点，当纳税人货物销售额或应税劳务收入额达到起征点时需要全额课税，当未达到起征点时无须缴税；工资、薪金所得适用七级超额累进税率，当工资、薪金应纳税所得额达到一定临界值后，其适用的税率会上升一个等级；企业所得税法中对小型微利企业的资产总额、员工人数和年应纳税所得额也规定了具体的标准，如果达到这些标准就可以享受20%的低税率。总而言之，在我国现行税制中，税基、税率和税收优惠政策都存在不少临界点的规定，临界处理的筹划方法应用是比较广泛的。

（五）转换筹划法

一国税法既有较强的原则性，又有一定的灵活性，再加上税务机关自由裁量权的广泛存在，这使得纳税人通过变通和转换寻找税收筹划空间成为可能，具体包括纳税人的转换、课税对象的转换、税目的转换、销售方式的转换、融资方式的转换、收入形式的转换、组织形式的转换，等等。比如，在纳税人身份方面，个人可在居民纳税人和非居民纳税人之间进行转换，从而会产生不同的纳税义务。转换筹划法是一种十分重要的税收筹划方法，其应用范围十分广泛。

（六）低税区避税法

低税区避税法是被普遍采用的避税方法。低税区包括税率较低、税收优惠政策多、税负较轻的国家和地区。低税区避税法的使用有两种思路：一是将企业设立在各国政府，为鼓励投资而设立的各种经济特区、保税区、开发区等，从而合法降低税负；二是在“避税天堂”（如英属维尔京群岛、列支敦士登、摩纳哥、荷属安的列斯群岛等）设立离岸公司以逃避纳税。近年来，传统的“避税天堂”由于在国际上声名狼藉而备受打击，但新的“避税港”却在不断涌现，另外，一些低税国家或地区，如瑞士、新加坡、中国香港地区等，是否达到“避税天堂”的界限也存在很大争议，故利用各国（地区）税制差异选择低税区避税仍是跨国公司最热衷的税收筹划方法。当然，低税区避税法不仅在国际税收筹划中得以普遍应用，其在国内税收筹划中也有一定用武之地。2008年之前我国的企业所得税优惠政策集中体现为“区域优惠为主”的特点，不同地区的税率和税优惠政策存在较大差异，给企业留下了较大避税空间。不过，2008年实施新企业所得税法后，企业所得税的优惠政策开始呈现“产业优惠为主，区域优惠为辅”的特点，过去利用国家不同地区的税率和税收优惠政策差异进行税收筹划的空间较之以前有所缩小。十八届三中全会审议通过的《中共中央关于全面深化改革若干重大问题的决定》明确提出：“按照统一税制、公平税负、促进公平竞争的原则，加强对税收优惠特别是区或税收优惠政策的规范管理。税收优惠政策统一由专门税收法律法规规定，清理规范税收优惠政策。”由此推断，今后我国的“税收洼地”现象将会进一步弱化，低税区避税法的应用空间将会继续收缩。

需要强调的是，尽管上述税收筹划方法在实践中是比较常见的，但税收筹划的方法绝不局限于以上所述，纳税人可以根据自身实际，选择和发掘适宜的筹划方法。

第二节 税收筹划的实施流程

“凡事预则立，不预则废”，税收筹划也必须遵循计划、实施、控制、评价、完善等科学管理程序。虽然未必每项税收筹划活动都必须有一整套完善的筹划方案，但其一般需要遵循一定的实施流程。

一、选择税收筹划的主体①

税收筹划的主体是指进行税收筹划行为的单位或个人。在税收筹划实践中，有的企业利用内部的财务人员进行税收筹划的设计和实施（简称“自行税收筹划”），有的企业则采取的是委托中介机构来实施税收筹划的模式（简称“委托税收筹划”）。这两种模式各有利弊，纳税人应该根据自身所处环境做出适当的选择。

（一）自行税收筹划利弊分析

自行税收筹划指由税收筹划需求主体自身为实现税收筹划目标所进行的税收筹划自行税收筹划要求需求主体拥有掌握税收筹划业务技能、具备税收筹划能力的专业人员，能够满足自行税收筹划的要求。对于企业而言，自行税收筹划的主体一般是以企业内财务部门及其财务人员为主。

自行税收筹划的优势在于三个方面。其一，可操作性强。由于纳税人对自身情况非常了解，设计出来的税收筹划方案比较结合实践，可操作性很强。其二，保密性强。进行税收筹划需要详细了解企业财务数据与生产经营秘密，由企业内部则务人员进行税收筹划有利于保守商业秘密。其三，直接成本较低，税务筹划本身也属于财务管理活动范畴，由内部财务人员开展此项工作，企业就不需要额外支付高额的费用，其筹划的直接成本是比较低的。

自行税收筹划的局限性具体表现在两个方面。其一，方法、思路的局限性。由于纳税人自行税收筹划主要依赖于内部财务人员，其筹划的视角只能在本企业、本行业或者是某个特殊的生产经营阶段，获取信息量存在不对称，设计出的税收筹划方案可能立意不高、思维面窄、效果较差。其二，风险评估能力弱。由于我国税收法规和税收政策的复杂性，需求主体很难独立精确把握税法规定，对税收筹划方案带来的风险评估能力较弱，自行税收筹划的成本与风险较大，且风险自担。因此，自行税收筹划应用较少，主要适用于较为简单和可以直接运用税收优惠的税收筹划项目。

（二）委托税收筹划的利弊分析

委托税收筹划是指需求主体委托税务代理专业机构或税收筹划专家进行的税收筹划。

委托税收筹划的优势在于两个方面。其一，设计的税收筹划方案更加专业。税务代理专业机构更加关注最新税收法规信息，而且见多识广，研究精细，其设计的税收第方案立意较高，可选择的操作方法较多，并且具有一定的启发性，专业优势突出。其二，税务代理专业机构评估税收筹划风险能力强。由于专业机构主持税收筹划活动多通晓税收筹划及其执行全过程，参考案例较多，对税收实际问题的判断相对准确，评项目风险能力强，能够大胆设计操作方案，税收筹划效果好。另外，在与税务机关的期交往中也非常清楚其认定情况的角度，从而将税收筹划方案的失败风险控制在一定程度之内。

---

① 李大明．对税收筹划若干问题的认识［J］．财政监督，2010（4）．

委托税收筹划也存在一定风险，这些风险表现在三个方面。其一，操作性不够风险。这是因为专业机构即使调研得再深入，对企业运行的了解程度毕竟不如纳税人身，因而，其设计的方案有可能操作性不够，在实际执行中难以达到预期效果。故委托税收筹划也需要企业内部相关部门和人员的充分配合。其二，商业机密泄露风委托外部专业机构进行税收筹划，显然会增加企业的商业机密被泄露的可能性。关于要委托有良好声誉的实力较强、职业规范严谨的专业机构。其三，不符合成本效益原则风险。税收筹划是高智商行为，按照有偿服务原则，聘请中介机构进行税收筹划，肯定费用不菲。一般情况下，方案执行后，税收筹划产生的直接收益应远远超过筹划直接成本，这也正是税收筹划的意义所在。但是，也存在筹划方案产生收益小于所支高昂费用的可能性。

由于税务代理专业机构或税收筹划专家具有丰富的税收专业知识和较强的税收技能，其制订的税收筹划方案的成功率相对比较高，而且还能通过约定由委托方与方共同分担风险，因此，根据风险与报酬平衡原则，委托税收筹划是比自行税收筹率更高、效果更好的税收筹划形式。这种形式主要适用于企业大型税收筹划项目和业务复杂、难度较大的税收筹划专门项目。当前我国受托提供税收筹划服务的主要是税务师事务所、会计师事务所，以及其他相关税务服务中介机构。在委托税收筹划活动中，税收筹划需求方与供给方必须签订书面委托合同。合同内容应依据我国现行的有关法律法规及税务代理办法的规定，明确双方的权利和义务，以维护委托方与受托方的合法权益，确保税收筹划顺利实施。

二、收集税收筹划相关信息

充分可靠的相关信息是税收筹划工作的基础，在进行具体筹划之前，必须收集以下基本信息。

（1）企业基本情况。不同企业的基本情况及纳税要求有所不同，在计划税收筹划活动时，首先要了解企业以下基本情况：企业组织形式、经营范闱、财务状况、会计政策、筹资方式、投资方向、管理层对风险的认识等。在资料收集中应强调资料的真实性、准确性。客观准确的财务数据是进行税收筹划方案设计的重要依据，关系到税收筹划方案的选择与实施效果。对于委托税收筹划项目，委托方必须为受托方提供真实准确的相关信息，尤其是重要的财务数据，否则很可能会造成税收筹划项目失败。受托筹划人要深入企业做好相关资料的收集工作，要取得第一手资料，不能闭门造车或想当然地编造数据，对于关键数据要反复查证落实；对需要根据原始数据进行计算的数据指标，要保存好原始数据及数据来源凭据，便于复核，以保证税收筹划方案的各项数据都经得起推敲与检验。另外，作为税收筹划人要遵守行业规范，妥善保存企业资料，做好保密工作。

总之，企业自身的情况是税收筹划的出发点，进行税收筹划不仅必须掌握企业内部信息，如理财目标、经营情况、财务状况、对风险的态度等信息，还要了解企业既往至今的相关涉税事宜，包括有关申报、纳税及与税务机关关系等情况，这些都有助于制订合理有效的企业税收筹划方案。

（2）企业涉税相关法律法规分析。进行税收筹划，必须充分了解与企业相关的国家税收法律、法规、文件中的具体政策及精神，坚持税收筹划的不违法性或合法性。实践中，要具体做到以下几点。

一是要充分运用各种方式多渠道获取税收法规信息，包括税收法律、税收行政法规、税收规章制度，越详尽越充分越好。至于与筹划企业相关的财税政策和法规的获取，一般有以道：①通过税务机关寄发的免费税收法规资料；②通过到税务机关索取免费税收法规资料；③通过图书馆查询政府机关有关出版物；④通过政府网站或专业网站查询政府机关的免费电子税收资料库；⑤通过订阅和购买政府机关发行的税收法规出版物；⑥通过订阅和购买中介机构出于营利目的的税收汇编法规资料；⑦12366 纳税服务热线。

二是要领会这些相关税收法规的立法精神和政策导向，以便在税收筹划中充分运用现行的税收法律法规及税收政策，满足合法性要求，规避税收筹划中的税务纠纷和风险。

三是要掌握其他相关法规的内容，如国家的金融投资法规、财务会计法规、合同法、公司法及涉及国家对调节行业发展的各项经济政策尤其是优惠政策等，使税收筹划方案更完善，在维护自身的合法权益的同时，也不会与相关法律法规相冲突。

另外，虽然在理论上税收筹划与逃避缴纳税款有不同含义，但在实践中一般要通过税务机关的认定和判断，而认定和判断又随主观与客观条件的不同而有不同的结果，因此企业在运用税收筹划时，必须了解主管税务机关的观点，在反复研讨的基础上做出筹划。否则，在贯彻筹划措施时一旦被视为逃避缴纳税款，就会得不偿失。

三、确定税收筹划的目标

税收筹划的目标不能简单地理解为税负最小化。在保证其他经济目标不受影响的前提下，如果因为筹划后将原本应该缴纳的税减免或延期，以及将原本应该缴纳的金额较大的税负减少，这都是成功的筹划。而如果因为筹划虽然降低了税负，却影响了其他经营活动或者经济指标，那么税收筹划就可能是得不偿失的。从科学发展观的角度来看税收筹划的终极目标是企业价值最大化，但在短期内，税后利润最大化可能是一个更为实际的目标。由于纳税人在不同的发展阶段目标定位会有所差异，筹划主体在确定税收筹划的目标时，应当考虑纳税人的实际需要。

四、设计备选的税收筹划方案

在掌握相关信息和确立目标之后，就可以着手设计税收筹划的具体方案。税收筹划方案的设计需要综合考虑收入、成本、费用、利润、现金流量等因素，一般按以下步骤进行：首先，对具体涉税问题进行认定，即涉税项目的性质，涉及哪些税种等；其次，对涉税问题进行分析，即涉税项目的发展态势，引发后果，税收筹划空间大小、需解决的关键问题等；最后，设计多种备选方案，即针对涉税项目，设计若干独立的备选方案，每项方案均建立确定数学模型，包括涉及的经营活动成果、财务运作和会计处理配套措施。从理论上讲，每个方案要力求做到“四有”，即每一个纳税方案都要有详细的数据及其计算过程，一切以数据说话；每一个纳税方案都要有相关的法律法规及税收政策依据，一切以现行的法律法规为依据；每一纳税方案都要有利弊分析，一切以利大于弊为选择原则；对列举的各种方案要有筹划人的建议选择的意见以及实施方案应注意的有关问题和配套条件。

五、评选最佳方案

每个税收筹划方案都是多种筹划技术的组合运用，其实际措施与面临的风险也有所不同。在实际筹划中，税收筹划人有必要将设计的多种纳税方案提供给生产经营决策者或委托筹划人，向他们说明各种方案的利弊得失及可能产生的风险，并提出本人的选择建议，征求他们的意见。对备选方案进行选择时，需要进行以下分析：①合法性分析，税收筹划的首要原则是合法性，以规避法律风险；②可行性分析，税收筹划的实施需要多方面的条件，企业必须对方案的可行性做出评估，包括时间、人员、趋势预测；③财务分析，各项方案的经济结果有所不同，财务上可行是筹划方案选择的基本依据；①风险分析，进行税收筹划活动，必然伴随着风险，风险是否在可控范围内是筹划方案优劣的重要标准。企业要对多种方案进行综合评估，选择出最佳方案。

六、实施、监控、调整税收筹划方案

税收筹划方案选定之后，经相关决策部门批准，即进入实施阶段。企业应当按照选定的税收筹划方案，贯彻落实具体措施，对自己的纳税人身份、组织形式、注册地点所从事的产业、经济活动及会计处理等方面做出相应的调整或改变，并在实施过程中详细记录、分析筹划方案取得的收益。需要说明的是，在税收筹划方案的实施过程中，应有专门责任人员对方案实施过程进行动态监控，以防止落实偏差。当方案设计时的背景条件发生变化或者方案设计中的失误造成税收筹划方案实施遇阻或不能实现时，应及时对税收筹划方案进行修正或调整。如果在方案实施中与税务机关发生税务纠纷，税收筹划人应按法律规定或委托书的约定帮助企业予以协调或代理处理税务纠纷。如果出现对纳税人不利的法律后果，根据双方事前签订的委托书的约定内容，属于税收筹划人的责任的，税收筹划人应当承担赔偿纳税人损失的责任。

这里需要强调的是，在税收筹划实践活动中，由于筹划人只能根据法律条文和法律实践设计筹划方案并做出判别，而税务机关与筹划人对于税法条款的理解可能不同，看问题的角度也可能存在差异，因此，可能会对一项税收筹划方案形成不同的认识，甚至持截然相反的观点，在税收筹划方案的认定和实施方面可能会导致涉税纠纷。在税收筹划方案的实施过程中，筹划企业应该尽量与税务机关进行充分的交流与沟通，实现税务协调；如果真的导致税收纠纷，筹划企业应该进一步评估筹划方案的合法性，合理合法的方案要据理力争，不合法的筹划方案要放弃。

七、评估方案执行结果

企业要建立信息反馈制度，无论税收筹划方案执行的结果是否达到预期，都要及时反馈给税收筹划方案的设计者，由其提出完善的建议。企业决策者也需要对税收筹划方案实际执行的效果进行综合评价，考核其经济效益是否实现了预定目标。

八、留存归档

税收筹划方案的制订、实施、结果评价等过程记录，需要有专门人员负责立卷归档。

税收筹划档案是非常重要的资料，一方面可作为信息查询、业绩评价的直接依据；另一方面又可为以后的税收筹划活动奠定基础。

第三节 税收筹划的影响因素

税收筹划是一项系统工程。对于筹划企业来说，选择了最优的税收方案筹划方案并不意味着都能达到预期效果，税收筹划能否成功实施受到很多环境因素的共同影响和制约。从筹划企业自身角度出发，税收筹划的影响因素包括外部因素与内部因素两大类①。

一、外部因素

（一）税制因素

税制即税收制度，是一个国家在既定的管理体制下设置的税种及与这些税种的征收、管理有关的、具有法律效率的各级成文法律、行政法规、部门规章等的总和。税收制度与税收筹划双生双伴，税收筹划必须以税收制度为导向。

税收制度常常随着经济法律环境的改变而发生变化，但这种被动的改变通常会有所滞后，一些新情况、新问题的出现使得原有的税收规定出现了漏洞和空白，如近年来迅猛发展的网店销售如何征税问题。而且，税制也不可避免地存在一些漏洞和缺陷，其中也包括国家为引导经济的良性运行而故意设置的税收差异，如不同行业、地区的减免税差异等。这就为企业的经营行为提供了税收选择的空间。事实上，也正是这些差异和漏洞成就了税收筹划。但这些漏洞和差异不是永久性的，随着税收制度的完善，税收筹划方案可能会因为政策的调整而变得毫无价值，甚至成为逃税行为。

企业在利用税制因素进行筹划时要注意两个原则。其一，合法与合理原则。税收筹划是纳税人在不违法的前提下对纳税行为的巧妙安排。税收筹划不仅要符合税法的规定，还要追随国家政策导向。纳税人应正确理解税收政策规定，贯彻税收法律精神，在税收法律法规允许的范围内进行税收筹。其二，动态原则。从法制完善的角度来说，税法是不断补充完善和发展的，纳税人可利用的税法漏洞会随着税收法律制度的完善越来越少。从宏观调控的角度来说，社会经济环境的变化会导致国家宏观政策导向的转移企业可用于税收筹划的税收政策的着重点也会发生转移，税收筹划要因时而异，企业应密切关注税收制度的变化而对筹划方案进行相应调整。

（二）会计制度因素

我国实行统一的会计制度，国家统一的会计制度是指国务院财政部门根据《会计法》制定的关于会计核算、会计十监督、会计机构和会计人员及会计工作管理的制度，包括规章和规范性文件。

我国实行的是以投资者为导向的会计制度，与现行税法在关于收入、费用确认标准方

① 参考资料来源：谭韵．对影响企业税务筹划因素的探讨［J］．市场论坛，2005（7）．

面存在不少差异。会计制度与税收制度并存的一种状态，即财税分离，意味着纳税主体在对涉税经济业务进行账务处理时，先以会计制度核算要求作为会计要素确认和计量的标准，在遇到会计核算制度规定的会计要素确认计量标准与税法不一致时，采取纳税调整的方法进行处理。正是财税分离的存在才促成了企业的纳税调整行为，在这场与税收征管机关的纳税行为博弈当中，企业作为理性纳税人只有选择税收筹划才能达到战略均衡，从而实现自身目标。事实上，正是财税分离使税收筹划有更大的发挥空间。如果财税合一，即企业的会计处理完全以税法为导向，两者不再有任何差异，则纳税调整行为便无从谈起，税收筹划的空间将被极大地削减，其存在的价值也将因此大打折扣。

（三）经济环境因素

税收筹划企业税收筹划是市场经济个体的一种经营决策，个体的经济活动必然会受到整体经济环境的影响，很多理论上可行的方案在实践时会变得举步维艰。例如，新办企业投资地点会考虑首选在税负较低的特定地区，但同时必须面对激烈的市场竞争，高昂的经营成本，偏低的投资收益；如果选择在西部开发地区或者少数民族地区设立企业，也可以享受不少税收优惠，但可能会面临自然环境恶劣、投资配套不完善、管理手段落后、供求关系不稳定、运输费用高昂等问题。总之，客观经济环境对税收筹划方案的影响不容忽视。

企业应根据国民经济运行的数据，客观分析客观经济环境对企业经营的影响，并科学预测行业的发展前景，为税收筹划提供相应的参考信息。尤其在投融资方面，企业必须充分掌握对项目相关的经济信息，进行合理的分析，如果割裂投融资计划与客观经济环境的有机联系，片面强调税收筹划，很可能会导致投资项目整体失败。

（四）执法差异因素

我国幅员辽阔，各省市之间经济情况复杂多变，税收征管人员业务素质参差不齐对税制政策理解也会有所不同，这样就形成了税收政策法规执行上的差异，主要表现在以下几个方面。

（1）自由量裁权。税法中对具体税收事项常留有一定的弹性空间，即在一定的范围内税务人员可以选择具体的征管方式。例如，税务征收机关可以根据纳税人的具体情况采取不同的税款征收方式，包括定期定额征收、查账征收、查定征收、查验征收等；对于偷税行为税务机关可以对纳税人处以所偷税款50%以上至5倍以下的罚款；等等。

（2）征管水平差异。税务人员在对政策的理解、贯彻的方式、执法的公平公正程度等方面存在偏差。

（3）国家管理机关信息不对称。例如，税务机关和其他工商行政管理机关之间信息不能共享，国税、地税征收机关之间信息交流不及时，税收征管机构内部各职能部门协调不足等。

利用执法差异因素进行税收筹划，前提是企业拥有良好的沟通能力，在进行具体筹划时必须做到以下几点。首先，必须取得税务管理人员对税收筹划方案的认可，否则即使是合法的筹划方案也可能由于税收执法人员理解上的差异变得毫无价值。其次，争取税务部门采取有利于企业的具体征收管理方式。最后，企业要有综合协调沟通渠道保持顺畅交流的不仅仅是税务部门，还包括其他相关国家经济管理部门。

二、内部因素

（一）企业管理当局的风险偏好

由于税收征管双方的权利义务并不对等，企业任何涉及税务的主动安排都具有一定的风险性。企业治理层、管理层对风险偏好的态度决定了其进行税收筹划的可能性。不同风格的企业领导对节税风险的态度是不同的，开拓型领导人往往愿意冒更大的风险节减最多的税，稳健型企业领导人则往往希望在最小风险的情况下节减税收。

（二）财务管理因素

企业税收筹划需要一些基本的财务管理技术，包括合理安排收入的确认时间以延期纳税，选择合理的成本计价方式以减低税负水平，费用扣除最大化的费用分类的策划筹资方案评估的税后利益最大化比较等，而这些技术的运用都基于企业财务管理水平的高低。比如，在企业的所得税税前扣除范围里，可扣除的费用中有业务招待费、业务宣传费等。其中，企业发生的与生产经营活动有关的业务招待费支出，按照发生额的60%扣除，但最高不得超过当年销售（营业）收入的5%，广告费和业务宣传费在税前扣除也有具体比例标准。但是有些费用应该如何归类并没有绝对的标准，如参加展销会的费用，如果财务人员在日常核算时对费用进行合理合法的分类，避免计入“业务招待费”这一明细科目的金额过高，可以使税前费用扣除最大化从而减少了应纳税额。

（三）税收筹划人员的素质

税收筹划是一项专业性和技能性很强的经济活动，它对筹划人员的素质具有较高的要求。作为筹划人员，首先必须具有较强的筹划意识，主要包括：①价格筹划意识，即要求筹划人员具有运用转让定价进行避税的意识；②优惠筹划意识，即要求筹划人员具有充分利用国家税收优惠政策的意识；③漏洞筹划意识，即要求筹划人员具有找出税法中的漏洞并利用之的筹划意识；④空白筹划意识，即要求筹划人员具有利用税法空白进行筹划的意识；⑤弹性筹划意识，即要求筹划人员利用税法弹性进行筹划的意识；⑥规避筹划意识，即要求筹划人员具有利用税法中关于某些临界点的规定进行筹划的意识。在具备上述意识的基础上，筹划人员还应具备法律、税收、会计、财务、金融等各方面的专业知识以及统筹谋划、沟通协调的能力，否则，即使有迫切的筹划愿望也难有具体的行动方案。

（四）企业筹划目标因素

税收筹划是纳税人根据企业的经营发展预期做出的事前税收安排，不同企业的税收筹划目标可能有所差异。企业税收筹划目标是判断税收筹划成功与否的一个重要指标。我国实行的是复合税制，税种之间存在紧密的联系。在进行税收筹划时应以整体税负下降和企业经济效益增长为目标，如果以单一税种或以某环节的节税或以绝对税收支出额的节约为目标，容易顾此失彼，使整个税收筹划策划失败。但需要注意的是，企业的目标有长期和短期之分，企业在不同的发展阶段所追求的具体目标可能存在差异，因此，税收筹划方案的设计与实施应与企业确定的目标相适应。

另一方面，企业税收筹划不应限制或者压缩企业发展的规模，为了节税而把经济规模限制在某水平线以下是绝对不可取的。因此，企业在进行税收筹划时，要考虑企业的发展目标，选择有助于企业整体税后收益最大化的方案。

（五）筹划方案的实施因素

税收筹划不应仅是管理人员和财务人员的事务，它还应是企业各级员工共同努力的目标。一方面，税收筹划是预先的税务安排，执行中很可能会发生一些未曾预料的情况，能否及时对方案进行调整完善从而避免筹划失败，有赖于各层员工的信息反馈。另一方面，如果筹划方案得不到大多数员工的认可，不能积极配合，就会影响整个方案的贯彻落实，致使税收筹划流产。因此，企业在实施具体筹划方案时，首先，要在企业内部统一税收筹划目标，使各部门协调一致，保证方案的顺利施行；其次，企业要保障筹划方案的可调节性，主动收集数据信息，监控计划的实施情况，及时调整完善筹划方案。

总之，税收筹划是一项兼顾企业生产、经营、投资、理财等多方面知识的综合课题，需要理论与实践的有机统一。纳税人必须客观分析影响税收筹划的各个因素的特征，力求设计出的税收筹划方案达到以下效果：法律法规上可通，实际操作上可行，筹划效果上可计。

案例分析与讨论

通过前面的讲述，现在我们可以回答本章【案例导入】中提出的问题了。A企业税收筹划的切入点选择了课税对象，试图通过减小税基降低税负。根据企业所得税的计算公式，应纳所得税额＝应纳税所得额×所得税率，“应纳税所得额”是税基，在所得税率一定的情况下，“应纳所得税额”随“应纳税所得额”这一税基的减少而减少。按照税法规定，企业吸纳残疾人员就业的，在按照支付给残疾职工工资据实扣除的基础上，可以在计算应纳税所得额时按照支付给残疾职工工资的100％加计扣除。但企业享受这一待遇是有条件的，而A企业无视了这一政策规定背后要求的条件。《财政部国家税务总局关于安置残疾人员就业有关企业所得税优惠政策问题的通知》（财税〔2009〕70号）规定：

一、企业安置残疾人员的，在按照支付给残疾职工工资据实扣除的基础上，可以在计算应纳税所得额时按照支付给残疾职工工资的100％加计扣除。

企业就支付给残疾职工的工资，在进行企业所得税预缴申报时，允许据实计算扣除；在年度终了进行企业所得税年度申报和汇算清缴时，再依照本条第一款的规定计算加计扣除。

二、残疾人员的范围适用《中华人民共和国残疾人保障法》的有关规定。

三、企业享受安置残疾职工工资100％加计扣除应同时具备如下条件。

1. 依法与安置的每位残疾人签订了1年以上（含1年）的劳动合同或服务协议并且安置的每位残疾人在企业实际上岗工作。

2. 为安置的每位残疾人按月足额缴纳了企业所在区县人民政府根据国家政策规定的基本养老保险、基本医疗保险、失业保险和工伤保险等社会保险。

3. 定期通过银行等金融机构向安置的每位残疾人实际支付了不低于企业所在区县适用的经省级人民政府批准的最低工资标准的工资。

4. 具备安置残疾人上岗工作的基本设施。

四、企业应在年度终了进行企业所得税年度申报和汇算清缴时，向主管税务机关报送本通知第四条规定的相关资料、已安置残疾职工名单及其《中华人民共和国残疾人证》或《中华人民共和国残疾军人证（1至8级）》复印件和主管税务机关要求提供的其他资料，办理享受企业所得税加计扣除优惠的备案手续。

很明显，A企业支付给残疾职工的工资低于企业所在地适用的最低工资标准，而且企业也未能为安置的每位残疾人按月足额缴纳企业所在区县人民政府根据国家政策规定的基本养老保险、基本医疗保险、失业保险和工伤保险等社会保险，因此，企业的行为无法满足财税〔2009〕70号的要求，不能享受残疾职工工资加计扣除的优惠政策。

本章小结

本章主要介绍了税收筹划的基本策略、实施流程及影响因素。税收筹划的基本策略是纳税人在确定税收筹划切入点的基础上，为实现税收筹划目标而采取的各种基本技术和方法的集合。从税制的构成要素来看，税收筹划的切入点包括纳税人、课税对象、税目、税率、纳税期限、纳税环节、减免税等，不同切入点对筹划技术有不同的要求。从税收筹划的具体方法上看，主要包括转让定价法、成本费用调整法、融（筹）资避税法、临界点筹划法、转换筹划法、低税区避税法等。税收筹划的实施需遵循一定的流程，主要包括以下几个步骤：①选择税收筹划的主体；②收集税收筹划相关信息；③确定税收筹划的目标；④设计备选的税收筹划方案；⑤评选最佳方案；⑥实施、监控、调整税收筹划方案；⑦评估方案执行结果；⑧留存归档。由于税收筹划是一项复杂的系统工程，其具体实施会受到许多因素影响，其中外部影响因素主要包括税制因素、会计制度因素、经济环境因素、执法差异因素等，内部影响因素主要包括企业管理当局的风险偏好、财务管理因素、税收筹划人员的素质、企业筹划目标因素、筹划方案的实施因素等。

思考与练习

一、思考题

1. 税收筹划的切入点有哪些？每个切入点的筹划技术要点是什么？

2. 税收筹划的具体方法有哪些？

3. 税收筹划的基本流程是什么？

4. 委托税收筹划和自行税收筹划的优缺点各有哪些？

5. 税收筹划影响因素有哪些？

二、练习题

1. 税务部门在对南京一建筑工程公司进行纳税评估时，发现该公司在2018年6月给某行政村施工建造了一条村水泥路，取得工程价款 357650 元，但未进行申报纳税。经询问和调阅有关合同和账簿得知，公司与某行政村在修路前签订了一份建造“村水泥路工程”合同，合同上规定水泥路工程价款为 357650 元，而该工程涉及的有关增值税等税金由甲方（行政村）负责缴纳。根据税法规定，税务人员责成该企业补缴增值税、城建税和教育费附加计 11695.16 元，加收滞纳金 2186.99 元。

请问：税务人员做出上述处罚的依据何在？公司应如何进行税收筹划？

2. 王某是一个经营水暖器材的个体工商户，由其妻负责经营管理。王某也经常承接一些安装维修工程。预计 2019 年销售水暖器材的收入为 40 万元，安装维修收入为 20 万元。

请问：王某应如何进行税收筹划？

3. C 市国税局公布了一个公告：某电工器材厂在 2017 年 1 月至 2018 年 12 月期间，主要存在两方面问题：一是采取偷税手段，不缴或者少缴应纳税款 1.7 万元；二是该厂 2017 年度至 2018 年度经营期间，残疾职工挂名从未实际上岗工作，通过编造虚假残疾人工资表，向残疾职工收回已打卡工资，违反了民政福利企业即征即退增值税税收优惠政策的相关规定。

思考：现实中，为什么很多企业对残疾证趋之若鹜？应如何对其进行筹划？

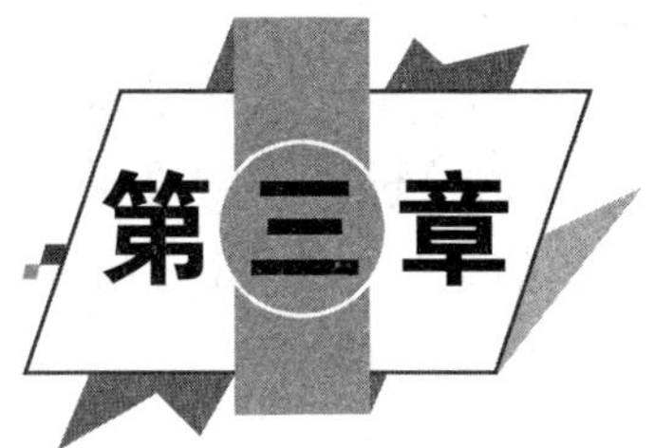

第三章 流转税类筹划

学习目标

通过本章的学习，熟悉流转税类相关税种的基本法律规定，尤其要重点关注“营改增”试点改革的相关内容。在此基础上，围绕各个税种的基本构成要素，掌握增值税、消费税和关税的筹划策略以及筹划过程中的相关注意事项，力求能用所学的筹划理论和方法去解决实际问题。

学习要点

增值税、消费税和关税的筹划策略及其注意事项。

第一节 增值税筹划

案例导入

G活动板房有限公司是一家从事轻钢结构活动板房设计、制作、安装一条龙服务的企业。2019年7月10日与J建筑有限公司签订活动板房销售及安装合同，合同总价为120万元（含税），其中货款100万元，安装费20万元。现在有两种合同签订方式供选择。

一是G活动板房有限公司与J建筑有限公司签订总价销售合同，即G活动板房有限公司以120万元（含税）总价销售活动板房并负责安装，安装完成并验收合格后收取货款。

二是G活动板房有限公司与J建筑有限公司在签订活动板房销售合同时，分别注明货物销售与安装服务的金额，即G活动板房有限公司在销售合同中分别注明，合同总价为120万元（含税），其中货款销售金额为100万元，安装费为20万元。

思考： G活动板房有限公司应如何签订销售合同才能有效降低税负？

一、纳税人的筹划

（一）增值税纳税人的法律规定

自2012年1月1日起，我国开始进行“营改增”试点，将原来征收营业税的行业逐步纳入增值税课税范围，截至 2016 年 5 月 1 日，营改增实现行业全覆盖，所有营业税纳税人都改为缴纳增值税，《中华人民共和国营业税暂行条例》于 2017 年 11 月 19 日正式废止。最新《中华人民共和国增值税暂行条例》规定：在中华人民共和国境内销售货物或者加工、修理修配劳务，销售服务、无形资产、不动产以及进口货物的单位和个人，为增值税的纳税人，应当依照本条例缴纳增值税。其中，所称单位，是指企业、行政单位、事业单位、军事单位、社会团体及其他单位，所称个人，是指个体工商户和其他个人。

增值税的纳税人可以划分为一般纳税人和小规模纳税人，两类纳税人的划分依据是会计核算水平和年应税销售额。这里的会计核算健全，是指能够按照国家统一的会计制度规定设置账簿，根据合法、有效凭证核算；年应税销售额，是指纳税人在连续不超过 12 个月或四个季度的经营期内累计应征增值税销售额，包括纳税申报销售额、稽查查补销售额、纳税评估调整销售额。根据《财政部 税务总局关于统一增值税小规模纳税人标准的通知》（财税〔2018〕33 号），自 2018 年 5 月 1 日起，一般纳税人和小规模纳税人的划分标准具体如表 3-1 所示。

表 3-1　一般纳税人和小规模纳税人的划分标准

	具体规定	
基本划分标准	定量标准—经营规模	增值税小规模纳税人的标准是年应征增值税销售额 500 万元及以下。
	定性标准—纳税人性质和会计核算程度	（1）年销售额未超过规定标准的纳税人，会计核算健全，能提供准确税务资料的，可以向主管税务机关办理一般纳税人资格登记，成为一般纳税人。 （2）年应税销售额超过小规模纳税人标准的其他个人按小规模纳税人纳税。 （3）非企业性单位、不经常发生应税行为的企业可选择按小规模纳税人纳税。

另外，根据《国家税务总局关于调整增值税一般纳税人管理有关事项的公告》（国家税务总局公告 2015 年第 18 号），增值税一般纳税人资格实行登记制，登记事项由增值税纳税人向其主管税务机关办理。需要特别强调的是，《中华人民共和国增值税暂行条例》第三十三条和《纳税人营业税改征增值税试点实施办法》第五条均明确规定："除国家税务总局另有规定外，纳税人一经认定为一般纳税人后，不得转为小规模纳税人。"但根据财税〔2018〕33 号规定，按照《中华人民共和国增值税暂行条例实施细则》第二十八条规定已登记为增值税一般纳税人的单位和个人，在 2018 年 12 月 31 日前，可转登记为小规模纳税人，其未抵扣的进项税额作转出处理。此外，《国家税务总局关于小规模纳税人免征增值税政策有关征管问题的公告》（国家税务总局公告 2019 年第 4 号）规定，转登记日前连续 12 个月（以 1 个月为 1 个纳税期）或者连续 4 个季度（以 1 个季度为 1 个纳税期）累计销售额未超过 500 万元的一般纳税人，在 2019 年 12 月 31 日前，可选择转登记为小规模纳税人①。

① 一般纳税人转登记为小规模纳税人的其他事宜，按照《国家税务总局关于统一小规模纳税人标准等若干增值税问题的公告》（国家税务总局公告 2018 年第 18 号）、《国家税务总局关于统一小规模纳税人标准有关出口退（免）税问题的公告》（国家税务总局公告 2018 年第 20 号）的相关规定执行。

（二）纳税人身份的筹划

营改增后，自 2018 年 5 月 1 日起，一般纳税人适用的增值税税率主要包括 16%、10%和 6%三个档次[①]。2019 年 4 月 1 日后，制造业等行业增值税税率由 16%降至 13%，交通运输业、建筑业等行业增值税税率由 10%降至 9%，6%一档的税率保持不变。相比之下，小规模纳税人适用的增值税征收率仅为 3%。从表面来看，小规模纳税人的增值税负担明显低于一般纳税人，但事实并非如此，因为一般纳税人的增值税税率虽然较高，但它却可以抵扣增值税进项税额，而小规模纳税人的增值税征收率虽然较低，却不能抵扣进项税额。因此，从增值税税负的角度来看，很难断定哪类纳税人的税负更低。

在对增值税纳税人的身份进行筹划时，比较常用的方法是无差别平衡点增值率法，这种方法的基本原理如下：

假定增值税纳税人在某纳税期内购进货物金额或者接受增值税应税劳务和服务支付的金额为 P（不含税），销售货物金额或提供增值税应税劳务和服务取得的收入为 S（不含税），纳税人的增值率为 R，增值税一般纳税人销售货物或提供增值税应税劳务和服务适用的增值税税率为 t_1，购进货物或者接受增值税应税劳务和服务适用的增值税税率为 t_1，增值税小规模纳税人销售货物或提供增值税应税劳务和服务适用的征收率为 t_2。

其中，R 与 P 和 S 的关系如下：

$$R=\frac{S-P}{S} \tag{3-1}$$

如果增值税纳税人选择成为一般纳税人，则其应纳增值税额为：

$$T_1=S\times t_1-P\times t_1 \tag{3-2}$$

根据式（3-1）和式（3-2）容易得到如下关系式：

$$T_1=S\times R\times t_1 \tag{3-3}$$

如果增值税纳税人选择成为小规模纳税人，则其应纳增值税额为：

$$T_2=S\times t_2 \tag{3-4}$$

当 $T_1=T_2$ 时，增值税纳税人无论选择成为一般纳税人还是小规模纳税人，其增值税税负是无差别的，此时可以得到无差别平衡点增值率 R^* 的表达式：

$$R^*=\frac{t_2}{t_1} \tag{3-5}$$

这样一来，我们可以得到结论：当纳税人的实际增值率 $R>R^*$ 时，纳税人选择成为小规模纳税人时增值税税负较轻，反之，当纳税人的实际增值率 $R<R^*$ 时，纳税人选择成为一般纳税人时增值税税负较轻。

理解上述推导过程时需要注意，无差别平衡点增值率 R^* 的表达形式并不唯一，它关键取决于以下两个方面因素：一是纳税人的购进货物金额或者接受增值税应税劳务和服务支付的金额 P 与货物销售货物金额或提供增值税应税劳务和服务取得的收入 S 是否含税；二是纳税人购进货物或者接受增值税应税劳务和服务的适用税率与纳税人销售货物或提供增值税应税劳务和服务的适用税率是否相同。具体分析如下。

---

① 本书中的增值税相关案例均按照最新税率计算。

情形Ⅰ：购进货物金额或者接受增值税应税劳务和服务支付的金额 P 与货物销售货物金额或提供增值税应税劳务和服务取得的收入 S 均不含税，且纳税人购进货物金额或者接受增值税应税劳务和服务的适用税率与销售货物或提供增值税应税劳务和服务的适用税率相同。此时的无差别平衡点增值率 R^* 的表达式如上面的公式（3－5）所示。

情形Ⅱ：购进货物金额或者接受增值税应税劳务和服务支付的金额 P 与销售货物金额或提供增值税应税劳务和服务取得的收入 S 均含税，且纳税人购进货物或者接受增值税应税劳务和服务的适用税率与销售货物或提供增值税应税劳务和服务的适用税率相同。此时的无差别平衡点增值率 R^* 的表达式如下：

$$R^* = \frac{(1+t_1)\ t_2}{(1+t_2)\ t_1} \tag{3-6}$$

情形Ⅲ：购进货物金额或者接受增值税应税劳务和服务支付的金额 P 与销售货物金额或提供增值税应税劳务和服务取得的收入 S 均不含税，但纳税人购进货物或者接受增值税应税劳务和服务的适用税率与销售货物或提供增值税应税劳务和服务的适用税率不同，假定前者为 t_1'，后者为 t_1。此时的无差别平衡点增值率 R^* 的表达式如下：

$$R^* = \frac{t_1' - t_1 + t_2}{t_1'} \tag{3-7}$$

情形Ⅳ：购进货物金额或者接受增值税应税劳务和服务支付的金额 P 与销售货物金额或提供增值税应税劳务和服务取得的收入 S 均含税，但纳税人购进货物或者接受增值税应税劳务和服务的适用税率与销售货物或提供增值税应税劳务和服务的适用税率不同，假定前者为 t_1'，后者为 t_1。此时的无差别平衡点增值率 R^* 的表达式如下：

$$R^* = \frac{(1+t_2)\ t_1' + t_2 - t_1}{(1+t_2)\ t_1'} \tag{3-8}$$

根据我国现行增值税法相关规定，t_1、t_1' 和 t_2 都有对应的具体数值，其中 t_2 值为 3%，t_1 和 t_1' 有 13%、9%、6%等多个取值，我们根据 t_1、t_1' 和 t_2 的各种组合可以计算出不同情形下的无差别平衡点增值率，表 3－2 和表 3－3 给出了部分情形下的无差别平衡点增值率。

表 3－2　无差别平衡点增值率（不含税）

一般纳税人购进货物或接受增值税应税劳务和服务适用的增值税税率/%	一般纳税人销售货物或提供应税劳务和服务适用的增值税税率/%	小规模纳税人征收率/%	无差别平衡点增值率/%
13	13	3	23.08
13	9	3	53.85
13	6	3	76.92
9	13	3	－11.11
9	9	3	33.33
9	6	3	66.67
6	13	3	－66.67
6	9	3	0.00
6	6	3	50.00

表 3-3　无差别平衡点增值率（含税）

一般纳税人购进货物或接受增值税应税劳务和服务适用的增值税税率/%	一般纳税人销售货物或提供应税劳务和服务适用的增值税税率/%	小规模纳税人征收率/%	无差别平衡点增值率/%
13	13	3	25.32
13	9	3	55.19
13	6	3	77.60
9	13	3	−7.87
9	9	3	35.28
9	6	3	67.64
6	13	3	−61.81
6	9	3	2.91
6	6	3	51.46

【案例 3-1】

某玩具生产企业年销售额约为 400 万元（含税），可抵扣的年购进项目金额约为 300 万元（含税），会计核算制度比较健全，适用 13%的增值税税率。

思考：从增值税税负的角度看，该企业应选择成为一般纳税人还是小规模纳税人？

【解析】该玩具生产企业的销售额和购进额均含税，而且购进货物和销售货物的适用税率均为 13%，对照表 3-3 可知，此时的无差别平衡点增值率为 25.32%，而公司的实际增值率＝［400÷（1＋13%）－300÷（1＋13%）］÷［400÷（1＋13%）］＝25%，小于无差别平衡点增值率，因此，企业应选择成为一般纳税人。

案例 3-1 的筹划方案适用于那些可以自由选择一般纳税人或小规模纳税人身份的企业。虽然玩具生产企业的会计核算比较健全，但其年销售额没有达到一般纳税人的标准，按照《中华人民共和国增值税暂行条例》的相关规定，这样的企业可以选择小规模纳税人身份，也可以向主管税务机关申请一般纳税人资格认定，不作为小规模纳税人。但《中华人民共和国增值税暂行条例实施细则》第三十四条规定："有下列情形之一者，应按销售额依照增值税税率计算应纳税额，不得抵扣进项税额，也不得使用增值税专用发票：（一）一般纳税人会计核算不健全，或者不能够提供准确税务资料的；（二）除本细则第二十九条规定外，纳税人销售额超过小规模纳税人标准，未申请办理一般纳税人认定手续的。"所以，如果企业的年销售额超过了小规模纳税人标准，就应当在规定的期限内办理一般纳税人资格认定，否则税务机关将会执行《中华人民共和国增值税暂行条例实施细则》第三十四条规定，而且，除国家税务总局另有规定外，纳税人一经认定为一般纳税人后，不得转为小规模纳税人。这样一来，年销售额超过小规模纳税人标准的企业自由选择纳税人身份的空间受到很大限制。如果企业认为自己作为小规模纳税人增值税负担较轻时，可以考虑将企业进行分立，使其达不到一般纳税人的条件。

【案例 3－2】

甲企业为从事 LED 灯具销售的企业，年销售额为 600 万元（不含税），可抵扣的年购进项目金额为 360 万元（不含税）。由于年销售额超过了小规模纳税人标准，企业根据《国家税务总局关于增值税一般纳税人登记管理若干事项的公告》（国家税务总局公告 2018 年第 6 号），登记成为一般纳税人。

企业成为一般纳税人后，其年应纳增值税为：600×13%－360×13%＝31.2（万元）。

思考：该企业应如何进行筹划？

【解析】由于销售额和购进额均不含税，而且销售 LED 灯具适用的增值税税率与购进 LED 灯具适用的增值税税率均为 13%，对照表 3－2 不难看出，此时的无差别平衡点增值率为 23.08%。而甲企业的实际增值率为：（600－360）÷600＝40%，远高于无差别平衡点增值率，因此，此时企业选择小规模纳税人身份的增值税负担更轻，其应纳增值税额仅为：600×3%＝18（万元）。较之一般纳税人身份的增值税负担减少 20.4 万元。为此，企业可以考虑将企业分立为两个独立核算的企业，让每家企业的销售额低于 500 万元，两家企业都达不到一般纳税人条件，进而可以选择小规模纳税人身份。

这里需要强调的是，上述筹划方案仅是一种比较理想化的方案，因为将企业一分为二虽然有助于减轻增值税负担，但同时也会增加管理、会计核算、人工等方面的成本费用，而且企业名称的改变对其销售额也可能会产生不利影响。即便不考虑上述负面影响，甲企业通过拆分由一般纳税人变为小规模纳税人以后，其利润会有所下降。这是因为，如果小规模纳税人仍然从一般纳税人处采购 360 万元（不含税），年销售收入仍为 600 万元，则其获得的利润为：600－406.8＝193.2[①]。而原来一般纳税人的利润为：600－360＝240（万元），比小规模纳税人的利润多出 46.8 万元。因此，企业选择上述筹划方案虽然减少了企业的增值税，但未充分考虑其对自身利润的影响，进行相关决策时应当慎重。

需要注意的是，尽管增值税纳税人可以在理论层面利用无差别平衡点增值率法选择一般纳税人或小规模纳税人的身份，但在实践中，这种选择可能会受到较多限制，纳税人需要综合考虑税法对一般纳税人的认定要求、企业财务利益最大化要求以及企业客户的类型等。相对而言，小规模纳税人转化为一般纳税人较为容易。当企业作为一般纳税人增值税负担较轻时，企业可以通过健全会计核算或者适当合并增加销售额等方式，创造条件使自己符合一般纳税人的认定条件。

二、计税依据的筹划

（一）计税依据的法律规定

增值税的计税方法包括一般计税方法和简易计税方法。一般纳税人通常适用一般计税方法，但一般纳税人提供财政部和国家税务总局规定的特定应税服务时，可以选择适用简

① 对于小规模纳税人来说，不能抵扣的进项税额 46.8 万元计入成本。

易计税方法计税，而且一经选择，36 个月内不得变更。小规模纳税人采用简易计税方法计税。

1. 一般纳税人应纳税额的计算

应纳税额为当期销项税额抵扣当期进项税额后的余额，其计算公式如下：

应纳税额＝当期销项税额－当期进项税额

其中：

销项税额＝销售额×税率

这里的销售额是指纳税人发生应税销售行为收取的全部价款和价外费用，但是不包括收取的销项税额。价外费用，包括价外向购买方收取的手续费、补贴、基金、集资费、返还利润、奖励费、违约金、滞纳金、延期付款利息、赔偿金、代收款项、代垫款项、包装费、包装物租金、储备费、优质费、运输装卸费以及其他各种性质的价外收费。纳税人销售货物或者应税劳务的价格明显偏低并无正当理由的，由主管税务机关核定其销售额。价格明显偏低并无正当理由或者因视同销售货物行为而无销售额者，按下列顺序确定销售额。

（1）按纳税人最近时期同类货物的平均销售价格确定。

（2）按其他纳税人最近时期同类货物的平均销售价格确定。

（3）按组成计税价格确定。组成计税价格＝成本×（1＋成本利润率）。①

进项税额，是指纳税人购进货物、劳务、服务、无形资产、不动产支付或者负担的增值税额。但增值税纳税人的进项税额并非任何情况下都可以抵扣。根据《中华人民共和国增值税暂行条例实施条例》及最新增值税法相关规定，下列进项税额准予从销项税额中抵扣。

（1）从销售方取得的增值税专用发票上注明的增值税额。

（2）从海关取得的海关进口增值税专用缴款书上注明的增值税额。

（3）购进农产品，除取得增值税专用发票或者海关进口增值税专用缴款书外，按照农产品收购发票或者销售发票上注明的农产品买价和 9％的扣除率计算的进项税额，国务院另有规定的除外。进项税额计算公式如下：

进项税额＝买价×扣除率

（4）自境外单位或者个人购进劳务、服务、无形资产或者境内的不动产，从税务机关或者扣缴义务人取得的代扣代缴税款的完税凭证上注明的增值税额。

纳税人购进货物、劳务、服务、无形资产、不动产，取得的增值税扣税凭证不符合法律、行政法规或者国务院税务主管部门有关规定的，其进项税额不得从销项税额中抵扣。

另外，根据《财政部、税务总局关于租入固定资产进项税额抵扣等增值税政策的通知》（财税〔2017〕90 号）和《交通运输部、国家税务总局关于收费公路通行费增值税电子普通发票开具等有关事项的公告》（交通运输部、国家税务总局公告 2017 年第 66 号），

① 属于应征消费税的货物，其组成计税价格中应加计消费税额。

道路通行费进项税额抵扣规定如下。

（1）自2018年1月1日起，纳税人支付的道路通行费，按照收费公路通行费增值税电子普通发票上注明的增值税额抵扣进项税额。

（2）2018年1月1日至6月30日，纳税人支付的高速公路通行费，如暂未能取得收费公路通行费增值税电子普通发票，可凭取得的通行费发票（不含财政票据，下同）上注明的收费金额按照下列公式计算可抵扣的进项税额：

高速公路通行费可抵扣进项税额＝高速公路通行费发票上注明的金额÷（1＋3%）×3%

（3）2018年1月1日至12月31日，纳税人支付的一级、二级公路通行费，如暂未能取得收费公路通行费增值税电子普通发票，可凭取得的通行费发票上注明的收费金额按照下列公式计算可抵扣进项税额：

一级、二级公路通行费可抵扣进项税额＝一级、二级公路通行费发票上注明的金额÷（1＋5%）×5%

（4）纳税人支付的桥、闸通行费，暂凭取得的通行费发票上注明的收费金额按照下列公式计算可抵扣的进项税额：

桥、闸通行费可抵扣进项税额＝桥、闸通行费发票上注明的金额÷（1＋5%）×5%

根据《中华人民共和国增值税暂行条例实施条例》及相关税法规定，下列项目的进项税额不得从销项税额中抵扣：

（1）用于简易计税方法计税项目、免征增值税项目、集体福利或者个人消费的购进货物、劳务、服务、无形资产和不动产。

（2）非正常损失的购进货物，以及相关的劳务和交通运输服务。

（3）非正常损失的在产品、产成品所耗用的购进货物（不包括固定资产）、劳务和交通运输服务。

（4）非正常损失的不动产在建工程所耗用的购进货物、设计服务和建筑服务。纳税人新建、改建、扩建、修缮、装饰不动产，均属于不动产在建工程。

（5）购进的贷款服务、餐饮服务、居民日常服务和娱乐服务①。

（6）国务院规定的其他项目②。

2. 小规模纳税人应纳税额的计算

小规模纳税人销售货物或者应税劳务，实行按照销售额和征收率计算应纳税额的简易办法，并不得抵扣进项税额。应纳税额计算公式：

应纳税额＝销售额×征收率

① 根据财政部 税务总局 海关总署公告2019年第39号，《营业税改征增值税试点实施办法》（财税〔2016〕36号印发）第二十七条第（六）项和《营业税改征增值税试点有关事项的规定》（财税〔2016〕36号印发）第二条第（一）项第5点中“购进的旅客运输服务、贷款服务、餐饮服务、居民日常服务和娱乐服务”修改为“购进的贷款服务、餐饮服务、居民日常服务和娱乐服务”。）

② 纳税人购进用于生产或者委托加工13%税率货物的农产品，按照10%的扣除率计算进项税额。

（二）一般纳税人计税依据的筹划

1. 销售方式的筹划

纳税人的销售方式既包括一般销售方式，也包括特殊销售方式，如折扣方式销售、以旧换新方式销售、还本方式销售、以物易物方式销售等。不同销售方式下计税销售额的确定规则并不相同，这给了纳税人较大的筹划空间。

【案例3－3】

甲企业为增值税一般纳税人，企业销售部决定在国庆节“黄金周”期间针对其A产品开展一次促销活动，以提升公司的盈利能力。已知A产品的销售利润率为40%，市场价值为100元，成本为60元。甲企业同时还生产另外一种B产品，其市场价值为20元，成本为12元。由于B产品与A产品具有较强的互补性，销售部共提出了以下两个方案。

方案Ⅰ：对A产品进行八折销售。

方案Ⅱ：购买一件A产品，赠送一件B产品（A产品和B产品在同一张发票上体现）。

思考：上述哪个方案更优？（假定上述价格均为含税价，增值税税率为13%，城建税税率为7%，教育费附加征收比率为3%，地方教育附加征收率为2%）

【解析】方案Ⅰ采取的是价格折扣方式销售，只要销售额和折扣额开具在同一张发票上，在计算销项税额时，计税销售额就可以按折扣后的销售额计算，则：

增值税＝80×13%÷（1＋13%）－60×13%÷（1＋13%）＝2.30（元）

城市维护建设税、教育费附加和地方教育附加＝2.30×（7%＋3%＋2%）＝0.276（元）

销售毛利润＝80÷（1＋13%）－60÷（1＋13%）－0.276＝17.42（元）

方案Ⅱ采取的是实物折扣方式销售，根据《中华人民共和国增值税暂行条例实施细则》第四条规定，单位或个体工商户将自产、委托加工或者购进的货物无偿赠送其他单位或者个人应视同销售货物。但在本案例中，甲企业赠送B产品的前提是消费者需要购买A产品，因此，严格来讲，这种行为并不属于真正的无偿赠送，企业赠送的20元B产品不应视同销售处理，无须单独计算销项税额，如果甲企业在销售单据上填列销售货物和折扣货物的名称、数量和金额，则可按照最终实现的销售价格计算销项税额，附带货物不用作视同销售处理，则：

增值税＝100×13%÷（1＋13%）－60×13%÷（1＋13%）－12×13%÷（1＋13%）＝3.22（元）

城市维护建设税、教育费附加和地方教育附加＝3.22×（7%＋3%＋2%）＝0.386（元）

销售毛利润＝（100×100÷120）÷（1＋13%）－60÷（1＋13%）＋（100×20÷120）÷（1＋13%）－12÷（1＋13%）－0.386＝24.39（元）

通过上述方案的比较不难发现，从利润的角度看，方案Ⅱ更优。

但这里需要注意的是，对于消费者而言，上述两个方案的优惠力度其实是不一样的，方案Ⅰ的商品价格折扣是8折，方案二相当于商品价格折扣为83折［100÷（100＋20）］。因此，严格来讲，两个方案并无直接可比性，由于多数普通消费者对不同促销方案的认知程度有限，从其直觉上来看，可能认为两种促销方案的优惠力度是一样的，但对于商家来讲，应尽量选择对自己有利的促销方案。

这里，我们再对“买一赠一”的实物折扣方式销售进行专门讨论。对于这种销售方式下企业所得税的处理是比较明确的。《国家税务总局关于确认企业所得税收入若干问题的通知》（国税函〔2008〕875号）规定：“企业以买一赠一等方式组合销售本企业商品的，不属于捐赠，应将总的销售金额按各项商品的公允价值的比例来分摊确认各项的销售收入。”但对于增值税的处理，在理论上和实践中均存在一定争议。有观点认为，按照《增值税暂行条例实施细则》第四条第八项规定，将自产、委托加工或者购进的货物无偿赠送其他单位或者个人的行为，视同销售货物，可以看出无偿赠送则是一项独立的行为，是一种没有任何条件的赠送。而“买一赠一”的销售行为从性质上看是降价销售，赠送的前提是发生购买行为，不属于无偿赠送，因而也不视同销售，因此，对“买一赠一”方式组合销售本企业商品的，应按照实际取得的销售收入计算缴纳，对送出的货物直接结转成本。各地税务机关的实践也存在一定差异，以下是部分省份对实物折扣方式销售中增值税的相关规定。

《河北省国家税务局关于企业若干销售行为征收增值税问题的通知》（冀国税函〔2009〕247号）规定：企业在促销中，以“买一赠一”、购物返券、购物积分等方式组合销售货物的，对于主货物和赠品不开发票的，就其实际收到的货款征收增值税。对于主货物与赠品开在同一张发票的，或者分别开具发票的，应按发票注明的合计金额征收增值税。纳税义务发生时间均为收到货款的当天。企业应将总的销售金额按各项商品的公允价值的比例来分摊确认各项的销售收入。

《内蒙古自治区商业零售企业增值税管理办法（试行）》的公告（内蒙古自治区国家税务局2010年第1号）规定：买一赠一、有奖销售和积分返礼等与直接销售货物相关的赠送行为，应该在实现商品兑换时按照《中华人民共和国增值税暂行条例实施细则》第十六条的规定确定其销售额。

《四川省国家税务局关于买赠行为增值税处理问题的公告》（四川省国家税务局公告2011年第6号）规定：“买物赠物”方式，是指在销售货物的同时赠送同类或其他货物，并且在同一项销售货物行为中完成，赠送货物的价格不高于销售货物收取的金额。对纳税人的该种销售行为，按其实际收到的货款申报缴纳增值税，但应按照《国家税务总局关于确认企业所得税收入若干问题的通知》（国税函〔2008〕875号）第三条的规定，在账务上将实际收到的销售金额，按销售货物和随同销售赠送货物的公允价值的比例来分摊确认其销售收入，同时应将销售货物和随同销售赠送的货物品名、数量以及按各项商品公允价值的比例分摊确认的价格和金额在同一张发票上注明。对随同销售赠送的货物品种较多，不能在同一张发票上列明赠送货物的品名、数量的，可统一开具“赠品一批”，同时需开具《随同销售赠送货物清单》，并作为记账的原始凭证。

《贵州省国家税务局关于促销行为增值税处理有关问题的公告》（贵州省国家税务局公告2012年第12号）规定：购物赠物方式，指在销售货物的同时赠送同类或其他货物，并且在同一项销售货物行为中完成，赠送货物的价格不高于销售货物收取的金额。纳税人采取购物赠物方式销售货物，按照实际收到的货款计算缴纳增值税，在账务上将实际收到的销售金额，按销售货物和随同销售赠送货物的公允价值的比例来分摊确认其销售收入，同时应将销售货物和随同销售赠送的货物品名、数量以及按各项商品公允价值的比例分摊确认的价格和金额在同一张发票上注明。对随同赠送的货物品种较多，不能在同一张发票上列明赠送货物的品名、数量的，可统一开具“赠品一批”，同时需开具加盖发票专用章的《随同销售赠送货物明细清单》，作为记账的原始凭证。

《江西省百货零售企业增值税管理办法》（江西省国家税务局公告2013年第12号）规定：以买一送一、随货赠送、捆绑销售等方式销售货物，如将销售货物和赠送货物的各自原价和折扣额在同一张销售发票上注明的，按实际收取的价款确认销售额。销售货物与赠送货物适用增值税税率不同的，应分别以各自原价扣除折扣额后的余额按适用税率计算缴纳增值税。未按上述规定在同一张销售发票上注明的，销售货物按其实际收取的价款确认销售额，随同销售赠送的货物按视同销售确定销售额。

《广州市国家税务局关于明确增值税征管若干问题的通知》（穗国税函发〔2005〕304号）规定：纳税人与购买方约定购买指定货物或达到约定的购买金额、数量后赠送货物等与直接销售货物行为相关的赠送行为，是纳税人促销经营手段，是销售折扣的一种形式，按《国家税务总局关于印发〈增值税若干具体问题的规定〉的通知》（国税发〔1993〕154号）第二条第（二）款“纳税人采取折扣方式销售货物，如果销售额和折扣额在同一张发票上分别注明的，可按折扣后的销售额征收增值税；如果将折扣额另开发票，不论其在财务上如何处理，均不得从销售额中减除折扣额”的规定，在销售单据上填列销售和折扣货物的名称数量、金额的，纳税人可按取得的进货发票计算进项税额，按最终实现的销售价格计算销项税额，附带赠送货物不作视同销售处理。

因此，纳税人应密切关注所在地主管税务机关对于实物折扣方式销售中增值税的处理办法，进而选择合理的销售方式。

营改增后，一些服务行业同样存在类似于“买一赠一”的促销行为，对于赠送行为是否视同销售处理值得关注。比如，对于酒店行业来说，通常会发生赠送早餐的行为，那么，赠送的早餐是否应视同销售计算增值税呢？事实上，酒店提供住宿，包含餐饮服务和停车的，是酒店的一种营销模式，消费者也已统一支付对价，且适用税率相同，不应列为视同销售范围，不需另外组价征收，按酒店实际收取的价款，依适用税率计算缴纳增值税。实践中，多数地方的主管税务机关通常也是这样处理的。

【案例3-4】

江西省某百货商场在国庆节期间推出了“买西装送衬衣”促销活动，一套西装的市场价格为888元（含税价），衬衣的市场价格为128元（含税价）。具体做法为：对客户出具的发票是填写西装一套，价格为888元，同时以领料单的形式（主要起签字备查的作用）领出衬衣一条。在账务处理上其销售收入为785.84元（888/1.13），对于赠送的衬衣则按实际进货成本予以结转，进入当期“销售费用”科目核算。后来国税机关对企业进行税务检查，认为该企业“买西装送衬衣”促销活动存在少缴了增值税，要求其补缴税款，同时还加收了滞纳金，并处以一定额度的罚款。

思考：企业的促销活动出现了什么问题？应如何进行税收筹划？

【解析】“买西装送衬衣”是一种比较典型的实物折扣销售方式，各地对此种促销行为的增值税处理办法不尽相同。根据《江西省百货零售企业增值税管理办法》（江西省国家税务局公告2013年第12号）规定，以买一赠一方式销售货物，如将销售货物和赠送货物的各自原价和折扣额在同一张销售发票上注明的，按实际收取的价款确认销售额，未按上述规定在同一张销售发票上注明的，销售货物按其实际收取的价款确认销售额，随同销售赠送的货物按视同销售确定销售额。百货商场显然并未将销售货物和赠送货物的各自原价和折扣额在同一张销售发票上注明，此时赠送的衬衣应当视同销售处理，计算其销项税额。

从节约税负的角度看，百货商场有两种筹划思路：一是将西装和衬衣捆绑销售，将整套西装定价为1016元，然后进行价格折扣方式销售，折扣额为128元，并将销售额和折扣额开在同一张发票上；二是仍然采用“买一赠一”这种实物折扣方式进行促销，但在发票中分别注明西装和衬衣的原价及各自的折扣额，同时使西装和衬衣的折扣额合计达到128元。无论哪种筹划思路，都相当于消费者免费得到了一件衬衣，而百货商场在计算销项税额时也可以按照实际收到的价款计算了。

另外，在实践中，有些纳税人为了鼓励债务人在规定的期限内付款，特意向债务人提供债务扣除，这就是通常所说的销售折扣或现金折扣。销售折扣发生在销售货物之后，本身不属于销售行为，而是一种融资性质的理财费用，在计算增值税时不得从销售额中扣除。如果企业面对的是一个信誉良好的客户，销售货款回收风险小，那么企业可以考虑将销售折扣方式转换为折扣销售，并将销售额和折扣额开在同一张发票上。

【案例3-5】

某公司和一个信誉很好的客户签订了10万元的供货合同，合同规定付款期限是30天，如果对方可在20日内付款，将给予对方2%的折扣。现在有两个方案可以选择：方案一，按照常规处理，在发票上注明付款条件；方案二，公司主动压低价格，按照9.8折销售，将合同金额定为9.8万元，同时在合同中约定，超过20天付款加收2000元滞纳金。

【解析】这里我们考虑两种情况：一是购货方在20天内付款；二是购货方的付款时间超过了20天。具体分析如下。

(1) 购货方在20天内付款。在方案一中，公司给予对方的2%的折扣部分是不能从计税销售额中扣除的，此时，公司的销项税额=10×13%=1.3（万元）。在方案二中，公司的销项税额=9.8×13%=1.274（万元）。因此，如果购货方在20天内付款，方案二的增值税较方案一减少0.026万元。

(2) 购货方超过20天付款。在方案一中，此时对方不能再享受2%的折扣，其销项税额=10×13%=1.3（万元）。在方案二中，公司要从对方收取2000元滞纳金，其销项税额=9.8×13%+0.2×13%/（1+13%）=1.297（万元）。如果购货方超过20天付款，方案二的增值税仍然少于方案一。

可见，不管购货方是否在20天内付款，方案二都是公司较好的选择。

接下来，我们再看一个还本销售方式销售筹划的例子。还本销售，是指纳税人在销售货物后，到一定期限由销售方一次或分次退还给购货方全部或部分价款的销售方式。这种方式实际上是筹集资金，是以货物换取资金的使用价值，到期还本不付息的方法。税法规定，其销售额就是货物的销售价格，不得从销售额中减除还本支出，这在无形中加大了纳税人的增值税负担。

【案例3-6】

甲企业以还本销售的方式销售给购货方货物，价格为300万（含税），规定五年内每年还本60万元，该货物的市场价格为100万（含税）。由于还本销售的销售额就是货物的销售价格，不得从销售额中减除还本支出，则：

销项税额＝300×13％/（1＋13％）＝34.51（万元）。

【解析】甲企业采取的是还本方式销售，为了减轻这种销售方式下的增值税负担，可以考虑变换一下形式，即将还本销售分解为两个业务，一是以正常价格销售货物，二是由销货方向购货方借款。具体操作如下：

甲企业以市场价格销售给购货方货物，价格为100万（含税），同时向购货方借款200万元，年利息率为10％，规定五年内每年还本付息200÷5＋200×10％＝60（万元），本息合计共还60×5＝300（万元）。此时的增值税＝100×13％/（1＋13％）＝11.50（万元）。

经过筹划后，企业的增值税减少23.01万元。但需要注意的是，在这种筹划方案中，购货方收取利息是要征收增值税的，因此方案实施需要征得购货方的配合。

2. 销售价格的筹划

销售价格筹划的切入点主要在于关联企业交易价格的调整。所谓关联企业，是指与其他企业之间存在直接或间接控制关系或重大影响关系的企业。根据《中华人民共和国税收征收管理法》第五十一条规定，关联企业是指与企业有以下关系之一的公司、企业和其他经济组织：（1）在资金、经营、购销等方面，存在直接或者间接的拥有或者控制关系；（2）直接或者间接地同为第三者所拥有或者控制；（3）其他在利益上相关联的关系。根据《国家税务总局关于完善关联申报和同期资料管理有关事项的公告》（国家税务总局公告2016年第42号），企业与其他企业、组织或者个人具有下列关系之一的，构成本公告所称关联关系。

（1）一方直接或者间接持有另一方的股份总和达到25％以上，双方直接或者间接同为第三方所持有的股份达到25％以上。

如果一方通过中间方对另一方间接持有股份，只要其对中间方持股比例达到25％以上，则其对另一方的持股比例按照中间方对另一方的持股比例计算。

两个以上具有夫妻、直系血亲、兄弟姐妹以及其他抚养、赡养关系的自然人共同持股同一企业，在判定关联关系时持股比例合并计算。

（2）双方存在持股关系或者同为第三方持股，虽持股比例未达到本条第（1）项规定，但双方之间借贷资金总额占任一方实收资本比例达到50％以上，或者一方全部借贷资金总额的10％以上由另一方担保（与独立金融机构之间的借贷或者担保除外）①。

① 借贷资金总额占实收资本比例＝年度加权平均借贷资金/年度加权平均实收资本，其中：年度加权平均借贷资金＝国家税务总局公告2016年第42号关联申报同期资料i笔借入或者贷出资金账面金额×i笔借入或者贷出资金年度实际占用天数/365。年度加权平均实收资本＝国家税务总局公告2016年第42号关联申报同期资料i笔实收资本账面金额×i笔实收资本年度实际占用天数/365。

(3) 双方存在持股关系或者同为第三方持股，虽持股比例未达到本条第（1）项规定，但一方的生产经营活动必须由另一方提供专利权、非专利技术、商标权、著作权等特许权才能正常进行。

(4) 双方存在持股关系或者同为第三方持股，虽持股比例未达到本条第（1）项规定，但一方的购买、销售、接受劳务、提供劳务等经营活动由另一方控制[①]。

(5) 一方半数以上董事或者半数以上高级管理人员（包括上市公司董事会秘书、经理、副经理、财务负责人和公司章程规定的其他人员）由另一方任命或者委派，或者同时担任另一方的董事或者高级管理人员；或者双方各自半数以上董事或者半数以上高级管理人员同为第三方任命或者委派。

(6) 具有夫妻、直系血亲、兄弟姐妹以及其他抚养、赡养关系的两个自然人分别与双方具有本条第（一）至（五）项关系之一。

(7) 双方在实质上具有其他共同利益。

实践中，关联企业可以通过转让定价（Transfer Pricing）达到降低税负的目的。所谓转让定价是指关联企业之间在销售货物、提供劳务、转让无形资产等时制定的价格，这一价格的制定是基于双方的意愿，可高于或低于市场上由供求关系决定的价格。

【案例 3-7】[②]

甲、乙、丙为集团公司内部三个独立核算的企业，彼此之间存在购销关系：甲企业生产的产品可以作为乙企业生产用的原材料，而乙企业生产的产品提供给丙企业。3月，甲企业生产的产品中2000件销售给乙企业，该产品市场上的正常售价为500元/件，而双方之间的转让定价为400元/件，同期甲企业允许抵扣的进项税额为80000元；乙企业生产的产品中3000件销售给丙企业，该产品市场上的正常售价为600元/件，双方之间的转让定价为500元/件；丙企业将完工产品对外销售，该企业共销售4000件，售价为700元/件（不考虑其他购销问题；同时只考虑增值税，增值税税率为13%，不考虑其他税种）。

思考：各个公司按正常售价交易和通过转让定价交易对其增值税有何影响？

【解析】方案Ⅰ：按正常售价进行购销活动。

甲企业应纳增值税为：2000×500×13%/（1+13%）－80000=35044（元）

乙企业应纳增值税为：3000×600×13%/（1+13%）－2000×500×13%/（1+13%）=92035（元）

丙企业应纳增值税为：4000×700×13%/（1+13%）－3000×600×13%/（1+13%）=115044（元）

集团合计应纳增值税为：35044+92035+115044=242123（元）

方案Ⅱ：按转让定价进行购销活动。

甲企业应纳增值税为：2000×400×13%/（1+13%）－80000=12035（元）

---

① 上述控制是指一方有权决定另一方的财务和经营政策，并能据以从另一方的经营活动中获取利益。

② 案例来源：盖地．税务筹划学［M］．中国人民大学出版社，2009。本书计算时结合营改增政策有所调整。

乙企业应纳增值税为：3000×500×13%/（1+13%）－2000×400×13%/（1+13%）=80531（元）

丙企业应纳增值税为：4000×700×13%/（1+13%）－3000×500×13%/（1+13%）=149558（元）

集团合计应纳增值税为：12035+80531+149558=242123（元）

从企业集团纳税情况看，不管是否采用转让定价，集团的应纳增值税额是相等的。但需要注意的是，集团三个企业的生产具有连续性，前一企业的产品是后一企业的原材料。通过方案Ⅱ转让定价的制定使得整个集团纳税期限发生延迟，第一时期，甲企业在方案Ⅱ的情况下，税款相对减少23009元（35044－12035）；第二时期，乙企业在方案Ⅱ的情况下，税款也相对减少11504元（92035－80531）；直到第三时期丙企业在方案Ⅱ的情况下把前两个时期递延的税款补齐，使得整个集团税负在两个方案下保持一致。可见，转让定价使得集团获得了相对节税的效果。

企业的转让定价如果操作得当有助于企业减轻税负，但如果关联企业之间的交易价格不够合理，则税务机关将会对其交易价格进行调整。根据《中华人民共和国税收征收管理法》相关规定，纳税人有义务就其与关联企业之间的业务往来，向当地税务机关提供有关的价格、费用标准等资料，纳税人与其关联企业之间的业务往来有下列情形之一的，税务机关可以调整其应纳税额。

（1）购销业务未按照独立企业之间的业务往来作价。

（2）融通资金所支付或者收取的利息超过或者低于没有关联关系的企业之间所能同意的数额，或者利率超过或者低于同类业务的正常利率。

（3）提供劳务，未按照独立企业之间业务往来收取或者支付劳务费用。

（4）转让财产、提供财产使用权等业务往来，未按照独立企业之间业务往来作价或者收取、支付费用。

（5）未按照独立企业之间业务往来作价的其他情形。

因此，对于转让定价行为，在具体操作时，关联企业应将其交易价格确定在相对合理的范围内，避免因定价异常而被税务机关调整。

3. 进项税额抵扣事项的筹划

（1）进项税额抵扣时间的筹划。根据《国家税务总局关于进一步明确营改增有关征管问题的公告》（国家税务总局公告2017年第11号）规定，自2017年7月1日起，增值税一般纳税人取得的2017年7月1日及以后开具的增值税专用发票和机动车销售统一发票，应自开具之日起360日内认证或登录增值税发票选择确认平台进行确认①，并在规定的纳税申报期内，向主管国税机关申报抵扣进项税额。增值税一般纳税人取得的2017年7月1

① 根据《国家税务总局关于扩大小规模纳税人自行开具增值税专用发票试点范围等事项的公告》（国家税务总局公告2019年第8号），自2019年3月1日起，取消增值税发票认证的纳税人范围扩大至全部一般纳税人。一般纳税人取得增值税发票（包括增值税专用发票、机动车销售统一发票、收费公路通行费增值税电子普通发票，下同）后，可以自愿使用增值税发票选择确认平台查询、选择用于申报抵扣、出口退税或者代办退税的增值税发票信息。

日及以后开具的海关进口增值税专用缴款书，应自开具之日起360日内向主管国税机关报送《海关完税凭证抵扣清单》，申请稽核比对。增值税一般纳税人能否抵扣进项税额并不取决于其款项是否付清，关键要看纳税人是否取得了有效的增值税专用发票，并在规定的时间内认证并申报抵扣。因此，出于节税的考虑，纳税人应该从购进货物或应税劳务阶段就进行筹划，找准申报抵扣进项税额的最佳时间点。但需要注意的是，在某些情形下，增值税专用发票如果逾期未能得以认证抵扣，纳税人也还可采取补救措施。《国家税务总局关于逾期增值税扣税凭证抵扣问题的公告》（国家税务总局公告2011年第50号）规定，对增值税一般纳税人发生真实交易但由于客观原因造成增值税扣税凭证逾期的，经主管税务机关审核、逐级上报，由国家税务总局认证、稽核比对后，对比对相符的增值税扣税凭证，允许纳税人继续抵扣其进项税额。但这里所说的客观原因包括如下类型①：

①因自然灾害、社会突发事件等不可抗力因素造成增值税扣税凭证逾期；

②增值税扣税凭证被盗、抢，或者因邮寄丢失、误递导致逾期；

③有关司法、行政机关在办理业务或者检查中，扣押增值税扣税凭证，纳税人不能正常履行申报义务，或者税务机关信息系统、网络故障，未能及时处理纳税人网上认证数据等导致增值税扣税凭证逾期；

④买卖双方因经济纠纷，未能及时传递增值税扣税凭证，或者纳税人变更纳税地点，注销旧户和重新办理税务登记的时间过长，导致增值税扣税凭证逾期；

⑤由于企业办税人员伤亡、突发危重疾病或者擅自离职，未能办理交接手续，导致增值税扣税凭证逾期；

⑥国家税务总局规定的其他情形。

（2）采购时间的筹划。增值税一般纳税人的应纳增值税额是当期销项税额与当期进项税额之差，采购货物的时间在很大程度上会影响到其进项税额的抵扣时间，纳税人应结合各个纳税期销项税额的情况，合理安排货物采购时间，尽可能使其进项税额得到有效抵扣，尽量延迟增值税的缴纳。

【案例3-8】

A企业是一家食品生产企业，增值税的纳税期限为1个月。20××年4月，其销项税额为100万元，购买固定资产以外的货物进项税额为84万元。20××年5月，其销项税额为100万元，购买固定资产以外的货物进项税额为100万元。A企业打算在20××年4月或5月购买一台价值为100万元（不含增值税）的设备来扩大生产，购买当月即可投入使用，预计生产出的产品自购进设备当月起3个月后即可对外销售并实现效益。请问A企业购买设备的时间应安排在4月还是5月？

【解析】方案一：20××年5月购进设备。

20××年4月应纳增值税＝100－84＝16（万元）

① 增值税一般纳税人由于除本公告规定以外的其他原因造成增值税扣税凭证逾期的，仍应按照增值税扣税凭证抵扣期限有关规定执行。

20××年5月应纳增值税=100－100－100×13%=－13（万元）。

5月不缴增值税，13万元的增值税进项税额留待以后月份抵扣。

方案二：20××年4月购进设备。

20××年4月应纳增值税=100－84－100×13%=3（万元）20××年5月应纳增值税=100－100=0（万元）

由此可见，方案二比方案一少纳增值税13万元（16－3），虽然方案二在20××年4月就支出了113万元购进设备，比方案一早支出了1个月，但是同样也会提前1个月获取收益。因此从税收筹划的角度来看，方案二优于方案一。

（3）采购结算方式的筹划。一般企业在购货过程中采用先付清款项、后取得发票的方式，如果材料已经验收入库，但货款尚未全部付清，供货方不能开具增值税专用发票。按税法规定，纳税人购进货物或者应税劳务，未按照规定取得增值税扣税凭证，其进项税额就不能抵扣，会造成企业增值税税负增加。如果采用分期付款取得增值税专用发票的方式，就能够及时抵扣进项税额，缓解税收压力。通常情况下，销售结算方式由销货方自主决定，购货方对购入货物结算方式的选择权取决于购货方和供货方两者之间的谈判协议，购货方可以利用市场供销情况购货，掌握谈判主动权，使得销货方先垫付税款，以推迟纳税时间，为企业争取时间尽可能长的“无息贷款”。

（4）进项税额核算方式的筹划。根据《营业税改征增值税试点实施办法》规定，适用一般计税方法的纳税人，兼营简易计税方法计税项目、免征增值税项目而无法划分不得抵扣的进项税额，按照下列公式计算不得抵扣的进项税额：

不得抵扣的进项税额=当期无法划分的全部进项税额×（当期简易计税方法计税项目销售额+免征增值税项目销售额）÷（当期全部销售额+当期全部营业额）

利用上述公式进行计算时，需要注意以下三点[①]。

①准确筛选纳入计算范围的进项税额。“当月无法划分的全部进项税额”是指企业在购入原材料时，没有明确用途，即没有明确是用于应税还是免税，并且在使用时既用于应税，又用于免税，同时又无法划分混用的进项税部分。根据《中华人民共和国增值税暂行条例实施细则》第二十六条的计算公式要求，应该将当月移送使用的可以准确划分的进项税额剔除，当月无法划分的全部进项税额=全部进项税额（当月实际耗用原材料进项税）－当月可准确划分用于应税项目、免税项目及非应税项目的进项税额。

②免税项目销售收入不得进行不含税收入的换算。在计算不得抵扣的进项税额时，不少企业将取得的免税收入或者非应税收入进行不含税收入的换算。根据《国家税务总局关于分摊不得抵扣进项税额时免税项目销售额如何确定问题的批复》（国税函〔1997〕529号）规定，纳税人在计算不得抵扣进项税额时，对其取得的销售免税货物的销售收入和经营非应税项目的营业收入额，不得进行不含税收入的换算。

③注意几种特殊情况的处理。一是一般纳税人兼营即征即退项目或者按简易办法征

① 董泽亮．计算不得抵扣进项税额的注意事项［J］．中国税务报，2011-01-25．

税项目而无法划分即征即退项目、按简易办法征税项目应分摊的进项税额的，可以比照该公式进行划分：即征即退项目或者按简易办法征税项目应分摊的进项税额＝当月无法划分的全部进项税额×即征即退项目或者按简易办法征税项目销售额÷（当月全部销售额、营业额合计）。二是按照公式计算应转出的进项税额时，当月无法划分的全部进项税中不包括既用于应税项目又用于免税项目的机器设备等固定资产的进项税，根据《增值税暂行条例实施细则》规定，混用的机器设备进项税额可以全额抵扣，不需参与进项税划分。

由此，纳税人可以根据上述公式进行筹划：将按照上述公式计算的不得抵扣的进项税额与简易计税方法计税项目、免征增值税项目不应抵扣的进项税额对比，如果前者大于后者，则应正确划分并按规定转出进项税额；如果前者小于后者，则无需在核算时正确划分，而改按公式计算。具体分析如下。

假定免税项目的增值税进项税额占全部产品增值税进项税额的比例为 R，则纳税人未准确划分免税项目的增值税进项税额时，可抵扣的进项税额＝全部进项税额－全部进项税额×免税项目或非应税项目销售额/全部销售额。当纳税人准确划分免税项目的增值税进项税额时单独核算，可抵扣进项税额＝全部进项税额×（1－R）。当两种情形下可抵扣的进项税额相等时，纳税人是否准确划分免税项目的增值税进项税额并无区别。此时，R＝免税项目销售额/全部销售额。这样一来，当 R＜免税项目销售额/全部销售额时，准确划分免税项目的增值税进项税额有利；当 R＞免税项目销售额/全部销售额时，不准确划分免税项目的增值税进项税额有利。

【案例 3－9】

某制药厂主要生产抗菌类药物，也生产 A 药品（免征增值税）。20××年该厂抗菌类药物的销售收入为 1000 万元（不含税收入），生产 A 药品的销售收入为 500 万元（实际耗用的购入项目的进项税额为 40 万元）。全年的购进货物既用于生产抗菌类药物，也用于生产 A 药品，增值税进项税额为 150 万元。从税收角度看，该制药厂是否应该将 A 药品耗用的购入项目（原料、水、电等）的进项税额进行准确划分？

【解析】当制药厂准确划分 A 药品耗用的购入项目（原料、水、电等）的进项税额时，其可抵扣的进项税额＝150－40＝110 万元，当制药厂没有划分 A 药品耗用的购入项目（原料、水、电等）的进项税额时，其可抵扣的进项税额＝150－150×500/（1000＋500）＝100（万元）。在销项税额一定的情况下，如果制药厂能够准确划分 A 药品耗用的购入项目（原料、水、电等）的进项税额，则其可抵扣的进项税额更多，相应的应纳增值税额也更少。

（5）进项税额优惠的筹划。近年来，为了推进减税降费，降低实体经济负担，财政部和国家税务总局出台了部分与进项税额有关的优惠政策。根据《财政部 税务总局 海关总署关于深化增值税改革有关政策的公告》（财政部 税务总局 海关总署公告 2019 年第 39 号）规定，自 2019 年 4 月 1 日至 2021 年 12 月 31 日，允许生产、生活性服务业纳税人按照当期可抵扣进项税额加计10%，抵减应纳税额；自2019年4月1日起，试行增值税期末留抵税额退税制度。需要注意的是，上述税收优惠的享受需要满足一定的条件。其中，对于进项税额加计10%抵减应纳税额的优惠政策涉及的生产、生活性服务业纳税人，是指提供邮政服务、电信服务、现代服务、生活服务取得的销售额占全部销售额的比重超过50%的纳税人；申请退还增量留抵税额的纳税人应同时满足以下5个条件：①自2019年4月税款所属期起，连续六个月（按季纳税的，连续两个季度）增量留抵税额均大于零，且第六个月增量留抵税额不低于50万元，②纳税信用等级为A级或者B级，③申请退税前36个月未发生骗取留抵退税、出口退税或虚开增值税专用发票情形的，④申请退税前36个月未因偷税被税务机关处罚两次及以上的，⑤自2019年4月1日起未享受即征即退、先征后返（退）政策的。纳税人应熟悉进项税额相关税收优惠政策的条件，做到"应享尽享"。

（6）采购对象的筹划。一般纳税人可以进行进项税额抵扣，而进项税额的抵扣包括两种情形：一是凭票抵扣，二是计算抵扣。由于小规模纳税人无法开具增值税专用发票，即便向税务机关申请代开增值税专用发票，其增值税税率也仅为3%，因此，通常认为，一般纳税人选择采购对象时会优先考虑一般纳税人。但这也并不是绝对的，如果小规模纳税人的供货价格相对于一般纳税人的供货价格足够低的话，一般纳税人选择小规模纳税人作为采购对象可能更为有利。总的来看，一般纳税人在采购货物的时候，无论是从一般纳税人还是从小规模纳税人采购，都要计算比较销售价格以及增值税的影响，以从哪类单位采购能更多地获得税后利润作为选择的总体原则。

假定某一般纳税人企业从一般纳税人采购货物的金额为P_1（含税），供货方作为一般纳税人适用的增值税税率为T_1，从小规模纳税人采购货物的金额为P_2（含税），供货方作为小规模纳税人向税务机关申请代开增值税专用发票的适用税率为t_1，企业销售金额为S_1，其适用的增值税税率为T_2，企业所在地适用的城建税税率和教育费附加征收比率分别为r_1和r_2，企业所得税税率为T_3。则企业从一般纳税人采购货物能够获得的税后利润为：

$$B_1=\left[S_1-P_1/(1+T_1)-\left(S_1T_2-\frac{P_1T_1}{1+T_1}\right)\times(r_1+r_2)\right]\times(1-T_3) \tag{3-11}$$

企业从小规模纳税人采购货物能够获得的税后利润为：

$$B_2=\left[S_1-P_2/(1+t_1)-\left(S_1T_2-\frac{P_2t_1}{1+t_1}\right)\times(r_1+r_2)\right]\times(1-T_3) \tag{3-12}$$

当$B_1=B_2$时，从税后利润的角度看，企业选择一般纳税人或小规模纳税人作为采购对象是无差别的。此时P_1和P_2存在如下关系式：

$$P_2=P_1\times\frac{[1-T_1(r_1+r_2)](1+t_1)}{[1-t_1(r_1+r_2)](1+T_1)} \tag{3-13}$$

如果小规模纳税人没有向税务机关申请代开增值税专用发票，则公式（3-13）可简化为如下形式：

$$P_2=P_1\times\frac{1-T_1(r_1+r_2)}{1+T_1} \tag{3-14}$$

式（3-13）和（3-14）中的$\frac{[1-T_1(r_1+r_2)](1+t_1)}{[1-t_1(r_1+r_2)](1+T_1)}$和$\frac{1-T_1(r_1+r_2)}{1+T_1}$可以称其

为价格折让临界点。

根据上述分析，我们可以得到如下基本结论。

(1) 当小规模纳税人向税务机关申请代开增值税专用发票时，一般纳税人从小规模纳税人采购的金额 P_2 与从一般纳税人采购金额 P_1 的比值如果大于$\frac{[1-T_1\ (r_1+r_2)]\ (1+t_1)}{[1-t_1\ (r_1+r_2)]\ (1+T_1)}$，则应选择一般纳税人作为采购对象，否则，应选择小规模纳税人作为采购对象。

(2) 当小规模纳税人只能开具普通发票时，一般纳税人从小规模纳税人采购的金额 P_2 与从一般纳税人采购金额 P_1 的比值如果大于$\frac{1-T_1\ (r_1+r_2)}{1+T_1}$，则应选择一般纳税人作为采购对象，如果小于$\frac{1-T_1\ (r_1+r_2)}{1+T_1}$，则应选择小规模纳税人作为采购对象。

根据现行税法规定，上述公式中的 T_1、T_2、t_1 以及 r_1 和 r_2 有其对应的具体数值，因此，我们可以找出不同情形下的价格折让临界点，见表 3-5 和表 3-6①。

表 3-5 价格折让临界点（含税）（小规模纳税人开具普通发票）

从一般纳税人采购时计算进项税额适用的增值税税率/%	从小规模纳税人采购时进项税额的抵扣率/%	价格折让临界点/%
13	0	87.35
9	0	90.92
6	0	93.77

表 3-6 价格折让临界点（含税）（小规模纳税人申请代开增值税专用发票）

从一般纳税人采购时计算进项税额适用的增值税税率/%	从小规模纳税人采购时进项税额的抵扣率/%	价格折让临界点/%
13	3	90.24
9	3	93.93
6	3	96.88

【案例 3-10】

利宁厨具公司（增值税一般纳税人），外购原材料钢材时若从北方钢铁厂（一般纳税人，增值税税率为 13%）处购入，则每吨的价格为 50000 元（含税）。若从得平钢铁厂（小规模纳税人）处购买，则可取得由所得税所代开的征收率为 3%的专用发票，含税价格为 44000 元。试做出该企业是否应从小规模纳税人购货的决策。（已知城市维护建设税税率为 7%，教育费附加征收率为 3%）。

请问：利宁厨具公司应从哪家钢铁厂采购原材料？

① 城市维护建设税实行的是地区差别比例税率包括 7%、5%和 1%三档，这里选取了常用的 7%，教育费附加的征收比率为 3%。

【解析】由价格折让临界点得知，增值税税率为13%，小规模纳税人的抵扣率为3%时，价格折让临界点为87.64%，即临界点时的价格为43820元（50000×87.64%），而小规模纳税人的实际价格44000元＞临界点的价格43820元，因此适宜从一般纳税人处采购原材料。

三、税率的筹划

（一）增值税税率的法律规定

2019年4月1日起，制造业等行业的增值税税率由16%降至13%，交通运输业、建筑业等行业的增值税税率由10%降至9%，6%的税率保持不变。此次调整后，中国增值税税率变为13%、9%与6%三档。具体来看：销售交通运输服务、邮政、基础电信、建筑、不动产租赁服务，销售不动产，转让土地使用权以及销售或进口正列举的农产品等货物税率为9%；加工修理修配劳务、有形动产租赁服务和进口税率为13%；销售无形资产（除土地使用权）为6%，出口货物税率为0；其余的货物是13%，服务是6%。

（二）增值税税率的筹划

1. 兼营行为的税率筹划

纳税人兼营销售货物、劳务、服务、无形资产或者不动产，为兼营行为。兼营不同于混合销售，混合销售中涉及的货物和劳务之间具有因果关系和内在联系，而兼营行为中，销售货物、劳务、服务、无形资产或者不动产之间没有这种因果关系和内在联系，应视为两种应税行为。《中华人民共和国增值税暂行条例》第三条规定：纳税人兼营不同税率的项目，应当分别核算不同税率项目的销售额；未分别核算销售额的，从高适用税率。财税〔2016〕36号文附件二《营业税改征增值税试点有关事项的规定》规定，试点纳税人销售货物、加工修理修配劳务、服务、无形资产或者不动产适用不同税率或者征收率的，应当分别核算适用不同税率或者征收率的销售额，未分别核算销售额的，按照以下方法适用税率或者征收率。

（1）兼有不同税率的销售货物、加工修理修配劳务、服务、无形资产或者不动产，从高适用税率。

（2）兼有不同征收率的销售货物、加工修理修配劳务、服务、无形资产或者不动产，从高适用征收率。

（3）兼有不同税率和征收率的销售货物、加工修理修配劳务、服务、无形资产或者不动产，从高适用税率。

因此，如果纳税人从事兼营不同税率或征收率的货物或者应税劳务，应当注意分别核算不同税率货物、应税劳务、服务、无形资产和不动产的销售额。比如，某试点一般纳税人既销售不动产，又提供经纪代理服务，如果该纳税人能够分别核算上述两项应税行为的销售额，则提销售不动产适用9%的增值税税率，提供经纪代理服务适用6%的增值税税率；如果该纳税人没有分别核算上述两项应税行为的销售额，则销售不动产和提供经纪代理服务均从高适用9%的增值税税率。

2. 混合销售行为的税率筹划

一项销售行为如果既涉及服务又涉及货物，为混合销售行为。从混合销售行为的定义中可知，鉴别混合销售行为成立的标准是以一项销售行为是否既涉及服务又涉及货物为尺度的，而且该服务是对其销售的货物提供的服务，两者是紧密相连的。在实践中，混合销售行为成立的行为标准有两点，一是其销售行为必须是一项；二是该项行为必须即涉及服务又涉及货物。其中的货物是指增值税条例中规定的有形动产，包括电力、热力和气体；服务是指属于改征范围的交通运输服务、建筑服务、金融保险服务、邮政服务、电信服务、现代服务、生活服务等。

按照《中华人民共和国增值税暂行条例》的规定，从事货物的生产、批发或者零售的单位和个体工商户的混合销售行为，按照销售货物缴纳增值税；其他单位和个体工商户的混合销售行为，按照销售服务缴纳增值税。上述从事货物的生产、批发或者零售的单位和个体工商户，包括以从事货物的生产、批发或者零售为主，并兼营销售服务的单位和个体工商户在内。那么，应如何理解和认定“以从事货物的生产、批发或者零售为主”呢？各地省税务局的判断标准各异。在税收征管实践中，基本上是以“企业经营的主业确定”。即企业经营的主业是货物销售的则按照13%税率计算增值税；企业经营的主业是服务销售的则按照服务业的增值税税率计算增值税。问题是所谓的“主业”如何判断，实践中有两个标准：一是按照工商营业执照上的主营业务范围来判断，如果主营业务范围是销售批发业务，则按照销售货物缴纳增值税；如果主营业务范围是销售服务范围则按照销售服务缴纳增值税。二是按照一年收入中销售收入的比重来判断，如果销售货物收入在一年收入中所占的比重超过50%则按照销售货物缴纳增值税；如果销售服务的收入在一年收入中站的比重超过50%，则按照销售服务缴纳增值税。

另外，在实践中，有些地方的主管税务机关在确定混合销售行为的计税方法时有着自己的特殊规定。比如，河北省国家税务局发布的“关于全面推开营改增有关政策问题的解答（之一）”中第十五项指出，对于混合销售，按以下方法确定如何计税。

（1）该销售行为必须是一项行为，这是与兼营行为相区别的标志。

（2）按企业经营的主业确定。若企业在账务上已经分开核算，以企业核算为准。

（3）企业不能分别核算的，按如下原则：从事货物的生产、批发或者零售的单位和个体工商户的混合销售行为，按照销售货物缴纳增值税；其他单位和个体工商户的混合销售行为，按照销售服务缴纳增值税。

【案例 3-11】①

A公司从事电脑批发零售，也从事软件开发业务。A公司与B公司经协商达成一致：由A公司向B公司销售一批专用电脑设备，价款100万元，A公司另外要向B公司提供与该批电脑设备有关的软件开发服务，价款也是100万元。A公司销售电脑设备，适用增值税税率为13%；提供软件开发服务，适用增值税税率为6%。

① 程辉．切莫混淆“营改增”中的兼营行为和混合销售［J］．中国会计报，2016-08-29.

如果A公司与B公司签订一份合同，既约定电脑设备销售事宜，又约定软件开发服务事宜，A公司该如何计算缴纳增值税？是分别计税，还是必须将两个应税项目合并成一项交易，按混合销售计税，统一适用13%税率？如果双方签订两份合同，一份合同约定电脑设备销售事项，另一份合同约定软件开发服务，A公司又该如何计算缴纳增值税？如果按混合销售缴纳增值税，A公司的销项税额是26万元（200×13%）。如果允许分别计税，A公司的销售税额是19万元（100×13%+100×6%）。前者比后者多出7万元。

【解析】本案例中，A公司向B公司提供软件开发服务，是建立在向B公司销售电脑设备的基础上的。因为如果A、B两公司之间没有发生电脑设备销售行为，B公司就不可能接受A公司的软件开发服务。这也意味着软件开发服务与电脑销售行为关系十分紧密，显然，二者构成混合销售行为，两者形成主次关系，前者是主要应税项目，后者构成次要的、辅助的应税项目。至于A、B公司是签订一份合同还是两份合同，这与混合销售行为的认定没有任何关系，混合销售的判定不是以合同为标准，软件开发服务是建立在电脑设备销售行为之上的，故有关销售行为应认定为单一销售行为。因此，A公司电脑设备销售及软件开发服务应认定为混合销售。

正确的缴纳增值税计算是：A公司的销项税额按是混合销售计税=100×13%+100×13%=26万元。

根据现行增值税法规定，销售货物适用的税率通常高于销售服务的税率，所以对混合销售行为税率的筹划主要有两条思路：一是纳税人设法将其主业变更为以销售服务为主；二是纳税人将其销售服务的业务划分出来，进行独立核算，进而可以按照销售服务的税率计征增值税。当然，如果当地主管税务机关（如河北、湖北等地国税局）执行“若企业在账务上已经分开核算，以企业核算为准”的政策，则纳税人可以考虑将货物和服务销售额在账务上分别核算，进而适用各自的税率。

四、纳税义务发生时间的筹划

（一）增值税纳税义务发生时间的法律规定

根据《中华人民共和国增值税暂行条例》以及财税〔2016〕36号附件一《营业税改征增值税试点实施办法》的规定，增值税纳税义务发生时间如下。

（1）发生应税销售行为，为收讫销售款项或者取得索取销售款项凭据的当天；先开具发票的，为开具发票的当天。

（2）进口货物，为报关进口的当天。

其中，收讫销售款项或者取得索取销售款项凭据的当天，按销售结算方式的不同，具体为如下。

（1）采取直接收款方式销售货物，不论货物是否发出，均为收到销售款或者取得索取销售款凭据的当天。

（2）采取托收承付和委托银行收款方式销售货物，为发出货物并办妥托收手续的当天。

（3）采取赊销和分期收款方式销售货物，为书面合同约定的收款日期的当天，无书面合同的或者书面合同没有约定收款日期的，为货物发出的当天。

（4）采取预收货款方式销售货物，为货物发出的当天，但生产销售生产工期超过 12 个月的大型机械设备、船舶、飞机等货物，为收到预收款或者书面合同约定的收款日期的当天。

（5）委托其他纳税人代销货物，为收到代销单位的代销清单或者收到全部或者部分货款的当天。未收到代销清单及货款的，为发出代销货物满 180 天的当天。

（6）销售应税劳务，为提供劳务同时收讫销售款或者取得索取销售款的凭据的当天。

（7）纳税人发生视同销售货物行为，为货物移送的当天。

（8）纳税人提供租赁服务采取预收款方式的，其纳税义务发生时间为收到预收款的当天。

（9）纳税人从事金融商品转让的，为金融商品所有权转移的当天。

（10）纳税人发生视同销售服务、无形资产或者不动产情形的，其纳税义务发生时间为服务、无形资产转让完成的当天或者不动产权属变更的当天。

不难看出，增值税的纳税义务发生时间主要取决于纳税人应税行为的销售结算方式。纳税人可以合理选择结算方式，采取没有收到货款不开发票的方式就能达到延期纳税的目的。比如，对发货后一时难以回笼的货款，作为委托代销商品处理，待收到货款时出具发票纳税；避免采用托收承付和委托收款结算方式销售货物，防止垫付税款；尽可能采用支票、银行本票和汇兑结算方式销售货物；在不能及时收到货款的情况下，采用赊销或分期收款结算方式，避免垫付税款。

（二）增值税纳税义务发生时间的筹划

实践中，纳税人的销售结算方式有多种，包括直接收款方式、托收承付和委托银行收款方式、赊销和分期收款方式、预收货款方式、委托其他纳税人代销货物等，不同销售结算方式下增值税的纳税义务发生时间是不同的。纳税人可以充分利用增值税纳税义务发生时间的差异性对销售结算方式进行合理安排。比如，税法规定，赊销和分期收款结算方式都是以书面合同约定的收款日期的当天确认纳税义务，在货款一时无法收回或部分无法收回的情况下，可以选择赊销或分期收款结算方式。与直接收款结算方式相比，选择赊销或分期收款结算方式虽然未必能够减少纳税人应纳增值税额的数量，但可以达到延期纳税的效果。采取预收货款方式销售货物，其纳税义务发生时间为发出货物的当天，在购货方允许的条件下，销货方可以通过适当延迟发出货物的时间实现延迟纳税。再比如，委托其他纳税人代销货物，为收到代销单位的代销清单或者收到全部或部分货款的当天，未收到代销清单及货款的，为发出代销货物满 180 天的当天。为此，委托方可以要求代销单位适当延迟开具代销清单的时间，从而延迟纳税义务发生时间。

【案例 3－12】

某电缆厂（增值税一般纳税人）20××年 5 月发生的电缆销售业务 3 笔，货款共计 1800 万元（不含税价）。其中，第一笔 800 万元，货款两清；第二笔 300 万元，两年后一次付清；第三笔后付 700 万元，其中一年半后付 500 万元，余款 200 万元两年后结清。

请问：该电缆厂应如何筹划？

【解析】电缆厂若全部采取直接收款方式，则应当在 20××年 5 月就全部货款 1800 万元计提销项税额 234 万元（1800 万元×13%）；如果对当月未收到货款 1000 万元不计提销项税额，则违反了税法规定，属于逃避缴纳税款行为。若对未收到的 300 万和 700 万元应收账款，分别在贷款结算中采用赊销和分期收款的结算方式，并在合同中明确约定付款日期，就可以延缓纳税时间。这样一来，采用赊销和分期收款方式，虽然并不能改变电缆厂应纳增值税的绝对额，但可以使纳税人无偿使用这笔款项而不需支付利息，对纳税人来说等于是降低了税收负担。递延纳税不违背税法的规定，既有利于纳税人资金周转，节省利息支出，还可使纳税人享受通货膨胀带来的好处。

另外，需要注意的是，销售货物或者应税劳务而言，增值税纳税义务发生的时间一般为收讫销售款或者取得索取销售款项凭据的当天，但如果纳税人先开具发票，增值税纳税义务发生时间为开具发票的当天。《增值税专用发票使用规定》第十一条规定："专用发票应按下列要求开具：（一）项目齐全，与实际交易相符；（二）字迹清楚，不得压线、错格；（三）发票联和抵扣联加盖财务专用章或者发票专用章；（四）按照增值税纳税义务的发生时间开具。"《中华人民共和国发票管理办法实施细则》第二十六条规定："填开发票的单位和个人必须在发生经营业务确认营业收入时开具发票。未发生经营业务一律不准开具发票。"因此，纳税人应避免在纳税义务产生之前提前开具发票，这样不仅提前确认了增值税纳税义务，而且也违反了《增值税专用发票使用规定》和《中华人民共和国发票管理办法实施细则》的相关规定，还会受到相应的税务行政处罚。

五、增值税税收优惠的筹划

（一）增值税税收优惠的法律规定

1.《中华人民共和国增值税暂行条例》规定的免税项目

《中华人民共和国增值税暂行条例》第十五条规定，下列项目免征增值税：

（1）农业生产者销售的自产农产品。

（2）避孕药品和用具。

（3）古旧图书。

（4）直接用于科学研究、科学试验和教学的进口仪器、设备。

（5）外国政府、国际组织无偿援助的进口物资和设备。

（6）由残疾人的组织直接进口供残疾人专用的物品。

（7）销售的自己使用过的物品。

2. 财政部、国家税务总局规定的减免税项目

（1）纳税人销售自产的资源综合利用产品和提供资源综合利用劳务，可享受增值税即征即退政策。

（2）自 2012 年 1 月 1 日起，免征蔬菜流通环节增值税；自 2012 年 10 月 1 日起，免征部分鲜活肉蛋产品流通环节增值税。

（3）除豆粕以外的其他粕类饲料产品均免征增值税。

（4）按债转股企业与金融资产管理公司签订的债转股协议，债转股原企业将货物资产作为投资提供给债转股新公司的，免征增值税。

（5）节能服务公司实施符合条件的合同能源管理项目，将项目中的增值税应税货物转

让给用能企业，暂免增收增值税。

（6）自2019年1月1日至2021年12月31日，对月销售额10万元以下（含本数）的增值税小规模纳税人，免征增值税。

（7）自2014年3月1日起，对外购用于生产乙烯、芳烃类化工产品的石脑油、燃料油，且使用2类油品生产特定化工产品的产量占本企业用石脑油、燃料油生产各类产品总量50%（含）以上的企业，其外购2类油品的价格中消费税部分对应的增值税予以退还。

（8）制种企业在下列生产经营模式下生产销售种子，属于农业生产者销售自产农业产品，应根据《中华人民共和国增值税暂行条例》有关规定免征增值税：①制种企业利用自有土地或承租土地，雇佣农户或雇工进行种子繁育，再经烘干、脱粒、风筛等深加工后销售种子；②制种企业提供亲本种子委托农户繁育并从农户手中收回，再经烘干、脱粒、风筛等深加工后销售种子。

（9）纳税人生产销售和批发、零售符合相关执行标准的有机肥产品免征增值税。

3. 营改增试点过渡政策①

4. 起征点

个人发生应税行为的销售额未达到增值税起征点的，免征增值税；达到起征点的，全额计算缴纳增值税。增值税起征点不适用于登记为一般纳税人的个体工商户。

增值税起征点幅度如下。

（1）按期纳税的，为月销售额5000－20000元（含本数）。

（2）按次纳税的，为每次（日）销售额300－500元（含本数）。

起征点的调整由财政部和国家税务总局规定。省、自治区、直辖市财政厅（局）和国家税务局应当在规定的幅度内，根据实际情况确定本地区适用的起征点，并报财政部和国家税务总局备案。

5. 按简易办法征收增值税的优惠政策

2014年6月13日，财政部和国家税务总局联合下发《关于简并增值税征收率政策的通知》（财税2014〔57号〕），决定自2014年7月1日起将6%和4%的增值税征收率统一调整为3%。自此之后，按照简易办法征收增值税的优惠政策具体规定如下。

（1）纳税人销售自己使用过的物品，按下列政策执行。

①一般纳税人销售自己使用过的属于《中华人民共和国增值税暂行条例》第十条规定不得抵扣且未抵扣进项税额的固定资产，按照简易办法依照3%征收率减按2%征收增值税。

一般纳税人销售自己使用过的其他固定资产，按照如下规定执行：销售自己使用过的2009年1月1日以后购进或者自制的固定资产，按照适用税率征收增值税；2008年12月31日以前未纳入扩大增值税抵扣范围试点的纳税人，销售自己使用过的2008年12月31日以前购进或者自制的固定资产，按照简易办法依照3%征收率减按2%征收增值税；2008年12月31日以前已纳入扩大增值税抵扣范围试点的纳税人，销售自己使用过的在本地区扩大增值税抵扣范围试点以前购进或者自制的固定资产，按照简易办法依照3%征收

① 具体内容参见财税〔2016〕36号文附件三《营业税改征增值税试点过渡政策的规定》。

率减按 2%征收增值税；销售自己使用过的在本地区扩大增值税抵扣范围试点以后购进或者自制的固定资产，按照适用税率征收增值税。

一般纳税人销售自己使用过的除固定资产以外的物品，应当按照适用税率征收增值税。

②小规模纳税人（除其他个人外，下同）销售自己使用过的固定资产，减按 2%征收率征收增值税。

小规模纳税人销售自己使用过的除固定资产以外的物品，应按 3%的征收率征收增值税。

（2）纳税人销售旧货，按照简易办法依照 3%征收率减按 2%征收增值税。

所称旧货，是指进入二次流通的具有部分使用价值的货物（含旧汽车、旧摩托车和旧游艇），但不包括自己使用过的物品。

（3）一般纳税人销售自产的下列货物，可选择按照简易办法依照 3%征收率计算缴纳增值税。

①县级及县级以下小型水力发电单位生产的电力。小型水力发电单位，是指各类投资主体建设的装机容量为 5 万千瓦以下（含 5 万千瓦）的小型水力发电单位。

②建筑用和生产建筑材料所用的砂、土、石料。

③以自己采掘的砂、土、石料或其他矿物连续生产的砖、瓦、石灰（不含粘土实心砖、瓦）。

④用微生物、微生物代谢产物、动物毒素、人或动物的血液或组织制成的生物制品。

⑤自来水。

⑥商品混凝土（仅限于以水泥为原料生产的水泥混凝土）。

一般纳税人选择简易办法计算缴纳增值税后，36 个月内不得变更。

（4）一般纳税人销售货物属于下列情形之一的，暂按简易办法依照 3%征收率计算缴纳增值税。

①寄售商店代销寄售物品（包括居民个人寄售的物品在内）。

②典当业销售死当物品。

③经国务院或国务院授权机关批准的免税商店零售的免税品。

（5）对属于一般纳税人的自来水公司销售自来水按简易办法依照 3%征收率征收增值税，不得抵扣其购进自来水取得增值税扣税凭证上注明的增值税税款。

另外，根据财税〔2016〕36 号附件二《营业税改征增值税试点有关事项的规定》，一般纳税人发生下列应税行为可以选择适用简易计税方法计税。

（1）公共交通运输服务。

（2）经认定的动漫企业为开发动漫产品提供的动漫脚本编撰、形象设计、背景设计、动画设计、分镜、动画制作、摄制、描线、上色、画面合成、配音、配乐、音效合成、剪辑、字幕制作、压缩转码（面向网络动漫、手机动漫格式适配）服务，以及在境内转让动漫版权（包括动漫品牌、形象或者内容的授权及再授权）。

（3）电影放映服务、仓储服务、装卸搬运服务、收派服务和文化体育服务。

（4）以纳入营改增试点之日前取得的有形动产为标的物提供的经营租赁服务。

（5）在纳入营改增试点之日前签订的尚未执行完毕的有形动产租赁合同。

（6）以清包工方式提供的建筑服务、为甲供工程提供的建筑服务、为建筑工程老项目提供的建筑服务。

（7）销售其 2016 年 4 月 30 日前取得（不含自建）的不动产。

（8）销售其 2016 年 4 月 30 日前自建的不动产。

（9）出租其 2016 年 4 月 30 日前取得的不动产。

（10）收取试点前开工的高速公路的车辆通行费。

（二）增值税税收优惠的筹划

1. 分别核算减免税项目的销售额

《中华人民共和国增值税暂行条例》第十六条规定："纳税人兼营免税、减税项目的，应当分别核算免税、减税项目的销售额；未分别核算销售额的，不得免税、减税。"《营业税改征增值税试点实施办法》第三十五条规定："纳税人提供适用不同税率或者征收率的应税服务，应当分别核算适用不同税率或者征收率的销售额；未分别核算的，从高适用税率。"因此，如果纳税人既经营应税项目，又经营免税和减税项目，应注意分别核算不同项目的销售额。

【案例 3－13】[①]

A 公司为一家工业生产型企业，主营业务范围为船用电器、电子和配电控制设备的制造，因业务实际情况，其部分货物享受货物免征增值税优惠。税务机关在对 A 公司开展进项疑点核查时发现，A 公司申报表上留有金额较大的留抵税额，且近几个月税负率偏低。通过进一步比对申报明细与进销发票记录发现，A 公司有免税销售收入，且占总销售收入的比例较大。经查，A 公司所有进项税额均已抵扣，且无进项税额转出，税负率为 1.43％，远低于同行业平均水平。

税务机关认为，A 公司税负率偏低，与没有正确处理用于增值税免税项目的进项税额有关，未按规定作进项税额转出，存在税务风险。调查发现，A 公司在购进物资或服务时，没有区分是用于免税项目还是增值税应税项目，一律全额抵扣，在纳税申报时，也没有按照有关规定作进项税额转出。

根据《增值税暂行条例》第十条规定，用于非增值税应税项目、免征增值税项目、集体福利或者个人消费的购进货物或者应税劳务的进项税额，不得从销项税额中抵扣，A 公司用于免税项目的进项税额不得抵扣，应作转出处理。同时，根据《增值税暂行条例实施细则》第二十六条规定，一般纳税人兼营免税项目或者非增值税应税劳务而无法划分不得抵扣的进项税额的，按下列公式计算不得抵扣的进项税额：不得抵扣的进项税额＝当月无法划分的全部进项税额×当月免税项目销售额、非增值税应税劳务营业额合计÷当月全部销售额、营业额合计。

根据上述规定，A 公司需按照收入配比计算不得抵扣的进项税额并作转出。最终，A 公司查补应转出进项税额 346.4 万元，冲减 208.9 万元的留抵税额后，补税入库 137.5 万

① 案例来源：王方怡，李广．免税项目尽量单独核算［J］．中国税务报，2018-6-20.

元，并缴纳了相应的滞纳金。

【解析】 按照现行税法规定，免税项目和应税项目进项税额的处理规则明显不同。企业应当规范免税项目、简易计税项目和非增值税应税项目等特殊项目进项税额的归集及核算，增强对增值税进项税额抵扣相关政策的理解，防范进项税额抵扣引发的税务风险。

在实践中，对于难以划分不得抵扣的进项税额时，企业可先全部认证抵扣，待产品出库等可准确划分进项时，再计算不得抵扣的进项税额并作转出处理。对于无法划分、不得抵扣的进项税额，要及时计算当月不得抵扣的进项税额并转出。还需注意的是，企业在计算不得抵扣的进项税额时，对取得的免税项目销售额、简易计税项目销售额，应按照不含税销售额计算。

这里需要说明的是，减免税分为报批类减免税和备案类减免税。报批类减免税是指应由税务机关审批的减免税项目；备案类减免税是指取消审批手续的减免税项目和不需税务机关审批的减免税项目。纳税人享受报批类减免税，应提交相应资料，提出申请，经按《税收减免管理办法（试行）》规定具有审批权限的税务机关（以下简称“有权税务机关”）审批确认后执行。未按规定申请或虽申请但未经有权税务机关审批确认的，纳税人不得享受减免税。纳税人享受备案类减免税，应提请备案，经税务机关登记备案后，自登记备案之日起执行。纳税人未按规定备案的，一律不得减免税。

2. 充分利用税收优惠政策，同时把握享受税收优惠政策的条件

现行增值税法对资源综合利用、软件行业、农业、文化产业等多个领域均有相应的税收优惠政策。

【案例 3－14】[①]

湖北省某市属橡胶集团拥有固定资产 7 亿多元，员工 4000 多人，主要生产橡胶轮胎，同时也生产各种橡胶管和橡胶汽配件。该集团位于某市 A 村，在生产橡胶制品的过程中，每天产生近 30 吨的废煤渣。为了妥善处理废煤渣，使其不造成污染，该集团尝试过多种办法：与村民协商用于乡村公路的铺设、维护和保养；与有关学校、企业联系用于简易球场、操场的修建等，但效果并不理想。因为废煤渣的排放未能达标，使周边乡村的水质受到不同程度的污染，导致附近许多村民经常堵住厂区大门不让工人上班，工厂生产受到很大影响。此事曾惊动过各级领导，该集团也因污染问题受到环保部门的多次警告和罚款，最高一次达 10 万元。

该集团要想维持正常的生产经营，就必须治污。如何治污，成了该集团一个迫在眉睫的大问题。该集团根据有关人士的建设，拟定了以下两个方案。

(1) 把废煤渣的排放处理全权委托给 A 村村委会，每年支付该村村委会 40 万元的运输费用，以保证该集团生产经营的正常进行。

(2) 将准备支付给 A 村的 40 万元的煤渣运输费用改为投资兴建墙体材料厂，利用该

① 赵连志．税收筹划操作实务［M］．北京：中国税务出版社，2002。本书在分析过程中考虑了增值税相关政策的调整。

集团每天排放的废煤渣生产“非粘土烧结空心砖”，该厂实行独立核算，独立计算销售额、进项税额和销项税额。

那么，集团选择哪个方案更为合适？

【解析】方案一：可缓解该集团同当地村民的紧张关系，但每年 40 万元的费用是一笔不小的支出，而且，从环保的角度看，这种方案难以从根治废气煤渣可能导致的污染。

方案二：主要有三个明显的优点。一是符合国家的产业政策，能获得一定的节税利益。根据《财政部 国家税务总局关于新型墙体材料增值税政策的通知》（财税〔2015〕73号）规定，对纳税人销售自产的列入本通知所附《享受增值税即征即退政策的新型墙体材料目录》（以下简称《目录》）的新型墙体材料，实行增值税即征即退 50%的政策。而该《目录》涵盖了非粘土烧结空心砖。二是解决了长期以来困扰企业发展的废煤渣所造成的工业污染问题。三是部分解决了企业的就业压力，使一批待岗职工能重新就业。这一方案既考虑了污染治理，又增加了企业经济效益，而且有利于解决社会就业，可谓一举多得。

因此，方案二较之方案一，可以称得上是一个更优的选择。

但这里需要注意的是，纳税人享受增值税的优惠政策是有条件的，以案例 3－14 为例，企业生产的非粘土烧结空心砖必须符合 GB13545—2014 技术要求，同时应当按照《国家发展改革委 财政部 国家税务总局关于印发〈国家鼓励的资源综合利用认定管理办法〉的通知》（发改环资〔2006〕1864 号）的有关规定，申请并取得《资源综合利用认定证书》，然后再根据相关材料向当地税务机关办理申请退税手续。而且，纳税人销售自产非粘土烧结空心砖（符合 GB13545—2014 技术要求），其申请享受本通知规定的增值税优惠政策时，应同时符合下列条件：（1）销售自产的新型墙体材料，不属于国家发展和改革委员会《产业结构调整指导目录》中的禁止类、限制类项目；（2）销售自产的新型墙体材料，不属于环境保护部《环境保护综合名录》中的“高污染、高环境风险”产品或者重污染工艺；（3）纳税信用等级不属于税务机关评定的 C 级或 D 级。纳税人在办理退税事宜时，应向主管税务机关提供其符合上述条件的书面声明材料，未提供书面声明材料或者出具虚假材料的，税务机关不得给予退税。此外，纳税人应当单独核算享受增值税即征即退政策的非粘土烧结空心砖（符合 GB13545—2014 技术要求）的销售额和应纳税额。再比如，按照《关于软件产品增值税政策的通知》（财税〔2011〕100 号）规定，增值税一般纳税人销售其自行开发生产的软件产品，按 17%的税率征收增值税后，对其增值税负超过 3%的部分实行即征即退政策，但享受上述优惠的软件产品必须满足以下条件：（1）取得省级软件产业主管部门认可的软件检测机构出具的检测证明材料；（2）取得软件产业主管部门颁发的《软件产品登记证书》或著作权行政管理部门颁发的《计算机软件著作权登记证书》。因此，实践中，如果纳税人忽略了享受增值税优惠政策所需具备的条件，往往会错失享受税收优惠的资格，导致不必要的损失。

【案例3-15】[①]

20××年12月上旬，丹江口市国税局对A生物科技有限公司实施了纳税评估。在评估时，工作人员无意中发现，20××年12月2日，该公司从国税局代开的普通发票上注明：外购非专利技术300万元，完税凭证上标明：缴纳增值税87378.64元。

凭着职业的敏感，评估人员认为，这张发票和完税凭证背后一定大有“文章”。一方面，非专利技术转让属于“营改增”范围，在国税局代开发票无可厚非，但问题的关键是，A公司属于增值税一般纳税人，外购非专利技术，即无形资产，理应按规定取得增值税专用发票抵扣税款，但为何只取得普通发票放弃抵扣权呢？另一方面，转让非专利技术的所有权或使用权，属于“营改增”政策中免征增值税的范围，但为何转让方又缴纳了87378.64元的增值税呢？带着这一连串的疑问，评估人员从保护纳税人合法权益的角度出发，随即与公司财务人员进行了约谈。但公司财务人员却不以为然，很淡定地说：“以前都是这样开的发票，也都是这样缴的税，只不过以前在地税局代开发票，现在发票由国税局控管，‘换汤不换药’，这没什么不对呀！”经过纳税评估人员耐心辅导解释，企业财务人员这才恍然大悟，喜出望外。

听了评估人员的耐心解释，丹江口市生物科技有限公司的财务人员终于弄明白了“营改增”的具体规定：外购非专利技术的300万元其实完全可以抵扣，同时，按照合同约定，由自己代替非专利技术转让方承担的增值税也可以免税，里里外外节约不少税收支出。于是，评估人员给企业提出了以下补救措施。一是尽快办理增值税免税手续，实现减免增值税，就等于增加了丹江口市生物科技有限公司的利润；二是以现有手中普通发票换取增值税专用发票，请求国税机关作废普通发票，重新开具金额相同的增值税专用发票，以换取税款抵扣权。

对此，企业欣然接受。但意想不到的是，在办理增值税减免手续时，卡住了“壳”。作为出售无形资产的转让方杨某属于自然人，其拥有的非专利技术，没有经过省科技主管部门认定，不得享受增值税优惠。因此，享受减免增值税方案泡了汤。最后唯一希望就是普通发票替换专用发票了。但更让人意想不到的是，由于出售无形资产的转让方属于自然人，不是个体工商户，国税机关代开增值税专用发票的对象，只限于企业和个体工商户。结果，从办税服务厅传来的消息是，该业务不能代开增值税专用发票。这将意味着第二方案也已经失败。

评估人员又给出了另一个设想：杨某虽说是自然人，但他从事技术开发业务，办个工商执照并申请税务登记，问题自然就迎刃而解，况且办理工商执照和税务登记也不用缴费，而且这也是纳税人从事生产经营的法定义务。最后，杨某和企业财务人员听从了评估人员的建议。不到一个星期，杨某就拿到了税务登记证，顺理成章代开了增值税专用发票。这样，丹江口市生物科技有限公司就抵扣了87378.64元的增值税。

【解析】根据《营业税改征增值税试点过渡政策的规定》，试点纳税人提供技术转让、

① 案例来源：王海涛．“营改增”新知识无处不在［EB/OL］．中华会计网校，2014-2-17.

技术开发和与之相关的技术咨询、技术服务可以免征增值税。这里的技术转让是指转让者将其拥有的专利和非专利技术的所有权或者使用权有偿转让他人的行为。本案例中的杨某转让的是非专利技术，按理说，其取得的转让收入本应可以免征增值税的。但需要注意的是，转让非专利技术享受免征增值税优惠政策是有条件的。《营业税改征增值税试点过渡政策的规定》提出，试点纳税人申请免征增值税时，须持技术转让的书面合同，到试点纳税人所在地省级科技主管部门进行认定，并持有关的书面合同和科技主管部门审核意见证明文件报主管国家税务局备查。本案例中的杨某之所以在进行工商登记和税务登记之后仍然未能享受免征增值税优惠政策的关键在于非专利技术没有经过省科技主管部门认定，从而白白丧失了免税的资格。

3. 合理确定是否采用增值税简易征收办法

对于部分增值税一般纳税人而言，其在某些情形下可选择按照简易计税方法计算缴纳增值税。那么，纳税人采用简易征收办法时的增值税负是否一定更轻？这得具体情况具体分析，不能一概而论。以交通运输服务为例，根据《营业税改征增值税试点有关事项的规定》，试点纳税人中的一般纳税人提供的公共交通运输服务，可以选择按照简易计税方法计算缴纳增值税。假定某公共交通运输企业的营业收入为 S，在“营改增”之前，其应纳营业税为：$S\times3\%$。“营改增”之后，如果该企业选择按照简易计税方法计算缴纳增值税，则其应纳增值税为：$[S\div(1+3\%)]\times3\%$。显然，此时的增值税明显低于原来的营业税，企业选择选择按照简易计税方法计算缴纳增值税是有利的。但这并不意味着企业就一定选择选择按照简易计税方法计算缴纳增值税，在某些情况下，企业选择一般纳税人正常的计税方法计算缴纳的增值税可能比选择按照简易计税方法计算缴纳增值税更为有利。

【案例 3-16】①

20××年 10 月，A 公司（一般纳税人）承包一项工程，工程款 2000 万元，约定全部材料由发包方提供，材料 1200 万元。请问：A 公司对该项工程应如何进行税收筹划？

【解析】《财政部 国家税务总局关于全面推开营业税改征增值税试点的通知》（财税〔2016〕36 号）附件 2《营业税改征增值税试点有关事项的规定》第一条第七款第二项规定：“一般纳税人为甲供工程提供的建筑服务，可以选择适用简易计税方法计税。甲供工程，是指全部或部分设备、材料、动力由工程发包方自行采购的建筑工程。”对于甲供材，发包方采购材料，可以增加自身可抵扣的进项税额，但相应的建筑企业可抵扣的进项税额必然减少，可能导致税负增加，因此，为解决甲供材可能产生的税负上升问题，对一般纳税人的甲供材业务，允许其选择简易计税方法计算缴纳增值税。

若 A 公司选择一般计税方法，则应缴纳增值税＝2000÷（1＋9%）×9%＝165.14 万元。

若 A 公司选择简易计税方法，则应缴纳增值税＝2000÷（1＋3%）×3%＝58.25 万元。

---

① 胡俊坤．交通运输业“营改增”纳税筹划［EB/OL］．纳税服务网，2013-8-20.

可见，若A公司选择一般计税方法，则发包方可抵扣进项税额为165.14万元，若A公司选择简易计税方法，则发包方可抵扣进项税额为58.25万元，由于建筑企业选择了简易计税方法，导致发包方可抵扣进项税额减少，税负上升。

从A公司角度看，该项工程适合采用简易计税方法，但从发包方的角度看，其更倾向于A公司选择一般计税方法。交易从来都是双方获益才能维持（关联交易除外），建筑企业为了自身税负下降就把税负转移到发包方，发包方的态度可想而知，要么压低工程款价格，要么另寻他人。因此，建筑企业降低自身税负还要多方位考虑，不可一味只顾自己不顾他人，得不偿失。

4. 选择适当的纳税期

对于小规模纳税人来说，纳税期限不同，其享受免税政策的效果可能存在差异。根据《国家税务总局关于小规模纳税人免征增值税政策有关征管问题的公告》（国家税务总局公告2019年第4号）（以下简称《公告》）规定，小规模纳税人发生增值税应税销售行为，合计月销售额未超过10万元（以1个季度为1个纳税期的，季度销售额未超过30万元，下同）的，免征增值税。举例来说，某小规模纳税人20××年1～3月的销售额分别是5万元、11万元和12万元。如果按月纳税，则只有1月的5万元能够享受免税；如果按季纳税，由于该季度销售额为28万元，未超过免税标准，因此，28万元全部能享受免税。此种情况下选择按照季度申报纳税对小规模纳税人更为有利。但如果该小规模纳税人20××年1～3月的销售额分别是8万元、11万元和12万元，如果按月纳税，1月份的8万元能够享受免税，如果按季纳税，由于该季度销售额31万元已超过免税标准，因此，31万元均无法享受免税。在这种情况下，选择按月申报对小规模纳税人更有利。为保证小规模纳税人尽可能享受到税收优惠政策，《公告》允许按照固定期限纳税的小规模纳税人根据自己的实际经营情况选择实行按月纳税或按季纳税，此时小规模纳税人要结合自身销售额的实际情况选择更有利的纳税期。但需要注意的是，纳税期一经选择，一个会计年度内不得变更。

案例分析与讨论

学习完前面的内容，我们现在可以对【案例导入】中提出的问题进行回答了。根据《国家税务总局关于进一步明确营改增有关征管问题的公告》（国家税务总局公告2017年第11号）第一条规定，纳税人销售活动板房、机器设备、钢结构件等自产货物的同时提供建筑、安装服务，不属于《营业税改征增值税试点实施办法》（财税〔2016〕36号文件印发）第四十条规定的混合销售，应分别核算货物和建筑服务的销售额，分别适用不同的税率或者征收率。因此，G活动板房有限公司在与J建筑有限公司在签订销售合同时，如果未分项罗列货物销售金额与安装金额，将从高适用税率，即适用13%的增值税税率。但G活动板房有限公司与J建筑有限公司在签订销售合同时，如果分别注明了货物的销售金额与安装服务的金额，则货物销售适用13%的增值税税率，货物安装服务适用9%或3%的建筑服务增值税税率或征收率，税负较之前一种合同签订方式会有所降低。

第二节　消费税筹划

案例导入

黄金酒业有限公司生产各类粮食白酒和果酒，20××年5月将粮食白酒和果酒各1瓶组成价值60元的成套礼品酒进行销售，这两种酒的出厂价分别为40元/瓶、20元/瓶，均为1斤装。公司对成套礼品酒中的粮食白酒和果酒销售收入在会计上进行了分别核算。该月共销售5万套礼品酒。这两种酒的消费税税率分别为：粮食白酒每斤0.5元＋销售额×20％，果酒按销售额×10％。该公司本月申报缴纳的消费税为：

50000×（40×20％＋1×0.5＋20×10％）＝525000（元）

20××年8月，当地税务机关对该公司进行税务检查，发现公司5月份的消费税计算不正确，要求其补缴消费税125000元。公司的财务人员对此非常疑惑，因为虽然白酒和果酒的消费税税率和计税方法不同，但既然公司在财务上已经对两种酒的销售收入进行了分别核算，那么它们的消费税也应当分别计算。

思考：公司财务人员的理解是否正确？税务机关要求黄金酒业公司补缴消费税的依据是什么？公司应如何进行消费税筹划？

一、纳税人的筹划

（一）消费税纳税人的法律规定

《中华人民共和国消费税暂行条例》第一条规定：在中华人民共和国境内生产、委托加工和进口本条例规定的消费品的单位和个人，以及国务院确定的销售本条例规定的消费品的其他单位和个人，为消费税的纳税人，应当依照本条例缴纳消费税。其中，上述规定中的单位是指企业、行政单位、事业单位、军事单位、社会团体及其他单位，个人是指个体工商户及其他个人。

《中华人民共和国消费税暂行条例》中规定的应税消费品主要涉及了14个税目，见表3－7。也就是说，按照现行消费税法的有关规定，只有在中华人民共和国境内生产、委托加工和进口表3－7所示的应税消费品的单位和个人，以及国务院确定的销售表3－7所示的消费品的其他单位和个人才是消费税的纳税人。

表 3-7 消费税税目税率表

税目	税率
一、烟	
1. 卷烟①	
(1) 甲类卷烟	56%加 0.003 元/支（生产环节）
(2) 乙类卷烟	36%加 0.003 元/支（生产环节）
(3) 批发环节	11%加 0.005 元/支
2. 雪茄烟	36%
3. 烟丝	30%
二、酒	
1. 白酒	20%加 0.5 元/500 克（或者 500 毫升）
2. 黄酒	240 元/吨
3. 啤酒②	
(1) 甲类啤酒	250 元/吨
(2) 乙类啤酒	220 元/吨
4. 其他酒③	10%
三、高档化妆品④	15%
四、贵重首饰及珠宝玉石	
1. 金银首饰、铂金首饰和钻石及钻石饰品	5%
2. 其他贵重首饰和珠宝玉石	10%
五、鞭炮、焰火	15%
六、成品油⑤	
1. 汽油	1.52 元/升
2. 柴油	1.20 元/升
3. 航空煤油	1.20 元/升
4. 石脑油	1.52 元/升
5. 溶剂油	1.52 元/升
6. 润滑油	1.52 元/升
7. 燃料油	1.20 元/升

① 甲类卷烟，即每标准条调拨价格在 70 元（不含增值税）以上（含 70 元）的卷烟；乙类卷烟，即每标准条调拨价格在 70 元（不含增值税）以下的。每标准箱 150 元，每条 0.6 元，每支 0.003 元（每箱=250 条，每标准条 200 支）。

② 甲类啤酒，指每吨出厂价（含包装物及包装物押金）≥3000 元（含 3000 元，不含增值税）；乙类啤酒是指每吨出厂价（含包装物及包装物押金）<3000 元。包装物押金不包括重复使用的塑料周转箱的押金。

③ 以下两类配制酒按“其他酒”10%的税率征收消费税：(1) 以蒸馏酒或食用酒精为酒基，具有国家相关部门批准的国食健字或卫食健字文号并且酒精度≤38 度的配制酒；(2) 以发酵酒为酒基，酒精度≤20 度的配制酒。其他配制酒，按“白酒”适用 20%税率加 0.5 元/500 克（或 500 毫升）征收消费税。

④ 自 2016 年 10 月 1 日起，取消对普通美容、修饰类化妆品征收消费税，将“化妆品”税目名称更名为“高档化妆品”，包括高档美容、修饰类化妆品、高档护肤类化妆品和成套化妆品，即生产（进口）环节销售（完税）价格（不含增值税）在 10 元/毫升（克）或 15 元/片（张）及以上的美容、修饰类化妆品和护肤类化妆品。

⑤ 航空煤油的消费税暂缓征收。变压器油、导热类油等绝缘油类产品不属于润滑油，不征收消费税。

续表

税目	税率
七、小汽车	
1. 乘用车	
(1) 气缸容量（排气量，下同）在 1.0 升（含 1.0 升）以下的	1%
(2) 气缸容量在 1.0 升以上至 1.5 升（含 1.5 升）的	3%
(3) 气缸容量在 1.5 升以上至 2.0 升（含 2.0 升）的	5%
(4) 气缸容量在 2.0 升以上至 2.5 升（含 2.5 升）的	9%
(5) 气缸容量在 2.5 升以上至 3.0 升（含 3.0 升）的	12%
(6) 气缸容量在 3.0 升以上至 4.0 升（含 4.0 升）的	25%
(7) 气缸容量在 4.0 升以上的	40%
2. 中轻型商用客车	5%
八、摩托车	
1. 气缸容量在 250 毫升	3%
2. 气缸容量在 250 毫升的以上的	10%
九、高尔夫球及球具	10%
十、高档手表①	20%
十一、游艇	10%
十二、木制一次性筷子	5%
十三、实木地板	5%
十四、电池②	4%
十五、涂料	4%

需要说明的是，有些应税消费品生产出来并不一定直接对外销售，纳税人还有可能自产自用。这里的自产自用包括两种情况：一是连续生产应税消费品，即纳税人将自产自用的应税消费品作为直接材料生产最终应税消费品，自产自用应税消费品构成最终应税消费品的实体，此时不用缴纳消费税；二是用于其他方面，即纳税人将自产自用应税消费品用于生产非应税消费品、在建工程、管理部门、非生产机构、提供劳务、馈赠、赞助、集资、广告、样品、职工福利、奖励等方面，于移送使用时纳税。在委托加工业务中，消费税的纳税人也有特殊规定，依照《中华人民共和国消费税暂行条例》对委托加工业务税务处理的规定，委托加工的应税消费品，除受托方为个人外，由受托方在向委托方交货时代收代缴税款，委托个人加工的应税消费品，由委托方收回后缴纳消费税。这里所称的委托加工应税消费品是指由委托方提供原料和主要材料，受托方只收取加工费和代垫部分辅助

① 高档手表，每只不含增值税销售价格≥10000 元。

② 对无汞原电池、金属氢化物镍蓄电池（又称“氢镍蓄电池”或“镍氢蓄电池”）、锂原电池、锂离子蓄电池、太阳能电池、燃料电池和全钒液流电池免征消费税。2015 年 12 月 31 日前对铅蓄电池缓征消费税；自 2016 年 1 月 1 日起，对铅蓄电池按 4%税率征收消费税。

材料加工的应税消费品。如果委托方不能提供原材料，而是由受托方提供原材料，或者受托方先将原料卖给委托方，然后再接受加工，以及由受托方以委托方名义购买原材料生产的，都不得作为委托加工应税消费品，而应按销售自制应税消费品缴纳消费税。当进口应税消费品时，消费税由货物进口人或代理人在报关进口时缴纳。消费税纳税人的基本规定见表 3-8。

表 3-8 消费税纳税人

消费税的纳税人		备注
生产应税消费品的单位和个人	自产销售	纳税人销售时纳税
	自产自用	纳税人自产的应税消费品，用于连续生产应税消费品的，不纳税；用于其他方面的，于移送使用时纳税
进口应税消费品的单位和个人		进口报关单位或个人为消费税的纳税人，进口消费税由海关代征
委托加工应税消费品的单位和个人		委托加工的应税消费品，除受托方为个人外，由受托方在向委托方交货时代收代缴税款
零售金银首饰、钻石、钻石饰品的单位和个人		生产、进口和批发金银首饰、钻石、钻石饰品时不征收消费税，纳税人在零售时纳税
从事卷烟批发业务的单位和个人		纳税人（卷烟批发商）销售给纳税人以外的单位和个人的卷烟于销售时纳税。纳税人之间销售的卷烟不缴纳消费税

（二）消费税纳税人的筹划策略

1. 尽量避免成为消费税纳税人

虽然消费税有 14 个税目，但每个税目都有其特定的要求。比如，应税消费品中的高尔夫球是指重量不超过 45.93 克、直径不超过 42.67 毫米的高尔夫球运动比赛、练习用球；游艇是指艇身长度大于 8 米（含）小于 90 米（含），船体由玻璃钢、钢、铝合金、塑料等多种材料制作可以在水上移动的水上浮载体。通过对消费品的某些特征做出适当改变，使其达不到应税消费品的标准，则可以实现消费纳税人向非消费税纳税人的转变。

如果企业希望从源头上节税，不妨在投资决策的时候，就避开上述消费品，而选择其他符合国家产业政策、在流转税及所得税方面有优惠措施的产品进行投资。当然，消费税的课税范围是处于动态调整之中的。有些消费品虽然目前没有被征收消费税，但随着消费税制改革进程的加快，今后很有可能被纳入消费税的课税范围。例如，目前在对高档消费品征税方面并未涉及高档家具电器、古玩字画等；在高消费行为方面未提及卡拉 OK、桑拿、按摩等娱乐业；在保护自然生态方面未对毛皮制品、珍奇异兽的消费征收消费税。除此之外，塑料袋、一次性餐盒、电池及对臭氧层造成破坏的氟利昂产品都是不利于人与自然和谐相处的东西，也尚未征收消费税。但上述问题已受到较多关注，未来一定时期内，以上所列的项目都有可能要调整为消费税的征收范围。十八届三中全会通过的《中共中央关于全面深化改革若干重大问题的决定》明确提出，调整消费税征收范围、环节、税率，把高耗能、高污染产品及部分高档消费品纳入征收范围。因此，企业在选择投资方向时要考虑国家对消费税的改革方向及发展趋势，从源头上避免成为消费税的纳税人。

【案例 3－17】

20××年 4 月，甲企业投资成立了一家子公司 A，专门从事手表的制造和销售，A 公司在确定手表的销售价格时，依据生产成本及同行的定价情况，决定将手表的销售价格确定为 12000 元（含税）。甲企业的税务顾问得知此事后指出，最好将 A 公司手表的价格适当下调，将其调整为 11000 元（含税）。

【解析】消费税的税目中包含了高档手表，这里的高档手表是指销售价格（不含增值税）每只在 10000 元（含）以上的各类手表。如果按照 A 公司原来的定价水平，其手表的不含税价格为 12000/（1＋13%）＝10619.5 元＞10000 元，因此，A 公司的手表已达到高档手表的标准，A 公司便成为消费税纳税人，每块手表需要缴纳的消费税为 10619.5×20%＝2138.3 元。但如果 A 公司将手表的价格下调为 11000 元（含税），则其不含税售价为 9734.5 元＜10000 元，A 公司无需再缴纳消费税。当然，A 公司手表的销售价格下调后，每块手表的销售收入也会相应减少 885.0 元（10619.5－9734.5），但其收入减少额远小于消费税减少额，因此其利润仍会增加。

2. 准确区分消费税纳税人的身份

消费税纳税人在生产经营过程中，可能会充当多个不同的角色，而现行消费税法对不同角色的消费税处理规定不尽相同。以委托加工业务为例，消费税的纳税人既有可能充当委托方，也有可能成为受托方。可见，委托方和受托方在委托加工业务中对于消费税的纳税义务是不同的。对于委托人而言，它应负担应税消费品的消费税，只不过其消费税是由受托方代收代缴（受托方为个人的除外）。还需注意的是，对于受托人而言，它本身不用负担应税消费品的消费税，仅负责在向委托方交货时代收代缴消费税即可，否则，其将承担相应的法律责任。在对委托方进行税务检查中，如果发现其受托加工减税消费品的受托方没有代收代缴消费税，则按照《中华人民共和国税收征管法》规定，对受托方处以应代收代缴税款 50%以上 3 倍以下的罚款。因此，纳税人必须懂得什么样的行为才属于真正意义上的委托加工业务，自己在委托加工业务中充当了委托人还是受托人的角色，从而避免不必要的消费税负担。

【案例 3－18】

F 烟草公司既生产甲、乙类卷烟，又生产雪茄烟。20××年 2 月，该公司发生如下委托加工业务：

（1）委托 A 卷烟厂加工一批雪茄烟烟丝，F 公司提供原材料 50 万元（不含税），卷烟厂收取加工费 5 万元（不含税）。

（2）承接 B 烟草公司乙的委托加工烟丝项目，B 公司提供原材料 20 万元（不含税），F 公司收取加工费 4 万元（不含税）。

月末，公司就上述两项委托加工业务计算应纳消费税为：

［（50＋5）/（1－30％）］×30％＋［（20＋4）/（1－30％）］×30％＝33.9（万元）。

【解析】本案例涉及的是两项委托加工业务，但F公司在其中承担的角色并不相同。在业务（1）中，F公司是委托方，委托A卷烟厂加工的烟丝的消费税应由卷烟厂代收代缴，消费税为：［（50＋5）/（1－30％）］×30％＝23.6万元。但在业务（2）中，F公司是受托方，其受托加工的烟丝的消费税应由F公司代收代缴，代收代缴的消费税应为：［（20＋4）/（1－30％）］×30％＝10.3万元，而且这笔消费税应由B烟草公司负担。由于F公司没有分清自己在两项委托加工业务中身份的差异，导致其多负担消费税10.3万元。

3. 合理合并消费税纳税人

两个消费税纳税人之间的合并有如下两个好处。

（1）如果两个合并企业之间存在着原材料供求关系，则在合并前，这笔原材料的转让关系为购销关系，应该按照正常的购销价格缴纳消费税。而在合并后，企业之间的原材料供应关系转变为企业内部的原材料转让关系，按照《中华人民共和国消费暂行条例》的规定：纳税人自产自用的应税消费品，用于连续生产应税消费品的，不纳税。因此，这一环节不用缴纳消费税，而是递延到以后的销售环节再缴纳。

（2）如果后一个环节的消费税税率较前一个环节低，则可直接减轻企业的消费税税负。这是因为．前一环节应征的消费税税款延迟到后面环节征收时，由于后面环节税率较低，则合并前企业间的销售额，在合并后因适用了较低税率而减轻了企业的消费税税负。

【案例3－19】①

某地区有两家大型酒厂A和B，它们都是独立核算的法人企业。A企业主要经营粮食类白酒，以当地生产的大米和玉米为原料进行酿造，按照消费税法规定，应该适用25％，每斤0.5元的税率。B企业以A企业生产的粮食酒为原料，生产系列药酒。A企业每年要向B企业提供价值2亿元，计5000万千克的粮食酒。经营过程中，B企业由于缺乏资金和人才，无法经营下去，准备破产。此时B企业欠A企业共计5000万货款。经评估，B企业的资产恰好也为5000万元。A企业领导人经过研究，决定对B企业进行收购。

【解析】A企业收购B企业有决策依据主要包括三个方面。

（1）这次收购支出费用较小。根据现行税法规定，纳税人在资产重组过程中，通过合并、分立、出售、置换等方式，将全部或部分实物资产以及与其相关联的债权、负债和劳动力一并转让给其他单位和个人的行为，不属于增值税和营业税的课税范围，不需计征增值税和营业税。两个或两个以上投资主体相同的企业，对其合并后的企业承受原合并各方的土地、房屋权属，免征契税。以合并或分立方式成立的新企业，其新启用的资金账簿记载的资金，凡原已贴花的部分可不再贴花。

---

① 本案例根据杨智敏等编著的《走出纳税筹划误区》（北京：机械工业出版社，2002）和计金标主编的《税收筹划》（第四版）（北京：中国人民大学出版社，2012）改编而成。

（2）合并可以递延部分税款。合并前，A企业向B企业提供的粮食酒，每年应该缴纳的消费税为：20000×20%+5000×2×0.5=9000万元。但在两个企业合并后，A企业向B企业提供白酒属于企业用自产的应税消费品继续生产应税消费品，这个环节可以免征消费税，从而可以递延到药酒销售环节缴纳，获得递延纳税好处。

（3）B企业生产的药酒市场前景很好，企业合并后可以将经营的主要方向转向药酒生产。但与药酒所适用的税率需要进一步明确。《国家税务总局关于配制酒消费税适用税率问题的公告》（国家税务总局公告2011年第53号）对配制酒的税率问题做出了如下规定：

①以蒸馏酒或食用酒精为酒基，同时符合以下条件的配制酒，按消费税税目税率表"其他酒"10%适用税率征收消费税。

a. 具有国家相关部门批准的国食健字或卫食健字文号；

b. 酒精度低于38度（含）。

②以发酵酒为酒基，酒精度低于20度（含）的配制酒，按消费税税目税率表"其他酒"10%适用税率征收消费税。

③其他配制酒，按消费税税目税率表"白酒"适用税率征收消费税。

上述蒸馏酒或食用酒精为酒基是指酒基中蒸馏酒或食用酒精的比重超过80%（含）；发酵酒为酒基是指酒基中发酵酒的比重超过80%（含）。

根据上述规定，本案例中以粮食白酒为酒基生产的药酒应当按照"白酒"适用税率征收消费税。

假定药酒的销售额为2.5亿元，销售数量为5000万千克。则

合并前A企业应纳消费税为=20000×20%+5000×2×0.5=9000（万元）

合并前B企业的应纳消费税=25000×20%+5000×2×0.5=10000（万元）

合并后企业的应纳消费税=25000×20%+5000×2×0.5=10000（万元）

合并后节约消费税9000万元。

需要补充一点，企业之间的合并虽然在增值税、营业税、契税和印花税等方面享有一定的税收优惠，在某些情形下，也可减轻消费税负担但这里需要注意合并业务中企业所得税的处理。按照《国家税务总局关于企业合并分立业务有关所得税问题的通知》（国税发〔2000〕119号）的规定，如被合并企业的资产与负债基本相等，即净资产几乎为零，合并企业以承担被合并企业全部债务的方式实现吸取合并，不视为被合并企业按公允价值转让、处置全部资产，不计算资产的转让所得。但是，《国家税务总局关于公布全文失效废止部分条款失效废止的税收规范性文件目录的公告》（国家税务总局公告2011年第2号）明确指出国税发〔2000〕119号已经全文失效。由此可以推断，如被合并企业的资产与负债基本相等，即净资产几乎为零，合并企业以承担被合并企业全部债务的方式实现吸取合并应该不再免征企业所得税，应当适用《财政部、国家税务总局关于企业重组业务企业所得税处理若干问题的通知》（财税〔2009〕59号）。财税〔2009〕59号文件规定，企业合并，当事各方应按下列规定处理：①合并企业应按公允价值确定接受被合并企业各项资产和负债的计税基础；②被合并企业及其股东都应按清算进行所得税处理；③被合并企业的亏损不得在合并企业结转弥补。企业合并，企业股东在该企业合并发生时取得的股权支付

金额不低于其交易支付总额的85%，以及同一控制下且不需要支付对价的企业合并，可以选择按以下规定处理：①合并企业接受被合并企业资产和负债的计税基础，以被合并企业的原有计税基础确定；②被合并企业合并前的相关所得税事项由合并企业承继；③可由合并企业弥补的被合并企业亏损的限额＝被合并企业净资产公允价值×截至合并业务发生当年年末国家发行的最长期限的国债利率；④被合并企业股东取得合并企业股权的计税基础，以其原持有的被合并企业股权的计税基础确定。因此，企业合并中需要考虑企业所得税的影响。

二、计税依据的筹划

（一）消费税计税依据的法律规定

消费税的计税方法有三种：从价定率、从量定额以及从价定率和从量定额复合计税（以下简称“复合计税”）。

1. 直接对外销售时消费税计税依据的基本规定

实行从价定率办法计算的应纳税额＝销售额×比例税率

实行从量定额办法计算的应纳税额＝销售数量×定额税率

实行复合计税办法计算的应纳税额＝销售额×比例税率＋销售数量×定额税率

上述公式中，销售额为纳税人销售应税消费品向购买方收取的全部价款和价外费用，包括消费税但不包括增值税。价外费用是指价外收取的基金、集资费、返还利润、补贴、违约金（延期付款利息）和手续费、包装费、包装物租金、储备费、优质费、运输装卸费、代收款项、代垫款项以及其他各种性质的价外收费。但承运部门的运费发票开具给购货方的，纳税人将该项发票转交给购货方的代垫运费不包括在内。同时符合条件的代为收取的政府性基金或行政事业收费也不包括在销售额内，这些条件包括：①由国务院或者财政部批准设立的政府性基金，由国务院或者省级人民政府及其财政、价格主管部门批准设立的行政事业性收费；②收取时开具省级以上财政部门印制的财政票据；③所收款项全额上缴财政。

上述公式中的销售数量是指应税消费品的销售数量。

2. 自产自用时消费税计税依据的基本规定

纳税人自产自用的应税消费品，凡用于其他方面应当纳税的，按照纳税人生产的同类消费品的销售价格计算纳税。同类消费品的销售价格是指纳税人当月销售的同类消费品的销售价格，如果当月同类消费品各期销售价格高低不同，应按销售数量加权平均。如果当月无销售或者当月未完结，应按照同类消费品上月或者最近月份的销售价格计算纳税。没有同类消费品销售价格的，按照组成计税价格计算纳税。

实行从价定率办法计算纳税的组成计税价格计算公式：

组成计税价格＝（成本＋利润）÷（1－比例税率）

实行复合计税办法计算纳税的组成计税价格计算公式：

组成计税价格＝（成本＋利润＋自产自用数量×定额税率）÷（1－比例税率）

上述公式中的“成本”是指应税消费品的产品生产成本，“利润”是指根据应税消费品的全国平均成本利润率计算的利润，见表3-9。

表3-9 平均成本利润率 单位：%

货物名称	利润率	货物名称	利润率
甲类卷烟	10	贵重首饰及珠宝玉石	6
乙类卷烟	5	汽车轮胎	5
雪茄烟	5	摩托车	6
烟丝	5	高尔夫球及球具	10
粮食白酒	10	高档手表	20
薯类白酒	5	游艇	10
其他酒	5	木质一次性筷子	5
酒精	5	实木地板	5
化妆品	5	乘用车	8
鞭炮、焰火	5	中轻型商用客车	5

当然，如果自产自用的应税消费品实行的从量定额计税，则其计税依据为应税消费品的移送使用数量。

3. 委托加工环节消费税计税依据的基本规定

委托加工的应税消费品，按照受托方的同类消费品的销售价格计算纳税；没有同类消费品销售价格的，按照组成计税价格计算纳税。

实行从价定率办法计算纳税的组成计税价格计算公式：

组成计税价格＝（材料成本＋加工费）÷（1－比例税率）

实行复合计税办法计算纳税的组成计税价格计算公式：

组成计税价格＝（材料成本＋加工费＋委托加工数量×定额税率）÷（1－比例税率）

如果委托加工的应税消费品适用从量定额计税方法，则其消费税计税依据即为纳税人收回的应税消费品数量。

4. 进口应税消费品时消费税计税依据的基本规定

进口的应税消费品，按照组成计税价格计算纳税。

实行从价定率办法计算纳税的组成计税价格计算公式：

组成计税价格＝（关税完税价格＋关税）÷（1－消费税比例税率）

实行复合计税办法计算纳税的组成计税价格计算公式：

组成计税价格＝（关税完税价格＋关税＋进口数量×消费税定额税率）÷（1－消费税比例税率）

如果进口的应税消费品适用从量定额计税方法，则其消费税计税依据即为海关核定的应税消费品进口征税数量。

5. 消费税计税依据的特殊规定

在确定消费税应税销售额时还要注意以下四个方面。

（1）纳税人通过自设非独立核算门市部销售的自产应税消费品，应按门市部对外销售额或者销售数量征收消费税。

（2）纳税人用于换取生产资料、消费资料、投资入股、抵偿债务的应税消费品，按照同类应税消费品的最高销售额计算消费税。

（3）应税消费品连同包装物销售的，无论包装物是否单独计价以及在会计上如何核算，均应并入应税消费品的销售额中缴纳消费税。如果包装物不作价随同产品销售，而是收取押金，此项押金则不应并入应税消费品的销售额中征税。但对因逾期未收回的包装物不再退还的或者已收取的时间超过 12 个月的押金，应并入应税消费品的销售额，按照应税消费品的适用税率缴纳消费税。对既作价随同应税消费品销售，又另外收取押金的包装物的押金，凡纳税人在规定的期限内没有退还的，均应并入应税消费品的销售额，按照应税消费品的适用税率缴纳消费税。

（4）纳税人兼营不同税率的应税消费品，即生产销售两种税率以上的应税消费品时，应当分别核算不同税率应税消费品的销售额或销售数量，未分别核算销售额、销售数量，或者将不同税率的应税消费品组成套装消费品销售的，从高适用税率。所谓"从高适用税率"就是对兼营高低不同税率的应税消费品，当不能分别核算销售额、销售数量，或者将不同税率的应税消费品组成成套消费品销售的，就以应税消费品中适用的高税率与混合在一起的销售额、销售数量相乘，得出应纳消费税额。

（二）消费税计税依据的筹划策略

1. 设立独立核算销售部门通过转让定价对外销售应税消费品

这一筹划策略的主要法律依据是，纳税人通过自设非独立核算门市部销售的自产应税消费品，应按门市部对外销售额或者销售数量征收消费税。因此，通过设立销售部门进行消费税筹划需要注意以下四点事项。

（1）销售部门必须是独立核算的。所谓独立核算是指具有完整的会计凭证、会计账簿和会计报表体系，全面地记录所发生的经济业务，并定期编制财务报表的单位所进行的会计核算。实行独立核算的单位称为独立核算单位，它拥有一定数额的资金，有独立经济的自主权，独立开设银行账户，办理各项收支结算业务；设置独立的会计机构进行全面的会计核算；单独编制预算和计算盈亏。

（2）纳税人与其设立的独立核算的销售部门之间的结算价格要合理。由于纳税人与其设立的独立核算的销售部门成为关联企业，因此二者的结算演变为一种关联交易。中华人民共和国税收征收管理法实施细则（2012 年修正本）第五十四条规定：纳税人与其关联企业之间的业务往来有下列情形之一的，税务机关可以调整其应纳税额。

①购销业务未按照独立企业之间的业务往来作价；

②融通资金所支付或者收取的利息超过或者低于没有关联关系的企业之间所能同意的数额，或者利率超过或者低于同类业务的正常利率；

③提供劳务，未按照独立企业之间业务往来收取或者支付劳务费用；

④转让财产、提供财产使用权等业务往来，未按照独立企业之间业务往来作价或者收取、支付费用；

⑤未按照独立企业之间业务往来作价的其他情形。

第五十五条规定：纳税人有本细则第五十四条所列情形之一的，税务机关可以按照下列方法调整计税收入额或者所得额；

①按照独立企业之间进行的相同或者类似业务活动的价格；

②按照再销售给无关联关系的第三者的价格所应取得的收入和利润水平；

③按照成本加合理的费用和利润；

④按照其他合理的方法。

第五十六条规定：纳税人与其关联企业未按照独立企业之间的业务往来支付价款、费用的，税务机关自该业务往来发生的纳税年度起 3 年内进行调整；有特殊情况的，可以自该业务往来发生的纳税年度起 10 年内进行调整。

为了避免消费税纳税人的关联交易被税务机关调整，纳税人与其设立的独立核算的销售部门之间的交易价格不能明显偏离正常的市场价格。对于白酒生产企业，这一点尤其值得重视。2009 年 7 月 23 日，国家税务总局发布的《白酒消费税最低计税价格核定管理办法（试行）》（国税函〔2009〕380 号）明确规定，白酒生产企业销售给销售单位的白酒，生产企业消费税计税价格低于销售单位对外销售价格 70％以下的，税务机关应核定消费税最低计税价格。最低计税价格核定标准如下：①白酒生产企业销售给销售单位的白酒，生产企业消费税计税价格高于销售单位对外销售价格 70％（含）以上的，税务机关暂不核定消费税最低计税价格；②白酒生产企业销售给销售单位的白酒，生产企业消费税计税价格低于销售单位对外销售价格 70％以下的，消费税最低计税价格由税务机关根据生产规模、白酒品牌、利润水平等情况，在销售单位对外销售价格 50％～70％范围内自行核定。其中生产规模较大、利润水平较高的企业生产的需要核定消费税最低计税价格的白酒，税务机关核价幅度原则上应选择在销售单位对外销售价格 60％～70％范围内。已核定最低计税价格的白酒，生产企业实际销售价格高于消费税最低计税价格的，按实际销售价格申报纳税。实际销售价格低于消费税最低计税价格的，按最低计税价格申报纳税。因此，白酒生产企业将产品转让给关联销售公司时，定价不能过低，避免违背《白酒消费税最低计税价格核定管理办法试行》的规定，反而得不偿失。

(3) 通过设立独立核算的销售部门虽然可以降低消费税负，但设立这一部门本身也是需要耗费一定成本费用的，在筹划过程中也要对此统筹考虑。

(4) 对消费税进行纳税筹划的结果，通常是消费税税负的减轻，但可能影响到其他一个或多个税种的税负变化，总体的税负可能增加，导致筹划的失败。降低计税价格规避消费税时，利润由生产企业转移到销售企业，在生产企业亏损的情况下进行这样的操作，生产企业减少的消费税及两税附加小于销售企业增加的企业所得税，合并后企业总体的税收却增加了，纳税筹划的目的并没有达到。

【案例 3－20】

某摩托车厂主要生产汽缸容量在 250 毫升以上的摩托车，产品销售全国各地的批发商，批发价为每辆 5500 元（不含税）。按照以往的经验，本市的一些商业零售户和消费者每年到工厂直接购买的摩托车大约 1000 辆。为了提高企业的盈利水平，企业在本市设立了一独立核算的摩托车经销部。该厂按照销售给其他批发商的产品价格与经销部结算，每辆 5000 元（不含税），经销部再以每辆 5500 元的价格（不含税）对外销售。

【解析】由于消费税实行单一环节课税，因此，摩托车厂在与经销部结算环节缴纳消费税后，经销部对外销售摩托车时无需再缴纳消费税。

筹划前，摩托车厂向商业零售户和消费者销售的 1000 辆摩托车应负担的消费税为：

1000×5500×10％＝550000 元

筹划后，摩托车厂与经销部结算环节应负担的消费税为：

1000×5000×10％＝500000 元

而经销部再向商业零售户和消费者销售摩托车时不用再计征消费税。

由于经销部是由摩托车厂出资成立的一个独立核算的部门，因此，摩托车厂和经销部成为关联企业，二者变成一个利益共同体。虽然摩托车厂每辆摩托车的销售收入较之设立独立核算的经销部之前减少了 500 元，但经销部的购进成本也会相应降低 500 元，由于二者是利益共同体，因此不会出现“肥水外流”的后果。可见，进行上述筹划后，摩托车厂消费税负担下降的同时并未影响整体利润。

2. 合理确定产品销售价格

一般而言，产品销售价格越高，企业获利越多。但若考虑税收因素，则未必完全如此。对于那些销售价格高于一定标准方可征收消费税的应税消费品而言，合理确定产品销售价格十分必要。但需要注意的是，通常情况下，商品是有一定需求价格弹性的，商品的销售价格不同，消费者的需求量会相应发生变化。因此，在通过制定不同销售价格进行消费税筹划时还必须考虑价格变化对应税消费品销量的影响。

【案例 3－21】

某手表生产厂为增值税一般纳税人，生产销售某款手表每只 1 万元，按《财政部、国家税务总局关于调整和完善消费税政策的通知》及其附件《消费税新增和调整税目征收范围注释》规定，该手表正好为高档手表。该厂财务部门经过研究，提出建议：将手表销售价格降低 100 元，为每只 9900 元。（假定每只手表耗用的原材料成本为 6000 元）

【解析】筹划之前，每销售一只手表的应纳增值税为：10000×13％－6000×13％＝520（元），应纳消费税 10000×20％＝2000（元）。则手表厂的税前收益为：10000－6000－2000－（2000＋520）×（7％＋3％）＝1748（元）。

筹划之后，由于销售价格在 1 万元以下，不属于税法所称的高档手表，可以不缴纳消费税。所以，销售每只手表的应纳增值税为：9900×13%－6000×13%＝507（元），则手表厂的税前收益为：9900－6000－507×（7%＋3%）＝3849.3（元）。

相比较，销售价格降低100元，反而能多获利2101.3元，主要原因在于筹划后的销售方案成功避免了消费税。

3. 选择合理的应税消费品加工方式

作为消费税的纳税人，应事先搞清：委托加工与自行加工，哪一种方式税负较轻。有人认为将应税消费品委托外单位加工成半成品，然后收回后再由本企业生产成符合要求的应税消费品，可以节约消费税，其实这是不可能的，因为加工成半成品后收回再生产与自行生产的消费税计税依据是一样的，都是销售价格，如果是可以扣除委外单位加工所代扣代缴的消费税的，则两者相加之和等于自产应缴纳的消费税。还需要注意的是，《中华人民共和国消费税暂行条例实施细则》第七条规定：委托加工的应税消费品直接出售的，不再缴纳消费税。但这一规定已经发生了变化。2012年7月13日，财政部、国家税务总局联合发布《关于〈中华人民共和国消费税暂行条例实施细则〉有关条款解释的通知》（财法〔2012〕8号）。《通知》明确，自2012年9月起，委托方将收回的应税消费品，以不高于受托方的计税价格出售的，为直接出售，不再缴纳消费税；委托方以高于受托方的计税价格出售的，不属于直接出售，需按照规定申报缴纳消费税，在计税时准予扣除受托方已代收代缴的消费税。这样一来，如果委托加工收回的应税消费品售价高于受托方计税价格，则不同加工方式的消费税不会再有什么差别。不同加工方式下的加工费成为影响加工方式的决定性因素。当然，对于那些不符合委托加工收回的应税消费品已纳税额扣除规定情形的应税消费品（包括酒类、小汽车、高档手表、游艇），如果采用委外加工为半成品后再生产成成品，则应缴纳的消费税更高（大于自产应纳消费税）。

【案例3－22】

20××年4月，某卷烟厂接到一笔900万元甲类卷烟订单。公司领导提出了三种加工方案。

方案Ⅰ：卷烟厂委托乙公司将上月购进的一批价值100万元的烟叶加工成烟丝，协议规定加工费75万元；加工的烟丝运回甲公司后，继续加工成甲类卷烟，加工成本、分摊费用共计95万元，出售数量为0.4万箱（定额税率为150元/箱），该批产成品售价900万元。（假设烟丝消费税税率30%，卷烟消费税税率56%。）

方案Ⅱ：卷烟厂委托乙公司将上月购进的价值100万元的烟叶加工成甲类卷烟，加工费用为140万元；加工完毕，运回甲公司后，甲公司对外售价仍为900万元。

方案Ⅲ：卷烟厂将上月购入的价值100万元的烟叶自行加工成甲类卷烟，加工成本、分摊费用共计170万元，售价900万元。

思考：从税后利润的角度来看，哪个方案最优？

【解析】执行方案Ⅰ，卷烟厂向乙公司支付加工费时，乙公司代收代缴消费税以及城建税和教育费附加为：

[（100+75）/（1−30%）]×30%×（1+7%+3%）=82.5（万元）

卷烟厂销售卷烟时，应纳消费税及城建税和教育费附加为：

[900×56%+150×0.4−（100+75）×30%/（1−30%）]×（1+7%+3%）=537.9（万元）卷烟厂税后利润为：

（900−100−75−82.5−95−537.9）×（1−25%）=7.2（万元）

执行方案Ⅱ，卷烟厂向乙公司支付加工费时，乙公司代收代缴消费税为：

[（100+140+0.4×150）/（1−56%）]×56%+150×0.4=441.8（万元）

卷烟厂收回卷烟后再销售时的消费税为：

900×56%+150×0.4−441.8=122.2（万元）

卷烟厂的城建税和教育费附加为：

（441.8+122.2）×（7%+3%）=56.4（万元）

卷烟厂的税后利润为：

（900−100−140−441.8−122.2−56.4）×（1−25%）=29.7（万元）

执行方案Ⅲ，卷烟厂应缴消费税及城建税和教育费附加为：

（900×56%+150×0.4）×（1+7%+3%）=620.4（万元）

卷烟厂税后利润为：

（900−100−170−620.4）×（1−25%）=7.2（万元）

从税后利润的角度看，方案Ⅱ最优。

4. 通过降低成本减少自产自用应税消费品的计税价格

税法规定，纳税人自产自用的应税消费品，除用于连续生产应税消费品外，用于其他方面的，于移送使用时纳税。在计算自产自用情形下的消费税时，如果无法得到按纳税人当月生产的同类消费品的销售价格以及纳税人当月同类消费品的销售价格的加权平均或上月或最近月份的销售价格，则应采用组成计税价格计算。根据组成计税价格的计算公式，平均成本利润率和税率都是固定的，唯有生产成本是可变的，因此纳税人应采取有效措施，在不影响产品质量的前提下努力降低生产成本，从而减小消费税的计税价格。

【案例3-23】

某企业将其自产的一批摩托车赠送给摩托车拉力赛赛手使用，这批摩托车按统一的材料、费用分配标准计算自制自用产成品成本为150000元，假设利润率为10%，消费税率10%，其组成计税价格和应纳消费税计算如下：

组成计税价格=（150000+150000×10%）÷（1−10%）=183333.3（元）

应纳消费税=183333.3×10%=18333.33（元）

【解析】假设企业采取措施降低自制自用产品的成本，将其成本降低为130000元，其组成计税价格和应纳消费税计算如下：

组成计税价格=（130000+130000×10%）÷（1−10%）=158888.9（元）

应纳消费税=158888.9×10%=15888.89（元）

企业降低自制自用产品的成本后，少纳消费税额为2444.44（18333.33－15888.89）

5. 包装物的消费税筹划

包装物本身不属于应税消费品，但如果将其与应税消费品一起销售，则照样需要计征消费税。但如果采取收取押金的方式，只要包装物没有逾期归还[①]，便可不用计征消费税，而且包装物还可以循环使用。当然，如果买方将包装物按期归还，押金迟早要归还，但对于企业来讲，由于生产和销售是循环进行的，一笔销售的押金被退还时，总应有新的押金收取进来，从长期来看，销售方企业将会获得数量相对稳定的一笔沉淀资金。即便包装物未能如期归还，虽然暂时少纳的税款最终是要缴纳的，但由于其缴纳时限得以延缓，相当于免费使用银行资金，增加了企业的营运资金，获取了资金的时间价值，为企业的生产经营提供了便利。此外，对于购买方来讲，卖方收取包装物押金的销售方案降低了其购货价格，对其也有一定的吸引力。

当然，如果有些包装物易被损坏，难以收回，此时企业也可以将包装物进行销售，但在销售形式上一定要做成包装物与应税消费品分开销售，筹划要点是：纳税人将包装物作为普通商品单独销售给购货方，由其完成最后的包装工作。通过操作，把应税消费品和可分离包装物分开销售，形成两笔独立的销售行为，包装物销售则不缴纳消费税，从而产生节税收益。但这样做虽然节省了销售方的消费税，但却给买方带来一定不便，为了争取买方的配合，买方应通过其他适当的方式对其进行补偿。

6. 纳税人用于换取生产资料和消费资料，投资入股和抵偿债务等方面的应税消费品消费税的筹划

在实际操作中，当纳税人用应税消费品换取生产资料、生活资料，或者投资入股、抵偿债务等用途时，一般是按照双方的协议价或评估价确定的，而协议价往往是市场的平均价。如果按照同类应税消费品的最高销售价作为计税依据，显然会加重纳税人的负担。由此，我们不难看出，如果采取先销售后入股（换货、抵债）的方式，会达到减轻税负的目的。当然，这样的筹划方式需要双方在合同签订和账务处理等方面进行适当调整。双方签订的购销合同必须形成事实上的履约，即存在相应的资金周转，否则双方的交易仍可能被认定为“以物易物”交易，按照应税消费品的最高销售价格计算应纳消费税。与此同时，换出应税消费品的一方应通过适当的方式主动让利给交易对方，以争取对方的积极配合。

【案例3－24】

某中轻型商用客车生产企业，20××年5月对外销售同类型号的商用客车共有三种价格，以20万元的单价销售150辆，以22万元单价销售200辆，以24万元单价销售50辆。当月用5辆同型号的商用客车与一汽车配件企业换取其生产的汽车玻璃，双方商定按当月的加权平均销售价格确定商用客车的价格。小汽车税率为5%。

---

① 啤酒、黄酒以外的其他酒类包装物押金不管包装物是否逾期归还，应一律计征消费税。

按税法规定，应纳消费税为：24×5×5%＝6（万元）。

【解析】在交易过程中，双方按当月的加权平均销售价格确定商用客车的价格，但计算消费税时，依照现行消费税法规定，却是按照商用客车当月最高售价计算。因此，可以考虑客车生产企业先按照当月商用客车的加权平均销售价格将用于换取原材料的5辆商用客车卖给甲企业，然后再用所售款项购买甲企业的原材料。这种处理方法并未影响甲企业的经济利益，但却使得客车生产企业的消费税有所降低。节约的消费税为：

6－［（20×150＋22×200＋24×50）/（150＋200＋50）］×5×5%＝0.625（万元）

双方具体操作思路如下：客车生产企业先与汽车配件企业签订价值107.5万元［（20×150＋22×200＋24×50）×5/（150＋200＋50）］的商用客车的销售合同，然后再与汽车配件厂签订价值107.5万元的汽车配件购买合同，形成形式上的一购一销，然后按双方约定的价格进行反方向的资金划拨。另外，此处涉及的筹划策略仅仅是给客车生产企业带来了经济利益，而汽车配件企业不仅没有得到任何经济利益，而且其参与的交易过程较之以前更加复杂，无谓地增加了交易成本。为了能够争取汽车配件企业的主动配合，客车生产企业应当通过适当的方式给予对方一定的经济利益（如产品打折等）。

三、税率的筹划

（一）消费税税率的法律规定

不同应税消费品的税率存在一定差异。但即便同一种类的应税消费品，其税率也不完全相同。比如，卷烟中的甲类卷烟（即每标准条不含税调拨价格在70元及以上）和乙类卷烟（即每标准条调拨不含税调拨价格在70元以下）的比例税率分别为56%和36%；啤酒中的甲类啤酒（即每吨不含税出厂价在3000元及以上）和乙类啤酒（即每吨不含税出厂价在3000元以下）的定额税率分别为250元/吨和220元/吨；乘用车的消费税税率与其汽缸容量息息相关，汽缸容量越大的乘用车，其适用的消费税税率也越高，体现了消费税节能环保的导向。

纳税人兼营不同税率的应税消费品，即生产销售两种税率以上的应税消费品时，应当分别核算不同税率应税消费品的销售额或销售数量，未分别核算销售额、销售数量，或者将不同税率的应税消费品组成套装消费品销售的，从高适用税率。所谓“从高适用税率”就是对兼营高低不同税率的应税消费品，当不能分别核算销售额、销售数量，或者将不同税率的应税消费品组成成套消费品销售的，就以应税消费品中适用的高税率与混合在一起的销售额、销售数量相乘，得出应纳消费税额。

对既销售金银首饰，又销售非金银首饰的生产经营单位，应将两类商品划分清楚，分别核算销售额。凡划分不清楚或不能分别核算的，在生产环节销售的，一律从高适用税率征收消费税；在零售环节销售的，一律按金银首饰征收消费税。金银首饰与其他产品组成成套消费品销售的，应按销售额全额征收消费税。

（二）消费税税率的筹划策略

1. 分别核算不同税率应税消费品的销售额

由于应税消费品所适用的税率是固定的，只有在兼营不同税率应税消费品的情况下，纳税人才能选择合适的销售方式和核算方式，达到适用较低的消费税税率、减轻消费税的目的。纳税人兼营不同税率的应税消费品时，通过分别核算不同应税消费品的销售额和销售数量，则可以避免从高适用税率。这里所谓的分别核算，是指一个会计主体对发生不同的多项“业务”是否能分别设置明细科目进行核算，在实践中要求企业对不同的产品分别开具发票，在财务上分别核算销售收入。

【案例 3－25】

某小汽车生产厂为了适应市场需求，同时生产销售乘用车和中轻型商用客车，其中乘用车又包括汽缸容量分别为 1.4 升、1.8 升、3.0 升和 4.5 升的四种类型的乘用车。20××年 5 月，小汽车厂销售汽缸容量分别为 1.4 升、1.8 升、3.0 升和 4.5 升的乘用车取得的销售额分别为 200 万元、120 万元、100 万元和 80 万元，中轻型商用客车的销售额为 450 万元。由于该厂刚刚更换了财务人员，其对不同小汽车的销售额并未分别开具发票，会计上也没有分别核算。

【解析】按照现行消费税法规定，如果纳税人兼营不同税率的应税消费品，但却未分别核算销售额，则计征消费税时应从高适用税率。则 20××年 5 月，小汽车厂的应纳消费税为：

（200＋120＋100＋80＋450）×40％＝380（万元）

但如果该小汽车厂能够将不同类型小汽车的销售额进行分别核算，则可按照各自对应的税率计征消费税，此时其应纳消费税为：

200×3％＋120×5％＋100×12％＋80×40％＋450×5％＝78.5（万元）

分别核算较之未分别核算节约消费税 301.5 万元。

2. “先包装后销售”改为“先销售后包装”

实践中，许多商家为了满足市场需要，往往会对其销售的应税消费品进行统一包装后再对外销售，但如果包装的应税消费品涉及了不同税率，则采取“先包装后销售”的方式往往会增加商家的消费税负担，此时不妨变化一下思路，采取“先销售后包装”的方式。

采取“先包装后销售”的方式，包装是由生产厂家的员工来做，企业要支出一笔费用。现在采取“先销售后包装”的形式后，是由生产厂家委托商家包装，企业也要支付包装费用。其实，采取哪种方式，企业所支取的费用相差不大，但消费税税金却能得以降低。当然，厂家也可以在把各种产品销售给商家后，组织自己的员工再为商家统一进行包装也可以避免增加消费税负担。

【案例 3－26】

张某出资成立了一家日用品生产公司，除了生产高档化妆品、普通护肤护发品外，还生产一些小工艺品。在经营过程中，张某发现，不少顾客的高档化妆品都是成套购买的，包装极为漂亮，一下就能抓住人的眼球。于是，张某决定将自己所生产的所有产品组合起来，给予漂亮的包装后再成套销售。2018 年初，张某让员工设计了一个漂亮的包装盒，然后把公司的护肤护发品、高档香水、小工艺品一起放在包装盒中再销售给商家。包装的效果果然吸引了很多消费者的注意，企业的每个月的销售额出现了飞速增长。

2019 年初，税务机关对张某的公司进行税务检查时发现，公司 2018 年共销售成套日用品 1000 套，不含税销售额为 40 万元，公司缴纳的消费税为：

1000×280×15％＝42000（元）

原来，公司虽然把各种日用品进行了套装销售，但却对其中每种产品都进行了定价，每套日用品中，护肤护发品 110 元，香水 280 元，包装盒 10 元[①]。公司的财务人员认为，由于普通护肤护发品和小工艺品都不属于应税消费品，因此，无需计算消费税，仅就香水的销售额计算了应缴纳的消费税。但税务机关指出，公司应缴纳的消费税为：

400000×15％＝60000（元）

为此，公司不仅补缴了 18000 元的消费税及其相应的滞纳金，还被税务机关进行了罚款。

【解析】本案例涉及的核心问题是关于套装应税消费品消费税的处理规定。按照现行消费税法规定，纳税人将应税消费品与非应税消费品，以及适用税率不同的应税消费品组成成套消费品销售的，应根据组合产制品的销售金额按应税消费品中适用最高税率的消费品税率计算缴纳消费。因此，只要纳税人将应税消费品与非应税消费品，以及适用税率不同的应税消费品组成成套消费品销售，不管其否对不同应税消费品的销售进行了分别核算，应当一律从高计征消费税。为了避免因套装销售无谓增加消费税负担，公司可以考虑改变包装操作方式，由原来的“先包装后销售”改为“先销售后包装”，即公司可以将打算打包的产品先分别销售给商家，然后再由商家来包装后销售，也就是说日用品生产公司将包装费用让利于商家。公司在向商家销售打算打包的产品时，可以对这些产品进行分别核算，这样一来，护肤护发品及包装盒等非应税消费品可以不用计征消费税，而商家将产品包装好对外销售时也无需计征消费税。此时日用品生产公司的应纳消费税仅为 42000 元（1000×280×15％）。

3. 对不同等级的应税消费品制定不同的价格

当应税消费品的税率与其价格相关时，可以通过合理确定应税消费品的价格降低消费税负担。除了卷烟之外，啤酒消费税的筹划也可以适用这一方法。啤酒的出厂价可以高于 3000 元/吨，也可以低于 3000 元/吨，前者对应的消费税税率为 250 元/吨，后者对应的消

① 以上价格均不含税。

费税税率为220元/吨，较高的出厂价格对应着较高的消费税税率。从企业利润的角度来看，应税消费品的价格并未越高越好，当应税消费品的价格处于临界点附近时，通过适当降低应税消费品的价格反而可能增加企业利润，原因在于，虽然应税消费品的销售价格略有下降，但其消费税负担下降幅度更大。此外，在筹划时需要注意价格变动对应税消费品销售数量的影响。

【案例3－27】

某卷烟厂生产的卷烟每条调拨价格75元，当月销售2000条（每标准箱为250条，定额税率为150元/箱）。这批卷烟的生产成本为25元/条，当月分摊在这批卷烟上的期间费用为8000元。则卷烟厂的应纳消费税为：

2000÷250×150＋75×2000×56％＝85200（元）

卷烟厂的利润为：

75×2000－25×2000－8000－85200×（1＋7％＋3％）＝－1720（元）

思考：假设企业将卷烟每条调拨价格调低至68元，则其消费税和利润会发生什么变化？

【解析】根据《财政部、国家税务总局关于调整烟产品消费税政策的通知》（财税〔2009〕84号）的规定，每标准条（200支）对外调拨价在70元以上（含70元，不含增值税）的为甲类卷烟，其税率为56％，70元以下的为乙类卷烟，税率为36％。如果其价格调低至68元，则变为乙类卷烟，其对应的消费税税率降至36％，此时卷烟厂的应纳消费税为：

2000÷250×150＋68×2000×36％＝50160（元）

卷烟厂的利润为：

68×2000－25×2000－8000－50160×（1＋7％＋3％）＝22824（元）

不难看出，每标准条卷烟价格为75元时的利润反而低于每标准条卷烟为68元时的利润，这主要是由于两种价格水平下卷烟消费税的差异导致的，卷烟厂确定的卷烟价格究竟应高于70元/标准条还是低于70元/标准条，需要认真测算。假定企业成本费用为C，企业所得税税率为t，城建税及教育费附加为10％，P为略低于70元/标准条的价格，如果卷烟厂想要制定高于70元/标准条的价格，同时使两种价格水平下卷烟厂的利润相等，则后者应为P的G倍，此时可得到如下关系式：

$$[P-C-(150+P\times 36\%)\times(1+7\%+3\%)](1-t)=[P\times G-C-(150+P\times G\times 56\%)\times(1+7\%+3\%)](1-t)$$

$G=1.57$

也就是说，从利润的角度讲，卷烟厂可以确定低于70元/标准条的价格，也可以确定高于70元/标准条的价格，但后者至少应为前者的1.57倍时，才能保证卷烟厂利润不会因提价而导致利润下降。

当然，上述分析依赖于一个假定前提，即卷烟调拨价格由75元/条将为68元/条时，卷烟的销售数量保持不变。但现实中，这一假定可能并不成立，因此，在测算利润变化时还应考虑价格变动对销售数量的影响。

此外，纳税人在调整卷烟的调拨价格时，还需注意税法对卷烟最低计税价格的相关规定。自2012年1月1日起，卷烟消费税最低计税价格核定范围为卷烟生产企业在生产环节销售的所有牌号、规格卷烟。计税价格由国家税务总局按照卷烟批发环节销售价格扣除卷烟批发环节批发毛利核定并发布。已经国家税务总局核定计税价格的卷烟，生产企业实际销售价格高于计税价格的，按实际销售价格确定适用税率，计算应纳税款并申报纳税；实际销售价格低于计税价格的，按计税价格确定适用税率。同时，根据《关于卷烟消费税计税价格核定管理有关问题的公告》（国家税务总局公告2017年第32号），对于未按照《办法》规定报送信息资料的新牌号、新规格卷烟，公告明确规定，卷烟生产企业消费税纳税人按照已核定计税价格计算缴纳消费税满1年后，可向主管税务机关提出调整卷烟计税价格的申请。

4. 生产销售适用低税率的应税消费品

我国现行消费税的相关立法越来越多体现出节能环保以及合理引导人们健康消费的理念，例如，摩托车的消费税税率根据摩托车汽缸容量大小可划分为3%和10%两个等级，乘用车的消费税税率根据汽缸容量大小可以划分为1%～40%七个等级，酒类产品中，白酒的消费税比例税率为20%，而其他酒则为10%。企业应顺应国家政策导向及人们消费需求的变化，灵活地调整其产品结构，在符合市场需求的条件下，生产制造消费税税率较低的应税消费品。例如，酒类企业可以考虑产品进行升级换代，由经营中、低档酒向制造中、高档酒或是多功能酒饮料转型，形成企业核心竞争力。此外，白酒企业还可选择低税率的工艺生产酒。同一种原料生产的工艺不同，其消费税的税率也不同。在通常情况下，一般蒸馏法要比过滤方法制出的酒税率高。比如，大米经加温、糖化、发酵后，采用压榨工艺酿制的酒属于黄酒，但如经糖化、发酵后，采用蒸馏工艺酿制的酒则属于粮食白酒。在条件许可的情况下，白酒生产企业可以考虑对旧工艺进行改进开发新的流程，采用非蒸馏方法生产酒。另外以白酒为酒基的配制酒、泡制酒相对应的税率较高，所以可考虑用蒸馏酒或食用酒精或发酵酒作为配制酒、泡制酒（包括制药酒）的酒基。不过，需要注意的是，在用蒸馏酒或食用酒精或发酵酒作为酒基制作配制酒时，还须满足其他相关条件。比如，《国家税务总局关于配制酒消费税适用税率问题的公告》（国家税务总局公告2011年第53号）规定，以蒸馏酒或食用酒精为酒基的配制酒如果要适用10%的消费税税率，必须具有国家相关部门批准的国食健字或卫食健字文号，而且酒精度低于38度（含）；以发酵酒为酒基的配制酒，要求酒精度应低于20度（含）。当然上述策略的实施要充分考虑产品口味和市场的需求，如果仅仅是为了节税而贸然推出不成熟的产品往往会得不偿失。

四、课税环节的筹划

除个别应税消费品外，多数应税消费品实行单一环节课税，如表3-10所示，纳税人应充分利用消费税课税环节的特点进行筹划。

表 3-10　消费税课税环节

环节	消费税
进口应税消费品	缴纳（金、银、钻首饰除外）
生产应税消费品出厂销售	缴纳（金、银、钻首饰除外）
将自产应税消费品连续生产应税消费品	无
将自产应税消费品连续生产非应税货物	缴纳
将自产应税消费品用于投资、分红、赠送、职工福利、个人消费、基建工程	缴纳
批发应税消费品	限于卷烟
零售应税消费品	限于金银钻首饰

【案例 3-28】

某酒厂主要生产粮食白酒，产品销售给全国各地的批发商。同时，本地的一些小批发商、商业零售户、酒店、消费者也会直接到工厂购买白酒，根据历年的数据，这类销售每年大约 7000 箱（每箱 10 瓶，每瓶 500 克）。为了方便消费者，也为了提高企业的盈利水平，该厂在市区设立了非独立核算的门市部，酒厂按同类批发价 800 元/箱与门市部结算。门市部按 880 元/箱对外销售。粮食白酒适用消费税比例税率 20%，定额税率每斤（500 克）0.5 元。则该批 7000 箱酒应纳消费税为：

7000×880×20%+7000×10×0.5=1267000（元）

【解析】为了减少消费税，酒厂可以将市区的非独立核算门市部改为独立核算或设独立核算的销售公司。由于独立核算门市部或独立核算的销售公司不属于生产环节，不缴纳消费税。该批白酒由酒厂缴纳的消费税为：

7000×800×20%+7000×10×0.5=1155000（元）

节税额：1267000－1155000=112000（元）

需要注意的是，由于酒厂和独立核算的销售公司具有关联关系，因此，二者之间的交易价格应在控制在相对合理的范围内，否则计税价格可能会被税务机关进行调整。2009 年 7 月 23 日，国家税务总局发布的《白酒消费税最低计税价格核定管理办法（试行）》明确规定，白酒生产企业销售给销售单位的白酒，生产企业消费税计税价格低于销售单位对外销售价格 70%以下的，税务机关应核定消费税最低计税价格。白酒消费税最低计税价格核定标准如下：(1) 白酒生产企业销售给销售单位的白酒，生产企业消费税计税价格高于销售单位对外销售价格 70%（含 70%）以上的，税务机关暂不核定消费税最低计税价格；(2) 白酒生产企业销售给销售单位的白酒，生产企业消费税计税价格低于销售单位对外销售价格 70%以下的，消费税最低计税价格由税务机关根据生产规模、白酒品牌、利润水平等情况在销售单位对外销售价格 50%至 70%范围内自行核定。其中生产规模较大，利润水平较高的企业生产的需要核定消费税最低计税价格的白酒，税务机关核价幅度原则上应选择在销售单位对外销售价格 60%至 70%范围内。因此，白酒生产企业将产品转让给关联销售公司时，定价不能过低，避免因违背《白酒消费税最低计税价格核定管理办法试行》的规定得不偿失。

五、纳税义务发生时间的筹划

《中华人民共和国消费税暂行条例实施细则》第八条规定：消费税纳税义务发生时间，根据条例第四条的规定，分列如下：

1. 纳税人销售应税消费品的，按不同的销售结算方式分别为：

（1）采取赊销和分期收款结算方式的，为书面合同约定的收款日期的当天，书面合同没有约定收款日期或者无书面合同的，为发出应税消费品的当天。

（2）采取预收货款结算方式的，为发出应税消费品的当天。

（3）采取托收承付和委托银行收款方式的，为发出应税消费品并办妥托收手续的当天。

（4）采取其他结算方式的，为收讫销售款或者取得索取销售款凭据的当天。

2. 纳税人自产自用应税消费品的，为移送使用的当天。

3. 纳税人委托加工应税消费品的，为纳税人提货的当天。

4. 纳税人进口应税消费品的，为报关进口的当天。

不难看出，不同销售方式下应税消费品消费税纳税义务发生时间是不同的，纳税人应充分利用这些相关规定，对消费税纳税义务发生时间进行筹划。对消费税纳税义务发生时间进行筹划，必须充分了解消费税法对不同销售结算方式下消费税纳税义务发生时间的具体规定及具体要求，从而使得不同销售结算方式在一定条件下可以相互转换。比如，《中华人民共和国消费税暂行条例实施细则》规定，采取赊销和分期收款结算方式的，为书面合同约定的收款日期的当天。这里要求必须是在书面合同中约定收款日期，口头约定是无效的。而且，如果到了书面合同约定的收款日期，对方仍未按时付款，此时纳税人仍然需要按照书面合同约定的收款日期确认消费税纳税义务。另外，改变消费税纳税义务发生时间并不能减少纳税人应纳消费税的绝对数额，只是通过延期纳税而实现相对节税。

【案例 3－29】

某高档化妆品生产厂属于增值税一般纳税人。20××年6月采取直接收款方式发生销售业务5笔，共计应收货款1800万元（含税价）。其中，有3笔共计1000万元，货款两清；一笔300万元，两年后一次付清；另一笔500万元，一年后付250万元，一年半后付150万元，余款100万元两年后结清。

【解析】由于高档化妆品生产厂采取的是直接收款销售方式，因此，只要其收讫销售款或者取得索取销售款凭据就需要确认消费税纳税义务。但从案例内容可以看出，300万元的销售款在两年后才能一次性收回，而另外500万元的销售款需要在今后两年内分三次才能全部收回。在销售款还未到手的情况下，纳税人却需要确认消费税纳税义务，这对纳税人而言显然是不利的。为此，可以考虑对300万元的那笔业务采取赊销结算方式，对500万元的那笔业务采取分期收款结算方式，并在书面合同中约定收款时间，这样这两笔消费税的纳税义务发生时间就可以推迟到未来一定时间确认，从而实现递延纳税的效果。

案例分析与讨论

学习完前面的内容，我们现在可以对【案例导入】中提出的问题进行回答了。公司财务人员的理解显然是不正确的。这是因为，按照现行消费税法规定，将不同税率的应税消费品组成成套消费品销售的，就以应税消费品中适用的高税率与混合在一起的销售额、销售数量相乘，得出应纳消费税额。而这也正是税务机关要求黄金酒业公司补缴消费税的法律依据。因此，公司实际应申报缴纳的消费税为：

[（40＋20）×20%＋2×0.5]×50000＝650000（元）

由于公司已申报缴纳525000元，因而需要补缴消费税125000元。

上述案例告诉我们，企业必须熟练掌握税法的基本规定，并严格按照这些规定去进行实务操作，不能仅凭个人的主观臆断行事，否则可能会招致不必要的麻烦和损失。

第四节　关税筹划

案例导入

20××年6月，欧阳先生在欧洲度假，欲回国前购买礼物送给一位朋友，可以选择购买高档手表，其价格为8000元；也可以选择购买数字照相机，其价格也是8000元。请对其进行税收筹划。

思考：从节省进口关税的角度，你认为该选哪套方案？请计算分析。

一、计税依据的筹划

（一）关税计税依据的法律规定

关税的计税方法有多种，其应纳税额计算有如下公式：

（1）从价计税应纳税额：

关税税额＝进（出）口应税货物的数量×单位完税价格×适用税率

（2）从量计税应纳税额

关税税额＝应税进（出）口货物数量×单位货物税额

（3）复合计税应纳税额

关税税额＝应税进（出）口货物数量×单位货物税额＋应税进口货物数量×单位完税价格×适用税率

（4）滑准税应纳税额

关税税额＝应税进（出）口货物数量×单位完税价格×滑准税税率

不难看出，关税的计税依据主要包括应税货物数量和关税完税价格。由于应税货物的数量比较容易确定，这里重点介绍一下关税完税价格的确定。

在正常情况下，进口货物采用以成交价格为基础的完税价格。进口货物的成交价格，是指卖方向中华人民共和国境内销售该货物时买方为进口该货物向卖方实付、应付的，并且按照相关规定调整后的价款总额，包括直接支付的价款和间接支付的价款。根据《中华人民共和国海关审定进出口货物完税价格办法》（以下简称《完税价格方法》）规定，进口货物的成交价格应当符合下列条件：（1）对买方处置或者使用进口货物不予限制，但是法律、行政法规规定实施的限制、对货物销售地域的限制和对货物价格无实质性影响的限制除外；（2）进口货物的价格不得受到使该货物成交价格无法确定的条件或者因素的影响；（3）卖方不得直接或者间接获得因买方销售、处置或者使用进口货物而产生的任何收益，或者虽然有收益但是能够按照相关规定做出调整；（4）买卖双方之间没有特殊关系，或者虽然有特殊关系但是按照本办法第十七条、第十八条的规定未对成交价格产生影响。

以成交价格为基础审查确定进口货物的完税价格时，未包括在该货物实付、应付价格中的下列费用或者价值应当计入完税价格。

（1）由买方负担的下列费用：①除购货佣金以外的佣金和经纪费；②与该货物视为一体的容器费用；③包装材料费用和包装劳务费用。

（2）与进口货物的生产和向中华人民共和国境内销售有关的，由买方以免费或者以低于成本的方式提供，并且可以按适当比例分摊的下列货物或者服务的价值：①进口货物包含的材料、部件、零件和类似货物；②在生产进口货物过程中使用的工具、模具和类似货物；③在生产进口货物过程中消耗的材料；④在境外进行的为生产进口货物所需的工程设计、技术研发、工艺及制图等相关服务。

（3）买方需向卖方或者有关方直接或者间接支付的特许权使用费，但是符合下列情形之一的除外：①特许权使用费与该货物无关；②特许权使用费的支付不构成该货物向中华人民共和国境内销售的条件。

（4）卖方直接或者间接从买方对该货物进口后销售、处置或者使用所得中获得的收益。

对于价格不符合成交条件或成交价格不能确定的进口货物，由海关估价确定。海关估价依次使用的方法包括：①相同或类似货物成交价格方法；②倒扣价格方法；③计算价格方法；④其他合理的方法。使用其他合理方法时，应当根据《完税价格办法》规定的估价原则，以在境内获得的数据资料为基础估定完税价格，但不得使用以下价格，境内生产的货物在境内的销售价格，可供选择的价格中较高的价格，货物在出口地市场的销售价格，以计算价格方法规定的有关各项之外的价值或费用计算的价格，出口到第三国或地区的货物的销售价格，最低限价或武断虚构的价格。

出口货物的完税价格由海关以该货物的成交价格为基础审查确定，并且应当包括货物运至中华人民共和国境内输出地点装载前的运输及其相关费用、保险费。出口货物的成交价格不能确定时，完税价格由海关依次使用下列方法估定：①同时或大约同时向同一国家或地区出口的相同货物的成交价格；②同时或大约同时向同一国家或地区出口的类似货物的成交价格；③根据境内生产相同或类似货物的成本、利润和一般费用、境内发生的运输及其相关费用、保险费计算所得的价格；④按照合理方法估定的价格。

自2016年4月8日起，我国对跨境电子商务零售（企业对消费者，即B2C）进口商品开始实施新的税收政策，对规定范围内的商品不再征收行李和邮递物品进口税（简称“行邮税”）。根据《关于跨境电子商务零售进口税收政策的通知》（财关税〔2016〕18号）①，跨境电子商务零售进口商品按照货物征收关税和进口环节增值税、消费税，购买跨境电子商务零售进口商品的个人作为纳税义务人，实际交易价格（包括货物零售价格、运费和保险费）作为完税价格，电子商务企业、电子商务交易平台企业或物流企业可作为代收代缴义务人。跨境电子商务零售进口商品的单次交易限值为人民币2000元，个人年度交易限值为人民币20000元。在限值以内进口的跨境电子商务零售进口商品，关税税率暂设为0%；进口环节增值税、消费税取消免征税额，暂按法定应纳税额的70%征收。超过单次限值、累加后超过个人年度限值的单次交易，以及完税价格超过2000元限值的单个不可分割商品，均按照一般贸易方式全额征税。为促进跨境电子商务零售进口行业的健康发展，营造公平竞争的市场环境，财政部、海关总署和国家税务总局联合发布《关于完善跨境电子商务零售进口税收政策的通知》（财关税〔2018〕49号），通知提出：（1）将跨境电子商务零售进口商品的单次交易限值由人民币2000元提高至5000元，年度交易限值由人民币20000元提高至26000元。（2）完税价格超过5000元单次交易限值但低于26000元年度交易限值，且订单下仅一件商品时，可以自跨境电商零售渠道进口，按照货物税率全额征收关税和进口环节增值税、消费税，交易额计入年度交易总额，但年度交易总额超过年度交易限值的，应按一般贸易管理。（3）已经购买的电商进口商品属于消费者个人使用的最终商品，不得进入国内市场再次销售；原则上不允许网购保税进口商品在海关特殊监管区域外开展“网购保税＋线下自提”模式。

（二）关税计税依据的筹划

在关税计税依据的筹划中，关税完税价格具有较大的筹划空间，因此，下面重点介绍关税完税价格的筹划。

1. 同等条件下选择成交价格或相关费用较低的货物

根据《中华人民共和国海关法》（以下简称《海关法》）规定，进出口货物的完税价格，由海关以货物的成交价格为基础审查确定。进出口商向海关申报进口货物价格时，如

① 跨境电子商务零售进口税收政策适用于从其他国家或地区进口的、《跨境电子商务零售进口商品清单》范围内的以下商品：

（1）所有通过与海关联网的电子商务交易平台交易，能够实现交易、支付、物流电子信息“三单”比对的跨境电子商务零售进口商品；

（2）未通过与海关联网的电子商务交易平台交易，但快递、邮政企业能够统一提供交易、支付、物流等电子信息，并承诺承担相应法律责任进境的跨境电子商务零售进口商品。

不属于跨境电子商务零售进口的个人物品以及无法提供交易、支付、物流等电子信息的跨境电子商务零售进口商品，按现行规定执行。

需要注意的是，跨境电子商务零售进口商品税收新政实施后，进境居民旅客携带在境外获取的个人自用、合理数量进境物品，总值在5000元人民币以内（含5000元）的仍然享受免税待遇。但进境居民旅客携带超出5000元人民币的个人自用进境物品，经海关审核确属自用的，海关仅对超出部分的个人自用进境物品征税，对不可分割的单件物品，全额征税。

果经海关审定认为符合“成交价格”的要求和有关规定，就可以以此作为计算完税价格的依据，然后经海关对货价、费用和运费、保险、杂项费等项费用进行必要的调整后，即可确定其完税价格。这是我国以及其他各国海关在实际工作中最基本、最常用的海关估价方法。我国进口货物一般也都按此方法确定完税价格。因此，进出口商应尽量选择同类产品中成交价格比较低，运输、保险费用相对较小的货物进口或出口，从而降低关税完税价格，达到节税的目的。

【案例 3－30】①

甲企业欲从境外引进钢结构产品自动生产线，可选择从英国或美国进口。若从美国进口，离岸价格（FOB）1700 万元。该生产线运抵我国输入地点起卸前的运费和保险费 100 万元，另支付由买方负担的经纪费 10 万元，买方负担的包装材料和包装劳务费 50 万元，与生产线有关的境外开发设计费用 50 万元。若从英国进口，离岸价格（FOB）1600 万元。该生产线运抵我国输入地点起卸前的运费和保险费 120 万元，另支付由买方负担的经纪费 10 万元，买方负担的包装材料和包装劳务费 30 万元，与生产线有关的境外开发设计费用 100 万元。关税税率均为 30%，请对其进行税务筹划。

【解析】若甲企业从美国引进钢结构产品自动生产线，则：

关税完税价格＝1700＋100＋10＋50＋50＝1910（万元）

应纳关税＝1910×30%＝573（万元）

应纳增值税＝（1910＋573）×13%＝322.79（万元）

若甲企业从英国引进钢结构产品自动生产线，则：

关税完税价格＝1600＋120＋10＋30＋100＝1860（万元）

应纳关税＝1860×30%＝558（万元）

应纳增值税＝（1860＋558）×13%＝314.34（万元）

从英国引进钢结构产品自动生产线比从美国引进少缴关税 15 万元（573－558），少缴增值税 8.45 万元（322.79－314.34），因此，应当英国引进钢结构产品自动生产线。

2. 由海关估定稀缺商品的关税完税价格

根据《海关法》规定，当进出口货物的价格不符合成交价格条件或者成交价格不能确定的，应由海关估定关税完税价格。对于一般进口货物，国内、国外市场均有参考价格，其税务筹划的空间不大，但对于稀缺商品，如高新技术、特种资源、新产品等，由于这些产品没有确定的市场价格，而其预期的市场价格一般要远远高于市场类似产品的价格，也就为进口完税价格的申报留下了较大的税务筹划空间，企业可以用市场类似产品的价格来进行申报，从而通过降低完税价格来降低关税。

① 梁文涛．关税的税务筹划探讨［J］．财政监督，2009（22）39-40.

【案例 3－31】

美国的A公司开发出一种高新技术产品，这种新产品刚刚走出实验室，其确定的市场价格尚未形成，但开发商预计此种产品进口到中国国内市场上的售价将达到150万美元，而类似产品的市场价格仅为100万美元，假定关税税率为30％。

思考：当进口商从美国进口这种高新技术产品时应如何进行关税筹划？

【解析】由于这种高新技术产品确定的市场价格尚未形成，当进口商向海关申报进口时，可以按照80万美元申报。因为这是一种刚刚研制开发出来的新品种，当海关工作人员认为其完税价格为80万美元合理时，即可征税放行，此时进口商需申报缴纳的关税为24万美元。当海关认为进口商申报的价格不合理时，就会对这种进口新产品的完税价格进行估定。在估定完税价格时，如果采用类似货物成交价格法，该产品的完税价格很有可能被估定为100万美元，此时进口商需申报缴纳的关税为30万美元。这样一来，这种高新技术产品的关税负担会得以大幅下降。

3. 通过转让定价适当压低关税完税价格

当国内企业从境外关联企业进口相关产品时，可以在允许的范围内适当压低成交价格，这样可在一定程度上通过降低关税完税价格减轻关税负担。美国的甲公司是中国乙公司的总公司，甲公司控制乙公司100％的股权。甲公司对乙公司销售一批零件，由乙公司加工后在中国大陆地区出售。甲公司零部件生产成本为50万元，甲公司对乙公司按正常价格销售产品收入为100万元，但甲公司却以75万元的价格将零件卖给乙公司。不考虑其他因素，假设该产品关税税率为20％，售价即为关税完税价格。按正常价格计算，甲公司应纳关税20万元（100×20％）。通过转让定价的税收筹划，甲公司实际交纳关税15万元（75×20％）。通过转让定价，甲公司少缴纳关税5万元。

需要注意的是，当进口商进口商品用于国内销售时，不仅需要向海关缴纳关税，还需要向国内的税务机关缴纳企业所得税。这时，关税的计税依据是关税完税价格，而企业所得税准予扣除的项目是存货成本，按照《中华人民共和国企业所得税法》的规定，存货的计税基础是：通过支付现金方式取得的存货，以购买价款和支付的相关税费为成本；通过支付现金以外的方式取得的存货，以该存货的公允价值和支付的相关税费为成本。如果进口商想少缴税，他的策略是关税的完税价格，也即报关进口时的价格越低越好，这样可以少缴关税；而存货成本却被“筹划”得越高越好，因为这样可以减少应纳税所得额，少缴企业所得税。因此，关联企业通过转让定价筹划关税时还需考虑其对企业所得税的影响，特别是进口国的企业所得税税率高于出口国的所得税税率时更是如此。

4. 在进出口货物的价款中单独列明相关税收和费用

根据《中华人民共和国海关审定进出口货物完税价格办法》第十五条规定，进口货物的价款中单独列明的下列税收、费用，不计入该货物的完税价格：①厂房、机械或者设备等货物进口后发生的建设、安装、装配、维修或者技术援助费用，但是保修费用除外；②

进口货物运抵中华人民共和国境内输入地点起卸后发生的运输及其相关费用、保险费；③进口关税、进口环节海关代征税及其他国内税；④为在境内复制进口货物而支付的费用；⑤境内外技术培训及境外考察费用。同时符合下列条件的利息费用不计入完税价格：①利息费用是买方为购买进口货物而融资所产生的；②有书面的融资协议的；③利息费用单独列明的；④纳税义务人可以证明有关利率不高于在融资当时当地此类交易通常应当具有的利率水平，且没有融资安排的相同或者类似进口货物的价格与进口货物的实付、应付价格非常接近的。此外，根据《中华人民共和国海关审定进出口货物完税价格办法》第四十条规定，下列税收、费用不计入出口货物的完税价格：①出口关税；②在货物价款中单独列明的货物运至中华人民共和国境内输出地点装载后的运输及其相关费用、保险费。

因此，当进出口商发生上述规定中涉及的相关税费时，应尽可能在货物价格中单独列明，这样可以因其不计入关税完税价格而降低关税负担。

二、税率的筹划

（一）关税税率的法律规定

进口关税设置最惠国税率、协定税率、特惠税率、普通税率、关税配额税率等税率。对进口货物在一定期限内可以实行暂定税率。出口关税设置出口税率。对出口货物在一定期限内可以实行暂定税率。

需要注意的是，进口货物所适用的税率类型主要取决于货物的原产地。原产于共同适用最惠国待遇条款的世界贸易组织成员的进口货物，原产于与中华人民共和国签订含有相互给予最惠国待遇条款的双边贸易协定的国家或者地区的进口货物，以及原产于中华人民共和国境内的进口货物，适用最惠国税率。原产于与中华人民共和国签订含有关税优惠条款的区域性贸易协定的国家或者地区的进口货物，适用协定税率。原产于与中华人民共和国签订含有特殊关税优惠条款的贸易协定的国家或者地区的进口货物，适用特惠税率。原产于其他国家或者地区的进口货物，以及原产地不明的进口货物，适用普通税率。

（二）关税税率的筹划

1. 充分利用原材料、零部件与产成品的关税税率差异

原材料、零部件半成品与成品的关税税率相比，原材料和零部件的关税税率低，半成品次之，产成品的税率最高。企业在条件允许的情况下，可以考虑进口原材料和零部件，加工生产成自己所需的产成品，从而降低关税税负。

【案例 3－32】

中国巨大的汽车消费市场引起了各国汽车生产企业的广泛关注。德国汽车生产企业 A 打算进军中国市场，提出了以下两种方案。

方案Ⅰ：在中国设立一家销售子公司 B，通过转让定价压低汽车进口的价格，节省关税。

方案Ⅱ：在中国设立一家组装兼销售子公司 C，通过国际转让定价，压低汽车零部件

的进口价格，节省关税。

假定B公司每年从A企业购买20000辆小轿车，每辆小轿车的完税价格为20万元，在中国境内的销售价格为每辆40万元（不含税），假定适用进口环节的关税税率为25%，消费税率为12%，增值税率为13%。C公司进口一辆汽车的全套零部件的关税完税价格为15万元，每年同样可组装20000辆，在境内的销售价格为每辆35万元（不含税），散装零部件进口环节关税税率为10%，C公司每辆车的组装成本为2万元[①]。

思考：A企业应选择哪种方案？

【解析】在方案Ⅰ中，B公司每年从A企业购买20000辆小轿车，则其在进口环节的税收情况如下：

应纳关税＝20×20000×25%＝100000（万元）

应纳消费税＝［（20×20000＋100000）÷（1－12%）］×12%＝68181.8（万元）

应纳增值税＝［（20×20000＋100000）÷（1－12%）］×13%＝73863.6（万元）

在境内销售汽车时：

销项税额＝40×20000×13%＝104000（万元）

应纳税额合计＝100000＋68181.8＋（104000－73863.6）＋73863.6＝272181.8（万元）

企业的综合税负率＝272181.8÷（40×20000）＝34.0%

B公司的年利润＝40×20000－20×20000－100000－68181.8＝231818.2（万元）

在方案Ⅱ中，C公司每年购买组装20000辆汽车所需的零部件，则其在进口环节的税收情况如下：

应纳关税为＝15×20000×10%＝30000（万元）

应纳增值税＝（15×20000＋30000）×13%＝42900（万元）

C公司在境内销售组装的汽车时，其税收情况如下：

应纳消费税＝35×20000×12%＝84000（万元）

销项税额＝35×20000×13%＝91000（万元）

应纳税额合计＝30000＋84000＋（91000－42900）＋42900＝205000（万元）

企业的综合税负率＝205000÷（35×20000）＝29.3%

C公司的年利润＝35×20000－15×20000－30000－84000－2×20000＝246000（万元）

无论是从税负还是利润的角度看，方案Ⅱ较方案Ⅰ更佳。此外，方案Ⅱ与方案Ⅰ相比还有其他许多优点，比如转让定价更容易操作，可以充分利用中国较为低廉的劳动力以及更容易搜集市场需求信息等。

2. 合理安排货物的原产地

产自不同国家和地区的进口货物在我国适用不同的税率。关于原产地的确认，我国基本上采用了“全部产地生产标准”和“实质性加工标准”两种国际上通用的原产地标准。前者是指对于完全在一个国家内生产或制造的进口货物，其生产或制造国就是该货物的原

① 为了简化分析，本案例没有考虑B公司和C公司的间接费用。

国。后者是指经过几个国家加工、制造的进口货物，以最后一个对货物进行经济上可以视为实质性加工的国家作为有关货物原产国。这里所说的实质性加工是指产品经过加工后，在《海关税则》中已不按原有的税目税率征税，而应归入另外的税目征税，或者其加工增值部分所占新产品总值的比例已经超过30%的。两个条件具备一项，即可视为实质性加工。此外需指明的是，对机器、仪器或车辆所用零件、部件、配件、备件以及工具，如与主件同时进口而且数量合理，其原产地按全件的原产地予以确定；如果分别进口的，应按其各自的原产地确定。

实质性加工标准给了避税的可能。就实质性加工的第一个条件而言，从税收角度来看，重要的是它必须表现为税目税率的改变。从另外一条件来说，就是“加工增值部分所占新产品总值的比例已经超过30%”。企业在对关税进行筹划时，应考虑能构成实质性加工的两个条件。比如，A汽车股份有限公司是一家全球性的跨国公司，主要经营业务是研究生产各种型号的轻型轿车，其业务遍布全球。该公司在东南亚等地设有较多子公司，新加坡的子公司生产仪表，中国台湾地区的子公司生产汽车轴承和发动机，菲律宾生产阀门，马来西亚生产轮胎，越南供应玻璃，等等。随着中国改革开放的进一步深入，中国国内汽车市场日益发展壮大，对A汽车公司产生了巨大的诱惑力。但中国的关税税率太高，高额的关税会使他们的汽车在进口到中国以后，在价廉质优的丰田、大众面前毫无竞争优势可言。公司董事会组织临时会议，一致认为应在新加坡组建一总装配厂，由各子公司提供原配件，经组装后的成品从新加坡销往中国。理由是中国和新加坡签有关税互惠协议，产品在新加坡经过实质性加工后可以在进口时享受优惠关税。如果企业已经选择了一个非常有利于节税的国家和地区，在那里建立了总装配厂，可是总装配厂的加工增值部分在技术和价值含量上仅占产品总值的25%，达不到30%的标准，这时筹划就更具必要性。一般来说，不用扩大生产规模加大技术比重，可以运用转让定价，降低其他地区的零部件的生产价格，问题就可以解决了。

3. 合理选购国外商品

根据《国务院关税税则委员会关于调整进境物品进口税有关问题的通知》（税委会〔2019〕17号），自2019年4月9日起进境物品进口税税率表如表3-11所示。

表3-11 中华人民共和国进境物品进口税率表

税号	税率（%）	物品名称
1	13	书报、刊物、教育用影视资料；计算机、视频摄录一体机、数字照相机等信息技术产品；食品、饮料；金银；家具；玩具，游戏品、节日或其他娱乐用品；药①
2	20	运动用品（不含高尔夫球及球具）、钓鱼用品；纺织品及其制成品；电视摄像机及其他电器用具；自行车；税目1、3中未包含的其他商品
3	50	烟、酒；贵重首饰及珠宝玉石；高尔夫球及球具；高档手表；高档化妆品

① 对国家规定减按3%征收进口环节增值税的进口药品，按照货物税率征税。

由于我国税法对烟、酒、化妆品、金银及其制品、纺织品和制品、电器用具、手表、照相机、录像机等关税税率的规定差异很大，所以可以选择购买税率较低的外国商品，以达到降低进口税收的目的。

三、关税纳税时间的筹划

（一）关税纳税时间的法律规定

根据《中华人民共和国进出口关税条例》规定，进口货物的纳税义务人应当自运输工具申报进境之日起 14 日内，出口货物的纳税义务人除海关特准的外，应当在货物运抵海关监管区后、装货的 24 小时以前，向货物的进出境地海关申报。纳税义务人应当自海关填发税款缴款书之日起 15 日内向指定银行缴纳税款。纳税义务人未按期缴纳税款的，从滞纳税款之日起，按日加收滞纳税款万分之五的滞纳金。如关税缴纳期限的最后一日是周末或法定节假日，则关税缴纳期限顺延至周末或法定节假日过后的第一个工作日。为了方便纳税义务人，经海关同意，进（出）口货物的纳税义务人可以在设有海关的指运地（启运地）办理海关申报、纳税手续。关税纳税义务人因不可抗力或者在国家税收政策调整的情形下，不能按期缴纳税款的，经海关批准，可以延迟缴纳税款，但最长不得超过 6 个月。

（二）关税纳税时间的筹划

对于一家进出口企业，特别是长期进行大批量进出口业务的企业来说，其巨额的资金周转对时间占用提出了特殊的要求。公司应充分利用关税纳税时间的相关规定进行筹划，尽量使其关税缴纳期限的最后一日是周末或法定节假日，这样可以延迟公司占用税款的时间。

案例分析与讨论

学习完前面的内容，我们现在可以对【案例导入】中提出的问题进行回答了。

如果欧阳先生购买数字照相机作为礼物，则其应纳进口税＝8000×60％＝4800（元）

如果欧阳先生购买数字照相机作为礼物，则其应纳进口税＝8000×15％＝1200（元）

因此，从税负的角度看，欧阳先生应购买数字照相机为宜。但税负仅仅是影响境外购物选择的一种因素，在实践中，还要结合纳税人的实际偏好和需要统筹考虑。

本章小结

增值税是我国第一大税种，它是对在中华人民共和国境内销售货物、进口货物、提供加工、修理修配劳务及其他应税服务的单位和个人征收的一种税。当前，我国正在进行“营改增”试点改革，交通运输业、邮政通信业及部分现代服务业已经纳入“营改增”试点改革范围，今后一定时期内，将陆续有更多的行业加入“营改增”的行列。我国对增值税一般纳税人和小规模纳税人实行了不同的征税管理办法，前者可以实行税款抵扣制度，后者适用简易征税办法。增值税的筹划重点包括纳税人筹划、计税依据筹划、税率筹划、纳税义务发生时间筹划和税收优惠筹划。在对纳税人身份进行筹划时，比较常用的方法是无差别平衡点增值率法。计税依据筹划的切入点主要包括销售方式的筹划、销售价格的筹划、采购对象的筹划、进项税额抵扣时间的筹划、采购时间的筹划、采购结算方式的筹划、进项税额核算方式的筹划等。当纳税人兼营不同税率的货物或应税劳务和服务时，应当注意分别核算，否则会从高适用税率。增值税的税收优惠政策较多，纳税人应充分了解税收优惠政策的内容及其所需要的条件，力求优惠政策的价值能够得以最大化。

消费税是在对商品普遍课征增值税的基础上针对特定的消费品征收的一种流转税。与增值税相比，消费税的课税范围相对较窄，而且实行单一环节课税，但消费税的计税方法呈现多样化特点，包括从价定率、从量定额和复合计税三种方法。消费税的筹划可从纳税人、计税依据、税率、课税环节及纳税义务发生时间等多个角度入手。其中，对消费税纳税人的筹划策略主要包括三个方面：一是避免成为消费税纳税人，二是准确区分消费税纳税人的身份；三是合理合并消费税纳税人。对计税依据的筹划是消费税筹划的重点所在。本节共涉及七个方面：设立独立核算销售部门通过转让定价对外销售应税消费品；合理确定产品销售价格；选择合理的应税消费品加工方式；通过降低成本减少自产自用应税消费品的计税价格；包装物的消费税筹划；纳税人用于换取生产资料和消费资料，投资入股和抵偿债务等方面的应税消费品消费税的筹划；外币结算方式的筹划。在进行税率筹划时，应充分考虑消费税税率的特点，主要的筹划策略包括：分别核算不同税率应税消费品的销售额；“先包装后销售”改为“先销售后包装”；对不同等级的应税消费品制定不同的价格。由于某些消费税的税率与其销售价格息息相关，因此，计税依据的筹划和税率的筹划应当统筹考虑。改变消费税纳税义务发生时间虽然不能实现绝对节税，但可以达到延期纳税的效果。

关税主要是对进出境的货物或物品征收的一种流转税。关税筹划最主要的切入点是关税计税依据的筹划，尤其是关税完税价格的筹划。一般来说，在关税完税价格的筹划中，比较常用的策略是：同等条件下选择成交价格或相关费用较低的货物，由海关估定稀缺商品的关税完税价格，通过转让定价适当压低关税完税价格，在进出口货物的价款中单独列明相关税收和费用。在关税税率的筹划中，应注意把握以下三个要点：一是充分利用原材料、零部件与产成品的关税税率差异；二是合理安排货物的原产地；三是合理选购国外商品。

思考与练习

一、思考题

1. 如何运用无差别平衡点增值率法进行增值税纳税人身份的筹划？
2. 增值税纳税人在选择一般纳税人或小规模纳税人身份时应注意什么？
3. 在委托代销中，买断代销和支付手续费代销两种方式的税务处理有何不同？
4. 一般纳税人选择采购方的筹划原理是什么？
5. 利用优惠政策进行增值税筹划时应注意哪些事项？

6. 如何对增值税的纳税义务发生时间进行筹划？

7. 通过合并消费税纳税人进行消费税筹划时应注意哪些事项？

8. 消费税纳税人通过设立经销部进行消费税筹划时应把握的要点有哪些？

9. 包装物的消费税筹划有哪些方法？

10. 如何利用委托加工方式进行消费税筹划？

11. 如何利用消费税税率的特点对消费税进行筹划？

12. 简述进口货物完税价格的纳税筹划思路。

13. 如何利用关税纳税时间进行税收筹划？

二、练习题

1. 某一般纳税人企业原来与客户签订合同金额为 10 万元，付款期限为 30 天，如果对方可在 20 天内付款，将给予对方 2%的折扣，即 2000 元。请问该纳税人应如何进行税收筹划？

2. 某苦瓜茶厂系增值税小规模纳税人，适用征收率为 3%。该苦瓜茶厂为了在该市茶叶市场上打开销路，与一家知名度较高的茶叶商店协商，委托茶叶店（以下简称茶庄）代销苦瓜茶。在洽谈中，他们遇到了困难：该茶庄为增值税一般纳税人，适用增值税税率为 9%。由于苦瓜茶厂为小规模纳税人，不能开具增值税专用发票，这样，苦瓜茶厂的增值税税负将达到 9%。现在双方有以下两种方案可供选择：

方案Ⅰ：苦瓜茶厂以每市斤 250 元的价格（含税）委托茶庄代销，茶庄再以每市斤 400 元的价格（含税）对外销售，其差价作为代销手续费。（预计每年销售 1000 斤苦瓜茶）

方案Ⅱ：茶庄与茶厂签订租赁合同，茶厂直接在茶庄销售苦瓜茶，仍按价差 1000×400÷（1+9%）－1000×250＝116972.48（元）作为租赁费支付给茶庄。

试分析上述两种方案对茶厂和茶庄收益的影响。

3. 某牛奶公司是增值税一般纳税人，该公司的进项税额主要包括两个部分：一是向农民个人收购草料，可以抵扣 9%的进项税额，二是公司水电费和修理费用配件等，按规定可以抵扣进项税额。与销项税额相比，这两部分进项税额数额较小，致使公司增值税税负较高。为了减轻税负，公司采取了筹划方案：将整个生产流程分成饲养场和牛奶制品加工厂，饲养场和牛奶加工场均实行独立核算。分开后饲养场属于农产品生产单位，奶制品加工厂从饲养场购买牛奶（可抵扣 9%的进项）。实施方案前，假定 2018 年度从农民生产者手中购入的金额为 100 万元，其他水电费，修理配件等进项税额 8 万元，全年奶制品收入 500 万元。实施方案后，饲养场销售给奶制品厂地鲜奶售价为 350 万元，其他资料不变。

请问：企业筹划方案起到节税的作用是什么？实施方案后比法案前节省了多少增值税税额？筹划过程中应注意什么问题？

4. 某公司既生产经营粮食白酒，又生产经营药酒，两种产品的消费税税率分别为 20%加 0.5 元/500 克（或者 500 毫升）、10%。2018 年度，粮食白酒的销售额为 200 万元，销售量为 5 万千克，药酒销售额为 300 万元，销售量为 4 万千克，但该公司没有分别核算。2019 年度，该公司的生产经营状况与 2018 年度基本相同，现在有两种方案可供选择：

方案Ⅰ：统一核算粮食白酒和药酒的销售额。

方案Ⅱ：分别核算粮食白酒和药酒的销售额。从节税的角度出发，应当选择哪套方案？

5. 某焰火厂生产一批焰火共10000箱，每箱价值200元，其中包含包装物价值15元，焰火的消费税税率为15%。该厂有两套销售方案可供选择：

方案Ⅰ：按照每箱200元价格销售。

方案Ⅱ：按照185的价格销售，收取15元押金。

请问：从节税角度出发，该企业应当选择哪套方案？

6. 某酒厂接到一笔粮食白酒订单，合同议定销售价格（不含增值税）1000万元，如何组织生产该批白酒，共有三种方案可供选择。

（1）委托加工成酒精，然后由本厂生产成白酒。

该酒厂可以价值250万元的原材料委托A厂加工成酒精，加工费支出150万元，加工后的酒精运回本厂后，再由本厂加工成白酒，需要支付人工及其他费用100万元。

（2）委托A厂直接加工成白酒收回后直接销售。

该酒厂将价值250万元的原材料交A厂加工成白酒，需支付加工费220万元。产品运回后仍以1000万元的价值出售。

（3）由该厂自己完成该白酒的生产过程。

由本厂生产，需支付人工及其他费用220万元。

根据以上材料，请设计出相应的筹划方案。

7. 一家钢铁企业，需要进口100万吨铁矿石，可供选择的进货渠道中有两家：一是澳大利亚，一是加拿大。澳大利亚的铁矿石品位较高，价格为20美元一吨，运费60万美元；加拿大的铁矿石品位较低，价格为19美元一吨，但运杂项费用高达240万美元，暂不考虑其他条件，到底应该选择哪一个国家进口铁矿石呢？

第四章 所得税类筹划

学习目标

通过本章学习，熟悉企业所得税法和个人所得税的基本规定，在此基础上，掌握企业所得税和个人所得税纳税人、计税依据、税率及税收优惠的筹划方法和注意事项。

学习要点

企业所得税计税依据和税收优惠的筹划以及个人所得税计税依据的筹划。

第一节 企业所得税筹划

案例导入

A公司是一家电子设备制造商，员工50人，资产总额500万元，2019年12月初准备与某公司签订一项专利权转让合同，将其拥有的某项专利转让给对方，转让费为400万元，合同规定于12月31日支付全部款项。A公司为微利企业，2019年如果没有该转让收入，盈利约为90万元。A公司采用按季预交（按上年应纳税所得额的1/4预交）、年终汇算清缴纳方式缴纳企业所得税。税务顾问余某在审查合同时提出，应当将付款日期改为2020年1月1日。

思考：A公司的税务顾问为何建议A公司将转让费的收款时间由2019年12月31日改为2020年1月1日？这种做法对A公司的企业所得税有何影响？

一、纳税人的筹划

（一）企业所得税纳税人的法律规定

在中华人民共和国境内，企业和其他取得收入的组织（以下统称企业）为企业所得税的纳税人。个人独资企业、合伙企业不是企业所得税的纳税人。

缴纳企业所得税的企业分为居民企业和非居民企业，分别承担不同的纳税责任。居民企业是指依法在中国境内成立，或者依照外国（地区）法律成立但实际管理机构在中国境内的企业。非居民企业，是指依照外国（地区）法律成立且实际管理机构不在中国境内，但在中国境内设立机构、场所的，或者在中国境内未设立机构、场所，但有来源于中国境内所得的企业。居民企业和非居民企业承担的纳税义务是不相同的。前者承担的是无限纳税义务，就其来源于中国境内、境外的所得缴纳企业所得税。后者承担的是有限纳税义务，具体来说：非居民企业在中国境内设立机构、场所的，应当就其所设机构、场所取得的来源于中国境内的所得，以及发生在中国境外但与其所设机构、场所有实际联系的所得，缴纳企业所得税；非居民企业在中国境内未设立机构、场所的，或者虽设立机构、场所但取得的所得与其所设机构、场所没有实际联系的，应当就其来源于中国境内的所得缴纳企业所得税。

（二）企业所得税纳税人的筹划

1. 合理选择企业的组织形式

根据市场经济的要求，现代企业的组织形式按照财产的组织形式和所承担的法律责任划分，通常分类为个人独资企业、合伙企业和公司企业。在我国，不同类型企业的特点和税收待遇存在较大差异，具体说明如下。

（1）个人独资企业。个人独资企业是依照《中华人民共和国个人独资企业法》在中国境内设立，由一个自然人投资，财产为投资人个人所有，投资人以其个人财产对企业债务承担无限责任的而经营实体。个人独资企业具有以下特征：由一个自然人投资；投资人对企业的债务承担无限责任；内部机构设置简单，经营管理方式灵活；属于非法人企业。从2000年1月1日起，个人独资企业每一纳税年度的收入总额减除成本、费用以及损失后余额，作为投资者个人的生产、经营所得，比照个人所得税法的“个体工商户的生产经营所得”应税项目，适用5%～35%的五级累进税率，计算征收个人所得税。

（2）合伙制企业。在我国，合伙企业是指自然人、法人和其他组织依照《中华人民共和国合伙企业法》在中国境内设立的普通合伙企业和有限合伙企业。普通合伙企业由普通合伙人组成，合伙人对合伙企业债务承担无限连带责任。《中华人民共和国合伙企业法》对普通合伙人承担责任的形式有特别规定的，从其规定。有限合伙企业由普通合伙人和有限合伙人组成，普通合伙人对合伙企业债务承担无限连带责任，有限合伙人以其认缴的出资额为限对合伙企业债务承担责任。根据我国税法的规定，对合伙企业不征收企业所得税，而是分别对各合伙人从合伙企业分得的利润征收个人所得税或企业所得税。《财政部国家税务总局关于合伙企业合伙人所得税问题的通知》（财税〔2008〕159号）对合作制企业的所得税问题做出如下规定：①合伙企业以每一个合伙人为纳税义务人。合伙企业合伙人是自然人的，缴纳个人所得税；合伙人是法人和其他组织的，缴纳企业所得税。②合伙企业生产经营所得和其他所得采取“先分后税”的原则[①]。合伙企业的合伙人按照下列

① 具体应纳税所得额的计算按照《关于个人独资企业和合伙企业投资者征收个人所得税的规定》（财税〔2000〕91号）及《财政部、国家税务总局关于调整个体工商户个人独资企业和合伙企业个人所得税税前扣除标准有关问题的通知》（财税〔2008〕65号）的有关规定执行。前款所称生产经营所得和其他所得，包括合伙企业分配给所有合伙人的所得和企业当年留存的所得（利润）。

原则确定应纳税所得额：①合伙企业的合伙人以合伙企业的生产经营所得和其他所得，按照合伙协议约定的分配比例确定应纳税所得额。②合伙协议未约定或者约定不明确的，以全部生产经营所得和其他所得，按照合伙人协商决定的分配比例确定应纳税所得额。③协商不成的，以全部生产经营所得和其他所得，按照合伙人实缴出资比例确定应纳税所得额。④无法确定出资比例的，以全部生产经营所得和其他所得，按照合伙人数量平均计算每个合伙人的应纳税所得额。合伙协议不得约定将全部利润分配给部分合伙人。

(3) 公司制企业。根据《中华人民共和国公司法》的规定，公司是指股东依法以投资方式设立，以营利为目的，以其认缴的出资额或认购的股份为限对公司承担责任，公司以其全部独立法人财产对公司债务承担责任的企业法人。《中华人民共和国公司法》将公司分为有限责任公司和股份有限公司两种形式。有限责任公司，又称有限公司，是指由50个以下股东共同出资设立，股东以出资额为限对公司承担责任，公司以其全部资产对其债务承担责任的公司；股份有限公司，又称股份公司，是指全部资本分成等额股份，股东以其认购的股份为限对公司承担责任，公司以其全部资产对其债务承担责任的公司。作为具有独立法人资格的公司制企业，根据我国税法规定，一方面对公司征收企业所得税，另一方面还要对股东从公司分得的利润征收个人所得税。由于股息是税后利润，因而会产生双重征税的问题。

因此，从减轻税负的角度看，投资者在设立企业组织形式时应充分考虑不同类型企业税收待遇的差异性。由于公司制企业存在双重课税，在税前投资收益率相同的条件下，其税负一般重于个人独资企业和合伙制企业。

【案例4-1】

20××年，甲、乙、丙、丁四人打算每人出资50万元成立一家企业，预计每年可获得税前利润40万元，企业设立时有两个方案可供选择：

方案Ⅰ：设立有限责任公司，注册资本200万元。

方案Ⅱ：四个合伙人，每人出资50万元，订立合伙协议，设立合伙制企业。

思考：从税负的角度看，四人应选择哪种方案？

【解析】在方案Ⅰ中，由于四人成立的是公司制企业，因此，按照《中华人民共和国企业所得税法》规定，企业应首先就其利润缴纳企业所得税，应纳税额为：400000×25％＝100000（元）。假定税后利润全部分配给股东，则每人还应就其分得的股利缴纳个人所得税，应纳个人所得税额为：（400000－100000）×20％÷4＝15000（元）。则在方案Ⅰ中，四位投资者的投资收益实际承担的税负为：100000＋15000×4＝160000（元）。

在方案Ⅱ中，由于四人成立的合伙制企业，根据我国税法规定，合伙企业以每一个合伙人为纳税人，合伙人为自然人的，缴纳个人所得税。假定合作协议约定企业的所得在合伙人之间平均分配，则每位合伙人应缴纳的个人所得税为：[（400000÷4－5000×12）×10％－1500]＝2500（元）。则四位投资者在方案Ⅱ中实际承担的税负为：2500×4＝

10000（元）。较之方案Ⅰ减少 150000 元。

不难看出，如果仅仅从减轻税负的角度出发，四位投资者应设立合伙企业而非有限责任公司。

但需要注意的是，虽然个人独资企业和合伙制企业的税负相对较轻，但投资者所承担的风险也相对较高，而且许多企业所得税优惠政策并不适用于个人独资企业和合伙制企业。因此，投资者在选择企业组织形式时应综合考虑相关因素。另外，合伙制企业的合伙人也可能是缴纳企业所得税的企业或其他组织，此时，投资者设立合伙制企业的税负和设立公司制企业的税负并不存在差异。

【案例 4－2】

20××年，A 和 B 两家有限责任公司出资 200 万成立一个新企业，预计每年可获得税前利润 40 万元，企业设立时有以下两个方案可供选择：

方案Ⅰ：设立有限责任公司，注册资本 200 万元。

方案Ⅱ：A 和 B 两家公司各出资 100 万，订立合伙协议，设立合伙制企业。

思考：从税负的角度看，A 公司和 B 公司应选择哪种方案？

【解析】在方案Ⅰ中，由于 A 公司和 B 公司成立的是公司制企业，因此，按照《中华人民共和国企业所得税法》规定，企业应首先就其利润缴纳企业所得税，应纳税额为 10 万元（40×25%）。假定税后利润全部分配给股东，则 A 公司和 B 公司各分得股利 15 万元，根据现行所得税法规定，符合条件的居民企业之间的股息、红利等权益性投资收益免征企业所得税，因此，A 公司和 B 公司各分得的 15 万元股利可以免征企业所得税。两家公司合计应纳企业所得税为 10 万元。

在方案Ⅱ中，由于 A 和 B 公司成立的是合伙制企业，根据财税〔2008〕159 号规定，假定合作协议约定企业的所得在合伙人之间平均分配，则每家公司应缴纳的企业所得税为 5 万元（20×25%）。两家公司合计应纳企业所得税为 10 万元。

所以，从税负的角度来看，A 公司和 B 公司无论是设立公司制企业，还是设立合伙制企业，其税负不存在差异。

2. 居民企业和非居民企业身份的选择

前面提出，居民企业和非居民企业的纳税义务存在较大差异。一个企业是否为我国的居民企业主要依据注册登记地标准和实际管理机构所在地标准进行判断，企业只要满足其中一个标准即为我国的居民企业。在某些情况下，一个企业完全可以通过两种身份之间的转换实现降低税负的目的。

【案例 4－3】

美国的 A 公司拟每年对我国境内企业发放贷款 5000 万元，每年获得的含税利息收入约为 480 万元（暂不考虑相关的成本费用支出）该公司面临以下三种选择：

（1）在中国境内设立实际管理机构。

（2）在中国境内不设立实际管理机构，但设立营业机构，贷款通过该营业机构发放。

（3）在中国境内既不设立实际管理机构，也不设立营业机构。

思考：从税负的角度看，公司应做出哪种选择？

【解析】根据《中华人民共和国企业所得税法》的相关规定，如果A公司在中国境内设立了实际管理机构，那么，它将成为我国的居民企业，其利息收入将按照25%的税率计征企业所得税，应纳所得税额为：

［480÷(1＋6%)－480÷(1＋6%)×6%×(7%＋3%)］×25%＝112.53(万元)

如果A公司未在境内设立实际管理机构，但却设立了营业机构，而且贷款通过该营业机构发放，此时，A公司变为我国的非居民企业，因其所得与其在境内设立的机构场所有实际联系，也应按照25%的税率计征企业所得税，其应纳所得税额为：

［480÷(1＋6%)－480÷(1＋6%)×6%×(7%＋3%)］×25%＝112.53(万元)

但如果A公司在境内既不设立实际管理机构，也不设立营业机构，此时，它是我国的居民企业，那么其来源于境内的利息收入不再按照25%计征企业所得税，而是减按10%的税率征收预提所得税，其应纳预提所得税额为：

480÷(1＋6%)×10%＝45.28(万元)

因此，从税负的角度看，公司应选择第三种方案。

二、计税依据的筹划

（一）企业所得税计税依据的法律规定

1. 居民企业的企业所得税计税依据规定

居民企业的企业所得税计税依据即为企业的应纳税所得额。其中，对于实行查账征收企业所得税的居民企业而言，其应纳税所得额的计算公式：

应纳税所得额＝收入总额－不征税收入－免税收入－各项扣除金额－弥补亏损

这里的收入总额包括以货币形式和非货币形式从各种来源取得的收入，具体包括销售货物收入，提供劳务收入，转让财产收入，股息、红利等权益性投资收益，利息收入，租金收入，特许权使用费收入，接受捐赠收入，其他收入。不征税收入和免税收入范围见表4-1。

需要补充的是，《国家税务总局关于企业所得税应纳税所得额若干问题的公告》（国家税务总局公告2014年第29号）对企业接收政府划入资产和企业接收股东划入资产的所得税处理进行了明确规定。

对企业接收政府划入资产的企业所得税处理规定如下。

（1）县级以上人民政府（包括政府有关部门，下同）将国有资产明确以股权投资方式投入企业，企业应作为国家资本金（包括资本公积）处理。该项资产如为非货币性资产，应按政府确定的接收价值确定计税基础。

表 4-1　不征税收入和免税收入的范围

收入种类	范围
不征税收入	收入总额中的下列收入为不征税收入：财政拨款，依法收取并纳入财政管理的行政事业性收费、政府性基金，国务院规定的其他不征税收入
免税收入	企业的下列收入为免税收入： （1）国债利息收入 （2）符合条件的居民企业之间的股息、红利等权益性投资收益 （3）在中国境内设立机构、场所的非居民企业从居民企业取得与该机构、场所有实际联系的股息、红利等权益性投资收益 （4）符合条件的非营利组织的收入。符合条件的非营利组织下列收入为免税收入：①接受其他单位或者个人捐赠的收入；②除《中华人民共和国企业所得税法》第七条规定的财政拨款以外的其他政府补助收入，但不包括因政府购买服务取得的收入；③按照省级以上民政、财政部门规定收取的会费；④不征税收入和免税收入孳生的银行存款利息收入；⑤财政部、国家税务总局规定的其他收入

（2）县级以上人民政府将国有资产无偿划入企业，凡指定专门用途并按《财政部国家税务总局关于专项用途财政性资金企业所得税处理问题的通知》（财税〔2011〕70 号）规定进行管理的，企业可作为不征税收入进行企业所得税处理。其中，该项资产属于非货币性资产的，应按政府确定的接收价值计算不征税收入。

县级以上人民政府将国有资产无偿划入企业，属于上述（1）（2）项以外情形的，应按政府确定的接收价值计入当期收入总额计算缴纳企业所得税。政府没有确定接收价值的，按资产的公允价值计算确定应税收入。对企业接收股东划入资产的企业所得税处理规定如下。

（1）企业接收股东划入资产（包括股东赠予资产、上市公司在股权分置改革过程中接收原非流通股股东和新非流通股股东赠予的资产、股东放弃本企业的股权，下同），凡合同、协议约定作为资本金（包括资本公积）且在会计上已做实际处理的，不计入企业的收入总额，企业应按公允价值确定该项资产的计税基础。

（2）企业接收股东划入资产，凡作为收入处理的，应按公允价值计入收入总额，计算缴纳企业所得税，同时按公允价值确定该项资产的计税基础。

计算应纳税所得额时的各项扣除包括企业实际发生的与取得收入有关的、合理的成本、费用、税金、损失和其他支出。其中，成本是指企业销售商品（产品、材料、下脚料、废料、废旧物资等）、提供劳务、转让固定资产、无形资产（包括技术转让）的成本。费用是指企业在生产产品及提供劳务等过程中发生的销售费用、管理费用和财务费用（已计入成本的有关费用除外）。税金是指企业发生的除企业所得税和允许抵扣的增值税以外的企业缴纳的各项税金及附加。损失是指企业在生产经营活动中发生的固定资产和存货的盘亏、毁损、报废损失，转让财产损失，呆账损失，坏账损失，自然灾害等不可抗力因素造成的损失和其他损失。需要注意的是，企业实际发生的支出在计算应纳税所得额时所遵循的扣除规则是不尽相同的（见表 4-2）。

表 4-2　计算应纳税所得额时的扣除规则

要点	具体规定	
扣除原则	权责发生制原则、配比原则、相关性原则、确定性原则、合理性原则	
基本范围	成本、费用、税金、损失、其他支出	
具体项目和标准	按照实际发生额扣除（在符合扣除原则的前提下）	工薪（合理和据实）、社保、财险、向金融机构借款利息、汇兑损失、劳动保护费、环境保护专项基金（限定用途）
	限定比例扣除	职工福利费、职工教育经费、工会经费、招待费、公益捐赠、广告费、向金融机构以外的借款利息、手续费及佣金
	限定手续扣除	总机构分摊的费用、资产损失

亏损是按照《中华人民共和国企业所得税法》及其暂行条例的规定，将每一纳税年度的收入总额减除不征税收入、免税收入和各项扣除后小于零的数额。税法规定，企业某一纳税年度发生的亏损可以用下一年度的所得弥补，下一年度所得不足以弥补的，可以逐年延续弥补，但最长不超过5年。需要注意的是，根据《财政部 税务总局关于延长高新技术企业和科技型中小企业亏损结转年限的通知》（财税〔2018〕76号），自2018年1月1日起，当年具备高新技术企业或科技型中小企业资格的企业，其具备资格年度之前5个年度发生的尚未弥补完的亏损，准予结转以后年度弥补，最长结转年限由5年延长至10年①。而且，企业在汇总计算缴纳企业所得税时，其境外营业机构的亏损不得抵减境内营业机构的盈利。

2. 非居民企业的企业所得税计税依据规定

非居民企业的企业所得税应纳税所得额按照下列方法计算。

（1）股息、红利等权益性投资收益和利息、租金、特许权使用费所得，以收入全额为应纳税所得额。

（2）转让财产所得，以收入全额减除财产净值后的余额为应纳税所得额。

（3）其他所得，参照前两项规定的方法计算应纳税所得额。

（二）企业所得税计税依据的筹划

1. 收入的筹划

企业所得税应税收入总额是应纳税所得额最为基础的内容，减少企业的应税收入总额将可以直接减少应纳税所得额，实现少缴甚至不缴企业所得税的目的。因而，对纳税人来说，有效开展应税收入总额筹划的基本思路即是在不违反税法规定的前提下，尽一切可能降低、减少、迟延应税收入总额。另外，由于不征税收入和免税收入可以从收入总额中减除，纳税人应当尽可能地扩大、增加不征税收入与免税收入额。

① 本通知所称高新技术企业，是指按照《科技部、财政部、国家税务总局关于修订印发〈高新技术企业认定管理办法〉的通知》（国科发火〔2016〕32号）规定认定的高新技术企业；所称科技型中小企业，是指按照《科技部、财政部、国家税务总局关于印发〈科技型中小企业评价办法〉的通知》（国科发政〔2017〕115号）规定取得科技型中小企业登记编号的企业。

（1）充分考虑收入的抵减因素。在收入计量中，经常存在各种收入抵免因素，纳税人在对收入进行筹划时应充分考虑这些抵免因素。比如，根据《国家税务总局关于确认企业所得税收入若干问题的通知》（国税函〔2008〕875号）规定，商品销售涉及商业折扣的，应当按照扣除商业折扣后的金额确定销售商品收入金额；企业已经确认销售收入的售出商品发生销售折让和销售退回，应当在发生当期冲减当期销售商品收入。因此，如果企业的销售行为涉及商业折扣、销售折让或销售退回的，应根据税法规定相应冲减销售收入。

（2）尽可能满足不征税收入和免税收入的条件。企业所得税不征税收入是那些能够流入企业但按照企业所得税法的规定不需要承担企业所得税纳税义务、不纳入企业所得税课税范围的经济利益。

根据企业应纳税所得额的计算公式可知，在其他因素保持不变的条件下，企业的不征税收入和免税收入越多，则应纳税所得额相应越小。比如，对于企业取得的专项用途财政性资金是否属于不征税收入，《财政部、国家税务总局关于专项用途财政性资金企业所得税处理问题的通知》（财税〔2011〕70号）明确规定，企业从县级以上各级人民政府财政部门及其他部门取得的应计入收入总额的财政性资金，凡同时符合以下条件的，可以作为不征税收入，在计算应纳税所得额时从收入总额中减除：①企业能够提供规定资金专项用途的资金拨付文件；②财政部门或其他拨付资金的政府部门对该资金有专门的资金管理办法或具体管理要求；③企业对该资金以及以该资金发生的支出单独进行核算。因此，当企业从县级以上各级人民政府财政部门及其他部门取得专项用途的财政性资金时，要尽可能使这些资金满足财税〔2011〕70号的三个条件，进而可以作为不征税收入从收入总额中扣除。再比如，根据《中华人民共和国企业所得税法》及其实施条例的相关规定，符合条件的非营利组织的收入属于免税收入，但这里所称符合条件的非营利组织是指同时符合下列条件的组织：

①依法履行非营利组织登记手续；

②从事公益性或者非营利性活动；

③取得的收入除用于与该组织有关的、合理的支出外，全部用于登记核定或者章程规定的公益性或者非营利性事业；

④财产及其孳息不用于分配；

⑤按照登记核定或者章程规定，该组织注销后的剩余财产用于公益性或者非营利性目的，或者由登记管理机关转赠给与该组织性质、宗旨相同的组织，并向社会公告；

⑥投入人对投入该组织的财产不保留或者享有任何财产权利；

⑦工作人员工资福利川支控制在规定的比例内，不变相分配该组织的财产。

同时，需要注意的是，符合条件的非营利组织的收入不包括非营利组织从事营利性活动取得的收入。

实践中，有些非营利组织因不能同时满足上述七个条件，导致其收入无法称为免税收入，增加了企业所得税负担。

（3）延迟收入的确认时间。《国家税务总局关于确认企业所得税收入若干问题的通知》（国税函〔2008〕875号）指出，符合收入确认条件，采取下列商品销售方式的，应按以下规定确认收入实现时间：

①销售商品采用托收承付方式的，在办妥托收手续时确认收入。

②销售商品采取预收款方式的，在发出商品时确认收入。

③销售商品需要安装和检验的，在购买方接受商品以及安装和检验完毕时确认收入。如果安装程序比较简单，可在发出商品时确认收入。

④销售商品采用支付手续费方式委托代销的，在收到代销清单时确认收入。

每种销售结算方式都有收入确认的标准条件，企业通过对收入确认条件的控制，可以控制收入确认的时间。因此，在进行税收筹划时，企业应特别注意临近年终所发生的销售业务收入确认时点的筹划。例如，假如甲企业采用预收款方式销售商品，起初购买方要求年底发货，但如果甲企业能够与买方积极协商，争取将发货时间延迟至下一年的年初，则商品的销售收入即可在下个年度确认，从而有利于推迟收入课税时间。对于需要安装或者检测的商品销售，应当在合同中明确规定相关收入在安装与检测后确认收入。

对于其他类型收入的筹划也应遵循上述思路。举例来说，根据《中华人民共和国企业所得税法》及其实施条例的规定，对于利息、租金、特许权使用费收入，应当按照合同约定的债务人、承租人、特许权使用人应付利息、租金、特许权使用费的日期确认收入的实现。纳税人应根据相关规定合理筹划收入的确认时间。比如，对于租金收入确认问题，根据国税函〔2010〕79 号，企业提供固定资产、包装物或者其他有形资产的使用权取得的租金收入，应按交易合同或协议规定的承租人应付租金的日期确认收入的实现。其中，如果交易合同或协议中规定租赁期限跨年度，且租金提前一次性支付的，根据《实施条例》第九条规定的收入与费用配比原则，出租人可对上述已确认的收入，在租赁期内，分期均匀计入相关年度收入。纳税人应当采取预收方式，并尽可能在合同上约定在每个月（季、年）初的某个时间为应收租金日期，进而延迟收入的实现。比如，某企业（实行按季度预缴企业所得税）将其闲置的房产出租，与承租方签订房屋出租合同中约定：租赁期为 2018 年 9 月至 2019 年 9 月间；租金 200 万元，承租方应当于 2018 年 12 月 31 日和 2019 年 6 月 30 日支付房租各支付租金 100 万元。那么，按照这样的合同，企业应当于 2018 年 12 月 31 日将 100 万元的租金确认为收入，并在 2019 年 5 月 31 日前计算缴纳企业所得税；同时在 2019 年 6 月 30 日也将 100 万元的租金确认为收入，并在 2019 年 7 月 15 日前计算预缴企业所得税。如果纳税人修改一下租金的支付时间或者方法，那么情况大为改观，可以考虑将租金支付时间分别改为 2019 年 1 月 1 日以及 7 月 1 日，那么就可以轻松地将与租金相关的两笔所得税纳税义务轻松地延迟了一年和一个季度。另外，如果企业在租赁合同或协议中规定租赁期限跨年度，且租金提前一次性支付的，应尽量在租赁期内将租赁收入分期均匀地计入相关年度。

2. 扣除项目的筹划

（1）合理选择成本费用的分摊方法。成本费用分摊方法的选择主要遵循以下思路[①]。

①对于分摊期限和分摊方法都不能自主选择的成本费用，只能按法规所规定的分摊方

---

① 张芳．企业所得税的税收筹划［EB/OL］．中华会计网校，2010-6-10.

法和分摊期限进行分摊。

②对于分摊期限可适当选择的成本费用，一般应严格按照法规所规定的方法进行分摊，但分摊期限可在不违反法规的前提下加以选择。例如，对无形资产的摊销，税法通常只规定最短的摊销期限。

③对于分摊方法可自主选择的成本费用，在法规中一般规定有几种分摊方法，可供企业自主选择。

第一，在盈利年度，应选择能使成本费用尽快得到分摊的分摊方法。其目的是使成本费用的抵税作用尽早发挥，推迟利润的实现，从而推迟所得税的纳税义务时间。例如，在盈利企业，对低值易耗品的价值摊销应选择一次摊销法。

第二，在亏损年度，分摊方法的选择应充分考虑亏损的税前弥补程度。在其亏损额预计不能或不能全部在未来年度里得到税前弥补的年度，应选择能使成本费用尽可能地摊入亏损能全部得到税前弥补或盈利的年度，从而使成本费用的抵税作用得到最大限度的发挥。

第三，在享受税收优惠政策的年度，应选择能避免成本费用的抵税作用被优惠政策抵消的分摊方法。例如，在享受免税和正常纳税的交替年度，应选择能使减免税年度摊销额最小和正常纳税年度摊销最大的分摊方法。

（2）及时合理地列支费用支出。及时合理的列支费用支出主要表现在费用的列支标准、列支期间、列支数额、扣除限额等方面，具体来讲，进行费用列支应注意以下几点。

①发生商品购销或费用支出行为时要取得符合要求的发票。比如，根据《国家税务总局关于进一步加强普通发票管理工作的通知》（税发〔2008〕80号）第八条第二款之规定：在日常检查中发现纳税人使用不符合规定发票特别是没有填开付款方全称的发票，不得允许纳税人用于税前扣除、抵扣税款、出口退税和财务报销。因此，没有填写或填写、打印单位名称的不完整的发票所列支的成本费用是不能够税前扣除的。需要特别注意的是，根据国家税务总局关于发布《企业所得税税前扣除凭证管理办法》的公告（国家税务总局公告2018年第28号）规定，企业所得税前扣除凭证按照来源分为内部凭证和外部凭证。内部凭证是指企业自制用于成本、费用、损失和其他支出核算的会计原始凭证。内部凭证的填制和使用应当符合国家会计法律、法规等相关规定。外部凭证是指企业发生经营活动和其他事项时，从其他单位、个人取得的用于证明其支出发生的凭证，包括但不限于发票（包括纸质发票和电子发票）、财政票据、完税凭证、收款凭证、分割单等。企业在境内发生的支出项目属于增值税应税项目（以下简称“应税项目”）的，对方为已办理税务登记的增值税纳税人，其支出以发票（包括按照规定由税务机关代开的发票）作为税前扣除凭证；对方为依法无需办理税务登记的单位或者从事小额零星经营业务的个人，其支出以税务机关代开的发票或者收款凭证及内部凭证作为税前扣除凭证，收款凭证应载明收款单位名称、个人姓名及身份证号、支出项目、收款金额等相关信息。小额零星经营业务的判断标准是个人从事应税项目经营业务的销售额不超过增值税相关政策规定的起征点。税务总局对应税项目开具发票另有规定的，以规定的发票或者票据作为税前扣除凭证。企业在境内发生的支出项目不属于应税项目的，对方为单位的，以对方开具的发票以外的其他外部凭证作为税前扣除凭证；对方为个人的，以内部凭证作为税前扣除凭证。但不管哪类

税前扣除凭证，在管理中遵循真实性、合法性、关联性原则。真实性是指税前扣除凭证反映的经济业务真实，且支出已经实际发生；合法性是指税前扣除凭证的形式、来源符合国家法律、法规等相关规定；关联性是指税前扣除凭证与其反映的支出相关联且有证明力。

②费用发生及时入账。企业发生的支出应当区分收益性支出和资本性支出。税法规定纳税人某一纳税年度应申报的可扣除费用不得提前或滞后申报扣除。所以在费用发生时要及时入账，比如，2017 年 10 月发生招待费取得的发票要在 2017 年入账才可以税前扣除，若不及时入账而拖延至 2018 年入账，则此笔招待费用不管 2017 年还是 2018 年均不得税前扣除。需要注意的是，根据《国家税务总局关于企业所得税若干问题的公告》（国家税务总局公告 2011 年第 34 号）第六条的规定，企业当年度实际发生的相关成本、费用，由于各种原因未能及时取得该成本、费用的有效凭证，企业在预缴季度所得税时，可暂按账面发生金额进行核算；但在汇算清缴时，应补充提供该成本、费用的有效凭证。另外，根据《国家税务总局关于企业所得税应纳税所得额若干税务处理问题的公告》（国家税务总局公告 2012 年第 15 号），对企业发现以前年度实际发生的、按照税收规定应在企业所得税前扣除而未扣除或者少扣除的支出，企业做出专项申报及说明后，准予追补至该项目发生年度计算扣除，但追补确认期限不得超过 5 年。因此，企业如果发生了上述两个文件涉及的相关情形，应依照相关规定及时处理，避免增加不必要的税收负担。

③适当缩短摊销年限。以后年度需要分摊列支的费用、损失的摊销期要适当缩短，例如长期待摊费用等的摊销应在税法允许范围内选择最短年限，增加前几年的费用扣除，递延纳税时间。

④对限额列支的费用应充分列支。企业发生的各项费用中，有些费用可以依照法律、行政法规和国家有关税法规定据实扣除，比如会员费、合理的会议费、差旅费、违约金、诉讼费用以及企业参加财产保险按规定缴纳的保费等，但也有些费用有着具体的扣除标准，比如，企业发生的与生产经营活动有关的业务招待费支出，按照发生额的 60% 扣除，但最高不得超过当年销售（营业）收入的 5‰，企业发生的符合条件的广告费和业务宣传费支出，除国务院财政、税务主管部门另有规定外，扣除金额不得超过当年销售（营业）收入的 15%①。

对相关费用进行筹划的基本原则是：在遵循税法与会计准则的前提下，尽可能加大据实扣除费用的额度，对于有扣除限额的费用应该用够标准，直到规定的上限。以企业的业务招待费为例，假设企业年销售（营业）收入为 X，年业务招待费为 Y，当满足 $Y\times 60\%=X\times 5‰$，即 $Y=X\times 0.833\%$ 时，企业的业务招待费将能够得到最大限度扣除。

【案例 4-4】

S 居民企业在 2019 年度企业所得税汇算中，发现该企业 2017 年发生的实际资产损失 50 万元，未在当年税前扣除（也未计入当年亏损总额中）。该企业于 2019 年按规定向税务

① 根据《财政部 税务总局关于广告费和业务宣传费支出税前扣除政策的通知》（财税〔2017〕41 号）规定，对化妆品制造或销售、医药制造和饮料制造（不含酒类制造）企业发生的广告费和业务宣传费支出，不超过当年销售（营业）收入 30% 的部分，准予扣除；超过部分，准予在以后纳税年度结转扣除。

机关做出专项申报及说明后，对 2017 年未扣除的实际资产损失进行专项申报扣除。已知该企业 2017 年全年亏损 40 万元，2018 年全年亏损 30 万元，2019 年应纳税所得额为 160 万元。

【解析】如果 S 企业未对 2017 年的实际资产损失进行专项申报扣除，则其 2019 年应申报缴纳的企业所得税为：（160－40－30）×25%＝22.5（万元）。

S 企业按照国家税务总局公告 2012 年第 15 号文件规定进行专项申报扣除后①，其应纳企业所得税情况分析如下。

S 企业 2017 年发生的未扣除实际资产损失 50 万元，应追补至 2017 年扣除。那么，该企业 2017 年全年实际亏损额为 90 万元（40＋50），2018 年全年亏损 30 万元。按《企业所得税法》第十八条规定，企业纳税年度发生的亏损，准予向以后年度结转，用以后年度的所得弥补，但结转年限最长不得超过 5 年。

因此，S 企业 2017 年全年亏损 90 万元，可以用 2019 年度盈利来弥补，即：160－90＝70（万元）。2018 年全年亏损 30 万元，可以用 2019 年度弥补完 2017 年度亏损后剩余的盈利来弥补，即：70－30＝40（万元）。

这样一来，2019 年度 S 企业应申报缴纳的企业所得税为：（160－90－30）×25%＝10（万元）。

（3）对不同类型的费用进行分别核算。对于有扣除限制和无扣除限制的费用，企业应注意分别核算。比如，在核算业务招待费时，企业应将会务费（会议费）、差旅费等项目与业务招待费等严格区分，不能将会务费、差旅费等挤入业务招待费，否则对企业将产生不利影响。因为纳税人发生的与其经营活动有关的合理的差旅费、会务费、董事费，只要能够提供证明其真实性的合法凭证，均可获得税前全额扣除，不受比例的限制；而凭证不全的会务费和会议费只能算作业务招待费。发生会务费时，按照规定应该有详细的会议签到簿、召开会议的文件、会议邀请函等，否则不能证实会议费的真实性，仍然不得税前扣除。同时，不能故意将业务招待费混入会务费、差旅费中核算，否则属于逃避缴纳税款。

对于某些特定类型的企业而言，其在某种费用的扣除方面适用特殊规定，相关企业应对其加以充分利用。比如，《国家税务总局关于企业所得税执行中若干税务处理问题的通知》（国税函〔2009〕202 号）规定："软件生产企业发生的职工教育经费中的职工培训费用，根据《财政部国家税务总局关于企业所得税若干优惠政策的通知》（财税〔2008〕1 号）规定，可以全额在企业所得税前扣除。软件生产企业应准确划分职工教育经费中的职

① 《国家税务总局发布〈企业资产损失所得税税前扣除管理办法〉的公告》（国家税务总局 2011 年第 25 号）首次提出了"实际资产损失"和"法定资产损失"的概念，实际资产损失是指企业在实际处置、转让资产过程中发生的合理损失，法定资产损失是指企业有关资产虽未实际处置、转让，但符合相关规定条件计算确认的损失。无论实际资产损失还是法定资产损失，其申报扣除的前提必须是会计上已作处理，但两种资产损失扣除的年度并不同，实际资产损失应在实际发生年度扣除，而由于实务中很难准确判断法定资产损失发生的具体年度，所以法定资产损失应在申报年度扣除。根据《国家税务总局关于企业所得税资产损失资料留存备查有关事项的公告》（国家税务总局公告 2018 年第 15 号）规定，企业向税务机关申报扣除资产损失，仅需填报企业所得税年度纳税申报表《资产损失税前扣除及纳税调整明细表》，不再报送资产损失相关资料，相关资料由企业留存备查，企业应当完整保存资产损失相关资料，保证资料的真实性、合法性。

工培训费支出，对于不能准确划分的，以及准确划分后职工教育经费中扣除职工培训费用的余额，一律按照《实施条例》第四十二条规定的比例扣除。”因此，对于软件生产企业而言，应尽可能将其职工培训费用进行准确划分，否则将无法享受据实全额扣除的待遇。再比如，《国家税务总局关于企业所得税应纳税所得额若干问题的公告》（国家税务总局公告 2014 年第 29 号）规定：“核力发电企业为培养核电厂操纵员发生的培养费用，可作为企业的发电成本在税前扣除。企业应将核电厂操纵员培养费与员工的职工教育经费严格区分，单独核算，员工实际发生的职工教育经费支出不得计入核电厂操纵员培养费直接扣除。”为此，对于核力发电企业来说，应尽可能将其培养核电厂操纵员发生的培养费用与职工教育经费单独核算，从而可以享受据实全额扣除的待遇①。

【案例 4－5】②

A 企业 20××年度发生会务费、差旅费共计 18 万元，业务招待费 6 万元，其中，部分会务费的会议邀请函以及相关凭证等保存不全，导致 5 万元的会务费无法扣除。该企业 20××年度的销售收入为 400 万元。试计算企业所得税额并拟进行纳税筹划。

【解析】根据税法的规定，如凭证票据齐全则 18 万元的会务费、差旅费可以全部扣除，但其中凭证不全的 5 万元会务费和会议费只能算作业务招待费，而该企业 20××年度可扣除的业务招待费限额为 2 万元（400 万元×5‰）。超过的 9 万元（6＋5－2）不得扣除，也不能转到以后年度扣除。仅此项超支费用企业需缴纳企业所得税 2.25 万元（9×25%）。如果企业能够加强财务管理，准确把握相关政策的同时进行事先纳税筹划。严格将业务招待费尽量控制在 2 万元以内，各种会务费、差旅费都按税法规定保留了完整合法的凭证，同时，在不违反规定的前提下将部分类似会务费性质的业务招待费并入会务费项目核算，使得当年可扣除费用较筹划前增加 9 万元。由此可节约企业所得税 2.25 万元（9×25%）。

另外，企业对其发生的职工福利费与劳动保护费、工资支出也应注意分别核算。按照企业所得税法的相关规定，企业发生的职工福利费支出，不超过工资、薪金总额 14%的部分准予扣除，而企业发生的合理的工资薪金支出准予据实扣除，同时企业发生的合理的劳动保护支出，准予扣除。另外，《关于企业所得税若干问题的公告》（国家税务总局 2011 年第 34 号公告）指出，企业根据其工作性质和特点、由企业统一制作并要求员工工作时统一着装所发生的工作服饰费用，根据《中华人民共和国企业所得税法实施条例》第二十七条的规定，可以作为企业合理的支出给予税前扣除。这样就将工作服的性质定义为可以税前扣除的项目，计入劳动保护费支出或者其他经营费用而不计入职工福利费，这可以缩小职工福利费的范围，从而降低职工福利费支出过多需要调增应纳税所得额的可能性。此外，根据《财政部关于企业加强职工福利费财务管理的通知》（财企〔2009〕242 号）规定，企业为职工提供的交通、住房、通讯待遇，已经实行货币化改革的，按月按标准发放

① 自 2018 年 1 月 1 日起，一般企业的职工教育经费税前扣除限额与高新技术企业的限额统一，从 2.5%提高至 8%。

② 张海瑶．企业所得税法“三费”的纳税筹划［J］．税收征纳，2009（2）。编者在引用时对案例发生时间进行了调整。

或支付的住房补贴、交通补贴或者车改补贴、通讯补贴、应当纳入职工工资总额，不再纳入职工福利费管理。这样可以增加计税工资总额，增大职工福利费的扣除基数，减少调增应纳税所得额的可能性。

（4）通过“一分为二”扩大扣除费用的计算基数。广告费、业务宣传费及业务招待费等费用扣除限额的计算与企业当年的销售（营业）收入密切相关，如果能够适当增加企业当年的销售（营业）收入，则当年允许扣除的广告费、业务宣传费及业务招待费就会相应增加。通常认为，对此类扣除费用进行筹划的一个基本思路是：成立单独核算的销售公司，这样同一种产品在母公司和子公司之间进行两次销售，从而使得销售额大幅增加，广告费、业务宣传费和业务招待费的列支标准随之加大。但这里需要特别注意的是，母公司和子公司属于关联企业，实践中，两者之间可能会通过签订广告费和业务宣传费分摊协议实现相关费用的转移以此达到减轻税负的目的，但税法对于关联企业广告费用的分摊是有明确规定的。根据《财政部 税务总局关于广告费和业务宣传费支出税前扣除政策的通知》（财税〔2017〕41号）规定[①]，对签订广告费和业务宣传费分摊协议（以下简称分摊协议）的关联企业，其中一方发生的不超过当年销售（营业）收入税前扣除限额比例内的广告费和业务宣传费支出可以在本企业扣除，也可以将其中的部分或全部按照分摊协议归集至另一方扣除，另一方在计算本企业广告费和业务宣传费支出企业所得税税前扣除限额时，可将按照上述办法归集至本企业的广告费和业务宣传费不计算在内。下面通过举例对此予以说明。

甲公司和乙公司是关联企业，两个公司的收入及广告费如表4-3所示，广告费税前扣除比例是15%。甲公司和乙公司签订了广告费分摊协议，甲的广告费的40%由乙企业扣除。由此可见，不是甲公司全部广告费的40%分摊扣除，而是税前扣除限额的40%可以分摊。

表4-3 关联公司的广告费归集表

项目	甲公司	乙公司
收入	3000万元	8000万元
广告费	700万元	1500万元
税前扣除限额	450万元	1200万元
分摊后可扣除限额	450×60%＝270万元	1200＋（450－270）＝1380万元

表面来看，广告费的税前扣除额因分摊协议而一增一减，甲乙两个公司的整体来看，税前扣除额并无实质性变化。但如果甲乙公司税率不同，或者盈利亏损不同，企业通过合理规划列支广告费支出，仍可对整体缴纳的所得税款产生较大影响。

【案例4-6】

A企业为一家从事儿童食品生产的新建企业，预计年销售收入8000万元（假若本地销售1000万元＋南方地区销售7000万元），需要广告费支出1500万元，预计业务招待费支出100万元。

---

① 本通知自2016年1月1日起至2020年12月31日止执行。

方案Ⅰ：产品销售统一在本公司核算，需要在当地电视台、南方地区电视台分别投入广告费500万元、1000万元，业务招待费100万元。

方案Ⅱ：鉴于产品主要市场在南方，可在南方设立独立核算的销售公司，销售公司设立以后，与A企业联合起来做广告宣传。成立公司估算需要支付场地、人员工资等相关费用30万元，向当地电视台、南方地区电视台分别支付广告费500万元、1000万元，其中：南方销售公司销售额7000万元，A企业向南方销售公司按照出厂价6000万元做销售，A企业当地销售额1000万元。A企业发生业务招待费50万元，销售公司发生业务招待费50万元。

思考：从税负的角度来看，A企业应采用哪种方案？

【解析】方案Ⅰ中，A企业广告费的扣除限额为：8000×15%＝1200（万元）。A企业实际发生的广告费支出超出扣除限额300万元。尽管300万元广告费可以无限期得到扣除，但毕竟提前缴纳所得税75万元（300×25%）。另外，A企业的业务招待费允许按照实际发生额的60%（60万元）予以扣除，同时不能超过年度销售收入的5‰（40万元），因此，A企业实际可以扣除的业务招待费仅为40万元。

在方案Ⅱ中，若南方销售公司销售收入仍为7000万元，这样A企业向南方销售公司移送产品可按照出厂价进行销售，此产品的出厂价为6000万元，A企业准予扣除的广告费限额为：（1000＋6000）×15%＝1050（万元），南方销售公司准予扣除的广告费限额为：7000×15%＝1050（万元），这样准予税前扣除的广告费限额为2100万元，实际支出1500万元的广告费可由两公司分担，分别在A企业和南方销售公司的销售限额内列支，且均不被纳税调整。另外，A企业的业务招待费可以扣除实际发生额的60%（30万元），并未超出销售收入的5‰（35万元），南方销售公司的业务招待费可扣除实际发生额的60%（30万元），也未超出销售收入的5‰（35万元）。这样最终允许扣除的业务招待费增至60万元，仅招待费一项可使企业少缴所得税5万元。

所以，以税负的角度来看，A企业应采用方案Ⅱ。

但采用上述方法进行筹划时，必须关注设立销售公司的相关费用，兼顾成本和效益原则，从长远利益考虑，决定是否设立独立核算单位。

（5）合理确定费用的归属。《中华人民共和国企业所得税法实施条例》第一百零二条规定：企业同时从事适用不同企业所得税待遇的项目的，其优惠项目应当单独计算所得，并合理分摊企业的期间费用；没有单独计算的，不得享受企业所得税优惠。因此，如果一个企业既有企业所得税的应税项目，又有企业所得税的免税项目，应将相关成本和期间费用在免税项目与应税项目之间进行合理分配，并做到单独计算，在不违反相关规定的基础上，尽可能将成本和费用归属到应税项目中。

（6）合理安排固定资产的折旧。固定资产折旧是计算企业应纳税所得额时的一个重要扣除项目，具有抵减企业所得税的作用。企业在计提固定资产的折旧时，可以采用正常的折旧年限或折旧方法，也可以在允许的条件下进行加速折旧。不论是正常折旧还是加速折旧，不会改变企业最终计提的折旧总额，但会影响到折旧额在不同年度的分配，进而影响企业各个年度的应纳企业所得税额。如果考虑到货币资金的时间价值，不同的折旧年限和折旧方法对企业税负的影响是不同的，因此企业有必要对固定资产的折旧年限和折旧方法进行合理筹划。但固定资产的折旧年限和折旧方法并不是由企业随意选择的。根据国家税务总局《关于企业固定资产加速折旧所得税处理有关问题的通知》（国税发〔2009〕81号），企业采用加速折旧方法的固定资产必须是具备以下四个条件的固定资产：①企业拥有的固定资产；②是企业用于生产经营的固定资产；③是企业主要或关键的固定资产；④确实需加速折旧的固定资产。而且，企业采用加速折旧方法的固定资产必须是以下原因之一：①由于技术进步，产品更新换代较快的；②常年处于强震动、高腐蚀状态的。还需注意的是，采取缩短折旧年限方法的，最低折旧年限不得低于《中华人民共和国企业所得税法实施条例》第六十条规定折旧年限的60%[①]，而且最低折旧年限一经确定，一般不得变更；采取加速折旧方法的，可以采取双倍余额递减法或者年数总和法，但加速折旧方法一经确定，一般不得变更[②]。此外，根据《财政部 税务总局关于设备 器具扣除有关企业所得税政策的通知》（财税〔2018〕54号）规定，企业在2018年1月1日至2020年12月31日期间新购进的设备、器具，单位价值不超过500万元的，允许一次性计入当期成本费用在计算应纳税所得额时扣除，不再分年度计算折旧。根据《财政部 税务总局关于扩大固定资产加速折旧优惠政策适用范围的公告》（财政部 税务总局公告2019年第66号）规定，自2019年1月1日起，适用《财政部 国家税务总局关于完善固定资产加速折旧企业所得税政策的通知》（财税［2014］75号）和《财政部 国家税务总局关于进一步完善固定资产加速折旧企业所得税政策的通知》（财税［2015］106号）规定固定资产加速折旧优惠的行业范围，扩大至全部制造业领域。

下面首先分析不同折旧年限对企业所得税的影响。目前的会计制度及税法对固定资产的预计使用年限和预计净残值没有做出具体的规定，只要求企业根据固定资产的性质和消耗方式，合理确定固定资产的预计使用年限和预计净残值，只要是“合理的”即可[③]。这样企业便可根据自己的具体情况，选择对企业有利的固定资产折旧年限，以此来达到节税及其他理财目的。一般情况下，在企业创办初期且享有减免税优惠待遇时，企业可以通过延长固定资产折旧年限，将计提的折旧递延到减免税期满后计入成本，从而获得节税的好处。而对一般性企业，即处于正常生产经营期且未享有税收优惠待遇的企业来说，缩短固定资产折旧年限，往往可以加速固定资产成本的回收，使企业后期成本费用前移，前期利润后移，从而获得延期纳税的好处。

---

① 对企业购置的新固定资产，最低折旧年限不得低于《实施条例》第六十条规定的折旧年限的60%；若为购置已使用过的固定资产，其最低折旧年限不得低于《实施条例》规定的最低折旧年限减去已使用年限后剩余年限的60%。最低折旧年限一经确定，一般不得变更。

② 关于固定资产加速折旧的其他规定还可参考《国家税务总局关于固定资产加速折旧税收政策有关问题的公告》（国家税务总局公告2014年第64号）和《国家税务总局关于进一步完善固定资产加速折旧企业所得税政策有关问题的公告》（国家税务总局公告2015年第68号）。

③ 当然，企业确定预计净残值并不是随意和毫无根据的，而是必须考虑固定资产的自身特性和企业使用固定资产的实际情况，如果企业并非根据固定资产的性质和使用情况，而是出于某种少缴税等非合理商业目的确定预计净残值的，将被税务机关进行调整，并承担相应的法律责任。

【案例 4-7】

A企业是一家从事高科技产品生产的企业，有一台常年处于高腐蚀状态的设备，价值500000元，预计可使用年限为8年，预计净残值率为4%。

思考：为使企业获得较大的税收收益，企业应如何确定其折旧年限？（假设企业使用年限平均法，企业资金成本为10%）。

【解析】由于A企业的设备常年处于高腐蚀状态，按照企业所得税法的相关规定，符合加速折旧的条件，因此可以申请进行加速折旧。如果企业以8年为折旧年限计提折旧，则：

每年计提的折旧额＝500000×（1－4%）÷8＝60000（元）

折旧减少所得税＝60000×25%×8＝120000（元）

折旧减少所得税的现值＝60000×25%×5.335＝80025（元）

如果企业将折旧期限缩短为6年，则：

每年计提的折旧额＝500000×（1－4%）÷6＝80000（元）

折旧减少所得税＝80000×25%×6＝120000（元）

折旧减少所得税的现值为：80000×25%×4.355＝87100（元）。折旧期限的改变，虽然并未影响企业所得税税负的总和，但考虑到资金的时间价值，后者对企业更为有利。

假如企业正享受两年免税的优惠政策，且设备是企业第一个免税年度购入的，企业仍以8年为折旧年限计提折旧。其每年仍计提折旧60000元，但折旧各年减少的税收额却不相同。

第1和第2年：由于处于免税期，折旧减少的所得税为0元。

第3年至第8年：

企业因计提折旧每年减少的所得税＝60000×25%＝15000（元）

折旧节约所得税为＝15000×6＝90000（元）

折旧节约所得税的现值＝15000×（5.335－1.736）＝53985（元）

如果企业将折旧期限缩短为6年。年计提折旧额80000元，折旧各年节税情况如下：

第1年和第2年：由于处于免税期，折旧减少的所得税为0元。

第3年至第6年：

每年节约的所得税＝80000×25%＝20000（元）

节约税款总和＝20000×4＝80000（元）

节约税款的现值＝20000×（4.355－1.736）＝52380（元）

因此，如果企业处于减免税时期，应选择8年为其折旧年限，这时无论是税款节约的总额还是现值都会较大。

接下来进一步分析不同折旧方法对企业所得税的影响。在通常情况下，由于折旧具有抵税的作用，从应纳税额的现值来看，运用双倍余额递减法计算折旧时，税额最少，年数总和法次之，而运用直线法计算折旧时，税额最多。所以采用加速折旧法比直线法能获得更大的时间价值。但若企业处于税收减免优惠期间，加速折旧对企业所得税的影响是负的，不仅不能少缴税，反而会多缴税。

【案例 4-8】

A 企业 20××年 12 月购入一项价值 600000 元的固定资产，会计制度规定其预计使用年限为 5 年，预计净残值为 10000 元，适用的所得税税率为 25%，假设企业未扣除折旧的税前会计利润（见表 4-4），企业资金成本为 10%。试分析企业分别采用年限平均法、双倍余额递减法和年数总和法计提折旧时对企业税负的影响。

表 4-4　A 企业各年度利润额

年限	未扣除折旧的利润额
第一年	1000000
第二年	900000
第三年	1200000
第四年	800000
第五年	760000
合计	4660000

【解析】采用不同的折旧计提方法得到 A 企业各年度的折旧额、应纳税所得额和应纳所得税额见表 4-5。

表 4-5　不同折旧方法对 A 企业的影响

项目		第 1 年	第 2 年	第 3 年	第 4 年	第 5 年	合计
折旧额	年限平均法	118000	118000	118000	118000	118000	590000
	年数总和法	196666.67	157333.33	118000	78666.67	39333.33	590000
	双倍递减法	240000	144000	86400	59800	59800	590000
应纳税所得额	年限平均法	882000	782000	1082000	682000	642000	4070000
	年数总和法	803333.33	742666.67	1082000	721333.33	720666.7	4070000
	双倍余额递减法	760000	756000	1113600	740200	700200	4070000
应纳所得税	年限平均法	220500	195500	270500	170500	160500	1017500
	年数总和法	200833.33	185666.67	270500	180333.33	180166.7	1017500
	双倍余额递减法	190000	189000	278400	185050	175050	1017500

从表 4-5 不难看出，无论采用哪种折旧方法，A 企业在 5 个年度内的累计折旧额、应纳税所得额和应纳所得税额都是相同的，但折旧额、应纳税所得额和应纳所得税额在各个年度间的分配是不同的。为了对三个方案的节税效果进行比较，下面分别计算每个方案的应纳所得税额现值。

在年限平均法下 A 企业的应纳所得税额现值为：

220500×0.909＋195500×0.826＋270500×0.751＋170500×0.683＋160500×0.621＝781185（元）

在年数总和法下A企业应纳所得税额现值为：

200833.33×0.909＋185666.67×0.826＋270500×0.751＋180333.33×0.683＋180166.67×0.621＝774114.83（元）

在双倍余额递减法下A企业应纳所得税额现值为：

190000×0.909＋189000×0.826＋278400×0.751＋185050×0.683＋170500×0.621＝772997.6（元）

从A企业5个年度的企业所得税的现值来看，双倍余额递减法最优，其次为年数总和法，最后为年限平均法。

最后需要强调的是，对固定资产的折旧进行筹划虽然有利于企业实现节税目标，但折旧政策的选用不能就税收论税收，还应当同时考虑以下三点：①对企业筹资的影响。因为折旧费用随着货款的收回沉淀在企业，成为企业更新固定资产的重要来源。所以折旧政策的选择应根据未来期间的资金需求和将要面临的筹资环境而定。②对企业投资的影响。影响固定资产投资决策的一个重要因素就是可利用的资金规模，由于折旧政策影响着企业内部筹资量，因此它也就间接地影响着企业的投资活动。③对利润分配的影响。折旧政策的选择直接决定进入产品和劳务成本中的折旧成本的多少。在其他因素不变的情况下，不同的折旧政策会使企业同一期间的可分配利润金额有所不同，从而影响企业利润分配。从整体上讲，折旧政策的选择应既不使企业市价降低，同时也应尽可能地满足企业特定时期的理财需要。

（7）合理选择存货计价方法。存货计价方法的不同，会导致销货成本和期末存货价值不同，从而对企业的财务状况、盈亏情况以及所得税产生不同影响。企业持有存货的主要目的是最终实现对外销售，存货计价方法造成存货价值的差异对经营成果的影响主要通过销售成本发生作用。《中华人民共和国企业所得税法实施条例》第七十三条规定："企业使用或者销售的存货的成本计算方法，可以在先进先出法、加权平均法、个别计价法中选用一种。计价方法一经选用，不得随意变更。"先进先出法是指以先购入的存货应先发出（销售或耗用）这样一种存货实物流动假设为前提，对发出存货进行计价的一种方法，按照这种方法，收入存货时，逐笔登记收入存货的数量、单价和金额；发出存货时，按照先进先出的原则逐笔登记存货的发出成本和结存金额。加权平均法包括月末一次加权平均法和移动加权平均法。其中，月末一次加权平均法是指以本月全部进货数量加上月初存货数量作为权数，去除本月全部进货成本加上月初存货成本，计算出存货的加权平均单位成本，以此为基础计算本月发出存货的成本和期末存货的成本的一种方法。计算公式如下：

存货单位成本＝［月初库存存货＋∑（本月各批进货的实际单位成本×本月各批进货的数量）］÷（月初库存存货的数量＋本月各批进货数量之和）

本月发出存货的成本＝本月发出存货的数量×存货单位成本

本月月末库存存货成本＝月末库存存货的数量×存货单位成本

移动加权平均法是指以每次进货的成本加上原有库存存货的成本，除以每次进货数量加上原有库存存货的数量，据以计算加权平均单位成本，作为在下次进货前计算各次发出存货成本依据的一种方法。计算公式如下：

$$存货单位成本=\frac{库存原有存货的实际成本+本次进货的实际成本}{原有库存存货数量+本次进货数量}$$

本次发出存货的成本＝本次发出存货的数量×本次发货前存货的单位成本

本月月末库存存货成本＝月末库存存货的数量×本月月末存货单位成本

个别计价法采用这一方法是假设存货具体项目的实物流转与成本流转相一致，按照各种存货逐一辨认各批发出存货和期末存货所属的购进批别或生产批别，分别按其购入或生产时所确定的单位成本计算各批发出存货和期末存货成本的方法。在这种方法下，是把每一种存货的实际成本作为计算发出存货成本和期末存货成本的基础。

在先进先出法下，由于存货成本是按最近进货确定的，因此期末存货成本能够较为公允地反映本身的市场价值。但在物价持续上涨的情况下，这个方法会高估企业期末存货价值，少计销售成本。使得当期利润虚增，增加企业所得税费用的支出。相反，在通货紧缩的条件下，会造成库存存货价格较低，使得销货成本虚增，从而减少应纳税所得额，达到节税目的。加权平均法对存货以平均数的形式进行计价，使得本期的销货成本在早期购货成本与当期购货成本之间，可以避免因存货成本大幅波动而导致各期利润的时高时低，计算的应纳税所得额也比较均衡。由于存货的成本流转和实物流转相一致，本期销售成本与本期销售利润配比适当，计算的企业所得税比其他方法都准确。因此，纳税人根据企业的自身实际状况如处于盈利期、亏损期或享受税收优惠等不同情况，做出最有利于企业的存货计价方法。

【案例 4－9】

(1) 某钢板厂 20××年 4 月 1 日结存黑铁 5 万吨，每吨实际成本为 1100 元；4 月 10 日和 4 月 23 日分别购进黑铁 10 万吨和 8 万吨，每吨实际成本分别为 1200 元和 1300 元；4 月 15 日生产领用发出黑铁 12.5 万吨，4 月 27 日生产领用发出黑铁 6.5 万吨。20××年该厂共有 19 万吨钢板出售，市场售价每吨钢板为 2500 元。此外，加工钢板发生其他的费用每吨为 400 元。试分析移动加权平均法、先进先出法和月末一次加权平均法对企业税负的影响。

(2) 某钢板厂 20××年 4 月 1 日结存黑铁 5 万吨，每吨实际成本为 1100 元；4 月 10 日和 4 月 23 日分别购进黑铁 10 万吨和 8 万吨，每吨实际成本分别为 1000 元和 850 元；4 月 15 日生产领用发出黑铁 12.5 万吨，4 月 27 日生产领用发出黑铁 6.5 万吨。20××年该厂共有 19 万吨钢板出售，市场售价每吨钢板为 2500 元。此外，加工钢板发生其他的费用每吨为 400 元。下面分析采用哪种计算方法对企业纳税最为有利。试分析移动加权平均法、先进先出法和月末一次加权平均法对企业税负的影响。

【解析】(1) 当黑铁的价格整体呈现上涨态势时，先进先出法、移动加权平均法和月末一次加权平均法对企业的影响见 4－6。

表 4-6 A钢板厂计价方法对比表

存货计价方法	先进先出法	移动加权平均法	月末一次加权平均法
销售收入（万元）	47500	47500	47500
营业成本（万元）	30300	30427	30648
利润（万元）	17200	17073	16852
应纳税额（万元）	4300	4268.25	4213
净利润（万元）	12900	12804.75	12639

由表的对比分析可以看出，在材料价格不断上涨的时期，三种存货计价方法中，采用月末一次加权平均法所计算得出的营业成本最高，移动加权法次之，先进先出法最低，即运用月末一次加权平均法所需交纳的所得税最少，可以减轻企业的所得税负担，移动加权平均法次之，而采用先进先出法会增加企业所得税的负担。

(2) 当黑铁价格整体呈现下跌态势时，先进先出法、移动加权平均法和月末一次加权平均法对企业的影响见表 4-7。

表 4-7 A钢板厂计价方法对比表

存货计价方法	先进先出法	移动加权平均法	月末一次加权平均法
销售收入（万元）	47500	47500	47500
营业成本（万元）	26500	26325	26022
利润（万元）	21000	21175	21478
应纳税额（万元）	5250	5293.75	5369.5
净利润（万元）	15750	15881.25	16108.5

由表对 4-6 的对比分析可以看出，在材料价格不断下降的时期，三种存货计价方法中，采用先进先出法所计算得出的营业成本最高，移动加权法次之，月末一次加权平均法最低，即运用先进先出法所需交纳的所得税最少，可以减轻企业的所得税负担，达到节税目的。移动加权平均法次之，而采用月末一次加权平均法会增加企业所得税的负担。

需要注意的是，在实际工作中，对企业需要改变存货计价方法的，应在下一纳税年度开始前，将改变存货成本计价方法的原因向主管税务机关做出书面说明。主管税务机关对企业提出的改变存货计价方法的原因，应就其合理性情况进行分析、核实。凡经认定企业改变存货计价方法的原因不充分，或者存在有意调节利润嫌疑的，主管税务机关可以通知企业维持原有的存货计价方法。对于擅自改变存货计价方法而减少应纳税所得额的，应做相应的纳税调整处理。因此，利用存货计价法对企业所得税进行筹划的空间是有一定限度的。

(8) 精心安排公益性捐赠。《中华人民共和国企业所得税法》第九条规定："企业发生的公益性捐赠支出，在年度利润总额12%以内的部分，准予在计算应纳税所得额时扣除。" 2017 年 2 月 24 日，十二届全国人大常委会第二十六次会议正式表决通过了《全国人民代表大会常务委员会关于修改〈中华人民共和国企业所得税法〉的决定》，将企业所得税法第九条内容修改为"企业发生的公益性捐赠支出，在年度利润总额12%以内的部分，准予在计算应纳税所得额时扣除；超过年度利润总额12%的部分，准予结转以后三年内在计算应纳税所得额时扣除”。根据《中华人民共和国企业所得税法实施条例》第五十一条规定，这里的公益性捐赠是指企业通过公益性社会组织或者县级以上人民政府及其部门，用于符合法律规定的慈善活动、公益事业的捐赠。公益性社会组织，是指同时符合下列条件的慈善组织以及其他社会组织：(1) 依法登记，具有法人资格；(2) 以发展公益事业为宗旨，且不以营利为目的；(3) 全部资产及其增值为该法人所有；(4) 收益和营运结余主要用于符合该法人设立目的的事业；(5) 终止后的剩余财产不归属任何个人或者营利组织；(6) 不经营与其设立目的无关的业务；(7) 有健全的财务会计制度；(8) 捐赠者不以任何形式参与该法人财产的分配；(9) 国务院财政、税务主管部门会同国务院民政部门等登记管理部门规定的其他条件。年度利润总额是指企业按照国家统一会计制度的规定计算的年度会计利润。当企业进行公益性捐赠时，应尽可能根据税法规定做到应扣尽扣，其筹划要点主要包括以下几个方面。

①选择捐赠的渠道。企业可选择的捐赠方式主要有两种，一是直接捐赠，二是间接捐赠。根据现行所得税法规定，纳税人只有通过公益性社会团体或者县级（含县级）以上人民政府及其部门进行的公益性捐赠才允许在不超过年度会计利润12%的限额内税前扣除，如果直接向受益人进行捐赠，则不能享受任何税前扣除。因此，企业应选择符合规定的非营利性的社会团体或国家机关实施捐赠及获得税前扣除凭证，否则，自行捐赠或通过其他渠道进行捐赠是不允许税前扣除的。

②选择捐赠的形式。按捐赠资产的类别，公益性捐赠可分为货币性资产捐赠和非货币性资产捐赠。当企业以现金以外的其他财产进行捐赠时，作为视同销售按规定要将其分解为销售和捐赠两笔进行，并考虑由于财产的公允价值与计税成本的差异所导致的对企业所得税纳税调整的影响，其纳税调整前所得应由会计利润做相应调整得到。用现金捐赠不能全额扣除的项目，要计算扣除限额，超过限额部分不予扣除。所以，企业一般先出售货物再以货款捐赠比直接以实物捐赠对企业更为有利。因此，企业在捐赠时，要在实物和现金之间权衡，以期选择最佳的捐赠方式。

③选择捐赠的时间。由于税法规定，企业发生的公益性捐赠支出，在不超过年度利润总额12%以内的部分，准予扣除。对于捐赠金额超过扣除限额的部分，不允许结转以后期间扣除。因此，企业筹划捐赠时间，应根据公司经营状况和市场需求对当年利润做出合理预计，根据预计利润进行计算分析，选择企业会计利润较高的期间进行捐赠，以达到尽可能扣除，从而降低税收负担的目的。如果捐赠额度太大，争取将当年捐赠额度控制在一定范围之内，分为两个或两个以上年度多次捐赠，使捐赠额被尽可能充分扣除。

④选择捐赠的地区。通常情况下，公益性捐赠存在一定的税前扣除限制，但在某些特定情形下，公益性捐赠可以税前全额扣除。根据《关于企业扶贫捐赠所得税税前扣除政策的公告》（财政部 税务总局 国务院扶贫办公告2019年第49号），自2019年1月1日至2022年12月31日，企业通过公益性社会组织或者县级（含县级）以上人民政府及其组成部门和直属机构，用于目标脱贫地区①的扶贫捐赠支出，准予在计算企业所得税应纳税所

① “目标脱贫地区”包括832个国家扶贫开发工作重点县、集中连片特困地区县（新疆阿克苏地区6县1市享受片区政策）和建档立卡贫困村。

得额时据实扣除。因此，纳税人可以优先考虑通过规定的渠道向目标脱贫地区进行公益性捐赠，进而可以享受税前全额扣除的优惠。

⑤选择捐赠的额度。假设纳税人某个纳税年度拟对外捐赠的金额为 X，企业当年未发生捐赠前的利润总额为 Y，那么，捐赠支出后，企业的年度利润总额变为 $Y-X$。按照规定，税前可扣除的捐赠额不得超过利润总额的12%，因而，假设捐赠额可以全额扣除，那么 $X\div(Y-X)\leqslant 12\%$，即 $X\leqslant 10.71\%Y$。这一结果的含义为：纳税人每年对外捐赠的金额小于或等于捐赠前利润总额的10.71%时，其捐赠额可全额扣除，不用作纳税调整，这样企业既做了好事，也取得了经济收益，可谓一举两得。不过，按照十二届全国人大常委会第二十六次会议正式表决通过的《全国人民代表大会常务委员会关于修改〈中华人民共和国企业所得税法〉的决定》，公益性捐赠超过年度利润总额12%的部分，准予结转以后三年内在计算应纳税所得额时扣除。而且，《关于公益性捐赠支出企业所得税税前结转扣除有关政策的通知》（财税〔2018〕15号）[①] 规定，企业当年发生及以前年度结转的公益性捐赠支出，准予在当年税前扣除的部分，不能超过企业当年年度利润总额的12%，企业发生的公益性捐赠支出未在当年税前扣除的部分，准予向以后年度结转扣除，但结转年限自捐赠发生年度的次年起计算最长不得超过三年，企业在对公益性捐赠支出计算扣除时，应先扣除以前年度结转的捐赠支出，再扣除当年发生的捐赠支出。为此，企业进行公益性捐赠时应综合考虑捐赠当年及以后三个年度内的盈利情况及捐赠计划，尽可能让各个年度的公益性捐赠能够全部得以税前扣除。

【案例 4－10】

某企业2017年的公益性捐赠限额120万元，实际支出150万元；2018年的公益性捐赠限额120万元，实际支出130万元；2019年的公益性捐赠限额120万元，实际支出160万元；2020年的公益性捐赠限额120万元，实际支出110万元。那么，该企业公益性捐赠应如何扣除？

【解析】根据财税〔2018〕15号的要求，2017年扣除120万元，超过限额的30万元结转2018年。2018年扣除时，企业先将2017年结转的30万元扣除，根据限额，再将当年发生的130万元中的90万元扣除，剩余的40万元结转到2019年。2019年扣除时，企业先将2018年结转的40元万扣除，根据限额，再将当年发生的160万中的80万元扣除，剩余的80万元结转到2020年。2020年扣除时，企业先将2019年结转的80万元扣除，根据限额，再将当年发生的110万元中的40万元扣除，剩余70万元结转到以后年度。

三、税率的筹划

（一）企业所得税税率的法律规定

企业所得税的纳税人不同，使用的税率也不同，见表4－8。

---

① 本通知自2017年1月1日起执行。2016年9月1日至2016年12月31日发生的公益性捐赠支出未在2016年税前扣除的部分，可按本通知执行。

表 4-8 企业所得税的税率

<table>
<tr><th colspan="3">纳税人</th><th>税收管辖权</th><th>征税对象</th><th>税率</th></tr>
<tr><td colspan="3">居民企业</td><td>居民管辖权，就其世界范围所得征税</td><td rowspan="2">居民企业、非居民企业在华机构的生产经营所得和其他所得（包括非居民企业发生在中国境外但与其所设机构、场所有实际联系的所得）</td><td rowspan="2">基本税率 25%</td></tr>
<tr><td rowspan="3">非居民企业</td><td rowspan="2">在我国境内设立机构、场所</td><td>取得所得与设立机构、场所有联系的</td><td rowspan="3">地域管辖权，就来源于我国的所得以及发生在中国境外但与其所设机构、场所有实际联系的所得征税</td></tr>
<tr><td>取得所得与设立机构、场所没有实际联系的</td><td rowspan="2">来源于我国的所得</td><td rowspan="2">低税率 20%（实际减按 10%的税率征收）</td></tr>
<tr><td colspan="2">未在我国境内设立机构、场所，却有来源于我国的所得</td></tr>
</table>

不过，有些特定类型的企业可以享受优惠税率。《中华人民共和国企业所得税法》第二十八条规定："符合条件的小型微利企业，减按 20%的税率征收企业所得税。国家需要重点扶持的高新技术企业，减按 15%的税率征收企业所得税。"其中，符合条件的小型微利企业是指从事国家非限制和禁止行业，并符合下列条件的企业：①工业企业，年度应纳税所得额不超过 30 万元，从业人数不超过 100 人，资产总额不超过 3000 万元；②其他企业，年度应纳税所得额不超过 30 万元，从业人数不超过 80 人，资产总额不超过 1000 万元[①]。根据《科技部 财政部 国家税务总局关于修订印发〈高新技术企业认定管理办法〉的通知》（国科发火〔2016〕32 号），认定为高新技术企业须同时满足以下条件：①企业申请认定时须注册成立一年以上；②企业通过自主研发、受让、受赠、并购等方式，获得对其主要产品（服务）在技术上发挥核心支持作用的知识产权的所有权；③对企业主要产品（服务）发挥核心支持作用的技术属于《国家重点支持的高新技术领域》规定的范围；④企业从事研发和相关技术创新活动的科技人员占企业当年职工总数的比例不低于 10%；⑤企业近三个会计年度（实际经营期不满三年的按实际经营时间计算，下同）的研究开发费用总额占同期销售收入总额的比例符合相关要求[②]；⑥近一年高新技术产品（服务）收入占企业同期总收入的比例不低于 60%；⑦企业创新能力评价应达到相应要求；⑧企业申请认定前一年内未发生重大安全、重大质量事故或严重环境违法行为。此外，财政部 2011 年发布的《关于深入实施西部大开发战略有关税收政策问题的通知》规定，自 2011 年 1 月 1 日至 2020 年 12 月 31 日，设在西部地区的鼓励类产业企业减按 15%的税率征收企业所得税。

此外，根据《国家税务总局关于中国居民企业向境外 H 股非居民企业股东派发股息代

① 根据《财政部 税务总局关于实施小微企业普惠性税收减免政策的通知》（财税〔2019〕13 号）的规定，小型微利企业的标准有所调整，是指从事国家非限制和禁止行业，且同时符合年度应纳税所得额不超过 300 万元、从业人数不超过 300 人、资产总额不超过 5000 万元等三个条件的企业。政策执行期限为 2019 年 1 月 1 日至 2021 年 12 月 31 日。

② 具体要求如下：最近一年销售收入小于 5，000 万元（含）的企业，比例不低于 5%；最近一年销售收入在 5，000 万元至 2 亿元（含）的企业，比例不低于 4%；最近一年销售收入在 2 亿元以上的企业，比例不低于 3%。其中，企业在中国境内发生的研究开发费用总额占全部研究开发费用总额的比例不低于 60%。

扣代缴企业所得税有关问题的通知》（国税函〔2008〕897 号）规定，中国居民企业向境外 H 股非居民企业股东派发 2008 年及以后年度股息时，统一按 10％的税率代扣代缴企业所得税。根据《国家税务总局关于中国居民企业向 QFII 支付股息、红利、利息代扣代缴企业所得税有关问题的通知》（国税函〔2009〕47 号）规定，合格境外机构投资者取得来源于中国境内的股息、红利和利息收入，应当按照企业所得税法的规定缴纳 10％的企业所得税。

（二）企业所得税税率的筹划

根据现行企业所得税法规定，符合条件的小型微利企业、国家重点扶持的高新技术企业及设在西部地区的鼓励类产业企业可以享受优惠税率。因此，企业在某些情况下可以创造条件使自身能够享受低税率。比如，某企业 2018 年具备成为国家需要重点扶持的高新技术企业的其他各种条件，只是第（四）项条件尚未满足①，因为企业当年职工总数 100 人，但其研发人员仅有 9 人，占企业当年职工总数不足 10％。为此，企业可以通过招聘再增加 2 名研发人员，从而符合研发人员占企业当年职工总数的 10％以上的条件，进而可申请成为国家需要重点扶持的高新技术企业，有机会享受 15％的优惠税率。

【案例 4－12】

甲商业企业共有两个实行统一核算的门市部，从业人数和资产总额分别为 200 人和 1200 万元，预计 20××年度应纳税所得额为 350 万元，请对其进行税收筹划。

【解析】根据《财政部 税务总局关于实施小微企业普惠性税收减免政策的通知》（财税〔2019〕13 号）的规定，对小型微利企业年应纳税所得额不超过 100 万元的部分，减按 25％计入应纳税所得额，按 20％的税率缴纳企业所得税；对年应纳税所得额超过 100 万元但不超过 300 万元的部分，减按 50％计入应纳税所得额，按 20％的税率缴纳企业所得税。这里的小型微利企业是指从事国家非限制和禁止行业，且同时符合年度应纳税所得额不超过 300 万元、从业人数不超过 300 人、资产总额不超过 5000 万元等三个条件的企业。本案例中，甲企业的从业人数和资产总额都符合小型微利企业的条件，但其应纳税所得额超过了小型微利企业的标准，这样一来，20××年度企业的应纳企业所得税为：350×25％＝87.5（万元）。但如果将甲商业企业按照门市部分立为两个独立核算的企业 A 和 B，使每个企业都符合小型微利企业的标准，则可以充分享受相关税收优惠政策。为分析方便，假定分立后的两个门市部的应纳税所得额均为 175 万元，此时，A 企业和 B 企业的应纳企业所得税均为 12.5 万元（100×25％×20％＋75×50％×20％）。筹划后的企业所得税较之原来减少 62.5 万元。

另外，关联企业之间的交易，按照税法规定应当按照独立企业之间的业务往来收取或支付价款、费用，否则，税务机关有权利进行纳税调整。但当不同地区或不同的纳税人之间存在税率差异时，关联企业之间可以通过适当的转移定价筹划，将利润从适用企业所得税税率高的企业转移到税率低的企业，从而达到谋求最佳税收筹划效果。

---

① 即企业从事研发和相关技术创新活动的科技人员占企业当年职工总数的比例不低于 10％。

四、税收优惠的筹划

（一）企业所得税税收优惠的法律规定

企业所得税的优惠政策类型较多，涉及行业范围较广，居民企业的优惠政策见 4－9。

表 4－9　居民企业所得税优惠政策

优惠种类	具体规定
税额式减免优惠（免税、减税、税额抵免）	(1) 企业的从事农、林、牧、渔业项目的所得，可以免征、减征企业所得税；从事国家重点扶持的公共基础设施项目投资经营的所得（“三免三减半”）；从事符合条件的环境保护、节能节水项目的所得（“三免三减半”）；符合条件的技术转让所得（一个纳税年度内，居民企业转让技术所有权所得不超过 500 万元的部分，免征企业所得税；超过 500 万元的部分，减半征收企业所得税） (2) 企业购置用于环境保护、节能节水、安全生产等专用设备的投资额，可以按一定比例实行税额抵免（按投资额的 10%抵免当年和结转 5 年的所得税） (3) 对经济特区和上海浦东新区内在 2008 年 1 月 1 日（含）之后完成登记注册的国家需要重点扶持的高新技术企业（以下简称新设高新技术企业），在经济特区和上海浦东新区内取得的所得，自取得第一笔生产经营收入所属纳税年度起，第一年至第二年免征企业所得税，第三年至第五年按照 25%的法定税率减半征收企业所得税 (4) 2018 年 1 月 1 日后投资新设的集成电路线宽小于 130 纳米，且经营期在 10 年以上的集成电路生产企业或项目，第一年至第二年免征企业所得税，第三年至第五年按照 25%的法定税率减半征收企业所得税，并享受至期满为止。2018 年 1 月 1 日后投资新设的集成电路线宽小于 65 纳米或投资额超过 150 亿元，且经营期在 15 年以上的集成电路生产企业或项目，第一年至第五年免征企业所得税，第六年至第十年按照 25%的法定税率减半征收企业所得税，并享受至期满为止①。2017 年 12 月 31 日前设立但未获利的集成电路线宽小于 0.25 微米或投资额超过 80 亿元，且经营期在 15 年以上的集成电路生产企业，自获利年度起第一年至第五年免征企业所得税，第六年至第十年按照 25%的法定税率减半征收企业所得税，并享受至期满为止。2017 年 12 月 31 日前设立但未获利的集成电路线宽小于 0.8 微米（含）的集成电路生产企业，自获利年度起第一年至第二年免征企业所得税，第三年至第五年按照 25%的法定税率减半征收企业所得税，并享受至期满为止 (5) 节能服务公司的税收优惠政策（对符合条件的节能服务公司实施合同能源管理项目，符合企业所得税税法有关规定的，自项目取得第一笔生产经营收入所属纳税年度起，第一年至第三年免征企业所得税，第四年至第六年按照 25%的法定税率减半征收企业所得税）

① 《财政部 税务总局 国家发展改革委 工业和信息化部关于集成电路生产企业有关企业所得税政策问题的通知》（财税〔2018〕27 号）自 2018 年 1 月 1 日起执行。对于按照集成电路生产企业享受上述税收优惠政策的，优惠期自企业获利年度起计算；对于按照集成电路生产项目享受上述优惠的，优惠期自项目取得第一笔生产经营收入所属纳税年度起计算。

续表

优惠种类	具体规定
税基式减免优惠（加计扣除、加速折旧、减计收入）	(1) 用加计扣除的方法减少税基的优惠：企业开发新技术、新产品、新工艺发生的研究开发费用（加计50%扣除）①；安置残疾人员所支付的工资（加计100%扣除） (2) 用单独计算扣除的方法减少税基的优惠：创业投资企业从事国家需要重点扶持和鼓励的创业投资，可以按投资额的一定比例抵扣应纳税所得额 (3) 用加速折旧的方法影响税基：企业的固定资产由于技术进步等原因，确需加速折旧的，可以缩短折旧年限或者采取加速折旧的方法 (4) 自2019年1月1日至2021年12月31日，对小型微利企业年应纳税所得额不超过100万元的部分，减按25%计入应纳税所得额，按20%的税率缴纳企业所得税；对年应纳税所得额超过100万元但不超过300万元的部分，减按50%计入应纳税所得额，按20%的税率缴纳企业所得税。小型微利企业无论按查账征收方式或核定征收方式缴纳企业所得税，均可享受上述优惠政策
税率式减免优惠（减低税率）	(1) 符合条件的小型微利企业，减按20%的税率征收企业所得税 (2) 国家需要重点扶持的高新技术企业，减按15%的税率征收企业所得税 (3) 国家规划布局内的重点软件企业和集成电路设计企业，如当年未享受免税优惠的，可减按10%的税率征收企业所得税

非居民企业税收优惠政策见表4-10。

表4-10 非居民企业税收优惠政策

优惠种类	具体规定
减按低税率	非居民企业减按10%的税率征收企业所得税（这里适用10%优惠税率的是在我国未设立机构场所，或设立机构场所，但取得的所得与机构场所没有实际联系的非居民企业）
免征企业所得税	非居民企业的下列所得免征企业所得税： (1) 外国政府向中国政府提供贷款取得的利息所得 (2) 国际金融组织向中国政府和居民企业提供优惠贷款取得的利息所得 (3) 经国务院批准的其他所得

需要注意的是，根据《国家税务总局关于发布修订后的〈企业所得税优惠政策事项办理办法〉的公告》（国家税务总局公告2018年第23号）的规定，企业享受优惠事项②采取"自行判别、申报享受、相关资料留存备查"的办理方式。企业应当根据经营情况以及相关税收规定自行判断是否符合优惠事项规定的条件，符合条件的可以按照《目录》列示的时间自行计算减免税额，并通过填报企业所得税纳税申报表享受税收优惠。同时，按照本

① 根据《财政部 税务总局 科技部关于提高研究开发费用税前加计扣除比例的通知》，企业开展研发活动中实际发生的研发费用，未形成无形资产计入当期损益的，在按规定据实扣除的基础上，在2018年1月1日至2020年12月31日期间，再按照实际发生额的75%在税前加计扣除；形成无形资产的，在上述期间按照无形资产成本的175%在税前摊销。

② 本办法所称优惠事项是指企业所得税法规定的优惠事项，以及国务院和民族自治地方根据企业所得税法授权制定的企业所得税优惠事项。包括免税收入、减计收入、加计扣除、加速折旧、所得减免、抵扣应纳税所得额、减低税率、税额抵免等。

办法的规定归集和留存相关资料备查①。

（二）企业所得税税收优惠的筹划

1. 充分利用税额式减免优惠

税额式减免是指通过直接减少应纳税额的方式实现的减税免税，包括全部免征、减半征收、税额抵免等。在利用税额式减免优惠政策进行企业所得税筹划时，企业应对自己的经营状况进行合理安排，特别是要对享受减免税的起始年度进行有效筹划，比如，有的减免税优惠起始年度是企业取得第一笔经营收入的所属纳税年度，有的减免税优惠起始年度是企业开始获利的年度，企业应通过对收入或支出的发生时间进行适当安排，尽量使其应纳税额集中在可以享受税额式减免优惠的时期内。

【案例 4－13】

A科技公司是2013年12月在经济特区登记注册的国家需要重点扶持的高新技术企业，主要业务是技术开发和系统集成。公司在注册登记的当月获利60万元，预计未来6年获利情况见表4－10。

表 4－11　A科技公司未来盈利预测

年度	2014	2015	2016	2017	2018	2019
利润（万元）	20	－100	300	500	800	1000

思考：A科技公司应如何对企业所得税进行筹划？

【解析】根据现行企业所得税法规定，国家需要重点扶持的高新技术企业适用15％的企业所得税税率。但《国务院关于经济特区和上海浦东新区新设立高新技术企业实行过渡性税收优惠的通知》（国发〔2007〕40号）规定：对经济特区和上海浦东新区内在2008年1月1日（含）之后完成登记注册的国家需要重点扶持的高新技术企业（以下简称新设高新技术企业），在经济特区和上海浦东新区内取得的所得，自取得第一笔生产经营收入所属纳税年度起，第一年至第二年免征企业所得税，第三年至第五年按照25％的法定税率减半征收企业所得税。根据上述规定，由于A科技公司在2013年度已经开始获利，也即该公司在2013年就取得了第一笔生产经营收入，因此，其在2013和2014两个年度将享受免税待遇，在2015～2017年将享受减半征税待遇，在2018和2019两个年度将按照15％的税率的计征企业所得税。A公司在2013～2017年共计征的企业所得税为：（300－100）×25％×1/2＋500×25％×1/2＋800×15％＋1000×15％＝357.5（万元）。

① 本办法所称留存备查资料是指与企业享受优惠事项有关的合同、协议、凭证、证书、文件、账册、说明等资料。留存备查资料分为主要留存备查资料和其他留存备查资料两类。主要留存备查资料由企业按照《目录》列示的资料清单准备，其他留存备查资料由企业根据享受优惠事项情况自行补充准备。企业享受优惠事项的，应当在完成年度汇算清缴后，将留存备查资料归集齐全并整理完成，以备税务机关核查。企业同时享受多项优惠事项或者享受的优惠事项按照规定分项目进行核算的，应当按照优惠事项或者项目分别归集留存备查资料。企业留存备查资料应从企业享受优惠事项当年的企业所得税汇算清缴期结束次日起保留10年。

该公司开业当年即获利润进入减免税期，这两年盈利不多，还有亏损，没有最大程度享受税收优惠政策带来的实惠，所以该企业应该重新调整第一次营业收入的实现时间。假定公司在2014年开始取得第一笔生产经营收入，则其在2013年因无生产经营收入无需纳税，2014和2015两个年度将享受免税待遇，2016～2018年将享受减半征税待遇，2019年将按照15%的税率计征企业所得税。这样一来，A公司在2013～2017年共计征的企业所得税为：（300－100）×25%×1/2＋500×25%×1/2＋800×25%×1/2＋1000×15%＝337.5（万元）。较之筹划前节税20万元。

接下来分析如何利用税收抵免政策进行企业所得税筹划。根据《中华人民共和国企业所得税法实施条例》第一百条规定，企业购置并实际使用《环境保护专用设备企业所得税优惠目录》、《节能节水专用设备企业所得税优惠目录》和《安全生产专用设备企业所得税优惠目录》规定的环境保护、节能节水、安全生产等专用设备的，该专用设备的投资额的10%可以从企业当年的应纳税额中抵免；当年不足抵免的，可以在以后5个纳税年度结转抵免。如果企业购置了符合上述税收抵免条件的专用设备，应尽可能使专用设备的投资额的10%从企业当年的应纳税额中得到全部抵免。

【案例4-14】

甲公司为保障生产安全，准备于2015年12月购置一大型安全生产专用设备，该设备价款为600万元。因该企业生产产品为新型产品，预计未来3年企业将面临亏损，至第四年起将逐渐盈利，2015年及未来6年的预计利润额见下表。

表4-12　子公司2008年及未来年度盈利预测

	2015	2016	2017	2018	2019	2020	2021
利润额	－200	－120	－50	80	130	250	400

那么，该公司应如何筹划才能进一步降低企业所得税？

【解析】根据企业所得税法中年度亏损弥补的相关规定，甲公司在2015～2019年各个年度的应纳税所得额和应纳所得税额均为零，2020年和2021年的应纳税所得额分别为90万元和400万元，其对应的应纳所得税额分别为22.5万元和100万元。企业按规定可于2015年至2020年六个年度抵免所得税600×10%＝60（万元）。经过税收抵免后，甲公司在2020年的应纳所得税额减少为零，但剩余的37.5万元却不能用于抵免2021年的企业所得税。为此，可以考虑将企业购置安全生产设备的时间延迟至2016年1月，这样设备投资额的10%（即60万元）不仅可以抵免2020年的22.5万元企业所得税，还可以继续抵免2021年的部分企业所得税。这样一来，甲公司仅需在2021年缴纳企业所得税62.5万元。

2. 充分利用税基式减免优惠

现行企业所得税法中存在加计扣除、减计收入等多项税基式减免优惠政策。比如，企业开发新产品、新技术、新工艺发生的研究开发费用未形成无形资产计入当期损益的，在按照规定据实扣除的基础上，按照研究开发费用的50%加计扣除；形成无形资产的，按照无形资产成本的150%摊销。但需要注意的是，享受研发费用税前加计扣除政策是需要满足一定条件的，结合《关于完善研究开发费用税前加计扣除政策的通知》（财税〔2015〕119号）[①] 和《关于企业研究开发费用税前加计扣除政策有关问题的公告》（国家税务总局公告2015年第97号）的有关规定，企业在利用这一政策进行筹划时应注意以下事项。

（1）厘清研发活动范围。下列活动不适用税前加计扣除政策：①企业产品（服务）的常规性升级；②对某项科研成果的直接应用，如直接采用公开的新工艺、材料、装置、产品、服务或知识等；③企业在商品化后为顾客提供的技术支持活动；④对现存产品、服务、技术、材料或工艺流程进行的重复或简单改变；⑤市场调查研究、效率调查或管理研究；⑥作为工业（服务）流程环节或常规的质量控制、测试分析、维修维护；⑦社会科学、艺术或人文学方面的研究。

（2）准确归集加计扣除费用。企业应按照119号文正向列举的可加计扣除研发费用进行归集，包括人员人工费用、直接投入费用、折旧费用、无形资产摊销、新产品设计费、新工艺规程制定费、新药研制的临床试验费、勘探开发技术的现场试验费、其他相关费用以及财政部和国家税务总局规定的其他费用等7项费用。同时，企业应注意其他相关费用10%的比例限制以及加计扣除与高新技术企业研发费用的差异。

（3）加强研发费用核算与管理。重点注意以下事项：①企业应按照国家财务会计制度要求，对研发支出进行会计处理，对享受加计扣除的研发费用按研发项目设置辅助账；②企业同时进行多项研发项目的，应按照不同研发项目分别归集可加计扣除的研发费用，不得直接用多个项目的平均值进行计算；③企业应对研发费用和生产经营费用分别进行核算，能够准确、合理归集各项费用支出，对人员人工及仪器、设备、无形资产使用情况做必要记录，并将其实际发生的相关费用按实际工时占比等合理方法在研发费用和生产经营费用间分配；④企业应准确归集核算当年可加计扣除的各项研发费用实际发生额。

（4）准确把握适用行业。119号文对适用税前加计扣除政策的行业采用了反向列举的方式，从事烟草制造业、住宿和餐饮业、批发和零售业、房地产业、租赁和商务服务业、娱乐业以及财政部和国家税务总局规定的其他行业的企业不得申请加计扣除，对行业的归属划分存在争议的企业，应按“主营业务占比”规则准确划分。

（5）正确区分委托研发与合作研发[②]。合作研发是双方各自按照实际发生的研发费用进行加计扣除，而委托研发是委托方进行研发费用加计扣除，而受托方不能加计扣除[③]。需要注意的是，委托外部研究开发费用实际发生额应按照独立交易原则确定，委托方与受托方存在关联关系的，受托方应向委托方提供研发项目费用支出明细情况。根据《财政部 税务总局 科技部关于企业委托境外研究开发费用税前加计扣除有关政策问题的通知》（财税〔2018〕64号）规定，委托境外进行研发活动（不包括委托境外个人进行的研发活动）所发生的费用，按

① 以下简称119号文。

② 税务机关目前较为认可的委托研发的主要判断依据是知识产权的归属。只有委托方部分或全部拥有知识产权时，才是委托研发。合作研发的最大特点是，合作双方各自承担费用，知识产权双方共有或各自拥有自己的研究成果或知识产权。

③ 企业委托外部机构或个人进行研发活动所发生的费用，按照费用实际发生额的80%计入委托方研发费用并计算加计扣除，受托方不得再进行加计扣除。

照费用实际发生额的80%计入委托方的委托境外研发费用，委托境外研发费用不超过境内符合条件的研发费用三分之二的部分，可以按规定在企业所得税前加计扣除①。

(6) 精准区别费用化与资本化。企业研发形成的软件、专利权、非专利技术（包括许可证、专有技术、设计和计算方法等）等，应资本化确认无形资产，按照摊销金额的150%计入研发费用，不得将无形资产总额全部计入当年研发费用。

(7) 全面了解加计扣除的申报与备案要求。

（三）充分利用亏损弥补政策

根据《中华人民共和国企业所得税法》第十八条规定，企业纳税年度发生的亏损，准予向以后年度结转，用以后年度的所得弥补，但结转年限最长不得超过5年。但根据《财政部 税务总局关于延长高新技术企业和科技型中小企业亏损结转年限的通知》（财税〔2018〕76号），自2018年1月1日起，当年具备高新技术企业或科技型中小企业资格（以下统称资格）的企业，其具备资格年度之前5个年度发生的尚未弥补完的亏损，准予结转以后年度弥补，最长结转年限由5年延长至10年。利用亏损弥补政策进行企业所得税筹划的要点主要包括以下几个方面。

1. 重视亏损年度后的运营

企业在某个年度发生亏损后，就必须从资本运营上下功夫，如企业可以减小以后5年内投资的风险性，以相对较安全的投资为主，确保亏损能在规定期限内尽快得到全部弥补。

2. 充分利用不同企业、不同情况下亏损弥补的规定

按税法规定，汇总、合并纳税的成员企业发生的亏损，可直接冲抵其他成员企业的所得额或并入母公司的亏损额，不需要用本企业以后年度所得弥补。被兼并企业若不再具有独立纳税人资格，其兼并前尚未弥补的经营亏损，可由兼并企业用以后年度的所得弥补。所以，对于一些长期处于高盈利状态的企业，可以兼并一些亏损企业，以减少其应纳税所得额，达到节税目的。一些大型集团企业，可以采取汇总、合并纳税的方式，用盈利企业所得冲抵亏损企业的亏损额，减少应纳所得税额，取得最大的纳税补偿收益。

3. 选择亏损弥补期进行税收筹划

当纳税企业既有所得税应税项目，又有免税项目时（如免税的投资收益），如果认真考虑免税所得的分回时间，将可以最大限度地弥补亏损获得实际利益。

案例分析与讨论

学习完前面的内容，我们现在可以对【案例导入】中提出的问题进行回答了。A公司如果将专利权转让费的收款时间由2019年12月31日改为2020年1月1日，则该笔转让费将被确认为A公司2020年度的收入，这样可以带来两大好处：(1) 由于A公司是按上年应纳税所得额的1/4预交企业所得税，如果将专利权转让费确认为2020年度收入，则A公司2019年的应纳税所得额相对较低，由此可以减少其在2020年预缴的企业所得税。②A公司是一家制造企业，员工人数和资产总额均符合小型微利企业的条件，如果将专利权转让费确认为2020年度收入，则其2019年的应纳税所得额会小于100万元，A公司从

① 参见《关于企业委托境外研究开发费用税前加计扣除有关政策问题的通知》（财税〔2018〕64号）。

而完全符合小型微利企业的标准，根据《财政部 税务总局关于实施小微企业普惠性税收减免政策的通知》（财税〔2019〕13号）规定，其在计算2019年企业所得税时可享受“减按25%计入应纳税所得额”的优惠政策。

第二节　个人所得税筹划

案例导入

某汽车4S店在汽车销售过程中，时常会开展一些促销活动，2019年6月份又开展了促销活动。在2019年6月15日之前，购买某系列轿车，4S店免费加装车辆装饰（如：太阳膜、真皮坐垫、牌照框等汽车装饰），那么，汽车4S店在对外销售汽车的同时，无偿赠送的车辆装饰是否需要代扣代缴客户的个人所得税呢？

一、纳税人的筹划

（一）个人所得税纳税人的法律规定

我国缴纳个人所得税的纳税义务人，按照国际惯例被分为居民纳税人和非居民纳税人两种，分别承担不同的纳税义务。根据《中华人民共和国个人所得税法》（2018年修订）[①] 第一条规定，在中国境内有住所，或者无住所而一个纳税年度内在中国境内居住满183天的个人，为居民个人，其从中国境内和境外取得的所得，依照本法规定缴纳个人所得税；在中国境内无住所又不居住，或者无住所而一个纳税年度内在中国境内居住不满183天的个人，为非居民个人，其从中国境内取得的所得，依照本法规定缴纳个人所得税（见表4-13）[②]。

表4-13　居民纳税人和非居民纳税人的判定

纳税人类别	承担的纳税义务	判定标准
（1）居民纳税人	负有无限纳税义务。其所取得的应纳税所得，无论是来源于中国境内还是中国境外任何地方，都要在中国境内缴纳个人所得税	住所标准和居住时间标准只要具备一个就成为居民纳税人： （1）住所标准：“在中国境内有住所”是指因户籍、家庭、经济利益关系而在中国境内习惯性居住。这里的“户籍”是指拥有中国户口；这里的“经济利益”标准一般考虑主要经营活动地和主要财产所在地；所谓“习惯性居住”是判定纳税义务人为居民纳税人和非居民纳税人的法律标准，通常理解为一个纳税人因学习、工作、探亲等原因消除后，所要回到的地方 （2）居住时间标准：“在中国境内居住满1年”是指在一个纳税年度（即公历1月1日起至12月31日止）内，在中国境内居住满183日
（2）非居民纳税人	承担有限纳税义务，只就其来源于中国境内的所得，向中国缴纳个人所得税	非居民纳税的判定条件是以下两条必须同时具备： （1）在我国无住所 （2）在我国不居住或居住不满183天

① 2018年8月31日，关于修改个人所得税法的决定经十三届全国人大常委会第五次会议表决通过。

② 当然，不同国家和地区对居民的判定标准不尽相同。

需要注意的是，根据《中华人民共和国个人所得税法实施条例》（2018 年修订）和《财政部 税务总局关于在中国境内无住所的个人居住时间判定标准的公告》（财政部 税务总局公告 2019 年第 34 号）的规定，无住所个人一个纳税年度在中国境内累计居住满 183 天的，如果此前六年在中国境内每年累计居住天数都满 183 天而且没有任何一年单次离境超过 30 天，该纳税年度来源于中国境内、境外所得应当缴纳个人所得税；如果此前六年的任一年在中国境内累计居住天数不满 183 天或者单次离境超过 30 天，该纳税年度来源于中国境外且由境外单位或者个人支付的所得，免予缴纳个人所得税[①]。此外，根据《财政部 税务总局关于非居民个人和无住所居民个人有关个人所得税政策的公告》（财政部 税务总局公告 2019 年第 35 号）规定，在一个纳税年度内，在境内累计居住不超过 90 天的非居民个人，仅就归属于境内工作期间并由境内雇主支付或者负担的工资薪金所得计算缴纳个人所得税，在一个纳税年度内，在境内累计居住超过 90 天但不满 183 天的非居民个人，取得归属于境内工作期间的工资薪金所得，均应当计算缴纳个人所得税；其取得归属于境外工作期间的工资薪金所得，不征收个人所得税。

（二）个人所得税纳税人的筹划

一般来说，减轻税负的方式主要有两种。一种是纳税人可以通过改变住所（居所）的方法来减轻纳税负担。例如，某人是一高税国居民，他（她）可以通过移居，使自己成为一低税国居民，这在国际避税中经常被运用。另一种便是根据各国具体规定，改变在一国境内的居住时间，便可以使自己从居民纳税人变成非居民纳税人，进而减轻税负。第二种情形对个人来说比较多见，有些纳税人甚至通过居住在车船与游艇上漂泊或周游四处的方式，在 1 年或更长的时间内，避免在任何一个国家缴纳个人所得税。不过，这是一种短期国际避税的特殊方法，进行这种筹划应在法律允许的范围内，同时还应进行相应的成本收益分析。当然，迁移居所也好、移民也好，只要是作为避税手段，就不能给政府虚假迁移的印象，必须做到"真正移民"。如荷兰规定，凡是一个放弃荷兰居所而移居国外的，并且在一个纳税期间内未在国外设置居所而回到荷兰的居民应属于荷兰居民，在此期间发生的收入一律按照荷兰税法纳税。显然，纳税人应当"彻底地"移民，才可以达到避税的目的。

中国实施新的个人所得税法以后，纳税人通过改变在境内居住时间减轻个人所得税负的空间依然较大。根据《财政部 税务总局关于在中国境内无住所的个人居住时间判定标准的公告》（财政部 税务总局公告 2019 年第 34 号）的规定，无住所个人一个纳税年度在中国境内累计居住满 183 天的，如果此前六年的任一年在中国境内累计居住天数不满 183 天或者单次离境超过 30 天，该纳税年度来源于中国境外且由境外单位或者个人支付的所

① 称此前六年，是指该纳税年度的前一年至前六年的连续六个年度，此前六年的起始年度自 2019 年（含）以后年度开始计算。无住所个人一个纳税年度内在中国境内累计居住天数，按照个人在中国境内累计停留的天数计算。在中国境内停留的当天满 24 小时的，计入中国境内居住天数，在中国境内停留的当天不足 24 小时的，不计入中国境内居住天数。

得，免予缴纳个人所得税。纳税人很容易通过适当的方式让自己在某个年度的居住时间少于 183 天或者单次离境的时间超过 30 天，进而享受相关的个人所得税免税待遇。

二、计税依据和税率的筹划

（一）个人所得税计税依据和税率的法律规定

1. 综合所得的个人所得税计税依据和税率的法律规定

根据《中华人民共和国个人所得税法》（2018 年修订）规定，居民个人取得工资薪金所得、劳务报酬所得、稿酬所得、特许权使用费所得（简称综合所得）按纳税年度合并计算个人所得税。居民个人的综合所得，以每一纳税年度的收入额减除费用 60000 元以及专项扣除、专项附加扣除和依法确定的其他扣除后的余额，为应纳税所得额。

应纳税所得额＝收入额－60000－专项扣除－专项附加扣除－依法确定的其他扣除

上述公式中，劳务报酬所得、稿酬所得、特许权使用费所得以收入减除 20％的费用后的余额为收入额，稿酬所得的收入额减按 70％计算。专项扣除，包括居民个人按照国家规定的范围和标准缴纳的基本养老保险、基本医疗保险、失业保险等社会保险费和住房公积金等；专项附加扣除，包括子女教育、继续教育、大病医疗、住房贷款利息或者住房租金、赡养老人等支出。根据《国务院关于印发个人所得税专项附加扣除暂行办法的通知》（国发〔2018〕41 号）规定，个人所得税专项附加扣除的具体标准如表 4－14 所示。依法确定的其他扣除，包括个人缴付符合国家规定的企业年金、职业年金，个人购买符合国家规定的商业健康保险、税收递延型商业养老保险的支出，以及国务院规定可以扣除的其他项目。需要注意的是，专项扣除、专项附加扣除和依法确定的其他扣除，以居民个人一个纳税年度的应纳税所得额为限额；一个纳税年度扣除不完的，不结转以后年度扣除。

表 4－14　个人所得税专项附加扣除标准

扣除项目	扣除标准	相关说明
子女教育	纳税人的子女接受全日制学历教育的相关支出，按照每个子女每月 1000 元的标准定额扣除	学历教育包括义务教育（小学、初中教育）、高中阶段教育（普通高中、中等职业、技工教育）、高等教育（大学专科、大学本科、硕士研究生、博士研究生教育）。年满 3 岁至小学入学前处于学前教育阶段的子女，按上述规定执行。父母可以选择由其中一方按扣除标准的 100％扣除，也可以选择由双方分别按扣除标准的 50％扣除，具体扣除方式在一个纳税年度内不能变更

续表

扣除项目	扣除标准	相关说明
继续教育	纳税人在中国境内接受学历（学位）继续教育的支出，在学历（学位）教育期间按照每月 400 元定额扣除。同一学历（学位）继续教育的扣除期限不能超过 48 个月。纳税人接受技能人员职业资格继续教育、专业技术人员职业资格继续教育的支出，在取得相关证书的当年，按照3600 元定额扣除	个人接受本科及以下学历（学位）继续教育，符合本办法规定扣除条件的，可以选择由其父母扣除，也可以选择由本人扣除
大病医疗	在一个纳税年度内，纳税人发生的与基本医保相关的医药费用支出，扣除医保报销后个人负担（指医保目录范围内的自付部分）累计超过 15000 元的部分，由纳税人在办理年度汇算清缴时，在80000 元限额内据实扣除	纳税人发生的医药费用支出可以选择由本人或者其配偶扣除；未成年子女发生的医药费用支出可以选择由其父母一方扣除。纳税人及其配偶、未成年子女发生的医药费用支出，按上述规定分别计算扣除额
住房贷款利息	纳税人本人或者配偶单独或者共同使用商业银行或者住房公积金个人住房贷款为本人或者其配偶购买中国境内住房，发生的首套住房贷款利息支出，在实际发生贷款利息的年度，按照每月 1000 元的标准定额扣除，扣除期限最长不超过240 个月。纳税人只能享受一次首套住房贷款的利息扣除	本办法所称首套住房贷款是指购买住房享受首套住房贷款利率的住房贷款。经夫妻双方约定，可以选择由其中一方扣除，具体扣除方式在一个纳税年度内不能变更。夫妻双方婚前分别购买住房发生的首套住房贷款，其贷款利息支出，婚后可以选择其中一套购买的住房，由购买方按扣除标准的 100%扣除，也可以由夫妻双方对各自购买的住房分别按扣除标准的 50%扣除，具体扣除方式在一个纳税年度内不能变更
住房租金	纳税人在主要工作城市没有自有住房而发生的住房租金支出，可以按照以下标准定额扣除：(1) 直辖市、省会（首府）城市、计划单列市以及国务院确定的其他城市，扣除标准为每月 1500 元；(2) 除第一项所列城市以外，市辖区户籍人口超过 100 万的城市，扣除标准为每月1100元；市辖区户籍人口不超过 100 万的城市，扣除标准为每月 800 元	纳税人的配偶在纳税人的主要工作城市有自有住房的，视同纳税人在主要工作城市有自有住房。本办法所称主要工作城市是指纳税人任职受雇的直辖市、计划单列市、副省级城市、地级市（地区、州、盟）全部行政区域范围；纳税人无任职受雇单位的，为受理其综合所得汇算清缴的税务机关所在城市。夫妻双方主要工作城市相同的，只能由一方扣除住房租金支出。住房租金支出由签订租赁住房合同的承租人扣除。纳税人及其配偶在一个纳税年度内不能同时分别享受住房贷款利息和住房租金专项附加扣除

续表

扣除项目	扣除标准	相关说明
赡养老人	纳税人赡养一位及以上被赡养人的赡养支出，统一按照以下标准定额扣除：(1) 纳税人为独生子女的，按照每月 2000 元的标准定额扣除；(2) 纳税人为非独生子女的，由其与兄弟姐妹分摊每月 2000 元的扣除额度，每人分摊的额度不能超过每月 1000 元。可以由赡养人均摊或者约定分摊，也可以由被赡养人指定分摊。约定或者指定分摊的须签订书面分摊协议，指定分摊优先于约定分摊。具体分摊方式和额度在一个纳税年度内不能变更。	本办法所称被赡养人是指年满 60 岁的父母，以及子女均已去世的年满 60 岁的祖父母、外祖父母。

综合所得适用的个人所得税税率如表 4－15 所示。

表 4－15　个人所得税税率表——（综合所得适用）

级数	全年应纳税所得额	税率（%）	速算扣除数
1	不超过 36000 元的	3	0
2	超过 36000 元至 144000 元的部分	10	2520
3	超过 144000 元至 300000 元的部分	20	16920
4	超过 300000 元至 420000 元的部分	25	31920
5	超过 420000 元至 660000 元的部分	30	52920
6	超过 600000 元至 960000 元的部分	35	85920
7	超过 960000 元的部分	45	181920

此外，还需要特别注意年终奖的个人所得税计税规则的变化。根据《财政部 税务总局关于个人所得税法修改后有关优惠政策衔接问题的通知》（财税〔2018〕164 号）规定，居民个人取得全年一次性奖金，符合《国家税务总局关于调整个人取得全年一次性奖金等计算征收个人所得税方法问题的通知》（国税发〔2005〕9 号）规定的，在 2021 年 12 月 31 日前，不并入当年综合所得，以全年一次性奖金收入除以 12 个月得到的数额，按照本通知所附按月换算后的综合所得税率表（以下简称月度税率表），确定适用税率和速算扣除数，单独计算纳税。计算公式为：

应纳税额＝全年一次性奖金收入×适用税率－速算扣除数

居民个人取得全年一次性奖金，也可以选择并入当年综合所得计算纳税。

自 2022 年 1 月 1 日起，居民个人取得全年一次性奖金，应并入当年综合所得计算缴纳个人所得税。

2. 经营所得的个人所得税计税依据及税率的法律规定

根据《中华人民共和国个人所得税法》（2018 年修订）规定，经营所得以每一纳税年度的收入总额减除成本、费用以及损失后的余额为应纳税所得额。按照《中华人民共和国个人所得税法实施条例》（2018 年修订）的界定，经营所得是指：（1）个体工商户从事生产、经营活动取得的所得，个人独资企业投资人、合伙企业的个人合伙人来源于境内注册的个人独资企业、合伙企业生产、经营的所得；（2）个人依法从事办学、医疗、咨询以及其他有偿服务活动取得的所得；（3）个人对企业、事业单位承包经营、承租经营以及转包、转租取得的所得；（4）个人从事其他生产、经营活动取得的所得。经营所得适用的个人所得税税率如表 4－16 所示。

表 4－16　个人所得税税率表——（经营所得适用）

级数	全年应纳税所得额	税率（%）	速算扣除数
1	不超过 30000 元的	5	0
2	超过 30000 元至 90000 元的部分	10	1500
3	超过 90000 元至 300000 元的部分	20	10500
4	超过 300000 元至 500000 元的部分	25	40500
5	超过 500000 元的部分	30	65500

3. 其他各类所得的个人所得税计税依据及税率的法律规定

利息股息红利所得、财产租赁所得、财产转让所得、偶然所得的计税依据和税率见表 4－17。

表 4－17　其他各类所得个人所得的计税依据

<table>
<tr><th>征税项目</th><th>计税依据</th><th>税率</th><th>计税公式</th></tr>
<tr><td>财产租赁所得</td><td>每次收入不足 4000 元的
应纳税所得额＝每次收入额－800 元
每次收入 4000 元以上的
应纳税所得额＝每次收入额×（1－20%）</td><td rowspan="4">20%
比例
税率</td><td rowspan="4">应纳税额＝应纳税所得额×20%
（1）对于股份制企业在分配股息、红利时，以股票形式向股东个人支付应得的股息、红利（即派发红股），应以派发红股的股票票面金额为收入额，计征个税
（2）个人从公开发行和转让市场取得的上市公司股票，持股期限超过 1 年的，股息红利所得暂免征收个人所得税。个人从公开发行和转让市场取得的上市公司股票，持股期限在 1 个月以内（含 1 个月）的，其股息红利所得全额计入应纳税所得额；持股期限在 1 个月以上至 1 年（含 1 年）的，暂减按 50%计入应纳税所得额；上述所得统一适用 20%的税率计征个人所得税</td></tr>
<tr><td>财产转让所得</td><td>应纳税所得额＝转让收入－财产原值－合理费用</td></tr>
<tr><td>利息股息红利所得</td><td rowspan="2">以每次收入额为应纳税所得额</td></tr>
<tr><td>偶然所得</td></tr>
</table>

（二）个人所得税计税依据和税率的筹划

由于部分个人所得计征个人所得税时适用的税率与其计税依据密切相关，因此，这里将计税依据筹划和税率筹划予以统筹考虑。

1. 综合所得计税依据和税率的筹划

（1）工资、薪金福利化。按照税法规定，员工获得的现金和实物形式薪酬均需缴纳个人所得税。但是，企业提供的公共福利在某些情形下对个人是免税的，因此，合理安排员工的公共福利，适当将部分直接发放的工资薪金转化为员工公共福利，是降低个人工资薪金应纳税所得额的一个方面。需要注意的是，根据现行个人所得税法的相关规定，对于发给个人的福利，不论是现金还是实物，均应缴纳个人所得税。但目前对于集体享受的、不可分割的、非现金方式的福利①，原则上不征收个人所得税。因此，企业若要通过工资薪金福利化的手段为员工节税，必须注意发放福利的方式。对于一些在外出差的员工，有些单位会发放交通费、餐费补贴和每月通讯费补贴，单位以现金方式给出差人员发放交通费、餐费补贴应征收个人所得税，但如果单位是根据国家有关一定标准，凭出差人员实际发生的交通费、餐费发票作为公司费用予以报销，可以不作为个人应税所得征收个人所得税。关于通讯费补贴，如果所在省市地方税务局报经省级人民政府批准后，规定了通讯费免税标准的，可以不征收个人所得税。如果所在省市未规定通讯费免税标准，单位发放此项津贴，应予以征收个人所得税。

（2）足额缴纳“三险一金”。居民个人按照国家规定的范围和标准缴纳的基本养老保险、基本医疗保险、失业保险等社会保险费和住房公积金等属于计算综合所得应纳税所得额的专项扣除。根据《财政部国家税务总局关于基本养老保险费基本医疗保险费失业保险费住房公积金有关个人所得税政策的通知》（财税〔2006〕10号）规定，企事业单位按照国家或省（自治区、直辖市）人民政府规定的缴费比例或办法实际缴付的基本养老保险费、基本医疗保险费和失业保险费，免征个人所得税；个人按照国家或省（自治区、直辖市）人民政府规定的缴费比例或办法实际缴付的基本养老保险费、基本医疗保险费和失业保险费，允许在个人应纳税所得额中扣除。企事业单位和个人超过规定的比例和标准缴付的基本养老保险费、基本医疗保险费和失业保险费，应将超过部分并入个人当期的工资、薪金收入，计征个人所得税。根据《住房公积金管理条例》、《建设部、财政部、中国人民银行关于住房公积金管理若干具体问题的指导意见》（建金管〔2005〕5号）等规定精神，单位和个人分别在不超过职工本人上一年度月平均工资12%的幅度内，其实际缴存的住房公积金，允许在个人应纳税所得额中扣除。单位和职工个人缴存住房公积金的月平均工资不得超过职工工作地所在设区城市上一年度职工月平均工资的3倍，具体标准按照各地有关规定执行。此处的“职工本人上一年度月平均工资”包含单位给职工本人发放的年终奖金。在实行超额累进税率的条件下，费用扣除越多，所适用的税率越低。因此，企业应充分利用国家的社保政策和住房公积金政策，按照当地政府规定的最高缴存比例、最大基数

① 比如，一些单位给员工建设的篮球场、游泳池、娱乐休闲室等。

标准为职工缴存“三险一金”，为职工建立一种长期保障。这样不仅能提高职工的福利待遇水平，而且也能有效降低职工的个税负担。但需要注意的是，企事业单位和个人缴纳的“三险一金”不能超过规定的比例和标准，否则，超出的部分要并入应纳税所得额计征个人所得税。

（3）及时向扣缴义务人提供专项附加扣除信息。根据新个人所得税法的规定，专项附加扣除包括子女教育、继续教育、大病医疗、住房贷款利息和住房租金、赡养老人等支出，居民个人向扣缴义务人提供专项附加扣除信息的，扣缴义务人按月预扣预缴税款时应当按照规定予以扣除，不得拒绝。对于个人纳税人来说，一方面，应及时向扣缴义务人和税务机关提供专项附加扣除信息及其变化情况，并保证相关信息的真实性，力争符合法定要求的专项附加扣除项目尽可能在税前扣除。另一方面，由于纳税人对某些专项附加扣除的扣除方式有一定的选择权，纳税人应结合自身实际选择最恰当的扣除方式。比如，按照《国务院关于印发个人所得税专项附加扣除暂行办法的通知》（国发〔2018〕41号）规定，对于子女教育支出，父母可以选择由其中一方按扣除标准的100%扣除，也可以选择由双方分别按扣除标准的50%扣除，具体扣除方式在一个纳税年度内不能变更；对于大病医疗支出，纳税人发生的医药费用支出可以选择由本人或者其配偶扣除，未成年子女发生的医药费用支出可以选择由其父母一方扣除。因此，对于子女教育支出和大病医疗支出，夫妻双方可以根据各自的收入水平测算哪种扣除方式更有利于减轻家庭的个人所得税负担。

（4）转换个人所得的性质。工资薪金、劳务报酬、稿酬和特许权使用费四类所得虽然都是按纳税年度合并计算个人所得税，但在确认收入额时的规则却是不同的，其中，劳务报酬所得、稿酬所得、特许权使用费所得以收入减除20%的费用后的余额为收入额，并且稿酬所得的收入额减按70%计算。并且，根据《国家税务总局关于发布〈个人所得税扣缴申报管理办法（试行）〉的公告》（国家税务总局公告2018年第61号）的规定，扣缴义务人支付工资薪金所得、劳务报酬所得、稿酬所得、特许权使用费所得时预扣预缴个人所得税的方法也是不同的，具体来看：扣缴义务人向居民个人支付工资、薪金所得时，应当按照累计预扣法计算预扣税款，并按月办理扣缴申报。具体计算公式如下：

本期应预扣预缴税额=（累计预扣预缴应纳税所得额×预扣率－速算扣除数）－累计减免税额－累计已预扣预缴税额

累计预扣预缴应纳税所得额=累计收入－累计免税收入－累计减除费用－累计专项扣除－累计专项附加扣除－累计依法确定的其他扣除①

扣缴义务人向居民个人支付劳务报酬所得、稿酬所得、特许权使用费所得时，应当按照以下方法按次或者按月预扣预缴税款：劳务报酬所得、稿酬所得、特许权使用费所得以收入减除费用后的余额为收入额；其中，稿酬所得的收入额减按70%计算。预扣预缴税款时，劳务报酬所得、稿酬所得、特许权使用费所得每次收入不超过4000元的，减除费用按800元计算；每次收入4000元以上的，减除费用按收入的20%计算。劳务报酬所得、稿酬所得、特许权使用费所得，以每次收入额为预扣预缴应纳税所得额，计算应预扣预缴

① 其中：累计减除费用，按照5000元/月乘以纳税人当年截至本月在本单位的任职受雇月份数计算。

税额。劳务报酬所得适用个人所得税预扣率，稿酬所得、特许权使用费所得适用20%的比例预扣率。

因此，在某些情形下，可以通过改变个人所得的性质达到节税效果。比如，张某擅长撰写足球评论，深受球迷喜欢。某报社打算聘用张某为报社记者，月薪10万元。从税收筹划的角度看，张某应与报社建立一种什么样的合作关系可以减少个人所得税？如果张某与报社签订劳动合同变为报社的记者，则其每月10万元的报酬性质为工资薪金所得；如果张某不与报社签订劳动合同，而是通过签订写作协议为指定版面或栏目创作非署名文章，则其每月10万元的报酬性质变为劳务报酬；如果张某以自由撰稿人的身份向报社投稿，则其每月10万元的报酬性质变为稿酬。为计算简便，假定张某无专项附加扣除，则当10万元报酬为工资薪金性质所得时，其全年应纳个人所得税为：（1200000－60000－150000）×45%－181920＝263580（元）[①]。当10万元报酬为劳务报酬所得时，其全年应纳个人所得税为：［1200000×（1－20%）－60000）］×35%－85920＝229080（元）。当10万元报酬为稿酬所得时，其全年应纳个人所得税为：［1200000×（1－20%）×70%－60000）］×30%－52920＝130680（元）。可见，张某与报社的合作方式不同，其报酬的性质就存在差异，对应的全年应纳个人所得税也就不同了，并且每月预扣预缴的个人所得税也不尽一致。

此外，按照财税〔2018〕164号的规定，2021年12月31日前发放的全年一次性奖金的个人所得税有两种处理方式：（1）以全年一次性奖金收入除以12个月得到的数额按照月度税率表确定适用税率和速算扣除数，单独计算纳税；（2）选择并入当年综合所得计算纳税。但自2022年1月1日起，居民个人取得全年一次性奖金，应并入当年综合所得计算缴纳个人所得税。因此，在2021年12月31日前发放全年一次性奖金时应注意两点。一是合理安排一次性奖金的数额，避免出现“税前奖金越多，税后奖金越少”的现象。比如，3.6万元是一个临界点，如果发放3.6万元年终奖，个税需要缴纳36000×3%＝1080元，到手34920元。如果多发一元，也就是发放36001元年终奖，个税需要缴纳36001×10%－210＝3390.1元，到手32610.9元。相比之下，多发一元年终奖，到手收入反而少了2309.1元。另外，14.4万，30万，42万，66万，96万也是临界点，单位给员工发放年终奖时应避免陷入“盲区”。二是结合综合所得和全年一次性奖金计税办法的差异，根据员工的实际情况确定月薪和年终奖的最佳节税搭配方案。

2. 经营所得个人所得税计税依据和税率的筹划

如前所述，经营所得以每一纳税年度的收入总额减除成本、费用以及损失后的余额，为应纳税所得额。个人经营所得应纳税所得额的计算与企业所得税应纳税所得额的计算方法比较相近，因此，企业所得税计税依据的某些筹划方法可以借鉴到经营所得的个人所得税计税依据筹划中。同时，还要结合经营所得应纳税所得额及适用税率的特点，灵活选取相应的筹划方法。

---

① 150000元为员工全年缴纳的符合税前扣除标准的社会保险费和住房公积金。社会保险费和住房公积金的缴纳情况对张某个人所得税的影响较大。

（1）收入的筹划。由于经营所得适用五超额累进税率，如果某一纳税年度经营所得的应纳税所得额过高，就要按较高的税率纳税，此时，经营个体可以通过采取递延收入的方式起到延期纳税的作用或使纳税人当期适用较低的税率的作用。一般递延收入的方式：一是采取赊销方式，二是改一次性收款销售为分期收款销售。

（2）成本费用的筹划。合理扩大成本费用的列支范围，是减少经营所得应纳税所得额进而实现节税目的的有效手段。需要注意的是，在税务机关的纳税检查过程中，很多纳税人申报的成本费用被剔除，不允许在税前扣除，究其原因，是因为纳税人不能提供合法的凭证，所以纳税人平时应注意保管好原始凭证，发生的损失必须报告备案。成本费用环节的纳税筹划方法有以下几种。

①尽量把一些收入转换成费用开支。因为个人收入主要用于家庭的日常开支，而家庭的很多日常开支事实上很难与其经营支出区分开，可以考虑将电话费、交通费等支出计入个体工商户经营成本中。这样，个体工商户就可以把本来应由其收入支付的家庭开支转换成其经营开支，从而既能满足家庭开支的正常需要，又可减少应纳税所得额。需要注意的是，自 2015 年 1 月 1 日起实施的《个体工商户个人所得税计税办法》对个体工商户生产经营与家庭生活混用不能分清的费用处理方式有了新规定，允许将混用不能分清的费用按照 40％的比例视为与生产经营有关费用进行税前扣除。这种处理方式既便于个体工商户享受扣除规定，也可避免旧的计税办法下因个别地方不允许混用费用扣除导致纳税人税负增加。

②尽可能地将资本性支出合法地转化为收益性支出。对于符合税法规定的收益性支出，可以将其作为一次性的成本费用在税前扣除。

③如果使用自己的房产进行经营，则可以采用收取租金的方法扩大经营支出范围。虽然收取租金会增加个人的应纳税所得额，但租金作为一项经营费用可以冲减个人的应纳税所得额，减少个人经营所得的纳税额。同时，自己的房产维修费用也可列入经营支出，这样既扩大了经营支出范围，又可以实现自己房产的保值甚至增值。

④使用家庭成员或雇用临时工，扩大工资等费用支出范围。这些人员的开支具有较强的灵活性，既能增加个人家庭收入，又能扩大一些与之相关的人员费用支出范围，增加了税前列支费用，从而降低了应纳税所得额。

3. 财产租赁所得个人所得税计税依据的筹划

个人出租财产取得的财产租赁收入，在计算缴纳个人所得税时，应依次扣除以下费用。

（1）财产租赁过程中缴纳的税费。

（2）由纳税人负担的该出租财产实际开支的修缮费用。允许扣除的修缮费用，以每次 800 元为限，一次扣除不完的，准予在下一次继续扣除，直至扣完为止。

（3）税法规定的费用扣除标准。

财产租赁所得应纳税所得额的计算公式如下。

（1）每次（月）收入不超过 4000 元的：

应纳税所得额＝每次（月）收入额－准予扣除项目－修缮费用（800 元为限）－

800 元

（2）每次（月）收入超过 4000 元的：

应纳税所得额＝［每次（月）收入额－准予扣除项目－修缮费用（800 元为限）］×（1－20％）

实践中，纳税人往往需要对其出租财产进行修缮，此时应把握好修缮时机，力求发生的修缮费用能够在税前全额扣除。

【案例 4－25】

王先生将闲置的一间商铺于 2019 年 1 月租了出去，租期是 8 个月，租期结束后将转为自用。主管地方税务机关根据王先生的房屋出租收入减去应纳的税费及其他相关费用后，核定月应纳税所得额为 4200 元，每月应纳个人所得税 840 元。2 月份，王先生发现房子有点漏雨，打算在租期结束后对房屋进行维修。维修队的技术员经过现场察看与测算，房屋维修费至少要 5000 元，只需一个星期的时间就可维修好，2 月底前可以完工，不会影响房屋出租。为此，王先生认识的一个税务师建议王先生马上进行维修，这样可以节省一笔个人所得税。

思考：将房屋出租期满后维修与现在进行维修对王先生应缴纳的个人所得税有多大影响？

【解析】根据个人所得税法的相关规定，由纳税人负担的该出租财产实际开支的修缮费用允许扣除，以每次 800 元为限，一次扣除不完的，准予在下一次继续扣除，直至扣完为止。王先生房屋出租的期限还有近 7 个月的时间，如果现在动工维修，2 月底前房屋即可维修好，假定修缮费用为 5000 元，依照上述规定，这样在今后 7 个月的纳税期限内，其修缮费用在计算征税时可全部扣除完。由于主管税务机关核定王先生月应纳税所得额为 4200 元，如果现在开始修缮房屋，则房屋租赁期的第 2 个月至第 7 个月，每个月可扣除修缮费用 800 元，累计可扣除房屋维修费为：800×6＝4800（元）。这样一来，王先生每月应纳个人所得税额为：（4200－800）×20％＝680（元）。在房屋租赁期内最后一个月中，可扣除的维修费为 200 元，王先生在租赁期最后一个月应纳个人所得税额为：（4200－200）×20％＝800 元。王先生在出租房屋 8 个月的时间内，实际缴纳个人所得税应为：840＋680×6＋800＝5720（元）。如果王先生等房屋租赁期结束后对房屋进行维修，则其应纳个人所得税额为：4200×20％×8＝6720（元）。不难看出，如果王先生在 2 月份即对房屋进行维修，最终可以节税 1000 元。但需要注意的是，在支付维修费时，王先生一定要向维修队索取合法、有效的房屋维修发票，并及时报经主管地方税务机关核实，经税务机关确认后才能扣除。

4. 财产转让所得个人所得税计税依据的筹划

一般情况下，财产转让所得应纳税额的计算公式为：

应纳税额＝（收入总额－财产原值－合理税费）×20％

住房作为个人的一项重要财产，其在转让过程中的个人所得税问题尤其值得关注。

《关于个人住房转让所得征收个人所得税有关问题的通知》(国税发〔2006〕108号),对个人转让住房的有关个人所得税政策进行了明确。个人转让住房,可能涉及营业税、个人所得税等税种,税负可能增加,售房者因此需最大限度地利用税收优惠政策,减少涉税成本。

首先,要严格对照规定正确确认房产原值。个人转让住房,以其转让收入额减除财产原值和合理费用后的余额为应纳税所得额,按照"财产转让所得"项目缴纳个人所得税。而应纳税所得额=房产转让收入额-房产原值-合理费用。为此,正确确认房产原值对于个人转让住房缴纳个人所得税至关重要。

其次,要尽最大可能地扣除所有合理费用。按《国家税务总局关于实施房地产税收一体化管理若干问题的通知》(国税发〔2005〕156号)规定,个人转让住房缴纳个人所得税按"转让收入-房产原值-转让住房过程中缴纳的税金及有关合理费用"的20%征收。为此,在确认转让收入和房屋原值基础上,税收筹划时要注意两方面的问题:一是纳税人在转让住房时实际缴纳的城市维护建设税、教育费附加、土地增值税、印花税等税金可扣除①;二是从2006年8月1日起,纳税人按照规定实际支付的住房装修费用、住房贷款利息、手续费、公证费等费用可扣除。需要注意的是,有关合理费用的扣除是有严格限定条件的。具体规定如下。

(1)支付的住房装修费用。纳税人能提供实际支付装修费用的税务统一发票,并且发票上所列付款人姓名与转让房屋产权人一致的,经税务机关审核,其转让的住房在转让前实际发生的装修费用,可在以下规定比例内扣除。①已购公有住房、经济适用房:最高扣除限额为房屋原值的15%;②商品房及其他住房:最高扣除限额为房屋原值的10%。纳税人原购房为装修房,即合同注明房价款中含有装修费(铺装了地板,装配了洁具、厨具等)的,不得再重复扣除装修费用。

(2)支付的住房贷款利息。纳税人出售以按揭贷款方式购置的住房的,其向贷款银行实际支付的住房贷款利息,凭贷款银行出具的有效证明据实扣除。

(3)纳税人按照有关规定实际支付的手续费、公证费等,凭有关部门出具的有效证明据实扣除。

另外,根据国税发〔2006〕108号规定,纳税人未提供完整、准确的房屋原值凭证,不能正确计算房屋原值和应纳税额的,税务机关可根据《中华人民共和国税收征收管理法》第三十五条的规定,对其实行核定征税,即按纳税人住房转让收入的一定比例核定应纳个人所得税额。具体比例由省级地方税务局或者省级地方税务局授权的地市级地方税务局根据纳税人出售住房的所处区域、地理位置、建造时间、房屋类型、住房平均价格水平等因素,在住房转让收入1%~3%的幅度内确定。事实上,不同的计税方式对纳税人的税收负担影响较大。比如,如果一套房子200万元买入,300万元出售,假定个人所得税按照转让收入的2%核定征收,则住房转让所得应缴纳的个人所得税为6万元;假定个人所

① 根据《财政部 国家税务总局关于营改增后契税 房产税 土地增值税 个人所得税计税依据问题的通知》(财税〔2016〕43号),营改增后,个人转让房屋的个人所得税应税收入不含增值税,其取得房屋时所支付价款中包含的增值税计入财产原值,计算转让所得时可扣除的税费不包括本次转让缴纳的增值税。

得税按照住房转让所得的20%计征，住房转让过程中允许扣除的合理税费为30万元，则住房转让所得应缴纳的个人所得税为14万元。这对于投资客来说是非常严重的获利切割。过去，有些纳税人为了在计征转让住房的个人所得税时实行核定征收，故意不提供完整、准确的房屋原值凭证，从而可以减轻税负。但2013年3月1日发布的《国务院办公厅关于继续做好房地产市场调控工作的通知》明确，税务、住房城乡建设部门要密切配合，对出售自有住房按规定应征收的个人所得税，通过税收征管、房屋登记等历史信息能核实房屋原值的，应依法严格按转让所得的20%计征。新规的出台一定程度上限制了纳税人在转让住房时选择核定征收个人所得税的空间。

5. 利息、股息、红利所得个人所得税计税依据的筹划

利息、股利、红利所得的个人所得税适用20%的税率，在某些情形下，可以通过适当操作将利息、股利、红利所得转化为工资、薪金所得，进而可以达到节税目的。

（1）职工集资利息转化为工资、薪金。企业在法律允许的范围内向职工集资时，通常需要向职工支付相应的集资利息。职工取得的利息收入需要按照20%的税率缴纳个人所得税。当职工的工资、薪金所得适用的个人所得税税率较低时，可以考虑将发给职工的集资利息转化为工资、薪金所得。

【案例4-26】

某企业有100名员工，人均月工资3000元。20××年，因扩大规模需要，企业向职工集资人均10000元，年利率6%。则年终向职工支付集资利息时需代扣代缴个人所得税为：100×10000×6%×20%=12000（元）。那么，企业应如何筹划集资利息的个人所得税？

【解析】由于该企业职工人均月工资3000元，尚未达到个人所得税费用扣除标准，职工无需缴纳工资个人所得税，但其集资利息却适用20%的较高税率。为此，企业可以将集资利息率下降3个百分点，相当于人均减少利息收入为300元，同时将减少的集资利息转化为职工的工资，相当于每月人均增加25元工资，这样本年度人均月工资达到3025元，仍然无需缴纳个人所得税。而集资利息的个人所得税却下降为：100×10000×3%×20%=6000（元）。

利用这种方法进行筹划时需要注意四点：一是集资必须是在法律许可的范围内，不能演变成非法集资；二是利率应控制在银行同期贷款利率以下，防止超标准的利息因不能在税前扣除而增加企业所得税负担；三是提高工资、薪金时，必须考虑到税务机关对工资、薪金合理性的认定，否则可能会增加企业所得税税负；四是要注意利息转化为工资后对职工工资、薪金个人所得税适用的边际税率的影响，合理权衡利息个人所得税与工资、薪金个人所得税的关系。

（2）股息、红利所得与工资、薪金所得相互转化。在某些情形下，个人取得的股息、红利所得可以通过转化为工资薪金所得的途径进行税收筹划，而在另一些情形下，个人的工资薪金所得又可通过转化为股息红利所得的途径进行税收筹划。比如，一些高收入者可能薪金只拿一元钱，但其收入更多体现在股权等方面，这部分收入在取得股息、转让时依然会被相应征收个税。但是，同样一笔百万元的收入，如果在工资薪金所得项目下，适用最高45%的税率；而在股息红利、财产转让项目下，适用税率只有20%。

（3）延长持股期限。根据《财政部 国家税务总局 证监会关于上市公司股息红利差别化个人所得税政策有关问题的通知》（财税〔2015〕101号）第一条的规定，个人从公开发行和转让市场取得的上市公司股票，持股期限超过1年的，股息红利所得暂免征收个人所得税。个人从公开发行和转让市场取得的上市公司股票，持股期限在1个月以内（含1个月）的，其股息红利所得全额计入应纳税所得额；持股期限在1个月以上至1年（含1年）的，暂减按50%计入应纳税所得额①。

因此，个人投资者持股时间越长，其股息红利所得个人所得税的税负就越低。

三、税收优惠的筹划

（一）个人所得税税收优惠的法律规定

《中华人民共和国个人所得税法》及其实施条例以及财政部、国家税务总局的若干规定，都对个人所得项目给予了减税免税的优惠。

1. 免征个人所得税的优惠

（1）省级人民政府、国务院部委和中国人民解放军军以上单位，以及外国组织、国际组织颁发的科学、教育、技术、文化、卫生、体育、环境保护等方面的奖金。

（2）国债和国家发行的金融债券利息。

（3）按照国家统一规定发给的补贴、津贴。

（3）福利费、抚恤金、救济金。

（5）保险赔款。

（6）军人的转业费、复员费。

（7）按照国家统一规定发给干部、职工的安家费、退职费、退休工资、离休工资、离休生活补助费。

（8）依照我国有关法律规定应予免税的各国驻华使馆、领事馆的外交代表、领事官员和其他人员的所得。

（9）中国政府参加的国际公约、签订的协议中规定免税的所得。

（10）对乡、镇（含乡、镇）以上人民政府或经县（含县）以上人民政府主管部门批准成立的机构、有章程的见义勇为基金或者类似性质组织，见义勇为者的奖金或奖品，经主管税务机关核准，免征个人所得税。

（11）企业和个人按照省级以上人民政府规定的比例提取并缴付的住房公积金、医疗保险金、基本养老保险金、失业保险金，不计入个人当期的工资、薪金收入，免予征收个人所得税。超过规定的比例缴付的部分计征个人所得税。

（12）对个人取得的教育储蓄存款利息所得以及国务院财政部门确定的其他专项教育储蓄存款或者储蓄性专项基金存款的利息所得，免征个人所得税。

---

① 上述所得统一适用20%的税率计征个人所得税。

(13) 外籍个人以非现金形式或实报实销形式取得的住房补贴、伙食补贴、搬迁费、洗衣费。

(14) 外籍个人按合理标准取得的境内、外出差补贴。

(15) 外籍个人取得的探亲费、语言训练费、子女教育费等，经当地税务机关审核批准为合理的部分。

(16) 个人转让自用达5年以上并且是家庭唯一的家庭居住用房取得的所得。

(17) 广东省、深圳市按内地与中国香港个人所得税税负差额，对在大湾区工作的境外（含港澳台，下同）高端人才和紧缺人才给予补贴，该补贴免征个人所得税。

2. 减征个人所得税的优惠

经批准可以减征个人所得税的情形包括以下几种。

(1) 残疾、孤老人员和烈属的所得。

(2) 因严重自然灾害造成重大损失的。

(3) 依法批准设立的非营利性研究开发机构和高等学校根据《中华人民共和国促进科技成果转化法》规定，从职务科技成果转化收入中给予科技人员的现金奖励，可减按50%计入科技人员当月"工资、薪金所得"，依法缴纳个人所得税①。

(4) 其他经国务院财政部门批准减税的。根据《中华人民共和国个人所得税法》(2018年修订) 规定，个人将其所得对教育、扶贫、济困等公益慈善事业进行捐赠，捐赠额未超过纳税人申报的应纳税所得额百分之三十的部分，可以从其应纳税所得额中扣除；国务院规定对公益慈善事业捐赠实行全额税前扣除的，从其规定。其中，根据《财政部 国家税务总局关于纳税人向农村义务教育捐赠有关所得税政策的通知》(财税〔2001〕103号) 规定，个人通过非营利的社会团体和国家机关向农村义务教育的捐赠，准予在缴纳个人所得税前的所得额中全额扣除。个人的所得（不含偶然所得和经国务院财政部门确定征税的其他所得）用于资助非关联的科研机构和高等学校研究开发新产品、新技术、新工艺所发生的研究开发经费，经主管税务机关确定，可以全额在下月（工资、薪金所得）或下次（按次计征的所得）或当年（按年计征的所得）计征个人所得税时，从应纳税所得额中扣除，不足抵扣的，不得结转抵扣。

（二）个人所得税税收优惠的筹划

个人所得税的税收优惠政策较多，纳税人可以结合自身实际灵活选择相应的优惠政策筹划个人所得税。这里仅以住房转让和公益性捐赠为例阐述如何利用税收优惠政策进行个人所得税筹划。

1. 住房转让的个人所得税筹划

根据现行个人所得税法的相关规定，对个人转让自用5年以上，并且是家庭唯一生活用房取得的所得，免征个人所得税。因此，个人在转让家庭的唯一生活用房时，如果住房的自用时间已快满5年，可以考虑适当延迟住房转让时间。

---

① 参见《关于科技人员取得职务科技成果转化现金奖励有关个人所得税政策的通知》(财税〔2018〕58号)，本通知自2018年7月1日起实行。

【案例 4-27】

李先生 2014 年 5 月购买了一套建筑面积为 80 平方米的商品房（家庭唯一生活用房），共支付价款 40 万元，属于普通住房。2018 年 12 月，李先生感觉原来的住房面积过小，打算更换一套建筑面积为 120 平方米的住房。由于手头资金较为宽裕，李先生采取了“先买后卖”的做法，2019 年 4 月，在办完新房的各项手续后，以 70 万元的价格将原来的商品房转让出去。那么，李先生的做法有何问题？他应该如何进行税收筹划？

【解析】《国家税务总局关于个人转让房屋有关税收征管问题的通知》（国税发〔2007〕33 号）规定，个人转让自用 5 年以上，并且是家庭唯一生活用房，取得的所得免征个人所得税。

根据上述规定，李先生的做法显然增加了自己的各项税收负担，理由是：李先生购买新房后，其转让的旧房不再属于家庭唯一生活用房，而且居住时间也未满 5 年，因此，须照常缴纳住房转让所得的个人所得税。

事实上，如果李先生能够将其旧房转让时间推迟到 2019 年 5 月份之后，同时采用“先卖后买”的做法，则其税收负担会大大降低，这是因为，李先生的旧房购置于 2014 年 5 月，如果将其旧房转让时间推迟到 2019 年 5 月份之后，则其住房属于家庭唯一住房，而且居住时间已满 5 年，可以享受免征个人所得税的优惠。当然，“先卖后买”的做法与“先买后卖”相比也存在一定不足，主要是因为卖掉旧房之后至搬进新房之前存在一定时滞，期间面临寻找临时性住所的问题。

这里需要特别提醒的是，现实中，有些纳税人为了享受转让住房免征个人所得税的优惠政策，采取了一些非常规的避税手段。比如，陈女士和丈夫名下有三套房子，打算出售其中一套。显然，如果两人直接转让住房，其住房转让所得是不符合免征个人所得税条件的，但为了节省住房转让环节的个人所得税，陈女士与丈夫先办理了离婚手续，离婚后有一人名下只有一套房，这样一来，这套住房就成为唯一家庭用房了，如果居住时间已满 5 年，此时再卖掉房子，就可以免交个人所得税。等房子卖掉后，两人再办理复婚手续。虽然上述避税手段并不违法，但却存在很大的风险，双方的离婚行为一旦弄假成真，当事人将追悔莫及。

2. 公益性捐赠的税收筹划

根据个人所得税法的相关规定，个人将其所得通过中国境内的社会团体、国家机关进行的公益性捐赠，捐赠额未超过纳税义务人申报的应纳税所得额 30%的部分，可以从其应纳税所得额中扣除。其中，个人通过非营利的社会团体和国家机关向农村义务教育的捐赠，准予在缴纳个人所得税前的所得额中全额扣除。因此，个人在进行公益性捐赠时，可以优先考虑通过非营利的社会团体和国家机关向农村义务教育进行捐赠，争取捐赠额在缴纳个人所得税前的所得额中全额扣除。纳税人即便不向农村义务教育捐赠，也应对自己的捐赠行为进行合理安排，使其捐赠额能够得到最大限度的扣除，这里的筹划要点主要有两个。

（1）将一次捐赠行为变为分期捐赠行为。根据个人所得税法的相关规定，个人进行的公益性捐赠如果超出了扣除限额，则超出扣除限额的部分不允许税前扣除。因此，当纳税人某次公益性捐赠额较大时，很有可能超出扣除限额，此时可以考虑将一次性捐赠变更为分期捐赠。由于个人所得税实行超额累进税率，该方法的筹划效果会受到个人收入总额的影响，即个人收入总额较高的人，一般会适用比较高的边际税率，用这一方法进行税收筹划的效果会更好。

（2）选择不同类型的收入进行公益性捐赠。实行分类与综合相结合的个人所得税后，不同类型个人所得应纳税所得额的计算方法及其适用的税率仍有一定差异。即便进行相同数额的公益性捐赠，如果用于公益性捐赠的收入类型不同，其税前扣除的额度也会出现差异。因此，当纳税人拥有多种收入时，应充分考虑究竟利用哪种类型的收入对外捐赠。

案例分析和讨论①

学习完前面的内容，我们现在可以对【案例导入】中提出的问题进行回答了。根据《财政部 国家税务总局关于企业促销展业赠送礼品有关个人所得税问题的通知》（财税〔2011〕50号），企业在向个人销售商品（产品）和提供服务的同时给予赠品，如通信企业对个人购买手机赠话费、入网费，或者购话费赠手机等，不征收个人所得税。因此，汽车4S店在销售汽车的同时赠送给客户的车辆装饰，并不需要代扣代缴个人所得税，企业应避免出现因不了解相关税法规定而多缴税的行为。

本章小结

企业所得税是绝大多数企业和其他取得收入的组织都会涉及的一个重要税种。企业所得税的计征方法主要包括查账征收和核定征收，其中，查账征收方式下企业所得税的计算比较复杂，其应纳税所得额为企业每一纳税年度的收入总额，减除不征税收入、免税收入、各项扣除以及允许弥补的以前年度亏损后的余额。对于企业所得税的筹划来说，计税依据筹划是重点，而且其筹划空间也最大。计税依据筹划的主要切入点包括收入筹划、扣除项目筹划及亏损弥补筹划，尤其是扣除项目的筹划尤其值得关注。除此之外，企业所得税的优惠政策较多，包括税额式优惠、税率式优惠和税基式优惠，纳税人应当用足用活相关税收优惠政策，力求获得最大的税收利益。当然，不同类型企业享受的所得税待遇是存在一定差异的，纳税人还应当对自己的身份进行合理筹划。

个人所得税是对个人取得的各项应税所得征收的一种所得税。自2019年1月1日起，我国全面实施新的个人所得税法，本章重点对综合所得、经营所得、财产租赁所得、财产转让所得、利息股息红利所得等的个人所得税筹划方法进行了讨论。另外，居民纳税人和非居民纳税人的纳税义务不同，个人可以通过一定方式实现自己身份的转变。而且，个人所得税的减免税优惠政策较多，纳税人应充分了解享受优惠政策的条件，尽可能利用这些优惠政策去减轻个人所得税负担。

---

① 根据《关于个人取得有关收入适用个人所得税应税所得项目的公告》（财政部 税务总局公告2019年第74号）规定，企业在业务宣传、广告等活动中，随机向本单位以外的个人赠送礼品（包括网络红包，下同），以及企业在年会、座谈会、庆典以及其他活动中向本单位以外的个人赠送礼品，个人取得的礼品收入，按照“偶然所得”项目计算缴纳个人所得税，但企业赠送的具有价格折扣或折让性质的消费券、代金券、抵用券、优惠券等礼品除外。

思考与练习

一、思考题

1. 简述企业所得税纳税人筹划的基本思路。
2. 如何对企业的收入进行企业所得税筹划?
3. 如何对企业的费用进行企业所得税筹划?
4. 固定资产折旧筹划的要点是什么?
5. 如何对存货成本计价方法进行筹划?
6. 对公益性捐赠进行企业所得税筹划的注意事项有哪些?
7. 如何对企业亏损进行企业所得税筹划?
8. 如何利用企业所得税的税率进行税收筹划?
9. 如何利用税收优惠政策进行企业所得税筹划?
10. 如何对个人纳税人的身份进行筹划?
11. 综合所得的个人所得税有哪些筹划技巧?
12. 财产租赁所得和财产转让所得的个人所得税筹划要点有哪些?
13. 个人转让住房时应如何进行个人所得税筹划?
14. 个人如何对公益性捐赠进行个人所得税筹划?

二、练习题

1. 张三 2019 年工资薪金所得为 80000 元，专项扣除及专项附加扣除合计为 53000 元。张三在 2019 年年末还会发放一笔奖金 30000 元，年终奖的计税方式有两种选择：一是年终奖单独计算个人所得税；二是年终奖并入综合所得计算个人所得税。请问：张三应选择哪种计税方式?

2. 某公司根据《中华人民共和国企业所得税法实施条例》第八十七条的规定，可以享受自项目取得第一笔生产经营收入的纳税年度起，第一年至第三年免征企业所得税，第四年至第六年减半征收企业所得税的优惠政策。该公司原计划于 2014 年 11 月份开始生产经营，当年预计亏损 40 万元，从 2015 年度至 2020 年度，每年预计应纳税所得额分别为 100 万元、500 万元、600 万元、800 万元、1200 万元和 1800 万元。请计算从 2014 年度到 2020 年度，该公司应当缴纳多少企业所得税，并提出企业所得税纳税筹划方案。

3.《中华人民共和国企业所得税法实施条例》第四十三条规定，企业发生的与生产经营活动有关的业务招待费支出，按照发生额的 60%扣除，但最高不得超过当年销售（营业）收入的 5‰，即企业发生的业务招待费得以税前扣除，既先要满足 60%发生额的标准，又最高不得超过当年销售收入 5‰的规定。那么，企业如何能够充分使用业务招待费的限额又可以减少纳税调整事项?

4. S 公司是一家从事特殊材料生产销售的公司，该公司经营规模不大，但效益不错。截至 2019 年 12 月 25 日，公司已经实现利润 280 万元。该公司 26 日接到紧急订单，一客户因生产需要，急需当日从S公司采购500万元的材料，净利润大约在50万元。

业务部门将客户需求转交给财务部门审核时，财务部门对此提出了异议：按照《关于实施小微企业普惠性税收减免政策的通知财税》（〔2019〕13号）规定，2019年1月1日至2021年12月31日，对小型微利企业年应纳税所得额不超过100万元的部分，减按25%计入应纳税所得额，按20%的税率缴纳企业所得税；对年应纳税所得额超过100万元但不超过300万元的部分，减按50%计入应纳税所得额，按20%的税率缴纳企业所得税。公司目前的资产规模、人员规模及年应纳税所得均符合小型微利企业的标准，如果按照现在的利润计算缴纳企业所得税，大约应缴纳23万元（$=100\times25\%\times20\%+180\times50\%\times20\%$）。如果公司接受该订单，本年度利润将达到330万元，超过小型微利企业的标准，应按照25%的企业所得税税率缴纳企业所得税，大约应缴纳企业所得税82.5万元（$=330\times25\%$）。二者相差59.5万元，与增加的50万元利润相比，这显然是一笔不合算的交易，因此建议取消该笔交易。公司负责人召集财务部门一起商讨，寻找解决方案。

请问：如果你是财务人员，会提出何种筹划方案？

5. 某基层国税局在对研发费加计扣除企业的专项核查中，发现某公司申请加计扣除的所有研发项目均不属于税收文件规定的研究开发活动，不适用税前加计扣除优惠政策，企业按要求补缴税款及滞纳金共计352万元。该企业是一家韩资汽车部件生产企业，从事汽车电子控制系统、汽车电子防盗设备系统及模具的设计、生产和销售。核查人员从8个研发项目中选取了金额最大的两个项目展开重点核查。通过税务约谈和实地核实，了解到企业所从事的这两项研发活动是将韩国母公司的两项专利技术运用于新产品，每推出一款新车型，在形成产品之前都单独做一定的研发和测试。企业每年都在1月进行新产品的立项研发，第一季度都以研发活动为主。测试期一般为两个月，单品合格率达99%才能达标，测试合格的产品全部对外销售。根据企业计算研究开发耗用材料费用的方法，核查人员判断企业很可能把研发和生产混同了，他们认为新产品生产就是研发活动，把产品测试当成研发的一个环节。当核查人员要求企业就这两项科研项目出具地市级（含）以上政府科技部门出具的《研究开发项目鉴定意见书》时，该企业无法提供，仅能提供由教育部科技查新工作站和北京化工大学科技查新站出具的《科技查新报告》。这两份查新报告显然仅是对韩国母公司专利技术的证明，并不能用于鉴定企业所申报的研发项目。据此，税务机关认为，企业所谓的研发活动其实只是对专利技术的直接应用，虽然专利技术应用到新产品确实需要一定的研发，但并不符合研发加计扣除文件中所定义的研发活动。核查人员对其他6个科研项目做进一步核实后，发现所有项目都不属于税法规定的研发活动。在税务人员耐心的讲解和辅导下，经过多次与企业沟通，企业就其在研发费用加计扣除中存在的问题与税务机关达成一致意见：企业申请加计扣除的8项研发项目均属于对科研成果的直接应用，不适用研发费用加计扣除政策[①]。

请问：企业享受研发费用加计扣除政策应注意哪些事项？上述案例对企业利用优惠政策进行税收筹划有何启示？

---

① 张凌．莫把“假研发”和“真研发”混淆［J］．中国税务报，2018-1-18.

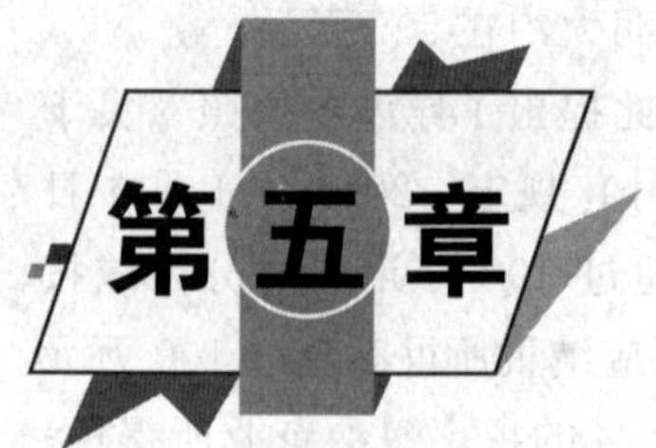

第五章 资源税类筹划

学习目标

通过本章学习，熟悉资源税类相关税种的基本法律规定，在此基础上，围绕各个税种的基本构成要素，着重掌握资源税、土地增值税、城镇土地使用税的税收筹划思路，力求能用所学的筹划理论和方法去解决实际问题。

学习要点

资源税、土地增值税和城镇土地使用税的税收筹划策略。

第一节 资源税筹划

案例导入

某矿业开采企业，20××年10月份共开采销售原油200万元，开采销售天然气100万元。原油适用税率为其销售额的8%，天然气适用税率为其销售额的6%。该企业会计人员为节省核算成本没有两种产品分开核算，税务顾问得知此事后指出，最好将两种产品分别核算。请问：将两种产品分别核算对资源税有何影响?

一、计税依据的筹划

（一）资源税计税依据的法律规定

资源税是对在中华人民共和国领域及管辖海域从事应税矿产品开采和生产盐的单位和个人课征的一种税。目前资源税的应纳税额，按照从价定率或者从量定额的办法，分别以应税产品的销售额乘以纳税人具体适用的比例税率或者以应税产品的销售数量乘以纳税人具体适用的定额税率计算。

1. 从价定率征收的计税依据

实行从价定率征收的资源税计税方式为：

应纳资源税额＝应税销售额×比例税率。

销售额是指为纳税人销售应税产品向购买方收取的全部价款和价外收费，但不包括收取的增值税销项税额。这里的价外费用包括价外向购买方收取的手续费、补贴、基金、集资费、返还利润、奖励费、违约金、滞纳金、赔偿金、代收款项、代垫款项、包装费、包装物租金、储备费、优质费等。

根据《关于实施煤炭资源税改革的通知》(财税〔2014〕72号)，自2014年12月1日起，煤炭资源税实行从价定率计征，其应税销售额的确定规则如下。

(1) 纳税人开采原煤直接对外销售的，以原煤销售额作为应税煤炭销售额计算缴纳资源税[①]。

原煤应纳税额＝原煤销售额×适用税率[②]

(2) 纳税人将其开采的原煤加工为洗选煤销售的，以洗选煤销售额乘以折算率作为应税煤炭销售额计算缴纳资源税[③]。

洗选煤应纳税额＝洗选煤销售额×折算率×适用税率[④]

其中，折算率可通过洗选煤销售额扣除洗选环节成本、利润计算，也可通过洗选煤市场价格与其所用同类原煤市场价格的差额及综合回收率计算。折算率由省、自治区、直辖市财税部门或其授权地市级财税部门确定。

根据《财政部 国家税务总局关于实施稀土、钨、钼资源税从价计征改革的通知》(财税〔2015〕52号)的规定，自2015年5月1日起，实施稀土、钨、钼资源税从价计征改革。纳税人将其开采的原矿加工为精矿销售的，按精矿销售额（不含增值税）和适用税率计算缴纳资源税。纳税人开采并销售原矿的，将原矿销售额（不含增值税）换算为精矿销售额计算缴纳资源税[⑤]。应纳税额的计算公式为：

应纳税额＝精矿销售额×适用税率

精矿销售额的计算公式为[⑥]：

精矿销售额＝精矿销售量×单位价格

纳税人销售（或者视同销售）其自采原矿的，可采用成本法或市场法将原矿销售额换算为精矿销售额计算缴纳资源税。

其中成本法公式为：

精矿销售额＝原矿销售额＋原矿加工为精矿的成本×（1＋成本利润率）

市场法公式为：

精矿销售额＝原矿销售额×换算比

---

① 纳税人将其开采的原煤，自用于连续生产洗选煤的，在原煤移送使用环节不缴纳资源税。自用于其他方面的，视同销售原煤。

② 原煤销售额不含从坑口到车站、码头等的运输费用。

③ 纳税人将其开采的原煤加工为洗选煤自用的，视同销售洗选煤。

④ 洗选煤销售额包括洗选副产品的销售额，不包括洗选煤从洗选煤厂到车站、码头等的运输费用。

⑤ 原矿销售额不包括从矿区到车站、码头或用户指定运达地点的运输费用。

⑥ 精矿销售额不包括从洗选厂到车站、码头或用户指定运达地点的运输费用。

换算比＝同类精矿单位价格÷（原矿单位价格×选矿比）

选矿比＝加工精矿耗用的原矿数量÷精矿数量

根据《财政部 国家税务总局关于全面推进资源税改革的通知》（财税〔2016〕53号）规定，自2016年7月1日，对《资源税税目税率幅度表》中列举名称的21种资源品目和未列举名称的其他金属矿实行从价计征，计税依据由原矿销售量调整为原矿、精矿（或原矿加工品）、氯化钠初级产品或金锭的销售额。

以精矿为征税对象的税目，如果纳税人销售原矿，在计算应纳资源税时，需要利用换算比进行转换。换算比按照如下方法确定：

如果本地区有可参照的精矿销售价格（一般外销占1/3以上），纳税人销售（或者视同销售）其自采原矿，可采用市场法将原矿销售额换算为精矿销售额计算缴纳资源税。

精矿销售额＝原矿销售额×换算比

换算比＝精矿单位售价÷（原矿单位售价×选矿比）

选矿比＝加工精矿耗用的原矿数量÷精矿数量；或者，选矿比＝精矿品位÷（加工精矿耗用的原矿品位×选矿回收率）①

如果本地区精矿销售情况很少，缺乏可参照的市场售价，纳税人销售（或者视同销售）其自采原矿的，可采用成本法公式计算换算比②：

换算比＝精矿平均销售额÷（精矿平均销售额－加工环节的平均成本－加工环节的平均利润）

2. 从量定额征收的计税依据

实行从量定额征收的资源税计税方式为：应纳资源税额＝课税数量×单位税额。

自2016年7月1日《关于全面推进资源税改革的通知》（财税〔2016〕53号）实施后，仍采用从量定额方式计征的，如果征税对象为原矿，纳税人销售精矿的，应当将精矿的销售数量换算为原矿的销售数量；如果征税对象为精矿，纳税人销售原矿的，应当将原矿的销售数量换算为精矿的销售数量。具体换算办法仍按照《中华人民共和国资源税暂行条例实施细则》等有关规定执行。

继2016年7月1日河北省率先进行水资源税试点改革后，自2017年12月1日起在北京、天津、山西、内蒙古、山东、河南、四川、陕西、宁夏等9个省（自治区、直辖市）扩大水资源税改革试点。根据试点改革方案，水资源税实行从量计征③，应纳税额计算公式为：

应纳税额＝实际取用水量×适用税额

除水力发电和火力发电贯流式（不含循环式）冷却取用水的资源税计税依据为实际发电量外，一般水资源税的计税依据为实际取用水量。

（二）资源税计税依据的筹划

根据现行资源税法的相关规定，纳税人以自采原煤或加工的洗选煤连续生产焦炭、煤气、煤化工、电力等产品，自产自用且无法确定应税煤炭移送使用量的，可采取最终产成

---

① 选矿回收率为精矿中某有用组分的质量占入选原矿中该有用组分质量的百分比。

② 该式中“加工环节”是指原矿加工为精矿的环节，加工环节的平均成本包括相关的合法合理的销售费用、管理费用和财务费用。

③ 水力发电和火力发电贯流式（不含循环式）冷却取用水应纳税额的计算公式为：应纳资源税额＝实际发电量×适用税额。

品的煤耗指标确定用煤量，即：煤电一体化企业可按照每千瓦时综合供电煤耗指标进行确定；煤化工一体化企业可按照煤化工产成品的原煤耗用率指标进行确定；其他煤炭连续生产企业可采取其产成品煤耗指标进行确定，或者参照其他合理方法进行确定。另外，资源税全面改革后，仍采用从量定额方式计征的，如果征税对象为原矿，纳税人销售精矿的，应当将精矿的销售数量换算为原矿的销售数量；如果征税对象为精矿，纳税人销售原矿的，应当将原矿的销售数量换算为精矿的销售数量。根据《中华人民共和国资源税暂行条例实施细则》第九条规定，纳税人不能准确提供应税产品销售数量的，以应税产品的产量或者主管税务机关确定的折算比换算成的数量为计征资源税的销售数量。《国家税务总局关于发布修订后的〈资源税若干问题的规定〉的公告》（国家税务总局公告 2011 年第 63 号）规定，资源税纳税人自产自用的应税产品，因无法准确提供移送使用量而采取折算比换算课税数量办法的，具体规定如下：煤炭，对于连续加工前无法正确计算原煤移送使用量的，可按加工产品的综合回收率，将加工产品实际销量和自用量折算成的原煤数量作为课税数量。金属和非金属矿产品原矿，因无法准确掌握纳税人移送使用原矿数量的，可将其精矿按选矿比折算成的原矿数量作为课税数量。实践中，税务机关一般是按照同行业的平均水平确定的，纳税人实际的折算率或换算比与同行业的平均水平往往存在差异，可以根据实际差异决定是否准确地进行相关数量或金额的核算。比如，如果煤炭企业确定的自身煤炭回收率低于同行业平均综合回收率，则可根据同行业的平均综合回收率来折算，计算出来的应税产品数量会少于实际使用数量，达到节税目的；反之，如果企业的加工技术比较先进，本企业煤炭的加工生产综合回收率相对于同行业较高，则应该准确核算回收率，向税务机关提供准确的应税产品销售数量或移送数量。举例来说，某企业生产煤炭并连续加工生产某种煤炭制品，假定该企业生产出的最终产品有 1 000 吨，同行业综合回收率为 40%，该企业的综合回收率为 25%，则实际课税数量应为 4 000 吨（＝1 000÷25%），而按照综合回收率法折算的数量为 2 500 吨（＝1 000÷40%）。可见，企业选择平均综合回收率法折算应税产品数量时就会相对少算课税数量。由于目前煤炭资源税采用的是从价定率征收方法，因此在煤炭单位售价不变的情况下，课税数量的减少将会明显减少应纳资源税税额[①]。

二、税率的筹划

（一）资源税税率的法律规定

资源税的税率包括比例税率和定额税率，如表 5－1 所示。根据《关于全面推进资源税改革的通知》（财税〔2016〕53 号）的规定，对《资源税税目税率幅度表》中列举名称的资源品目，由省级人民政府在规定的税率幅度内提出具体适用税率建议，报财政部、国家税务总局确定核准；对未列举名称的其他金属和非金属矿产品，由省级人民政府根据实际情况确定具体税目和适用税率，报财政部、国家税务总局备案。

① 梁俊娇. 税收筹划（第七版），中国人民大学出版社，2019 年 7 月

表 5-1　资源税税目税率表

税目		税率
一、原油		5%～10%
二、天然气		5%～10%
三、煤炭		2%～10%
四、稀土		轻稀土按地区执行不同的适用税率，其中，内蒙古为 11.5%、四川为 9.5%、山东为 7.5%。中重稀土资源税适用税率为 27%
五、钨		6.5%
六、钼		11%
七、金属矿	铁矿	1%～6%
	金矿	1%～4%
	铜矿	2%～8%
	铝土矿	3%～9%
	铅锌矿	2%～6%
	镍矿	2%～6%
	锡矿	2%～6%
	未列举名称的其他金属矿产品	税率不超过 20%
八、非金属矿	石墨	3%～10%
	硅藻土	1%～6%
	高岭土	1%～6%
	萤石	1%～6%
	石灰石	1%～6%
	硫铁矿	1%～6%
	磷矿	3%～8%
	氯化钾	3%～8%
	硫酸钾	6%～12%
	井矿盐	1%～6%
	湖盐	1%～6%
	提取地下卤水晒制的盐	3%～15%
	煤层（成）气	1%～2%
	粘土、砂石	每吨或立方米 0.1～5 元
	未列举名称的其他非金属矿产品	从量税率每吨或立方米不超过 30 元；从价税率不超过 20%
九、海盐	氯化钠初级产品	1%～5%

（二）资源税税率的筹划

资源税的税目涉及原油、天然气、煤炭、其他非金属矿原矿、黑色金属矿原矿、有色金属矿原矿、盐等七大类，在七个税目下又设有若干个子项目。在现实中，一个矿床一般不可能仅仅生产一种矿产品，大多是除了一种主要矿产品外，还有其他矿产品。矿产品加工企业在其生产过程中，一般也不会只生产一种矿产品。由于不同矿产品的适用税率通常并不一致，纳税人应充分考虑税务机关对伴生矿、伴采矿和伴选矿适用税率的确定规则，力争自身产出的矿产品适用较低税率。

三、税收优惠的筹划

（一）资源税税收优惠的法律规定

（1）对油田范围内运输稠油过程中用于加热的原油、天然气免征资源税。

（2）对稠油、高凝油和高含硫天然气资源税减征40%。

（3）对三次采油资源税减征30%。

（4）对低丰度油气田资源税暂减征20%。

（5）对深水油气田资源税减征30%。

（6）对衰竭期煤矿开采的煤炭，资源税减征30%。衰竭期煤矿，是指剩余可采储量下降到原设计可采储量的20%（含）以下，或者剩余服务年限不超过5年的煤矿。

（7）对充填开采置换出来的煤炭，资源税减征50%。

（8）对符合条件的采用充填开采方式采出的矿产资源，资源税减征50%；对符合条件的衰竭期矿山开采的矿产资源，资源税减征30%。具体认定条件由财政部、国家税务总局规定。

（9）对鼓励利用的低品位矿、废石、尾矿、废渣、废水、废气等提取的矿产品，由省级人民政府根据实际情况确定是否减税或免税，并制定具体办法。

（二）资源税税收优惠的筹划

根据现行资源税法的相关规定，纳税人的减税、免税项目，应当单独核算；未单独核算或者不能准确提供减、免税产品课税数量或销售额的，不予减税或者免税。为此，纳税人开采或者生产不同税目应税产品的，应当分别核算不同税目应税产品的销售额或者销售数量，使每一种应税产品选择各自的适用税率，避免从高计税；如果没有分别核算或者不能准确提供不同税目应税产品的销售额或者销售数量的，从高适用税率，资源税负相对较重。

案例分析与讨论

学习完前面的内容，我们现在可以对【案例导入】中提出的问题进行回答了。如果企业未将原油、天然气产品的销售额分别核算，此时企业应纳资源税为：（200＋100）×8%＝24（万元）。如果企业采纳税务顾问的意见，将原油和天然气的销售额分别核算，此时企业的应纳资源税为：200×8%＋100×6%＝22（万元）。

可见，如果将原油和天然气的销售额进行分别核算，企业可少缴资源税 2 万元，因此，应当选择分别核算。

第二节　土地增值税筹划

案例导入

A 房地产开发公司开发一批商业用房，支付的地价款为 600 万元，开发成本为 1000 万元，假设按房地产开发项目分摊利息且能提供金融机构证明的应扣除利息为 100 万元。

思考：如何通过利息扣除为该公司进行土地增值税的筹划？如果应扣除的利息支出为 70 万元时，又如何筹划呢？（假设当地政府规定的两类扣除比例分别为 5% 和 10%）。

一、征税范围的筹划

（一）土地增值税征税范围的法律规定

土地增值税的课税对象是有偿转让国有土地使用权及地上建筑物和其他附着物产权所取得的增值额。

1. 征税范围的一般规定

（1）土地增值税只对转让国有土地使用权的行为课税，转让非国有土地和出让国有土地的行为均不征税。

（2）土地增值税既对转让土地使用权课税，也对转让地上建筑物和其他附着物的产权征税。

（3）土地增值税只对有偿转让的房地产征税，对以继承、赠与等方式无偿转让的房地产，不予征税。

2. 征税范围的若干具体规定

（1）以房地产进行投资、联营。对于以房地产进行投资、联营的，如果投资、联营的一方以土地（房地产）作价入股进行投资或作为联营条件，暂免征收土地增值税。但对以房地产作价入股，凡所投资、联营的企业从事房地产开发的，或者房地产开发企业以其建造的商品房进行投资和联营的，或是投资、联营企业将上述房地产再转让，则属于征收土地增值税的范围。

（2）合作建房。对于一方出地，一方出资金，双方合作建房，建成后分房自用的，暂免征收土地增值税。但是，建成后转让的，属于征收土地增值税的范围。

（3）企业兼并转让房地产。在企业兼并中，对被兼并企业将房地产转让到兼并企业中的，暂免征收土地增值税。

（4）房地产交换。交换房地产行为既发生了房产产权、土地使用权的转移，交换双方又取得了实物形态的收入，按照规定属于征收土地增值税的范围。但对个人之间互换自有居住用房地产的，经当地税务机关核实，可以免征土地增值税。

（5）房地产抵押。房地产在抵押期间不征收土地增值税，待抵押期满后，视该房地产是否转移产权来确定是否征收土地增值税。以房地产抵债而发生房地产产权转让的，属于征收土地增值税的范围。

（6）房地产出租。房地产出租，出租人取得了收入，但没有发生房地产产权的转让，不属于征收土地增值税的范围。

（7）房地产评估增值。国有企业在清产核资时对房地产进行重新评估而使其升值时，房地产虽有增值，但既没有发生房地产权属的转移，房产产权、土地使用权人也未取得收入，不属于征收土地增值税的范围。

（8）房地产的代建房行为。房地产公司代客户进行房地产开发，开发完成后向客户收取代建收入时，对于房地产开发公司而言，虽然取得了收入，但没有发生房地产权属转移，其收入属于劳务收入性质，不属于土地增值税的课税范围。

（9）房地产的继承、赠与。房产的原产权所有人、依照法律规定取得土地使用权的土地使用人死亡后，由其继承人依法承受死者房产产权和土地使用权时，虽然发生了房地产的权属变更，但作为房产产权、土地使用权的原所有人（即被继承人）并没有因为权属变更而取得任何收入，这种房地产的继承不属于土地增值税的征税范围。

房产所有人、土地使用权所有人将自己拥有的房地产无偿交给其他人时，虽然发生了房地产的权属变更，但作为房产所有人、土地使用权的所有人并未因权属转移而取得任何收入，因此，房地产的赠与不属于土地增值税的征税范围。不过，这里的赠与仅限于以下两种情况：①房屋所有人、土地使用权所有人将房屋产权、土地使用权赠与直系亲属或承担直接赡养义务的；②房产所有人、土地使用权所有人通过中国境内非营利的社会团体[①]、国家机关将房屋产权、土地使用权赠与教育、民政和其他社会福利、公益事业的。

（二）土地增值税征税范围的筹划

1. 选择适当的建房方式

根据税法有关规定：某些方式的建房行为不属于土地增值税征税范围，不用缴纳土地增值税。纳税人如果能注意运用这些特殊政策进行纳税筹划，其节税效果是很明显的。

代建房行为不属于土地增值税的征税范围，营改增后，纳税人接受建房单位委托，提供为其代建房屋的行为[②]，应按“经纪代理服务”税目征收增值税，销售额为其向委托方收取的代建手续费。如果房地产开发公司在开发之初便能确定最终客户，实行定向开发，避免开发后销售缴纳土地增值税。这种筹划可以是由房地产开发公司以客户名义取得土地使用权和购买各种材料设备，也可以协商由客户自己购买和取得，其关键是房地产权没有发生转移就可以了。为了使该项筹划更加顺利，房地产开发公司可以根据市场情况，适当降低代建房劳务收入的数额，以取得客户的配合。

---

① 社会团体是指中国青少年发展基金会、希望工程基金会、宋庆龄基金会、减灾委员会、中国红十字会、中国残疾人联合会、老区促进会以及经民政部门批准成立其他非营利性的公益性组织。

② 这里所指的代建房屋行为应该必须同时符合下列条件：（1）以委托方的名义办理房屋立项及相关手续；（2）与委托方不发生土地使用权、产权的转移；（3）与委托方事前签订委托代建合同；（4）不以受托方的名义办理工程结算。

2. 投资入股

房地产开发企业通过不同方式取得土地，其成本是有巨大差别的，并对企业的实际税负造成巨大的影响。

【案例5-6】

甲房地产公司欲转让一块现价8000万元的地块给乙公司[①]。已知甲公司取得土地使用权时支付的金额为4000万元，试比较不同的转让方式对纳税情况的影响，以选择最优的节税方案。(甲公司期间费用暂不考虑)

【解析】方案Ⅰ：直接办理土地转让交易。

(1) 增值税及城建税和教育费附加。

根据财税〔2016〕47号文件规定，纳税人转让2016年4月30日前取得的土地使用权，可以选择适用简易计税方法，以取得的全部价款和价外费用减去取得该土地使用权的原价后的余额为销售额，按照5%的征收率计算缴纳增值税。因此，甲公司应缴增值税为：(8000－4000)÷(1＋5%)×5%＝190.48(万元)。甲公司应纳的城建税和教育费附加为：190.48×(7%＋3%)＝19.05(万元)。

(2) 土地增值税

增值额为：(8000－190.48)－(4000＋19.05)＝3790.47(万元)。[②]

增值率为：3790.47÷(4000＋19.05)＝94.31%。

甲公司应缴土地增值税：3790.47×40%－4019.05×5%＝1315.24(万元)。

甲公司利润为：(8000－190.48)－4000－19.05－1315.24＝2475.23(万元)。

方案Ⅱ：变土地转让为转让股权。

将地块作价8000万元向乙公司进行投资，并与乙公司风险共担、利润共享，然后再将股权以8000万元的价格进行转让。

(1) 增值税。营改增前，根据财政部、国家税务总局下发的《关于股权转让有关营业税问题的通知》(财税〔2002〕191号)规定：以无形资产、不动产投资入股，参与接受投资方利润分配，共同承担投资风险的行为，不征收营业税，在投资后转让其股权也不征收营业税。但营改增后，以无形资产、不动产投资入股，参与接受投资方利润分配、共同承担投资风险的行为应当缴纳增值税，但在投资后转让其股权不征收增值税。

此时，甲公司应缴增值税为：(8000－4000)÷(1＋5%)×5%＝190.48(万元)。

甲公司应纳的城建税和教育费附加为：190.48×(7%＋3%)＝19.05(万元)。

(2) 土地增值税。根据财政部、国家税务总局《关于土地增值税一些具体问题规定的通知》(财税字〔1995〕48号)第一条的规定，对于以房地产进行投资、联营的，投资、

---

① 此地块取得时间为2016年4月30日之前。

② 《国家税务总局关于营改增后土地增值税若干征管规定的公告》(国家税务总局公告2016年第70号)规定，营改增后，纳税人转让房地产的土地增值税应税收入不含增值税，适用增值税一般计税方法的纳税人，其转让房地产的土地增值税应税收入不含增值税销项税额，适用简易计税方法的纳税人，其转让房地产的土地增值税应税收入不含增值税应纳税额。

联营的一方以土地（房地产）作价入股进行投资或作为联营条件，将房地产转让到所投资、联营的企业中时，暂免征收土地增值税。对投资、联营企业将上述房地产再转让的，应征收土地增值税。另外，根据财政部、国家税务总局《关于土地增值税若干问题的通知》（财税〔2006〕21 号）的规定，自 2006 年 3 月 2 日起，对于以土地（房地产）作价投资入股进行投资或联营的，凡所投资、联营的企业从事房地产开发的，或者房地产开发企业以其建造的商品房进行投资和联营的，均不适用财税字〔1995〕48 号文件第一条暂免征收土地增值税的规定，应按规定缴纳土地增值税。

因此，方案Ⅱ中，甲公司无须缴纳，其利润为：8000－190.48－4000－19.05＝3790.47（万元）。

可见，从利润的角度看，方案Ⅱ是最优选择，但这种方案的实施有一定风险：一是乙公司未必同意接受甲公司以土地进行的股权投资；二是甲公司在转让股权时的转让价格存在一定不确定性。

二、计税依据和税率的筹划

（一）土地增值税计税依据和税率的法律规定

由于土地增值税实行的是超率累进税率，税率和计税依据息息相关，因此，这里将土地增值税计税依据和税率的筹划统筹考虑。

土地增值税的课税对象是转让国有土地使用权及地上建筑物和其他附着物产权所取得的增值额。转让房地产的增值额，是纳税人转让房地产的收入减除税法规定的扣除项目金额后的余额。土地增值税的计算公式如下：

增值额＝转让房地产收入－扣除项目金额

增值率＝增值额÷扣除项目金额

土地增值税＝增值额×税率－扣除项目金额×速算扣除系数

纳税人转让房地产取得的收入，包括转让房地产取得的全部价款及有关的经济利益。从形式上看包括货币收入、实物收入和其他收入，非货币收入要折合金额计入收入总额。纳税人的扣除项目如表 5－2 所示。

表 5－2　土地增值税的扣除项目

企业情况	转让房地产情况	可扣除项目
房地产开发企业	转让新建房	(1) 取得土地使用权所支付的金额 (2) 房地产开发成本 (3) 房地产开发费用 (4) 与转让房地产有关的税金①：①印花税；城建税和教育费附加 (5) 财政部规定的其他扣除项目（加计扣除） 从事房地产开发的纳税人可加计扣除＝（取得土地使用权所支付的金额＋房地产开发成本）×20%

① 营改增后，《中华人民共和国土地增值税暂行条例》等规定的土地增值税扣除项目涉及的增值税进项税额，允许在销项税额中计算抵扣的，不计入扣除项目，不允许在销项税额中计算抵扣的，可以计入扣除项

续表

企业情况	转让房地产情况	可扣除项目
非房地产开发企业	转让新建房	(1) 取得土地使用权所支付的金额 (2) 房地产开发成本 (3) 房地产开发费用 (4) 与转让房地产有关的税金 ①印花税；②城建税和教育费附加
各类企业	转让存量房	(1) 取得土地使用权所支付的金额 (2) 房屋及建筑物的评估价格 ①评估价格＝重置成本价×成新度折扣率 ②不能取得评估价格的，按发票所载金额并从购买年度起至转让年度止每年加计5%计算扣除 (3) 转让环节缴纳的税金 ①印花税；②城建税和教育费附加；③购房时缴纳的契税（按发票每年加计5%的纳税人适用）
各类企业	单纯转让未经开发的土地	(1) 取得土地使用权所支付的金额 (2) 转让环节缴纳的税金 ①印花税；②城建税和教育费附加

土地增值税实行的超率累进税率，如表5-3所示。

表5-3 土地增值税税率表

级数	增值额与扣除项目金额的比（%）	税率（%）	速算扣除系数（%）
1	不超过50%的部分	30	0
2	超过50%～100%的部分	40	5
3	超过100%～200%的部分	50	15
4	超过200%的部分	60	35

（二）土地增值税计税依据和税率的筹划

1. 销售收入的筹划

（1）合理确定房地产的转让价格。

实践中，房地产的转让价格并非越高越好，因为不同的转让价格对土地增值税的影响存在差异，进而会影响到企业的净利润。比如，根据土地增值税法规定，纳税人建造、出售的是普通标准住宅[1]，增值额未超过扣除项目金额的20%，免征土地增值税；增值额超过扣除项目金额20%，应就其全部增值额按规定计税。因此，我们可以充分利用20%这一临界点的税负效应进行筹划，合理确定房地产的转让价格，有效控制增值额，从而享受

① 普通标准住宅标准必须同时满足以下条件：住宅小区建筑容积率在1.0以上、单套建筑面积在120平方米以下；实际成交价格低于同级别土地上住房平均交易价格1.2倍以下；允许单套建筑面积和价格标准适当浮动，但向上浮动的比例不得超过上述标准的20%。

免税待遇。

【案例 5－7】[1]

某房地产开发公司开发的住宅项目，其普通住宅销售面积为 7 万平方米，土地和开发成本合计为 4.5 亿元，而土地增值税清算时允许扣除的房地产开发费用为扣除比例的 10%（增值税假定采用简易计税办法）。

要求：试分析每平方米定价 10100 元和 10500 元对甲公司土地增值税及税后利润的影响。

【解析】设不含税销售收入为 X，且采用简易计税计算增值税。土地和开发成为 4.5 亿，得出下列不等式：

$[X-(0.6\%\times X+4.5\times 1.3)]/(4.5\times 1.3+0.6\%\times X)\leqslant 20\%$

按照上文所得不等式计算：$X\leqslant 7.07$ 亿，

因此，当每平方米均价低于 10100 元时，此普通住宅于土增清算时可免征土地增值税。

按照得到的平均售价计算土增税可得：

销售收入（每平方米）：10100 元

土地及开发成本（每平方米）＝45000/7＝6428.57

附加税费＝10100×5%×12%＝60.6 元

扣除项目金额＝6428.57×1.3＋60.6＝8417.74 元

增值额：10100－8417.74＝1682.26 元

增值率：1682.26/8417.74＝19.98%

因增值率未超过 20%，土地增值税为零。

企业所得税：（10100－6428.57－60.6－0）×25%＝902.7 元

税后利润：10100－6428.57－60.6－902.7＝2708.13 元

假设将每平方米销售价格提升至 10500 每平方米（不含税），相关税负与税后利润如下：

销售收入（每平方米）：10500 元

土地及开发成本（每平方米）＝45000/7＝6428.57

附加税费＝10500×5%×12%＝63 元

扣除项目金额＝6428.57×1.3＋63＝8420.14 元

增值额：10500－8420.14＝2079.86 元

增值率：2079.86/8420.14＝24.7%

土地增值税＝2079.86×30%－8420.14×0%＝623.96

企业所得税：（10500－6428.57－63－623.96）×25%＝846.12 元

税后利润：10500－6428.57－66.6－623.96－846.12＝2538.35 元

由以上的计算可以看到，对于普通住宅来说，提升定价并不一定能够提高税后利润，在某些价格区间内，提升定价还可能会使税后利润不升反降。因此，在实践中一定要注意

---

① 案例来源：王思涵．普通住宅销售中的定价学问［EB/OL］．智慧源，2017-12-04.

到普通住宅这一税收优惠政策给其销售定价带来的影响，避开无效区间，使得每一分定价的提升都有其价值。

（2）分立不动产销售合同，分散不动产销售收入，降低土地增值额。

在累进税制下，房地产销售收入的增长预示着相同条件下增值额的扩大，从而使得纳税人适用较高的税率，档次爬升现象会使纳税人的税收负担急剧上升。在扣除项目金额一定的情况下，企业可以通过分散转让房地产的收入，转让收入越少，土地增值额就越小，税率和税额就越低。一般常见的方法就是将可以分开单独处理的部分从整个房地产中分离，分次单独签订合同。比较常见的做法有两种情况：①房地产企业在销售新建的带装修的商品房时，可以与购房者签订两份合同。一份是房地产转移合同，另一份是设备安装及装饰、装潢合同。这样，房地产企业只就第一份合同上注明的金额缴纳土地增值税。②纳税人进行旧房的销售时，能将单独计价的部分从整个房产价值中分离出来，如房屋内的电器、办公设备等。那么，纳税人可以与购房者签一份房产转让合同，再签一份附属的设备购销合同，从而降低应纳土地增值税的增值额，实现了节税目的。

【案例 5-8】

某房地产企业建造的精装修住宅 10 幢[①]，总售价定为 8000 万元，其中毛坯房售价收入 6500 万元，精装修售价收入 1500 万元，取得土地使用权支付的金额为 1000 万元，建造安装成本合计 2600 万元（其中商品房开发成本等 2000 万元，精装修成本 600 万元），允许扣除的房地产开发费用为 500 万元，该企业应缴纳的各项税金计算如下：

应缴纳增值税为：8000÷（1+5%）×5%=380.95（万元）

应缴纳城市维护建设税及教育费附加为：380.95×（7%+3%）=38.10（万元）

扣除项目金额合计为：1000+2600+500+38.1+（1000+2600）×20%=4858.1（万元）

增值额为：8000−380.95−4858.1=2760.95（万元）

增值率为：2760.95÷4858.1=56.8%

应缴纳土地增值税为：2760.95×40%−4858.1×5%=861.48（万元）

企业利润为：8000−380.95−1000−2600−500−38.10−861.48=2619.47（万元）

请问：房地产企业应如何进行筹划？

【解析】企业改变销售合同签订方式，将毛坯房销售和精装修装饰分别签订合同，毛坯房销售合同定为售价收入 6500 万元，精装修装饰合同定为装饰收入 1500 万元，总合同收入不变，经分立合同后，企业应缴纳的各项税金计算如下。

（1）毛坯房销售合同应缴纳的各项税金。

应缴纳增值税为：6500÷（1+5%）×5%=309.52（万元）

应缴纳城市维护建设税及教育费附加为：309.52×（7%+3%）=30.95（万元）

---

① 假定《建筑工程施工许可证》注明的开工日期在 2016 年 4 月 30 日前。

扣除项目金额为：1000＋2000＋500＋30.95＋（1000＋2000）×20％＝4130.95（万元）

土地增值额为：6500－309.52－4130.95＝2059.53（万元）

土地增值率＝2059.53÷4130.95＝49.9％

应缴纳土地增值税为：2059.53×30％＝617.86（万元）

（2）精装修装饰合同应缴纳的各项税金。

应缴纳增值税为：1500÷（1＋3％）×3％＝43.69（万元）

应缴纳城市维护建设税及教育费附加为：43.69×（7％＋3％）＝4.37（万元）

房地产企业的利润为：8000－309.52－43.69－1000－2600－500－30.95－617.86－4.37＝2893.61（万元）

较之筹划前的利润增加274.13万元。

2. 扣除项目的筹划

（1）合理调整和分摊相关成本费用。

房地产开发公司可能同时进行几处房地产的开发业务，不同地方开发成本因为地价或其他原因可能不同，这就会导致有的房屋开发出来销售后的增值率较高，而有的房屋增值率较低，这种不均匀的状态实际会加重企业的税收负担，这就要求企业对开发成本和费用进行必要的调整分摊，使得各处开发业务的增值率大致相同，从而节省税款。如果结合其他筹划方法，使增值率刚好在某一临界点以下，则节税就更明显。

（2）最大化归集开发成本，规范账务处理。

建筑安装成本、配套设施及基础设施成本在计算土地增值税时，也是可以加计20％扣除的。所以企业一方面要完整的归集这些成本项目，规范账务处理，另一方面在进行项目开发策略的研究时，也应该考虑土地增值税的因素。即通过加大投入提高房屋的建造质量，增加和扩建配套设施建设，提高小区的居住环境，提高楼盘的档次。通过这种提高品质的方式和选择适中的价格，来控制土地增值税中的增值率，避免过高的税负。这样还可以保证产品在市场上的竞争力及企业的利润率。

（3）增加可扣除项目金额、寻找利息支出平衡点。

房地产开发企业在进行房地产开发业务的过程中，一般都会发生大量的借款，利息支出是不可避免的，而利息支出的不同扣除方法会对企业应纳的土地增值税产生很大的影响。根据税法规定，与房地产开发有关的利息支出分两种情况确定扣除。

第一，凡能按转让房地产项目分摊并提供金融机构证明的，允许据实扣除，但最高不得超过按商业银行同期贷款利率计算的金额；其他房地产开发费用，按取得土地使用权所支付的金额和房地产开发成本金额的5％以内计算扣除。

房地产开发费用＝允许扣除的利息＋（取得土地使用权支付的金额＋房地产开发成本）×扣除比例（5％以内）

第二，凡不能按转让房地产项目计算分摊利息支出或不能提供金融机构证明的，利息支出要并入房地产开发费用一并计算扣除。

房地产开发费用＝（取得土地使用权支付的金额＋房地产开发成本）×扣除比例（10％以内）

由于土地增值税是以土地增值额与扣除项目金额的比率大小按相适用的税率累进计算征收的，扣除项目金额越大，增值额越小。两者比率越小，适用的税率越低，税额越小；所以，企业应先预计转让房地产可分摊利息支出，按照规定的两种扣除方式衡量并选择扣除费用较大的方式。

假设第一种方式可扣除比率为 Q，第二种方式可扣除比率为 W，则利息支出平衡点为 $(W-Q)$ ×（取得土地使用权所支付的金额＋房地产开发成本）。

当预计利息支出大于利息支出平衡点时，采用第一种方式有利；当前者小于后者时，第二种方式有利；当前者等于后者时，两种方式均可。例如，A 房地产开发企业转让一幢住宅，取得土地使用权支付金额和房地产开发成本为 1000 万元。采用第一种方式可扣除比率为 5％，第二种方式可扣除比率为 10％，则利息支出平衡点＝（10％－5％）×1000＝50 万元。如预计利息支出为 80 万元，按第一种方式计算允许扣除的房地产开发费用为：80＋1000×5％＝130（万元）。按第二种方式计算可扣除房地产开发费用为：1000×10％＝100（万元）。故应采取第一种方式。如预计利息支出为 40 万元，按第一种方式计算允许扣除的房地产开发费用为：40＋1000×5％＝90（万元），按第二种方式计算可扣除房地产开发费用为：1000×10％＝100（万元），故应采取第二种方式。当预计利息支出等于 50 万元时，两种方式计算可扣除房地产开发费用相等。

【案例 5－9】

某房地产开发企业开发某住宅，共支付地价款 2000 万元，开发成本为 4000 万元，假设当地政府规定的房地产开发费用的两类扣除比例分别为 5％和 10％。开发费用的扣除有以下两种选择方案。

方案Ⅰ：纳税人提供利息支出证明，则其他开发费用扣除数额不得超过 300 万元，即（2000＋4000）×5％，利息按实际发生数扣除。

方案Ⅱ：纳税人不按照转让房地产项目计算分摊利息支出，或不提供金融机构贷款证明的，房地产开发费用按地价款和房地产开发成本金额的 10％计算扣除，用公式表示：

房地产开发费用＝（取得土地使用权所支付的金额＋房地产开发成本）×10％，

即房地产开发费用总扣除限额为 600 万元，即（2000＋4000）×10％，超限额部分不得扣除。

针对这两种方案，纳税人应该如何选择？

【解析】纳税人在能够按转让房地产项目计算分摊利息支出，并能提供金融机构的贷款证明时，利息支出如何计扣值得考虑。一般而言，企业在进行房地产开发时，借款数额会较大，其实际数会大于（取得土地使用权所支付的金额＋房地产开发成本）×5％。因此，一般来说，按照第一种方式计扣比较有利于企业节省税款，即房地产开发费用按下式计扣：

房地产开发费用＝利息＋（取得土地使用权所支付的金额＋房地产开发成本）×5％

但是，现实中的情况并不总是如此简单。有些企业由于资金比较充裕，很少向银行等金融机构贷款，这方面的利息支出相应地就比较少。这时，如果按照第一种方法计算，则扣除项目金额会较少，而按照第二种方法计算则扣除项目金额会较多。因此企业比较合乎逻辑的做法就是故意不按照转让房地产项目计算分摊利息支出，或是假装不能提供金融机构的贷款证明，这样税务机关就会按照第二种方法计算。

(4) 生地变熟地后进行交易转让，增加可扣除项目金额。

根据国税函发〔1995〕110号的规定，对取得土地使用权（房地产产权）后，未进行任何形式的开发即转让的，计算增值额时只允许扣除：取得土地使用权（房地产）时支付的价款、国家统一规定交纳的有关费用，以及在转让环节缴纳的税金，不能加计20%扣除。对于取得土地使用权后，仅进行土地开发（如进行“三通一平”等），不进行房屋建造，即将土地使用权再转让出去的，在计算增值额时只允许扣除：取得土地使用权时支付的金额、按国家统一规定交纳的有关费用、开发土地的成本和费用，以及与转让土地使用权有关的税金，再加计开发土地的成本的20%。根据上述规定，房地产公司在某些情况下可通过适当增加开发土地成本提高计算土地增值额时的扣除金额，进而有利于节约土地增值税，但前提是节省的土地增值税要大于增加的开发土地成本。

(5) 针对不同增值率的房产合理确定是否合并纳税。

由于土地增值税适用四档超率累进税率，其中最低税率为30%，最高税率为60%，如果对增值率不同的房地产并在一起核算，就有可能降低高增值率房地产的适用税率，使该部分房地产的税负下降，同时可能会提高低增值率房地产的适用税率，增加这部分房地产的税负，因而，纳税人需要具体测算分开核算与合并核算的相应税额，再选择低税负的核算方法，达到节税的目的。

【案例5-11】

某房地产开发公司同时开发A、B两幢商业用房，且处于同一片土地上，销售A房产取得收入300万元，允许扣除的金额为200万元；销售B房产共取得收入400万元，允许扣除的项目金额为100万元。

思考：对这两处房产，公司是分开核算还是合并核算，才能带来节税的好处呢？

【解析】(1) 分开核算时：

A房产的增值率为：(300－200) ÷200＝50%

A房产应纳的土地增值税为：(300－200) ×30%＝30（万元）

B房产的增值率为：(400－100) ÷100＝300%

B房产应纳的土地增值税为：(400－100) ×60%－100×35%＝145（万元）

A、B两幢房产共缴纳土地增值税175万元（30＋145）

(2) 合并核算时：

两幢房产的收入总额为：300＋400＝700（万元）

允许扣除的金额：200＋100＝300（万元）

增值率为：(700－300) ÷300×100％＝133.3％

应纳土地增值税为：(700－300) ×50％－300×15％＝155 (万元)

通过比较可以看出，合并核算对公司是有利的，因为合并核算比分开核算节税 20 万元。

从上例中我们可以看出，由于两处房产增值率相差很大，只要房地产开发公司将两处房产安排在一起开发、出售，并将两处房产的收入和扣除项目放在一起核算，一起申报纳税，就可以达到少缴税的目的。但是由于低增值率的房产的适用税率可能会提高，在实践中必须具体测算后才能做出选择。

(6) 合理安排房地产销售中代收费用。

很多房地产开发企业在销售开发产品时，会代替相关单位或部门收取一些价外费用，比如说管道煤气初装费、有线电视初装费、物业管理费以及部分政府基金等。这些费用一般先由房地产企业收取，后由房地产企业按规定转交给委托单位。国家税务总局《关于印发〈土地增值税清算鉴证业务准则〉的通知》(国税发〔2007〕132 号) 第二十五条进一步明确，对纳税人按县级以上人民政府的规定在售房时代收的各项费用，应区分不同情形分别处理：①代收费用计入房价向购买方一并收取的，应将代收费用作为转让房地产所取得的收入计税。实际支付的代收费用，在计算扣除项目金额时，可予以扣除，但不允许作为加计 20％的扣除的基数。②代收费用在房价之外单独收取且未计入房地产价格的，不作为转让房地产的收入，在计算增值额时不允许扣除代收费用。两种方式到底哪种对企业更有利，企业可以通过预先测算，做出最有利的选择。

【案例 5－12】

某房地产开发公司出售一栋商品房，拟获得销售收入 3000 万元，按当地市政府的要求，在售房时需代收 200 万元的各项费用。房地产开发企业开发该商品房的支出如下：支付土地出让金 200 万元，房地产开发成本为 600 万元，允许扣除的房地产开发费用及税金合计 200 万元。请问该公司是否应将代收费用并入房价？

【解析】

方案Ⅰ：未将代收费用并入房价，而是单独向购房者收取，则：

允许扣除的金额为：200＋600＋200＋ (200＋600) ×20％＝1160 (万元)

增值额为：3000－1160＝1840 (万元)

增值率为：1840÷1160＝158.62％

应缴纳的土地增值税为：1840×50％－1160×15％＝746 (万元)

方案Ⅱ：公司将代收费用并入房价向购买房一并收取，则：

允许扣除的金额为：200＋600＋200＋ (200＋600) ×20％＋200＝1360 (万元)

增值额为：3000＋200－1360＝1840 (万元)

增值率为：1840÷1360＝135.29％

应缴纳的土地增值税为：1840×50％－1360×15％＝716 (万元)

显然，该公司无论代收费用的方式如何，其销售该商品房的增值额均为1840万元，但是采用第二种代收方式，即将代收费用并入房价，会使得可扣除项目增加200万元，从而使纳税人的增值率降低，进而少缴纳土地增值税30万元。

三、税收优惠的筹划

（一）土地增值税税收优惠的法律规定

土地增值税的税收优惠主要包括以下几个方面。

（1）建造普通标准住宅出售，增值额未超过扣除项目金额20%的免税。

普通标准住宅与其他住宅的具体划分界限，在2005年以前由各省、自治区、直辖市人民政府规定。2005年6月1日起，普通标准住宅应同时满足：住宅小区建筑容积率在1.0以上，单套建筑面积在120平方米以下，实际成交价格低于同级别土地上住房平均交易价格1.2倍以下。各省、自治区、直辖市要根据实际情况，制定本地区享受优惠政策住房具体标准。允许单套建筑面积和价格标准适当浮动，但向上浮动的比例不得超过上述标准的20%。

（2）因国家建设需要依法征用、收回的房地产，免征土地增值税。

（3）因城市实施规划、国家建设的需要而搬迁，由纳税人自行转让原房地产的，免征土地增值税。

（4）自2019年1月1日至2020年12月31日，对企事业单位、社会团体以及其他组织转让旧房作为公共租赁住房房源，且增值额未超过扣除项目金额20%的，免征土地增值税。

（二）土地增值税税收优惠的筹划

对于土地增值税的筹划而言，“建造普通标准住宅出售，增值额未超过扣除项目金额20%的免税”这条优惠政策存在较大的筹划空间。但需要注意的是，根据土地增值税法相关规定，纳税人既建造普通标准住宅，又进行其他房地产开发的，应分别核算增值额；不分别核算增值额或不能准确核算增值额的，其建造的普通标准住宅不享受免税优惠。根据上述规定，如果纳税人既建造普通标住宅，又进行其他房地产开发的，应尽量分别核算不同类型房地产的增值额，并通过减少收入或增加支出的方式力求使普通住宅的增值率控制在20%以内。这样做的好处有两个：一是可以免缴土地增值税；二是降低了房价或提高了房屋质量、改善了房屋的配套设施等，可以在目前激烈的销售战中取得优势。但是如果没有控制好普通住宅的增值率，就会出现多缴税的情况。

【案例5-13】

某房地产开发企业，商品房销售收入为1.5亿元，其中普通住宅的销售额为1亿元，豪华住宅的销售额为5000万元。税法规定的可扣除项目金额为1.1亿元，其中普通住宅的可扣除项目金额为8000万元，豪华住宅的可扣除项目金额为3000万元。试比较以下两个方案对房地产开发企业土地增值税的影响：

方案Ⅰ：普通住宅和豪华住宅不分别核算。

方案Ⅱ：普通住宅和豪华住宅分别核算。

【解析】

方案Ⅰ：普通住宅和豪华住宅不分别核算。

增值率为：(15000－11000) ÷11000＝36.36％

应纳土地增值税额为：(15000－11000) ×30％＝1200（万元）

方案Ⅱ：普通住宅和豪华住宅分别核算。

普通住宅增值率为：(10000－8000) ÷8000＝25％

普通住宅应纳土地增值税额为：(10000－8000) ×30％＝600（万元）

豪华住宅增值率为：(5000－3000) ÷3000＝66.67％

豪华住宅应纳土地增值税额为：(5000－3000) ×40％－3000×5％＝650（万元）

两者合计为1250万元，此时分开核算比不分开核算多支出税金50万元。但该房地产企业还存在进一步降低土地增值税负的空间。因为普通住宅的增值率仅为25％，如果能使普通住宅的增值率控制在20％以内，则可大大减轻税负。

假定该房地产企业增加了普通住宅公共配套设施支出x万元，如果要使普通住宅的增值率不超过20％，则需满足以下关系式：

(10000－8000－x) ÷ (8000＋x) ≤20％。即增加的普通住宅公共配套设施支出x≥333.33（万元）。也就是说，如果房地产企业能够主动增加普通住宅公共基础设施配套费超过333.33万元，此时，普通住宅将不用缴纳土地增值税，该企业仅豪华住宅缴纳650万元土地增值税[①]。可扣除项目金额比原可扣除项目金额多支出333.33万元，土地增值税却比不分开核算少缴纳550万元，比分开核算少缴纳600万元，净收益分别增加217万元(550－333.33)和267万元(600－333.33)。

当然，增加可扣除项目金额的途径很多，但是在增加房地产开发费用时，应注意税法规定的比例限制。

另外，企事业单位、社会团体以及其他组织在转让旧房时，如果预计其增值额未超过扣除项目金额20％，可考虑将其优先转让给公共租赁住房经营管理单位，从而可享受免征土地增值税的优惠政策。

案例分析与讨论

学习完前面的内容，我们现在可以对【案例导入】中提出的问题进行回答了。根据税法规定，与房地产开发有关的利息支出分两种情况确定扣除。

(1) 凡能按转让房地产项目分摊并提供金融机构证明的，允许据实扣除，但最高不得超过按商业银行同期贷款利率计算的金额；其他房地产开发费用，按取得土地使用权所支付的金额和房地产开发成本金额的5％以内计算扣除。即：房地产开发费用＝允许扣除的

① 当然，前提是普通住宅和豪华住宅必须分别核算。

利息＋（取得土地使用权支付的金额＋房地产开发成本）×扣除比例（5％以内）

（2）凡不能按转让房地产项目计算分摊利息支出或不能提供金融机构证明的，利息支出要并入房地产开发费用一并计算扣除。即：房地产开发费用＝（取得土地使用权支付的金额＋房地产开发成本）×扣除比例（10％以内）

该公司的利息支出平衡点为：（600＋1000）×（10％－5％）＝80（万元）。

当允许扣除的利息支出为100万元时，由于100万＞80万，所以该公司应严格按房地产开发项目分摊利息并提供金融机构证明，这样利息支出就可以按100万元扣除，否则只能按80万元扣除。

当允许扣除的利息支出为70万元时，由于70万＜80万，所以应选择第二种计扣方式，即不按房地产开发项目分摊利息或不向税务机关提供有关金融机构的证明，这样可以多扣除10万元利息支出，减少计税依据10万元。

第三节　城镇土地使用税筹划

案例导入

某房地产开发企业受让取得国有土地使用权一宗，土地面积为50000平方米（土地使用税单位税额为2元/平方米），该企业签订的《国有土地使用权出让合同》中约定，交付土地的时间为2017年12月，《国有土地使用证》办证时间为2018年6月。该企业据此申报缴纳2018年度城镇土地使用税为：50000×2×6÷12＝50000（元）。2019年3月，当地税务机关对该公司进行税务检查，该项城镇土地使用税计算不正确，要求其补交城镇土地使用税50000元。

思考：财务人员的计算哪里出错了？税务机关要求该公司补缴税款的依据是什么？公司应如何进行城镇土地使用税的筹划？

一、课税范围的筹划

（一）城镇土地使用税课税范围的法律规定

城镇土地使用税是以国有土地为征税对象，以实际占用的土地面积为计税标准，按规定税额对拥有土地使用权的单位和个人征收的一种税。在城市、县城、建制镇、工矿区范围内使用土地的单位和个人为城镇土地使用税的纳税人。上述城市、县城、建制镇和工矿区分别按以下标准确认。

（1）城市是指经国务院批准设立的市。

（2）县城是指县人民政府所在地。

（3）建制镇是指经省、自治区、直辖市人民政府批准设立的建制镇。

（4）工矿区是指工商业比较发达，人口比较集中，符合国务院规定的建制镇标准，但尚未设立建制镇的大中型工矿企业所在地，工矿区须经省、自治区、直辖市人民政府拙准。

上述城镇土地使用税的征税范围中，城市的土地包括市区和郊区的土地，县城的土地是指县人民政府所在地的城镇的土地，建制镇的土地是指镇人民政府所在地的土地。建立在城市、县城、建制镇和工矿区以外的工矿企业不需要缴纳城镇土地使用税。

（二）城镇土地使用税课税范围的筹划

由于土地使用税主要是以城市、县城、建制镇、工矿区范围内的国有土地为课税对象，因此，企业选址时可将注册地选择在城郊结合部的农村，这样既少缴了税款，又不致因交通等问题影响企业的正常生产经营。比如，A房地产公司要在X市开发新的投资项目，已经通过竞拍买下土地100000平方米，打算由下属项目公司D负责进行筹建，现有以下两个方案：其一，将下属公司D的注册地选择在市区，X市的土地使用税征收标准为4元每平方米；其二，将下属公司D的注册地选择在城郊接合部的农村。对于第一个方案，公司D每年要缴纳的土地使用税为40万，而第二个方案由于是在农村设立的项目，公司D则免去了城镇土地使用税。

二、计税依据的筹划

（一）土地使用税计税依据的法律规定

土地使用税以纳税人实际占用的土地面积为计税依据，土地面积计量标准为每平方米。纳税义务人实际占用土地面积按下列方法确定。

（1）凡有由省、自治区、直辖市人民政府确定的单位组织测定土地面积的，以测定的面积为准。

（2）尚未组织测量，但纳税人持有政府部门核发的土地使用证书的，以证书确认的土地面积为准。

（3）尚未核发出土地使用证书的，应由纳税人申报土地面积，据以纳税，等到核发土地使用证以后再作调整。

（4）对在城镇土地使用税征税范围内单独建造的地下建筑用地，按规定征收城镇土地使用税。其中，已取得地下土地使用权证的，按土地使用权证确认的土地面积计算应征税款；未取得地下土地使用权证或地下土地使用权证上未标明土地面积的，按地下建筑垂直投影面积计算应征税款。对上述地下建筑用地暂按应征税款的50%征收城镇土地使用税。

（二）土地使用税计税依据的筹划

由于土地使用税实行的是定额税率（如表5-4所示），因此，城镇土地使用税的多少主要取决于纳税人实际占用的土地面积。因此，纳税人应准确确定其实际占用的应税土地面积，当纳税人的土地面积既未由省、自治区、直辖市人民政府确定的单位组织测定，同时也尚未核发出土地使用证书，纳税人在申报土地面积时可以在允许的范围内适当减少申报，等到核发土地使用证后再作调整。

三、税率的筹划

（一）土地使用税税率的法律规定

土地使用税实行的是有幅度的地区差别定额税率，如下表所示。

表 5-4　城镇土地使用税税率表

级别	人口（人）	每平方米税额（元）
大城市	50 万以上	1.5～30
中等城市	20 万—50 万	1.2～24
小城市	20 万以下	0.9～1.8
县城、建制镇、工矿区		0.6～12

《中华人民共和国土地使用税暂行条例》第五条规定："省、自治区、直辖市人民政府，应当在本条例第四条规定的税额幅度内，根据市政建设状况、经济繁荣程度等条件，确定所辖地区的适用税额幅度。市、县人民政府应当根据实际情况，将本地区土地划分为若干等级，在省、自治区、直辖市人民政府确定的税额幅度内，制定相应的适用税额标准，报省、自治区、直辖市人民政府批准执行。经省、自治区、直辖市人民政府批准，经济落后地区土地使用税的适用税额标准可以适当降低，但降低额不得超过本条例第四条规定最低税额的 30%。经济发达地区土地使用税的适用税额标准可以适当提高，但须报经财政部批准。"

（二）土地使用税税率的筹划

企业选址时，在不影响正常经营的情况下，可根据各地的实际税率差异及企业自身需要进行如下选择：①在经济发达与经济欠发达的省份之间选择；②在同一省份内的大中小城市以及县城和工矿区之间做出选择；③在同一城市、县城和工矿区之内的不同等级的土地之间做出选择。例如甲、乙两个人拟投资设立一家新企业，现在有三个地址可供选择：其一是设立在 A 地，其适用的土地使用税税率为每平方米 10 元；其二是设立在 B 地，其适用的土地使用税税率为每平方米 7 元；其三是设立在 C 地，其适用的土地使用税税率为每平方米 4 元。企业需要占地 10000 平方米。如果不考虑其他因素，显然在 C 地设立企业最合算。

四、税收优惠的筹划

（一）土地使用税税收优惠的法律规定

土地使用税虽然是个小税种，但其税收优惠政策并不少，既包括法定免缴土地使用税的优惠，也包括省、自治区、直辖市地方税务局确定减免土地使用税的优惠。其中，法定免缴土地使用税的优惠包括：①国家机关、人民团体、军队自用的土地；②由国家财政部门拨付事业经费的单位自用的土地；③宗教寺庙、公园、名胜古迹自用的土地；④市政街道、广场、绿化地带等公共用地；⑤直接用于农、林、牧、渔业的生产用地；⑥经批准开山填海整治的土地和改造的废弃土地，从使用的月份起免缴土地使用税5年至10年；⑦对非营利性医疗机构、疾病控制机构和妇幼保健机构等卫生机构自用的土地；⑧企业办的学校、医院、托儿所、幼儿园，其用地能与企业其他用地明确划分的；⑨由财政部另行规定免税的能源、交通、水利设施用地和其他用地。省、自治区、直辖市地方税务局确定减免土地使用税的优惠包括：①个人所有的居住房屋及院落用地；②免税单位职工家属的宿舍用地；③民政部门举办的安置残疾人占一定比例的福利工厂用地；④集体和个人办的各类学校、医院、托儿所、幼儿园用地，等等。另外，根据《财政部 国家税务总局关于促进公共租赁住房发展有关税收优惠政策的通知》（财税（2014）52号）规定，对公共租赁住房建设期间用地及公共租赁住房建成后占地免征城镇土地使用税。在其他住房项目中配套建设公共租赁住房，依据政府部门出具的相关材料，按公共租赁住房建筑面积占总建筑面积的比例免征建设、管理公共租赁住房涉及的城镇土地使用税。根据《关于去产能和调结构房产税 城镇土地使用税政策的通知》（财税〔2018〕107号）规定，自2018年10月1日至2020年12月31日，对按照去产能和调结构政策要求停产停业、关闭的企业，自停产停业次月起，免征房产税、城镇土地使用税。企业享受免税政策的期限累计不得超过两年。

需要注意的是，根据《财政部 国家税务总局关于企业范围内的荒山、林地、湖泊等占地城镇土地使用税有关政策的通知》（财税〔2014〕1号）规定，对已按规定免征城镇土地使用税的企业范围内荒山、林地、湖泊等占地，自2014年1月1日至2015年12月31日，按应纳税额减半征收城镇土地使用税，自2016年1月1日起，全额征收城镇土地使用税。企业在申报缴纳土地使用税时应注意上述政策的变化。

（二）土地使用税税收优惠的筹划

纳税人可以准确核算用地面积，将享受优惠政策的土地与其他土地区别开来，就可以享受免税条款带来的税收优惠。

【案例5-14】

某企业实际占地100000平方米。其中，厂房占地80000平方米，办公楼占地8000平方米，医务室占地2000平方米，幼儿园占地3000平方米，厂区内道路及绿化占地7000平方米，当地城镇土地使用税税额4元/平方米。

请问：该企业应如何对土地使用税进行筹划？

【解析】如果企业各种用地未作明确区分，未分别核算各自面积，则其应纳城镇土地使用税为：100000×4＝400000（元）。

如果企业对各种用地进行了明确区分，分别核算各自面积。这样，医务室、幼儿园占地不用缴纳城镇土地使用税。该企业应纳城镇土地使用税为：（100000－2000－3000）×4＝380000（元）。

可见，企业如果能够对各种用途的用地进行明确划分，则可以节省税款20000元(400000－380000)，虽然分别核算可能会增加一部分开支，但相对于省下的税款来说，一般情况下是值得的。

五、纳税义务发生时间的筹划

（一）土地使用税纳税义务发生时间的法律规定

根据《中华人民共和国城镇土地使用税暂行条例》规定，土地使用税纳税义务发生时间使用城镇土地，一般是从次月起发生纳税义务，只有新征用耕地是在批准使用之日起满一年时开始纳税。具体归纳如表 5 - 5 所示。

表 5 - 5　土地使用税的纳税义务发生时间

情况	纳税义务发生时间
购置新建商品房	房屋交付使用之次月起
购置存量房	房地产权属登记机关签发房屋权属证书之次月起
出租、出借房地产	交付出租出借房产之次月起
以出让或转让方式有偿取得土地使用权的	应由受让方从合同约定交付土地时间的次月起缴纳城镇土地使用税；合同未约定交付土地时间的，由受让方从合同签订的次月起缴纳城镇土地使用税
新征用的耕地	批准征用之日起满一年时
新征用的非耕地	批准征用次月起
纳税人因土地权利状态发生变化而依法终止土地使用税的纳税义务的	其应纳税款的计算应截止到土地的实物或权利发生变化的当月末

（二）土地使用税纳税义务发生时间的筹划

（1）涉及房屋购置业务时，对于购置方来说，应尽量缩短取得房屋所有权与实际经营运行之间的时间差。因为购置新建商品房时，其纳税义务发生时间为房屋交付使用的次月起，购置存量房时，其纳税义务发生时间为房地产权属登记机关签发房屋权属证书之次月起，纳税人取得新建商品房或存量房后，如果纳税人不及时经营，则会无谓地承担一笔土地使用税。

（2）对于新办企业或需要扩大规模的老企业，在征用土地时，可以在是否征用耕地与非耕地之间作筹划。因为政策规定，纳税人新征用耕地，自批准征用之日起满一年时开始缴纳土地使用税，而征用非耕地的，则需自批准征用的次月就应该纳税。

（3）合理确定有偿取得土地使用权城镇土地使用税纳税义务发生时间。

《财政部 国家税务总局关于房产税 城镇土地使用税有关政策的通知》（财税〔2006〕186 号）规定："以出让或转让方式有偿取得土地使用权的，应由受让方从合同约定交付土地时间的次月起缴纳城镇土地使用税；合同未约定交付土地时间的，由受让方从合同签订的次月起缴纳城镇土地使用税。"实践中，土地交付时间的约定是有一定弹性的，纳税人可以利用这一点对土地使用税进行筹划。

【案例 5-15】

某房地产公司通过拍卖获得土地一宗，占地面积 10 万平方米，城镇土地使用税按照 16 元/平方米缴纳。房地产公司与土地管理部门签订土地出让合同日期是 2017 年 12 月 15 日，约定交付土地日期为 2018 年 1 月 20 日，实际办理完土地证时间是 4 月 10 日。

【解析】 按照财税〔2006〕186 号文件，房地产公司可以按照合同约定交付土地时间的次月起缴纳城镇土地使用税。即从 2018 年 2 月开始缴纳，本年度应该缴纳城镇土地使用税：=10×16×11/12=146.67（万元）。

如果房地产公司和土地管理部门协商，要求土地交付日期推迟 3 个月，约定为 4 月 1 日交付土地。那么房地产公司缴纳城镇土地使用税的开始日期应该是 2018 年 5 月，本年度应该缴纳城镇土地使用税：10×16×8/12=106.67 万元。比筹划前少缴纳土地使用税 40 万元。

案例分析与讨论

学习完前面的内容，我们现在可以对【案例导入】中提出的问题进行回答了。本案例中，该企业的城镇土地使用税，是以《国有土地使用证》的办证时间来确定纳税义务发生时间的。根据财税〔2006〕186 号文件第二条之规定“关于有偿取得土地使用权城镇土地使用税纳税义务发生时间问题：以出让或转让方式有偿取得土地使用权的，应由受让方从合同约定交付土地时间的次月起缴纳城镇土地使用税；合同未约定交付土地时间的，由受让方从合同签订的次月起缴纳城镇土地使用税。”则该企业 2018 年度应申报缴纳城镇土地使用税为：50000×2=100000（元），造成少申报缴纳城镇土地使用税 50000 元。

多数企业的《国有土地使用证》的办证时间是在出让或转让合同约定交付土地的时间或出让或转让合同签订的时间之后，企业可以与相关部门约定较晚的交付使用时间，从而推迟城镇土地使用税的纳税义务产生时间，降低企业的税负。

本章小结

资源税是对在我国境内开采应税矿产品和生产盐的单位和个人征收的一种税。资源税的筹划根据税法的相关规定从可从多个角度入手。在资源税计税依据筹划中，“折算比”是一个重要的切入点。由于不同应税矿产品的税率不尽相同，纳税人应特别注意伴生矿、伴采矿和半选矿的税率筹划。当纳税人享有资源税的某些税收优惠时，纳税人的减税、免税项目，应当单独核算。

土地增值税是对在我国境内有偿转让国有土地使用权及地上建筑物和其他附着物产权、取得增值性收入的单位和个人征收的一种税。土地增值税的筹划根据税法的相关规定从可从多个角度入手。其中，土地增值税课税范围的筹划策略主要包括选择适当的建房方式、转售为租和投资入股。土地增值税计税依据和税率的筹划主要包括合理确定房地产的转让价格；分立不动产销售合同，分散不动产销售收入，降低土地增值额；费用均分；最大化归集开发成本，规范账务处理；增加可扣除项目金额、寻找利息支出平衡点；生地变熟地后进行交易转让，增加可扣除项目金额；针对不同增值率的房产合理确定是否合并纳税；合理安排房地产销售中代收费用。土地增值税税收优惠的筹划中，重点要充分利用“建造普通标准住宅出售，增值额未超过扣除项目金额20%的免税”这一优惠政策。

城镇土地使用税是以城市、县城、建制镇和工矿区的国有土地为征税对象，以实际占用的土地面积为计税标准，按规定税额对拥有土地使用权的单位和个人征收的一种行为税。城镇土地使用税的筹划根据税法的相关规定从可从五个方面入手：一是土地使用税课税范围的筹划；二是土地使用税计税依据的筹划；三是土地使用税税率的筹划；四是土地使用税税收优惠的筹划；五是土地使用税纳税义务发生时间的筹划。

思考与练习

一、思考题

1. 如何利用计税依据的相关规定对资源税进行筹划？
2. 如何利用税率和税收优惠的相关规定对资源税进行筹划？
3. 如何利用利息支出的规定对土地增值税进行筹划？
4. 如何利用优惠政策对土地增值税进行筹划？
5. 如何利用选址对城镇土地使用税进行筹划？
6. 如何利用税收优惠政策对城镇土地使用税进行筹划？

二、练习题

1. 新疆某油田1月份开采原油500万元，其中用于加热、修井约值10万元，其余全部对外销售，在采油过程中，回收天然气200万元，试计算该油田1月份应纳的资源税。(原油适用税率为销售额的8%，天然气适用税率为销售额的5%)，现在有三种方案可供选择。

方案Ⅰ：该油田未对对外销售的原油，用于加热、修井的原油及回收的天然气分别核算。

方案Ⅱ：该油田对原油及回收的天然气分别核算，但未对用于加热、修井的原油单独核算。

方案Ⅲ：该油田对所有不同项目均分开核算。

请问：从节税的角度出发，应当选择哪套方案？

2. 某房地产公司开发一处房地产，为取得土地使用权支付的金额为1200万元，房地产开发成本为1500万元，财务费用中按转让房地产项目计算分摊的利息支出为250万元，不超过商业银行同类同期贷款利率。假设该项目所在省政府规定计征土地增值税时，房地产开发费用扣除比例按国家规定允许的最高比例执行。先有两种方案可供选择。

方案Ⅰ：不按转让房地产项目计算分摊利息支出或不提供金融机构贷款证明。

方案Ⅱ：按转让房地产项目计算分摊利息支出，并提供金融机构贷款证明。

请问：从节税角度出发，该企业应当选择哪套方案？

3. 甲房地产开发公司某个年度商品房销售收入为20000万元，其中普通住宅销售额为12000万元，豪华住宅销售额为8000万元。税法规定的可扣除项目金额为15000万元，其中普通住宅可扣除项目金额为10000万元，豪华住宅可扣除项目金额为5000万元。

请问：普通住宅和豪华住宅是分开核算还是不分开核算？请通过计算选择对企业有利的方案。

4. 某企业厂区外有一块30000平方米的空地没有利用，由于该地在厂区后面远离街道、位置不好，目前的商业开发价值不大，所以一直闲置，现在主要是职工及家属以及周边的居民将其作为休闲娱乐之用。该地区的年镇土地使用税为5元/平方米，企业需为该地块一年负担的城镇土地使用税为：30000×5＝150000元。那么，该企业应如何对其城镇土地使用税进行筹划？

第六章 财产税类筹划

学习目标

通过本章学习，熟悉房产税和契税的基本法律规定，在此基础上，掌握两个税种的基本筹划思路和要点。

学习重点

房产税课税范围和计税依据的筹划，契税计税依据和税收优惠的筹划。

第一节 房产税筹划

案例导入

某大型生产企业A要把下属一家开工不足的工厂出租给一家民营企业B，双方谈定厂房连同设备一年的租金是200万元，并据此签订了租赁合同。内容大致是：A同意将厂房连同设备租给B，B支付厂房和设备租金一年200万元。合同签订后。B先付一半的租金，年底再付另一半租金。则A企业每年应纳房产税为：200×12%=24（万元）。

请问：A企业应如何进行房产税筹划？

一、纳税人的筹划

（一）房产税纳税人的法律规定

根据《中华人民共和国房产税暂行条例》的规定，房产税的纳税义务人是指房屋的产权所有人。其中：

（1）产权属于国家所有的，由经营管理单位缴纳；产权属于集体和个人所有的，由集体单位和个人纳税。

（2）产权出典的由承典人缴纳。

(3) 产权所有人、承典人不在房产所在地的，由房产代管人或者使用人纳税。

(4) 产权未确定及租典纠纷未解决的，由房产代管人或使用人缴纳。

(5) 纳税单位和个人无租使用房产管理部门、免税单位及纳税单位的房产，应由使用人按照房产余值代为缴纳房产税。

(二) 房产税纳税人的筹划

虽然房产税的纳税人是房屋产权所有人，但对于房产的转租人是否是房产税纳税人，各地规定却不尽一致。吉林、山东两省地税局认为，如果对于转租行为不征收房产税的话，则纳税人有可能利用这一点来避税，因此，下发了吉地税发〔2006〕42 号文件等，要求转租人按差额缴纳房产税，从而堵住这一"漏洞"。而湖北、云南、浙江、广东、大连、海南、江西、江苏以及安徽省地税局都下发文件规定：对于转租行为不征收房产税。由于税法上规定产权所有人为房产税的纳税义务人，而转租方不是产权所有人，因此通常认为转租行为不再缴纳房产税，因此，在全国绝大多数地区（山东、吉林除外）可以通过变正常出租为转租来降低房产税税负。

【案例 6－1】[①]

甲公司为湖北省[②]的一家企业（一般纳税人），2019 年 6 月将自有写字楼[③]对外出租，一年租金为 1100 万元（不含税）。城市维护建设税税率为 7%，教育费附加征收率为 3%。请对其进行税收筹划。

【解析】 方案Ⅰ：甲公司直接对外出租。

甲公司应纳房产税为：1100×12%＝132（万元）[④]

甲公司应纳增值税为：1100×5%＝55（万元）[⑤]

甲公司应纳的城市维护建设税、教育费附加为：55×（7%＋3%）＝5.5（万元）

该租赁业务中甲公司的净收益为：1100－132－5.5＝962.5（万元）。

方案Ⅱ：甲公司先将写字楼以 700 万元（不含税）的价格出租给其下属的乙公司，然后再由乙公司以 1100 万元的价格对外出租。

甲公司应纳房产税为：700×12%＝84（万元）

甲公司应纳增值税为：700×5%＝35（万元）

甲公司城市维护建设税、教育费附加为：35×（7%＋3%）＝3.5（万元）

该项租赁业务中甲公司的净收益为：700－84－3.5＝612.5（万元）

乙公司应纳增值税为：1100×9%－700×5%＝64（万元）

---

① 案例来源：梁文涛．房产税的纳税筹划技巧［J］．财会月刊，2013（11）（下）。

② 自 2008 年 5 月 6 日起，湖北省对转租行为不再征收房产税。

③ 该不动产于 2016 年 4 月 30 日前取得。

④ 根据《财政部 国家税务总局关于营改增后契税 房产税 土地增值税 个人所得税计税依据问题的通知》（财税〔2016〕43 号），房产出租的，计征房产税的租金收入不含增值税。

⑤ 一般纳税人出租其 2016 年 4 月 30 日前取得的不动产，可以选择适用简易计税方法，按照 5%的征收率计算应纳税额。

乙公司应纳城市维护建设税、教育费附加为：64×（7%＋3%）＝6.4（万元）[①]

该项租赁业务中乙公司的净收益为：1100－700－6.4＝393.6（万元）。

甲公司和乙公司净收益合计为：612.5＋393.6＝1006.1（万元）

从净收益的角度看，方案Ⅱ优于方案Ⅰ。

还需注意的是，利用上述方法进行房产税筹划时，转租行为必须发生在关联企业之间，并确定一个相对合理的租金价格，这样一方面可以保证“肥水不外流”，另一方面也可避免被税务机关进行租金价格的调整。

二、课税范围的筹划

（一）房产税课税范围的法律规定

按照《中华人民共和国房产税暂行条例》的规定，房产税的征税范围是以房屋形态表现的财产：凡独立有屋面和围护结构，能够遮风避雨，可提供人们在其中生产、工作、学习、娱乐、居住或储藏物资的场所；而于房屋之外的建筑物，如围墙、烟囱、水塔、变电塔、油池油柜、菜窖酒窖、酒精池、糖蜜池、室外游泳池、玻璃暖房、砖瓦石灰窑以及各种油气罐则不属于征税范围。

需要注意的是，《财政部、国家税务总局关于具备房屋功能的地下建筑征收房产税的通知》（财税〔2005〕181号）就具备房屋功能的地下建筑的房产税政策作了明确，即原来暂不征税的具备房产功能的地下建筑，从2006年1月1日开始列入房产税征税范围。同时明确：凡在房产税征收范围内的具备房屋功能的地下建筑，包括与地上房屋相连的地下建筑以及完全建在地面以下的建筑、地下人防设施等，均应当依照有关规定征收房产税。新规定并没有将所有的地下建筑都纳入征税范围，需要征税的建筑必须符合房产的特征概念。财税〔2005〕181号文件对此作了界定：具备房屋功能的地下建筑是指有屋面和维护结构，能够遮风避雨，可供人们在其中生产、经营、工作、学习、娱乐、居住或储藏物资的场所。与此不符的其他地下建筑，如地窖、池、窑、罐等，仍未纳入房产税征税范围。

此外，目前房产税的课税范围仅限于城市、县城、建制镇和工矿区，不包括农村地区。

（二）房产税课税范围的筹划

在对房产税的课税范围进行筹划时，应尽量避免把不属于房产税课税的建筑物计入房产原值。为此，企业应该把停车场、游泳池等都建成露天的，把围墙、水塔、游泳池等独立建筑物的造价同厂房、办公用房的造价分开，在会计账簿中单独记载，则这部分建筑物的造价不计入房产原值，不缴纳房产税。比如，A公司欲建一新办公区，主体部分是办公楼，另外一部分是辅助设施，包括停车场、水塔、游泳池、喷泉设施等建筑物，总计造价

① 一般纳税人将2016年4月30日之前租入的不动产对外转租的，可选择简易办法征税；将5月1日之后租入的不动产对外转租的，不能选择简易办法征税。

为3亿元，其中，主体工程造价2.8亿元，辅助设施方面的建筑物造价2000万元，如果3亿元都作为房产原值，又假定当地政府规定的房屋扣除比例为30%，则A公司每年应缴纳的房产税为：30000×（1－30%）×1.2%＝252（万元）。如果A公司除把办公用房外的建筑物如停车场、水塔、游泳池都建成露天的以外，还把这些独立建筑物的造价同办公楼的造价分开，作为一项固定资产在会计账簿中单独记载，则这部分建筑物的造价就不用计入房产原值，不纳房产税。每年A公司可以少缴的房产税为：2000×（1－30%）×1.2%＝16.8（万元）。

如果房产用于出租，出租人在签订房产出租合同时，对出租标的物中不属于房产的部分应单独标明，而达到少缴房产税的目的，如出租人既出租房屋也出租场地，既出租房屋也出租机器设备，如果出租人在租赁合同中能分别列明房屋租赁价款和非房屋租赁价款的，则仅需就房屋租赁价款部分按12%缴纳房产税。需要注意的是，有时出租人可能从少缴房产税的目的出发，刻意提高非房屋出租的价款，压低房屋出租的价款达到少缴房产税的目的。对此，部分地方税务机关已经联合有关部门确定房屋最低租金计税价格，如果出租人房屋租金明显偏低且无正当理由的，必须按照税务机关的最低租金计税价格缴纳房产税。

另外，由于我国目前对农村地区的房产不征房产税，在不影响正常经营的前提下，企业可以考虑将地址设在农村。这样企业不仅无需缴纳房产税，而且也不用缴纳城镇土地使用税，同时还可适用1%的城建税税率。

三、计税依据和税率的筹划

（一）房产税计税依据和税率的法律规定

我国房产税的计税依据是房产的计税余值或房产的租金收入，按照房产计税价值征税的，称为从价计征；按照房产租金收入计税的，称为从租计征。两种计税方法中适用的房产税税率也有所不同，其中，从价计征房产税时，适用的房产税税率为1.2%，从租计征房产税时，适用的房产税税率为12%，如表6-1所示。

表6-1　房产税的计税依据和税率

计税方法	计税依据	税率	计税公式
从价	按照房产原值一次减除10%～30%后的余值 扣除比例由省、自治区、直辖市人民政府确定原值明显不合理的应予评估；没有原值的由所在地税务机关参考同类房屋的价值核定	年税率1.2%	应纳税额＝应税房产原值×（1－扣除比例）×1.2% （这样计算出的是年税额）
从租	租金收入（包括实物收入和货币收入） 以劳务或其他形式抵付租金收入的，按当地同类房产租金水平确定	12%	应纳税额＝租金收入×12%或4%
	个人按市场价格出租的居民用房	4%	

需要注意的是，原产原值应包括与房屋不可分割的各种附属设备或一般不单独计算价值的配套设施，如暖气、卫生、通风、照明、煤气等设备，各种管线，电梯、升降机、过

道、晒台等。另外，自2006年1月1日起，房屋附属设备和配套设施计征房产税按以下规定执行：（1）为了维持和增加房屋的使用功能或使房屋满足设计要求，凡以房屋为载体，不可随意移动的附属设备和配套设施，如给排水、采暖、消防、中央空调、电气及智能化楼宇设备等，无论在会计核算中是否单独记账与核算，都应计入房产原值，计征房产税；（2）对于更换房屋附属设备和配套设施的，在将其价值计入房产原值时，可扣减原来相应设备和设施的价值；对附属设备和配套设施中易损坏、需要经常更换的零配件，更新后不再计入房产原值。

（二）房产税计税依据和税率的筹划

房产税的计征方式有两种，一是从价计征，二是从租计征。不同方法计算的结果通常会有差异，这就有了纳税筹划的空间。企业可以根据实际情况选择计征方式，通过比较两种方式税负的大小，选择税负低的计征方式，以达到节税的目的。

【案例6-2】

S公司现有两栋闲置库房[①]，房产原值为2000万元，公司将闲置库房出租收取租赁费，年租金收入为200万元（不含税）。则公司每年应纳房产税为：200×12%=24（万元）；每年应纳增值税、城建税及教育费附加为：200×5%×（1+7%+3%）=11（万元）。公司租赁业务的利润为：200-24-1=175（万元）。请问S公司应如何进行税收筹划？

【解析】若要降低房产税，S公司可以考虑把单纯的房屋租赁改变为仓储保管服务，也就是把租赁收入变为仓储服务收入。仓储保管是按房产余值的1.2%交纳房产税，假定当地规定的扣除比例为30%，则S公司应纳房产税为：2000×（1-30%）×1.2%=16.8（万元）。此时的房产税显然低于房产出租时的房产税。

为此，S公司可进行如下筹划：企业配备保管人员将库房改为仓库，为客户提供仓储服务，收取仓储费，年仓储收入为200万元（不含税），但需每年支付给保管人员工资2万元。采用仓储筹划，应纳房产税为16.8万元［2000×（1-30%）×1.2%］。仓储服务收入应纳增值税为：200×6%-1=11（万元）[②]；应交城建税及教育费附加为：11×（7%+3%）=1.1（万元）。此时，公司仓储服务的利润为：200-16.8-1.1=182.1（万元）。由此可见，尽管出租变为仓储后，要相应增加人员和设施费用，但由于节约了房产税，从总体来说，企业还是划算的。

需要注意的是，仓储保管服务应以公司配备相应保管人员和设施为前提，为此需要支付人员和设备的费用，如果需要支付的人员和设备费用过高，则将租赁变为仓储服务可能会得不偿失。另外，与租赁相比，企业在仓储服务中的责任更大一些。

① 2016年4月30日前取得。

② 假定仓储服务收入的进项税额为1万元。

四、税收优惠的筹划

（一）房产税税收优惠的法律规定

目前房产税的税收优惠政策主要有以下几种。

（1）国家机关、人民团体、军队自用的房产免征房产税。但对出租房产以及非自身业务使用的生产、营业用房，不属于免税范围。

（2）由国家财政部门拨付事业经费的单位（全额或差额预算管理的事业单位），本身业务范围内使用的房产免征房产税。对于其所属的附属工厂、商店、招待所等不属单位公务、业务的用房，应照章纳税。

（3）宗教寺庙、公园、名胜古迹自用的房产免征房产税。但宗教寺庙、公园、名胜古迹中附设的营业单位，如影剧院、饮食部、茶社、照相馆等所使用的房产及出租的房产，不属于免税范围，应照章纳税。

（4）个人所有非营业用的房产免征房产税①。对个人拥有的营业用房或者出租的房产，不属于免税房产，应照章纳税。

（5）央行（含外管局）所属分支机构自用的房产免征房产税。

（6）经财政部批准免税的其他房产②。

（二）房产税税收优惠的筹划

纳税人在利用税收优惠进行房产税筹划时，要充分了解享受这些优惠政策所需的条件。比如，国税函［2004］839号文规定，纳税人因房屋大修导致连续停用半年以上的，在房屋大修理期间免征房产税，免征额由纳税人在申报缴纳房产税时自行计算扣除，并在申报表附表或备注栏中作相应说明。纳税人对原有房屋进行改建、扩建的，要相应增加房屋的原值。为此，纳税人对房屋的修理，在不影响正常经营的条件下，应尽量使房屋停用半年以上，这样可以获取大修理期间免征房产税的税收优惠。

【案例6－3】

2019年甲公司决定对已有办公楼进行大修理，该办公楼的原值是200万元，使用年限为20年，已使用15年，修理后可使该房产延长使用年限10年，现有两个方案可供选择：

方案Ⅰ：对房屋进行修理，自2020年1月1日开始，所耗用的时间为5个月，领用生产用原材料100万元，进项税额为17万元，人工费10万元。

方案Ⅱ：自2020年1月1日开始对房屋进行修理，领用生产用原材料100万元，进项税额为13万元，人工费10万元，所耗用的时间为7个月。

假设当地房产原值减除比例为30％。

请问：从房产税的角度看，甲公司应选择哪个方案？

---

① 自2011年1月28日起，上海和重庆开展对住房征收房产税试点改革。

② 根据《关于去产能和调结构房产税 城镇土地使用税政策的通知》（财税〔2018〕107号）规定，自2018年10月1日至2020年12月31日，对按照去产能和调结构政策要求停产停业、关闭的企业，自停产停业次月起，免征房产税、城镇土地使用税。企业享受免税政策的期限累计不得超过两年。

【解析】

方案Ⅰ：对房屋进行修理，自 2020 年 1 月 1 日开始，所耗用时间为 5 个月。

甲公司 1—5 月应纳房产税为：200×（1－30%）×1.2%×5÷12＝0.7（万元）

甲公司 6—12 月应纳房产税为：（200＋100＋10）×（1－30%）×1.2%×7÷12＝1.519（万元）

甲公司全年应纳房产税为：0.7＋1.519＝2.219（万元）

方案Ⅱ：对房屋进行修理，自 2020 年 1 月 1 日开始，所耗用时间为 7 个月。

甲公司 1—7 月免征房产税，8—12 月应纳房产税为：（200＋100＋10）×（1－30%）×1.2%×5÷12＝1.085（万元）。

由此可见，在房产修理支出相同而修理期限不同的情况下，方案Ⅱ比方案Ⅰ少交房产税 1.134 万元，因此，应当选择方案Ⅱ。通过适当延长修理时间便会换取税收上的优惠，但延长修理时间应以不影响正常的生产经营为前提。

还需补充的是，根据《国家税务总局关于房产税部分行政审批项目取消后加强后续管理工作的通知》（国税函〔2004〕839 号）的规定，自 2004 年 7 月 1 日起，纳税人因房屋大修导致连续停用半年以上的，在房屋大修理期间免征房产税，免征额由纳税人在申报缴纳房产税时自行计算扣除，并在申报表附表或备注栏中作相应说明。纳税人还应在房屋大修前向主管税务机关报送相关的证明材料，包括大修房屋的名称、坐落地点、产权证编号、房产原值、用途、房屋大修的原因、大修合同及大修的起止时间等信息和资料，以备税务机关查验。这里要提醒的是，“房产大修导致连续停用半年以上”这个概念包含着两个要求：一是连续停用；二是停用时间 6 个月以上。

案例分析与讨论

学习完前面的内容，我们现在可以回答【案例导入】中提出的问题了。尽管设备并不属于房产税的课税范围，但由于 A 企业仅签订了一份租赁合同，并将设备租金与房产租金合二为一，这样设备租金也并入了房产税的计税依据，加重了 A 企业的房产税负担。为此，A 企业可以分别签订设备租赁合同与房产租赁合同，并在两份合同中分别注明设备租金和房产租金，假定前者为 50 万元，后者为 150 万元，此时，A 企业的房产税变为：150×12%＝18（万元）。

第二节　契税筹划

案例导入

甲公司因严重亏损准备关闭，尚欠主要债权人乙公司 5000 万元，准备以公司一块价值 5000 万元的土地偿还所欠债务。甲公司与乙公司签订土地抵债协议，协议约定，甲公司以其价值 5000 万元的土地偿还所欠乙公司债务 5000 万元。假设缴纳契税的税率为 4%，乙公司接受甲公司土地抵债应缴纳契税为：200 万元（5000×4%）[①]。

---

① 案例来源：肖太寿．契税筹划相关案例——合法降低契税额增加企业效益［EB/OL］．中华会计网校，2013-11-11.

请问：乙公司应如何进行契税筹划？

一、纳税人筹划

（一）契税纳税人的法律规定

契税是以在中华人民共和国境内转移土地、房屋权属为征税对象，向产权承受人征收的一种财产税。这里所称的转移土地、房屋权属是指下列行为：（1）国有土地使用权出让；（2）土地使用权转让，包括出售、赠与和交换；（3）房屋买卖；（4）房屋赠与；（5）房屋交换。

（二）契税纳税人的筹划

由于契税的纳税人是土地、房屋的产权承受人，因此，某些情况下，企业或个人可以通过避免成为土地、房屋的产权承受人而规避契税。特别是在涉及债务人以不动产向债权人抵债而债权人又不需要这样的不动产时，债权人应通过精心筹划避免因不动产产权转移而成为契税纳税人。

【案例 6－4】

A公司欠B公司货款1000万元，准备以A公司原价值1000万元的商品房偿还所欠债务。B公司接受A公司商品房抵债后又作价1000万元偿还其所欠C公司债务1000万元。C公司因规模扩张，正需要一幢商品房用作生产车间，在B公司用商品房向C公司抵债后，C公司留为自用。（假定当地契税税率为3%）

请问B公司应如何进行税收筹划？

【解析】B公司接受A公司抵债商品房时应缴纳契税为：1000×3%＝30（万元）。事实上，商品房在B公司手中仅具有过渡性质，却要多缴纳契税30万元。本案例中，B公司既是债权人，也是债务人，而且其债权和债务的金额相等，在此情况下，可以考虑A、B、C三家公司达成一个债务偿还协议，即由A公司将抵债商品房直接销售给C公司，C公司将房款汇给A公司，A公司收C公司房款后再汇给B公司偿还债务，B公司收A公司欠款后再汇给C公司偿还债务。经上述筹划后，三方欠款清欠完毕，且B公司可规避契税，节约契税支出30万元。

二、计税依据的筹划

（一）契税计税依据的法律规定

根据《中华人民共和国契税暂行条例》第四条规定，契税的计税依据如下。

（1）国有土地使用权出让、土地使用权出售、房屋买卖，为成交价格。

（2）土地使用权赠与、房屋赠与，由征收机关参照土地使用权出售、房屋买卖的市场价格核定。

（3）土地使用权交换、房屋交换，为所交换的土地使用权、房屋的价格的差额。土地使用权交换、房屋交换，交换价格不相等的，由多交付货币、实物、无形资产或者其他经济利益的一方缴纳税款。交换价格相等的，免征契税。

前款成交价格明显低于市场价格并且无正当理由的，或者所交换土地使用权、房屋的价格的差额明显不合理并且无正当理由的，由征收机关参照市场价格核定。

（二）契税计税依据的筹划

1. 减少价差或等价交换

根据契税计税依据的相关规定，土地使用权交换、房屋交换，为所交换的土地使用权、房屋的价格的差额。由于契税税率是既定的，当这一差额越小时，当事人缴纳的契税就越少。这里的筹划思路有两个：一是将一般的土地使用权或房屋买卖变为互换。举例来说，假如甲公司有一块价值3000万元土地拟出售给乙公司，然后从乙公司购买其价值3000万元的房屋。假定当地契税税率为3%，双方签订土地转让及房屋购买合同后，甲公司应缴纳契税为：3000×3%＝90（万元）。乙公司应缴纳契税同样为：3000×3%＝90（万元）。显然，土地是价值与房屋的价值是相等的，A、B两个公司完全可以签订一份以甲公司土地使用权交换乙公司房屋的协议，由于双方是等价交换，因此，契税是免征的。二是当用于交换的土地或房屋价值不相等时，可以采取一定措施减小两者的价差。假定甲、乙两位当事人交换各自房屋所有权，甲的房屋市场价格大约是100万元，乙的房屋价格大约是80万元，假定当地契税税率为3%，如果不进行筹划，乙应该缴纳的契税为：(100－80)×3%＝0.6（万元）。其实，在两位当事人进行房屋交换之前，可以将乙的房屋按照甲的意思进行改造，增加房屋乙的市场价值，最好达到两者基本接近，这样便可以免去契税。具体可以筹划为，乙通过装潢使其房屋增值为100万元。

2. 签订分立合同，降低契税支出

企业在分立时，往往会涉及一些房屋附属设施，对于这些房屋附属设施的契税问题，《财政部 国家税务总局关于房屋附属设施有关契税政策的批复》（财税〔2004〕126号）有如下规定。

(1) 对于承受与房屋相关的附属设施（包括停车位、汽车库、自行车库、顶层阁楼以及储藏室，下同）所有权或土地使用权的行为，按照契税法律、法规的规定征收契税；对于不涉及土地使用权和房屋所有权转移变动的，不征收契税。

(2) 采取分期付款方式购买房屋附属设施土地使用权、房屋所有权的，应按合同规定的总价款计征契税。

(3) 承受的房屋附属设施权属如为单独计价的，按照当地确定的适用税率征收契税；如与房屋统一计价的，适用与房屋相同的契税税率。

根据上述规定，经济主体在承受房屋附属设施权属时应尽可能单独计价。

【案例6－5】

2019年，张某从北京某小区购买一套非普通住宅，连同与该住宅配套的停车位共支付500万元。由于该车位未办理产权证，因此，张某仅获得了车位的永久使用权。当地非普通住宅契税税率为3%。请问张某应如何对其契税进行筹划？

【解析】在本案例中，张某应缴纳的契税为：500×3%＝15（万元）。但根据财税〔2004〕126号规定，对于承受与房屋相关的附属设施（包括停车位、汽车库、自行车库、

顶层阁楼以及储藏室，下同）所有权或土地使用权的行为，按照契税法律、法规的规定征收契税；对于不涉及土地使用权和房屋所有权转移变动的，不征收契税。由于张某在购买住宅时并未获得车位的产权，也即车位的权属并未发生转移，因此，车位本身不应征收契税。如果张某与卖方就房屋销售和车位买卖分别签订合同，并在合同中分别计价，假定车位的价格为30万元，房屋的价格为470万元，则张某应缴纳的契税变为：470×3%＝14.1（万元）。经筹划后，张某可节省契税0.9万元。

对于上述案例，我们还可以进一步加以拓展。假定张某在购买住宅时获得了车位的产权，那么，张某一定要关注当地房屋的契税税率与房屋附属设施契税税率的大小关系。如果房屋附属设施的契税税率小于房屋的契税税率，则张某应注意对车位单独计价，这是因为，根据财税〔2004〕126号的规定，承受的房屋附属设施权属如为单独计价的，按照当地确定的适用税率征收契税，如与房屋统一计价的，适用与房屋相同的契税税率。反之，如果当地规定的房屋附属设施契税税率高于房屋契税税率，则最好不要对承受的房屋附属设施单独计价。

三、税收优惠的筹划

（一）契税税收优惠的法律规定

1. 契税优惠的一般规定

（1）国家机关、事业单位、社会团体、军事单位承受土地、房屋用于办公、教学、医疗、科研和军事设施的，免征契税。

（2）城镇职工按规定第一次购买公有住房的，免征契税。

（3）因不可抗力灭失住房而重新购买住房的，酌情准予减征或者免征契税。

（4）承受荒山、荒沟、荒丘、荒滩土地使用权，并用于农、林、牧、渔业生产的，免征契税。

2. 契税优惠的特殊规定

契税虽是一个小税种，但涉及的优惠政策较多，如表6－2所示。

表6－2　契税优惠的特殊规定

特殊行为	具体情况	契税优惠
企业公司制改造	企业按照《中华人民共和国公司法》有关规定整体改制，包括非公司制企业改制为有限责任公司或股份有限公司，有限责任公司变更为股份有限公司，股份有限公司变更为有限责任公司，原企业投资主体存续并在改制（变更）后的公司中所持股权（股份）比例超过75%，且改制（变更）后公司承继原企业权利、义务的，对改制（变更）后公司承受原企业土地、房屋权属	免征

续表

特殊行为	具体情况	契税优惠
事业单位改制	事业单位按照国家有关规定改制为企业，原投资主体存续并在改制后企业中出资（股权、股份）比例超过50%的，对改制后企业承受原事业单位土地、房屋权属	免征契税
公司合并	两个或两个以上的公司，依照法律规定、合同约定，合并为一个公司，且原投资主体存续的，对合并后公司承受原合并各方土地、房屋权属	免征
公司分立	公司依照法律规定、合同约定分立为两个或两个以上与原公司投资主体相同的公司，对分立后公司承受原公司土地、房屋权属	不征
企业破产	企业依照有关法律法规规定实施破产，债权人（包括破产企业职工）承受破产企业抵偿债务的土地、房屋权属	免征
	对非债权人承受破产企业土地、房屋权属，凡按照《中华人民共和国劳动法》等国家有关法律法规政策妥善安置原企业全部职工规定，与原企业全部职工签订服务年限不少于三年的劳动用工合同的，对其承受所购企业土地、房屋权属	免征
	与原企业超过30%的职工签订服务年限不少于三年的劳动用工合同的	减半征收
资产划转	对承受县级以上人民政府或国有资产管理部门按规定进行行政性调整、划转国有土地、房屋权属的单位	免征
	同一投资主体内部所属企业之间土地、房屋权属的划转，包括母公司与其全资子公司之间，同一公司所属全资子公司之间，同一自然人与其设立的个人独资企业、一人有限公司之间土地、房屋权属的划转	免征
	母公司以土地、房屋权属向其全资子公司增资，视同划转	免征
债权转股权	经国务院批准实施债权转股权的企业，对债权转股权后新设立的公司承受原企业的土地、房屋权属	免征
公司股权（股份）转让	在股权（股份）转让中，单位、个人承受公司股权（股份），公司土地、房屋权属不发生转移	不征
划拨用地出让或作价出资	以出让方式或国家作价出资（入股）方式承受原改制重组企业、事业单位划拨用地的，	征收契税
房屋的附属设施	承受与房屋相关的附属设施（包括停车位、汽车库、自行车库、顶层阁楼以及储藏室）所有权或土地使用权的	征收契税
	不涉及土地使用权和房屋所有权变动的	不征
继承土地房屋权属的	法定继承人（包括配偶、子女、父母、兄弟姐妹、祖父母、外祖父母）继承土地房屋权属的	不征
	非法定继承人根据遗嘱承受死者生前土地房屋权属，属于赠与行为的	征收契税

续表

特殊行为	具体情况	契税优惠
婚姻关系存续期间	房屋、土地权属原归夫妻一方所有，变更为夫妻双方共有的	免征契税
单位、个人以房屋、土地以外资产增资	相应扩大其在被投资公司的股权持有比例，无论被投资公司是否变更工商登记，其房屋、土地权属不发生转移	不征契税
个体工商户的经营者转移土地、房屋权属	个体工商户的经营者将其个人名下的房屋、土地权属转移至个体工商户名下，或者个体工商户将其名下的房屋、土地权属转回原经营者个人名下	免征契税
市、县级人民政府根据《国有土地上房屋征收与补偿条例》有关规定征收居民房屋	居民因个人房屋被征收而选择货币补偿用以重新购置房屋，并且购房成交价格不超过货币补偿的	新购房屋免征契税
	购房成交价格超过货币补偿的	对差价部分按规定征收契税
	居民因个人房屋被征收而选择房屋产权调换，并且不缴纳房屋产权调换差价的	新换房屋免征契税
	居民因个人房屋被征收而选择房屋产权调换，缴纳房屋产权调换差价的	对差价部分按规定征收契税
拆迁居民新置住房	对购房成交价格中相当于拆迁补偿款部分的	免征
	超过拆迁补偿款部分的	征收契税

（二）契税税收优惠的筹划

契税减免税的情形比较多，纳税人一方面要充分了解不同情况下契税减免税的政策规定，另一方面还要熟悉享受契税减免税优惠政策所需具备的条件。比如，事业单位改制为企业的过程中，投资主体发生变化时，若要减免契税，那么必须与原单位规定比例的职工签订一定年限的劳动用工合同。

1. 改变投资方式，享受免征契税政策

当企业或个人以土地使用权或房屋进行投资时，通常会涉及土地使用权或房屋权属的转移，自然就会涉及契税问题。但如果经济主体能对其投资方式进行合理安排，充分利用契税中的相关优惠政策，则完全有可能规避土地使用权或房屋权属转移过程中的契税。

【案例 6-6】

张某和李某分别以价值500万元的商品房和300万元货币资金共同投资开办A有限责任公司。由于张某将其商品房进行投资后，商品房的产权就应转移到A有限责任公司名下，假定当地契税税率为3%，为此，A有限责任公司接受房产投资后应缴纳契税为：500×3%=15（万元）。

【解析】根据《财政部 税务总局关于继续支持企业事业单位改制重组有关契税政策的通知》（财税〔2018〕17号文件）[①] 的规定，企业按照《中华人民共和国公司法》有关规

① 本通知自2018年1月1日起至2020年12月31日执行。

定整体改制，包括非公司制企业改制为有限责任公司或股份有限公司，有限责任公司变更为股份有限公司，股份有限公司变更为有限责任公司，原企业投资主体存续并在改制（变更）后的公司中所持股权（股份）比例超过75%，且改制（变更）后公司承继原企业权利、义务的，对改制（变更）后公司承受原企业土地、房屋权属，免征契税。另外，根据《关于自然人与其个人独资企业或一人有限责任公司之间土地房屋权属划转有关契税问题的通知》（财税〔2008〕142号）规定，自然人与其个人独资企业或一人有限责任公司之间土地、房屋权属的无偿划转属于同一主体内部土地、房屋权属的无偿划转，不征收契税。

根据上述规定，对于本案例可设计如下筹划方案：张某先到工商局注册登记成立个人独资企业，将自有房产投入个人独资企业，由于房屋产权所有人和使用人未发生变化，故无需办理房产变更手续，不需缴纳契税。然后，张某对其个人独资企业进行公司制改造，整体改建为一人有限责任公司，改建完毕后，吸收李某投资，然后再将公司变更为普通有限责任公司。这样一来，有限责任公司承受张某个人独资企业的房屋就不用再缴纳契税。

2. 合理选择购买房屋的类型

个人在住房买卖过程中，要缴纳许多税费，其中税负较重的要数契税。按照税法规定，契税一般按购房价款的3%～5%缴纳（具体税率由各省、自治区、直辖市政府在此幅度内确定）。但目前国家对不同类型的住房实行了差别化契税政策。根据《关于调整房地产交易环节契税营业税优惠政策的通知》（财税〔2016〕23号）规定，自2016年2月22日起，契税政策如表6－3所示。个人在购买自用住宅时，应注意运用这些政策，尽量减少购房时的契税负担。

表6－3 最新契税政策

购房情况	建筑面积	税率
首套住房	面积为90平方米及以下	1%
	90平方米以上	1.5%
第二套改善性住房①	90平方米及以下	1%
	90平方米以上	2%

【案例6－7】

小李是惠州市某公司员工，名下已有一套住房，打算再买一套小户型住房供父母居住。2019年“五一”期间，小李看中某个楼盘的两套住房②，其中A套房的建筑面积为91平方米，总价为72.5万元（含税），B套房的建筑面积为89平方米，总价为71.3万元

① 北京市、上海市、广州市、深圳市暂不适用此项契税优惠。

② 《建筑工程施工许可证》注明的开工日期在2016年4月30日前。

(含税)。

请问：假定暂不考虑其他因素，购买哪套楼房总体单价更低？

【解析】从表面来看，小李好像选择A楼房更有利，因为这一楼房销售单价为：72.5÷91=0.7967（万元），而B楼房的销售单价为：71.3÷89=0.8011（万元）。但需要注意的是，根据财税〔2016〕23号，如果考虑契税因素，情况将有所不同。小李如果购买A楼房，则其应纳契税为：72.5÷（1+5%）×2%=1.3810（万元）。考虑到契税后，小李购买一套A楼房支付的总价款为：72.5+1.3810=73.881（万元）。A楼房销售单价相当于：73.881÷91=0.8119（万元）。相比之下，如果小李选择购买B楼房，则其应纳契税为：71.3÷（1+5%）×1%=0.6790（万元）。考虑到契税后，小李购买B楼房支付的总价款为：71.3+0.6790=71.979（万元）。B楼房销售单价相当于：71.979÷89=0.8088（万元）。从购房的单价来看，小李购买B楼房更为有利。

当然，对于购房者而言，购买的住房应以适用为主，不能一味地追求节税。在住房的各方面条件均符合自己要求的情况下，购房者可重点比较各套房屋的应纳税款，从而选择最合适的住房。

案例分析与讨论

学习完前面的内容，我们可以对【案例导入】中的问题做出回答了。《财政部 税务总局关于继续支持企业事业单位改制重组有关契税政策的通知》（财税（2018）17号）：企业依照有关法律法规规定实施破产，债权人（包括破产企业职工）承受破产企业抵偿债务的土地、房屋权属，免征契税。根据上述规定，乙公司可推迟与甲公司签订土地抵债合同的时间，即乙公司先以主要债权人身份到法院申请甲公司破产，待甲公司破产清算后再以主要债权人身份与甲公司签订破产财产—土地抵债合同，合同约定甲公司以价值5000万元的土地抵偿乙公司债务5000万元。通过纳税筹划后，乙公司可享受免征契税，节省契税支出200万元。

本章小结

房产税的课税对象是房产，这里的房产是指独立有屋面和围护结构，能够遮风避雨，可提供人们在其中生产、工作、学习、娱乐、居住或储藏物资的场所。房产税的纳税人是房屋产权所有人，但对于房产的转租人是否是房产税纳税人，各地规定并不尽相同。而且，房产税的课税范围仅限于城市、县城、建制镇和工矿区。纳税人可根据税法对房产税纳税人和课税范围的规定进行相应的房产税筹划。房产税的计税方法包括从价计征和从租计征两种方法，由于房产税的税率是既定的，纳税人应尽可能在不影响收入的条件下降低房产税的计税依据，特别是要注意，不要把不属于房产税课税范围的建筑物价值或收入并入房产税的计税依据。

契税主要是以在中华人民共和国境内转移土地、房屋权属为征税对象，向产权承受人征收的一种财产税。在某些情况下，企业或个人可以通过避免成为土地、房屋的产权承受人而规避契税。由于契税的税率是比例税率，而且是相对固定的，因此，减少契税的关键在于降低契税的计税依据，特别是应充分利用“土地使用权交换、房屋交换，为所交换的土地使用权、房屋的价格的差额”这条规定，将一般的土地使用权转让和房屋买卖转化为土地使用权交换、房屋交换。与此同时，还应特别注意对房屋附属设施的契税筹划。此外，契税的优惠政策较多，纳税人应熟悉这些优惠政策的内容及享受优惠政策所需的条件，从而尽可能地利用这些优惠政策进行契税筹划。

思考与练习

一、思考题

1. 房产转租行为中应如何进行税收筹划？

2. 房产税计税依据的筹划要点有哪些？

3. 如何利用房产税的课税范围进行房产税筹划？

4. 在不动产抵债业务中，如何避免成为契税纳税人？

5. 契税计税依据的筹划策略有哪些？

6. 如何利用契税优惠政策进行契税筹划？

二、练习题

1. 甲企业位于某市市区，企业除厂房、办公用房外，还包括厂区围墙、烟囱、水塔、变电塔、游泳池、停车场等建筑物，总计工程造价 10 亿元，除厂房、办公用房外的建筑设施工程造价 2 亿元。假设当地政府规定的扣除比例为 30%。现有以下两个筹划方案。

方案Ⅰ：将所有建筑物都作为房产计入房产原值。

方案Ⅱ：将游泳池、停车场等都建成露天的，在会计账簿中单独核算。

请比较那个方案可以降低税负？

2. 某房地产开发企业准备出售一幢房屋以及土地使用权，房屋的市场价值是 800 万元，其所含各种附属设备的价格约为 200 万元，允许扣除项目金额为 500 万元。现有以下两个销售方案。

方案Ⅰ：该企业和购买者签订合同时，对房屋价格和附属设备的价格不加区分；

方案Ⅱ：该企业和购买者签订合同时，仅在合同上注明 800 万元的房地产转让价格，同时签订一份附属办公设备购销合同。

该公司应选择上述哪个方案？为什么？

3. 甲公司拥有一幢写字楼，配套设施齐全，对外出租。全年租金共 3000 万元，其中含代收的物业管理费 300 万元，水电费为 500 万元。甲公司现有以下两种方案可供选择。

方案Ⅰ：甲公司与承租方签订租赁合同，租金为 3000 万元。

方案Ⅱ：将各项收入分别由各相关方签订合同，如物业管理费由承租方与物业公司签订合同，水电费按照承租人实际耗用的数量和规定的价格标准结算、代收代缴。

请问：甲公司选择那个方案可以节省房产税？

4. 甲企业现有5栋闲置库房，房产原值为2000万元，企业经研究提出以下两种利用方案：一是将闲置库房出租收取租赁费，年租金收入为200万元；二是配备保管人员将库房改为仓库，为客户提供仓储服务，收取仓储费，年仓储收入为200万元，但需每年支付给保管人员2万元。假定当地房产原值的扣除比例为30%，仓储服务进项税额为1万元。

方案Ⅰ：采用出租方案。

方案Ⅱ：采用仓储方案。

请从增值税、城建税和教育税附加、房产税及有关费用的角度，全面比较税负高低做出选择。

5. A房地产公司欲购买甲国有独资公司一宗土地，约定支付价款1000万元。则根据税法规定，A房地产公司应缴纳契税为：30万元（1000×3%）。

请为A公司设计一个契税筹划方案。

6. 2019年5月，甲工业企业将其全部股权以1000万元的价格转让给A房地产公司，其中土地和房屋价值为800万元。股权转让协议生效后，A房地产公司申请将甲工业企业工商变更登记为乙企业，乙企业申请将甲工业企业的土地和房屋权属变更到自己名下。

请问：在股权转让及一系列变更登记过程中，A房地产公司是否需要缴纳契税？

第七章 行为目的税类筹划

学习目标

通过本章学习，熟悉行为目的税类相关税种的基本法律规定。在此基础上，围绕各个税种的基本构成要素，着重掌握印花税、车辆购置税、耕地占用税和城市维护建设税的筹划策略以及筹划过程中的相关注意事项，力求能用所学的筹划理论和方法解决实际问题。

学习重点

印花税、车辆购置税的筹划策略及其注意事项。

第一节 印花税筹划

案例导入

某铝合金门窗厂与某建筑安装企业签立了一份加工承揽合同，合同规定：铝合金门窗厂受建筑安装公司委托，负责加工一批铝合金门窗，加工所需原材料由铝合金门窗厂提供，铝合金门窗厂共收取加工费及原材料费140万元。这样一来，铝合金门窗厂应缴纳的印花税为：0.08万元［(140＋20)×0.5‰］

思考：从节税的角度看，铝合金门窗厂签订的加工承揽合同有无改进的空间？

一、纳税人的筹划

（一）印花税纳税人的法律规定

印花税的纳税人是指在中国境内书立、使用、领受印花税法所列举的凭证并依法履行纳税义务的单位和个人。按照书立、使用、领受应税凭证的不同，可以分别确定为立合同人、立账簿人、立据人、领受人、使用人和各类电子应税凭证的签订人。其中，立合同人是指合同的当事人，即对合同有直接权利义务关系的单位和个人，但不包括合同的担保人、证人、鉴定人。立据人是指产权转移书据的纳税人。领受人是指领受或接受并持有该项凭证的单位和个人。使用人是指在国外书立、领受，但在国内使用的应税凭证的纳税人。各类电子应税凭证的签订人是指以电子形式签订的各类应税凭证的当事人。

（二）印花税纳税人的筹划

根据现行印花税法的相关规定，对于应税凭证，凡是由两方或两方以上当事人共同书立的，其当事人各方都是印花税的纳税人。如果几方当事人在书立合同时，能够不在合同上出现的当事人尽量不以当事人身份出现在合同中，则可取得节省印花税的效果。比如甲、乙、丙、丁四人签订一合同，乙、丙、丁三人基本利益一致，就可以任意选派一名代表，让其和甲签订合同，则合同的印花税纳税人便只有甲和代表人。

另外，在某些情况下，经济主体可以通过适当操作避免成为印花税的纳税人。以借款合同为例，银行及其他金融机构与借款人（不包括银行同业拆借）所签订的合同，以及只填开借据并作为合同使用，取得银行借款的借据应按照“借款合同”税目交纳印花税。而企业之间的借款合同则不用贴花。对企业来说，同金融机构签订借款合同与和非金融企业签订借款合同在抵扣利息支出上是一样的，而前者要交纳印花税，后者不用交纳印花税。如果两者的借款利率是一样的，则向企业借款效果会更好。不过，企业应注意，企业间的借款利率一般要比金融机构高，应根据情况而定。

二、计税依据的筹划

（一）印花税计税依据的法律规定

印花税的计税依据为各种应税凭证上所记载的计税金额，其基本规定如表 7－1 所示。

表 7－1　印花税计税依据的一般规定

合同或凭证	计税依据
购销合同	购销金额
加工承揽合同	受托方提供原材料的加工、定做合同，凡在合同中分别记载加工费金额和原材料金额的，原材料和加工费分别按照购销合同和加工承揽合同计税贴花；若未在合同中分别记载，应就全部金额依照加工承揽合同计税；委托方提供原料或主要材料的加工合同，按照合同中规定的受托方的加工费收入和提供的辅助材料金额之和计税
建设工程勘察设计合同	收取的费用
建筑安装工程承包合同	承包金额
财产租赁合同	租赁金额，如果经计算，税额不足 1 元的，按 1 元贴花
货物运输合同	运输费用，但不包括所运货物的金额以及装卸费用和保险费用等
仓储保管合同	仓储保管费用，但不包括所保财产金额
借款合同	借款金额，有具体规定
财产保险合同	保险费收入
技术合同	合同所载金额

续表

合同或凭证	计税依据
购销合同	购销金额
产权转移书据	所载金额
营业账簿	记载资金的账簿的计税依据为"实收资本"与"资本公积"两项合计金额
	其他账簿按件计税
权利许可证照	按件计税

此外，印花税的计税依据还有一些特殊规定，主要包括以下几点。

(1) 作为计税依据的凭证金额不能随意做扣除。

(2) 未标明金额的应税凭证按凭证所载数量及国家牌价（无国家牌价的按市场牌价）计算金额，然后按规定税率计税贴花。

(3) 外币折算人民币金额的汇率采用凭证书立日国家外汇管理局公布的汇率。

(4) 签订时无法确定金额的合同先定额贴花 5 元，待结算实际金额时补贴印花税票。

(5) 订立合同不论是否兑现均应依合同金额贴花。

(6) 商品购销中以货易货，交易双方既购又销，均应按其购、销合计金额贴花。

(7) 施工单位将自己承包的建设项目分包或转包给其他施工单位的，所签订的分包转包合同还要计税贴花。

(8) 股票交易的转让书据，依书立时证券市场当日实际成交价格计算的金额为计税金额。

(9) 国内货物联运，结算单据（合同）所列运费的结算方式不同而计税依据不同，即起运地全程结算运费的，按全程运费为计税依据；分程结算运费的，应以分程运费为计税依据。国际货运，托运方全程计税。承运方为我国运输企业的按本程运费计算贴花，承运方为外国运输企业的免纳印花税。

（二）印花税计税依据的筹划

1. 暂缓确定交易金额

暂缓确定交易金额是指纳税人在签订合同时，可有意使合同上所载金额在能够明确的条件下不予以最终确定，以达到递延缴纳印花税税款的目的。实践中，各种经济合同的当事人在签订合同时，有时会遇到计税金额暂时难以确定的情况。而我国印花税的计税依据大多数都是根据合同所记载金额和具体适用税率确定，计税依据无法最终确定时，纳税人的应纳印花税税额也就无法确定。而根据《中华人民共和国印花税暂行条例》第七条规定，应纳税凭证应当于书立或者领受时贴花。同时，《中华人民共和国印花税暂行条例施行细则》第十四条规定："条例第七条所说的书立或者领受时贴花，是指在合同的签订时、书据的立据时、账薄的启用时和证照的领受时贴花。"也就是说，企业在书立合同之时，其纳税义务便已经发生，应该根据税法规定缴纳应纳税额。为保证国家税款及时足额入库，税法采取了一些变通方法。税法规定，有些合同在签订时无法确定计税金额，如技术转让合同中的转让收入，是按销售收入的一定比例收取的或是按其实现利润多少进行分成的，财产租赁合同只是规定了月（天）租金标准而无租赁期限的，对这类合同，可在签订时先按定额 5 元贴花，以后结算时再按照实际的金额计税，补贴印花。因此，企业在签订数额较大的合同时，应该尽量签订不定额的合同，即合同上所载金额在保证双方利益的前提下，不要确定最终合同金额，以达到递延缴纳印花税税款的目的。

【案例 7－1】

甲公司和乙公司签订一个租赁合同，甲公司出租一套设备给乙公司生产玩具，期限为 10 年，合同规定设备租金 120 万元，每年年底支付年租金。

【解析】由于双方签订的是财产租赁合同，而且租赁金额十分明确，此时两企业均应缴纳印花税为：120 万元×1‰＝0.12（万元）。如果将合同改为“甲公司出租一套设备给乙公司生产玩具，合同规定设备租金每月 1 万，每年年底支付本年租金，同时双方决定是否继续本合同”。具体计算如下：

每年应纳印花税＝1×12×1‰＝0.012（万元）

10 年应纳印花税＝0.012×10＝0.12（万元）

这两个方案虽然印花税额支出一致，但支付时间一个是现在，一个是平均到 10 年，第二个方案可达到递延缴纳印花税的目的，考虑到了货币资金的时间价值。而且筹划操作比较简便，筹划成本很小，不失为一种有效的筹划方案。

2. 减少交易金额

由于各种经济合同的纳税人是订立合同的双方或多方当事人，其计税依据是合同所载的金额，因而出于共同利益，双方或多方当事人可以经过合理筹划，使各项费用及原材料等的金额通过非违法的途径从合同所载金额中得以减除，从而压缩合同的表面金额，达到少缴税款的目的。比如互相以物易物的交易合同中，双方当事人尽量互相提供优惠价格，使得合同金额下降到合理的程度。当然这要注意限度，以免被税务机关调整价格，最终税负反而更重，以致得不偿失。

3. 保守预测交易金额

由于经济活动中各种不确定性的存在，理论上认为可以完全实现的合同，在实践中却可能由于种种原因无法实现或无法完全实现。这样，最终合同履行的结果会与签订合同时有些差异。比如，两企业订立合同之初认为履行合同数额为 500 万元，而实际最终结算时发现只履行 300 万，或甚至因为其他原因没有办法履行。由于我国印花税是一种行为税，无论合同是否兑现或是否按期兑现，均应贴花，而且对已履行并贴花的合同，所载金额与合同履行后实际结算金额不一致的，只要双方未修改合同金额，一般不再办理完税手续。因此，在合同设计时，双方当事人应充分地考虑到以后经济交往中可能会遇到的种种情况，根据这些可能情况，确定比较合理、比较保守的金额。如果这些合同属于金额难以确定的，也可以采用前面说过的暂缓确定交易金额策略，等到合同最终实现后，根据实际结算情况再补贴印花，这样也能达到同样的节税效果。

【案例 7－2】

2018 年 3 月，A 市某房地产开发公司与某建筑工程公司签订甲工程施工合同，金额为 8500 万元，合同签订后，印花税已缴纳。由于该工程建筑图纸发生重大修改，2019 年 5 月，工程竣工时实际工程决算金额为 5500 万元。该公司 2019 年 10 月签订乙工程建筑施工合同，合同金额为 8000 万元，以甲工程多缴印花税为由，冲减合同金额 3000 万元，然后计算缴纳印花税。

【解析】印花税是一种具有行为税性质的凭证税，凡发生书立、使用、领受应税凭证的行为，就必须依照印花税法的有关规定，履行纳税义务。由于签订甲工程施工合同的行为已经发生，不管该合同是否得以履行或者实际得以履行的金额有多少，均应按照合同约定的金额计算缴纳印花税。由于乙工程建筑施工合同的金额为 8000 万元，合同双方当事人的印花税计税依据应为 8000 万元，房地产公司以甲工程多缴印花税为由，冲减合同金额 3000 万元，计算缴纳乙工程建筑施工合同印花税的做法是错误的。

对此，房地产公司可以考虑如下税收筹划方法：尽可能先签订框架合同，或签订不确定金额或确定的合同金额较低的合同，待工程竣工时，按实际工程决算金额计算交纳印花税，这样就可少交或避免多交印花税。

4. 减少工程的分包或转包环节

建筑安装工程承包合同是印花税中的一种应税凭证，该种合同的计税依据为合同上记载的承包金额，其适用税率为 0.3‰。根据现行印花税法的规定，施工单位将自己承包的建设项目分包或者转包给其他施工单位所签订的分包合同或者转包合同，应按照新的分包合同或者转包合同上所记载的金额再次计算应纳税额。这里因为印花税是一种行为性质的税种，只要有应税行为发生，则应按税法规定纳税。因此，尽管总承包合同已依法计税贴花，但新的分包或转包合同又是一种新的应税凭证，又产生了新的纳税义务。

【案例 7－3】

甲公司将一笔价款为 8000 万元人民币的工程承包给乙公司，乙公司将其中的 3000 万元的工程分包给丙公司，2000 万元的工程承包给丁公司。则应纳印花税额如下：

甲公司应纳税 2.4 万元（8000×0.03％）；乙公司应纳税 3.9 万元（8000×0.03％＋3000×0.03％＋2000×0.03％）；丙公司应纳税 0.9 万元（3000×0.03％）；丁公司应纳税 0.6 万元（2000×0.03％）；四个公司应纳印花税总额 7.8 万元。

【解析】若乙公司与甲公司协商，让甲公司与丙公司、丁公司分别签订 3000 万元和 2000 万元的合同，剩余金额由乙公司与甲公司签订合同，这样甲、丙、丁的应纳税额不变，乙公司的应纳税额为 0.9 万元[①]，比原先少缴纳税款 3 万元。这里要注意一个问题，甲公司与丙、丁公司签订的合同必须是与乙公司原先打算分包给丙、丁的工程量相同，否则，

---

① 即［8000－（3000＋2000）］×0.03％＝0.9。

乙将由此损失部分分包利润，但只要乙公司与甲公司协商一致后就很容易达到节税的目的。

5. 恰当处理合同金额

营改增后合同印花税的计税依据是否包含增值税，具体要看合同是如何签订的。实践中，多地税务机关的判断依据是：如果合同是价税分离的，印花税计税依据就不含增值税，如果合同上价税未分离，按总额计算。比如，A有限公司与B销售公司签订了一笔电器购销合同，在合同中注明的货物含税金额总计11300万元，此时应纳印花税为：11300×0.03%=3.39万元。如果A有限公司与B销售公司签订了一笔电器购销合同，在合同中注明的货物不含税金额10000万元，增值税额1300万元，此时印花税为：10000×0.03%=3万元。因此，纳税人在签订经济合同时，应尽量做到价税分离，进而减少印花税的计税依据。

三、税率的筹划

（一）印花税税率的法律规定

印花税的税率有两种形式，即比例税率和定额税率，如表7-2所示。

表7-2　印花税的税率

税率档次		应用税目或项目
比例税率（四档）	万分之零点五	借款合同
	万分之三	购销合同、建筑安装工程承包合同、技术合同
	万分之五	加工承揽合同、建筑工程勘察设计合同、货物运输合同、产权转移书据、营业账簿中记载资金的账簿
	千分之一	财产租赁合同、仓储保管合同、财产保险合同、股权转让书据
5元定额税率		权利、许可证照和营业账簿中的其他账簿

（二）印花税税率的筹划

按照税法规定，同一应税凭证，因载有两个或两个以上经济事项而适用不同税目税率，如分别记载金额的，应分别计算应纳税额，相加后按合计税额贴花；如未分别记载金额的，按税率高的计税贴花。这也给我们提供了一种筹划的思路，即：如果纳税人的同一应税凭证中载有两个或以上适用不同税目税率的经济事项，最好分别记载各个经济事项的金额。

【案例7-4】

某企业与某运输企业签订运输合同，合同中所载运输费及保管费共计500万元。由于该合同中涉及货物运输合同和仓储保管合同两个印花税税目，而且两者税率不相同，前者为0.5‰，后者为1‰。根据印花税法的相关规定，未分别记载金额的，按税率高的计税贴花，即按1‰税率计算应贴印花，其应纳税额为：500×1‰=0.5（万元）

【分析】根据现行印花税法的相关规定，同一应税凭证因载有两个或两个以上经济事项而适用不同税目税率，如未分别记载金额的，按税率高的计税贴花。本案例中的当事人因未在合同中明确货物运输与仓储保管各自的金额，因此增加了不必要的印花税负担。假定这份运输保管合同包含货物运输费300万元，仓储保管费200万元，如果纳税人能在合同上详细地注明各项费用及具体数额，便可以分别适用每种合同对应的税率，其印花税应纳税额为：300×0.5‰+200×1‰=0.35（万元），订立合同的双方均可节省0.15万元税款。

四、税收优惠的筹划

（一）印花税税收优惠的法律规定

（1）应税合同凭证的正本贴花之后，副本、抄本不再贴花。

（2）将财产赠给政府、社会福利单位、学校所立的书据免税。

（3）国家指定的收购部门与村民委员会、农民个人书立的农副产品收购合同免税。

（4）无息、贴息贷款合同免税。

（5）外国政府或国际金融组织向我国政府及国家金融机构提供优惠贷款所书立的合同免税。

（6）房地产管理部门与个人签订的用于生活居住的租赁合同免税。

（7）农牧业保险合同免税。

（8）军事、救灾、新铁路施工运料等特殊运输合同免税。

（9）自2016年1月1日至2018年12月31日，对公共租赁住房经营管理单位免征建设、管理公共租赁住房涉及的印花税，对公共租赁住房经营管理单位购买住房作为公共租赁住房，免征印花税，对公共租赁住房租赁双方免征签订租赁协议涉及的印花税。

（10）自2018年1月1日至2020年12月31日，对金融机构与小型企业、微型企业签订的借款合同免征印花税。

（11）自2018年5月1日起，对按万分之5税率贴花的资金账簿减半征收印花税，对按件贴花五元的其他账簿免征印花税。

（二）印花税税收优惠的筹划

了解了印花税的优惠政策，纳税人可以结合自身实际通过享受这些优惠政策减轻印花税负担。比如，企业将财产进行捐赠时，可以优先考虑将其捐赠给政府、社会福利单位或学校；金融机构发放贷款时，在综合考虑安全性、收益性和流动性的前提下，可以选择小型、微利企业作为贷款对象。

案例分析与讨论

学习完前面的内容之后，我们现在应该可以回答本节【案例导入】中提出的问题了。

我国印花税税法对加工承揽合同的计税依据有如下规定：（1）受托方提供原材料的加工、定做合同，凡在合同中分别记载加工费金额和原材料金额的，原材料和加工费分别按照购销合同和加工承揽合同计税贴花；（2）若未在合同中分别记载，应就全部金额依照加工承揽合同计税；委托方提供原料或主要材料的加工合同，按照合同中规定的受托方的加工费收入和提供的辅助材料金额之和计税。其中加工承揽合同的印花税税率为0.5‰，购销合同的印花税税率为0.3‰。如果将铝合金门窗厂所提供的加工费金额与原材料金额在合同中分别记载，则能达到税收筹划的目的。假设加工费40万元，原材料费为100万元，则合同当事人各方应缴印花税为0.05万元（100×0.3‰+40×0.5‰），较之筹划前相对少纳印花税0.02万元。

第二节　车辆购置税筹划

案例导入

李某从江西赣州市某汽车经销商购买一辆帕萨特领驭轿车，该级经销商开具给李某机动车发票注明价格为180341元（含税），张某也从同一经销商处购同型号车，不过张某通过支付手续费10000元由经销商到江西南昌经销商处购车，张某另外支付购车款170341元（含税）给南昌经销商，由南昌经销商向张某开具机动车发票，则李某应缴车辆购置税＝180341×10％/（1＋13％）＝15959.4元，张某应缴车辆购置税＝170341×10％/（1＋13％）＝15074.4元，两者相差885元。

思考：怎样理解李某、张某两人的购车方式及蕴含的车辆购置税筹划方法？

车辆购置税是以在中国境内购置规定车辆为课税对象、在特定环节向车辆购置者征收的一种税，其课税范围包括汽车、有轨电车、汽车挂车、排气量超过一百五十毫升的摩托车，其税率统一实行10％的比例税率。由于车辆购置税纳税人和税率的筹划空间较小，这里主要讨论该税种计税依据的筹划。

一、计税依据的筹划

（一）车辆购置税计税依据的法律规定

车辆购置税实行从价定率、价外征收的方法计算应纳税额，应纳税额按照应税车辆的计税价格乘以税率计算，车辆购置税计税价格如表7－3所示。

表7－3　车辆购置税的计税依据

应税行为	计税依据
购买自用应税车辆	纳税人实际支付给销售者的全部价款，不包括增值税税款
进口自用应税车辆	关税完税价格加上关税和消费税
自产自用应税车辆	按照纳税人生产的同类应税车辆的销售价格确定，不包括增值税税款
受赠、获奖或者其他方式取得自用应税车辆	按照购置应税车辆时相关凭证载明的价格确定，不包括增值税税款

纳税人申报的应税车辆计税价格明显偏低，又无正当理由的，由税务机关依照《中华人民共和国税收征收管理法》的规定核定其应纳税额。纳税人以外汇结算应税车辆价款的，按照申报纳税之日的人民币汇率中间价折合成人民币计算缴纳税款。

根据纳税人购置应税车辆的不同情况，国家税务总局对以下几种特殊情形应税车辆的最低计税价格规定如表 7－4 所示。

表 7－4　车辆购置税的最低计税价格

特殊情形的应税车辆	计税依据
底盘（车架）和发动机同时发生更换的车辆	计税依据为最新核发的同类型车辆最低计税价格的 70% 【提示】此政策只适用于已交过车购税的已税车辆底盘和发动机同时发生更换的情况
免税、减税条件消失的车辆	最低计税价格＝同类型新车最低计税价格×［1－（已使用年限÷规定使用年限）］×100% 【提示】(1) 其中使用年限，国产车辆按 10 年计算；进口车辆按 15 年计算；(2) 超过使用年限的车辆，不再征收车辆购置税
非贸易渠道进口车辆的最低计税价格的车辆	同类型新车最低计税价格

（二）车辆购置税计税依据的筹划

1. 采取有效方式降低购车价

在计征车辆购置税时，大多是按照实际购车价计算的。为此，消费者在购车时，尽量向上级经销商或生产厂家购车，或通过参加团购及其他方式降低自己的购车支出，这样不仅获得了优惠价格，而且车辆购置税的计税依据也会相应下降。《中华人民共和国车辆购置税法》第六条规定：纳税人购买自用应税车辆的计税价格，为纳税人实际支付给销售者的全部价款，不包括增值税税款。与之前的《中华人民共和国车辆购置税暂行条例》相比，车辆购置税的计税依据不再包括价外费用（如精品、装饰、加价提车等费用），这为车辆购置税计税价格的筹划提供了一定空间，尽量避免将一些价外费用融合到车价中。但需要注意的是，根据《中华人民共和国车辆购置税法》规定①，纳税人申报的应税车辆计税价格明显偏低，又无正当理由的，由税务机关依照《中华人民共和国税收征收管理法》的规定核定其应纳税额。因此，纳税人应对车辆购置价格进行合理筹划，4S 店“低开发票”的做法风险变得更大。

2. 基于汽车型号调整销售模式

同一品牌同一车系同一排量不同型号的汽车，核心部件（比如发动机、底盘、变速箱等）基本一致，差异主要体现在配置上。比如，A 汽车有两个型号：基本型和豪华型。豪

① 《中华人民共和国车辆购置税法》已由中华人民共和国第十三届全国人民代表大会常务委员会第七次会议于 2018 年 12 月 29 日通过，自 2019 年 7 月 1 日起施行。

华型与基础型相比，多了可视倒车系统、GPS导航、座椅加热功能，另外，豪华型为真皮座椅，基础型为织物座椅。一般来说，配置越高的汽车计税价格越高，相应的车辆购置税也越高。生产商和经销商直接提供多种配置车型供购买方选择，购买方被动接受生产销售方的销售模式，这一方面难以满足购车者的多样化需求，另一方面也加重了购车者的车辆购置税负担。为此，汽车生产商和销售商应调整销售模式，给予消费者更大的选择空间，在推出多元化车型的基础上，更加注重对车型的改造升级。假如消费者需要豪华型汽车，可在购买基础型汽车后再选择配置升级中心的豪华套餐来实现，这样可以在较大程度上降低车辆购置税的计税依据。汽车生产商设立专门的配置升级中心或者将配置升级功能下移至4S店相应部门，加强对配置升级部门或中心工作人员的培训与监督，确保升级配置的质量与售后服务。同时注重低配车型与高配车型在技术上的兼容性，让低配车型升级为高配车型容易操作。不难看出，基于汽车型号调整销售模式既有利于节减购车者负担的车辆购置税，也可以满足购车者的多样化需求，还有助于提升汽车生产商和销售商的市场竞争力。

3. 购买进口车将工具件和零部件单独报关

依照现行关税的有关规定，进口小轿车整车的关税税率相对较高，而进口零部件的关税税率则较低，同时进口零部件也无需缴纳消费税，因此，消费者进口报关时，应将进口小轿车的工具件和零部件单独报关进口，以降低车辆购置税的计税价格，进而达到减少车辆购置税的目的。

二、税收优惠的筹划

（一）车辆购置税税收优惠的法律规定

1. 车辆购置税的免税规定

（1）依照法律规定应当予以免税的外国驻华使馆、领事馆和国际组织驻华机构及其有关人员自用的车辆；

（2）中国人民解放军和中国人民武装警察部队列入装备订货计划的车辆。

（3）悬挂应急救援专用号牌的国家综合性消防救援车辆。

（4）设有固定装置的非运输专用作业车辆。

（5）城市公交企业购置的公共汽电车辆。

（6）自2018年1月1日至2020年12月31日，对购置的新能源汽车免征车辆购置税。

根据国民经济和社会发展的需要，国务院可以规定减征或者其他免征车辆购置税的情形，报全国人民代表大会常务委员会备案。

2. 车辆购置税的退税

纳税人将已征车辆购置税的车辆退回车辆生产企业或者销售企业的，可以向主管税务机关申请退还车辆购置税。退税额以已缴税款为基准，自缴纳税款之日至申请退税之日，每满一年扣减百分之十。

（二）车辆购置税税收优惠的筹划

能够享受车辆购置税减免优惠的一般是特定单位、特定人员购买的车辆，或特定单位购买的具有特定用途的车辆，或单位和个人购买的特定类型的车辆，一般单位和个人利用税收优惠政策进行车辆购置税筹划的空间较小。对于特定的单位和个人而言，要充分享受车辆购置税的减免税政策，应力争达到减免税的条件。但这里需要注意的是，免税、减税车辆因转让、改变用途等原因不再属于免税、减税范围的，纳税人应当在办理车辆转移登记或者变更登记前缴纳车辆购置税，计税价格以免税、减税车辆初次办理纳税申报时确定的计税价格为基准，每满一年扣减百分之十。

案例分析与讨论

学习完前面的内容，我们现在可以对【案例导入】中提出的问题进行回答了。目前，车辆购置税征收以机动车销售发票上注明的金额为计税依据，采用付手续费方式进行购车，将支付给本级经销商的报酬从车辆购置税计税价格中剥离，从而消费者可少缴车辆购置税。本案例中，李某直接从赣州汽车经销商处购买汽车，自然应按照赣州汽车经销商开具的发票金额计算缴纳车辆购置税，但对于张某而言，赣州的汽车经销商充当了一个代购者的角色，销售发票由南昌汽车经销商直接开具给张某，此时车辆购置税即根据南昌汽车经销商开具的发票金额计算，而张某支付给赣州汽车经销商的手续费不用作为价外收费并入车辆购置税的计税价格，从而节省了车辆购置税。

第三节　耕地占用税筹划

案例导入

某公司拟投资5000万元在沿海滩涂兴办一个大型养猪场并建设一个现代化肉制品加工厂，计划年出栏生猪30000头，除部分宰杀分割供应超市外，大部分用于生产肉制品。经与有关部门协商，征用土地100亩，使用年限50年，按照规定缴纳了相关费用。经向税务部门咨询，将其中5亩地用于建设肉制品加工厂，其余95亩用于养猪场建设，已知该企业坐落地耕地占用税每平方米平均税额30元。

思考：公司应如何对耕地占用税进行筹划？

一、纳税人的筹划

（一）耕地占用税纳税人的法律规定

根据《中华人民共和国耕地占用税法》的规定，耕地占用税是在中华人民共和国境内，对占用耕地[①]建设建筑物、构筑物或者从事非农业建设的单位和个人，在中华人民共

① 本法所称耕地，是指用于种植农作物的土地。

和国境内占用耕地建设建筑物、构筑物或者从事非农业建设的单位和个人，为耕地占用税的纳税人，应当依照本法规定缴纳耕地占用税。占用园地、林地、草地、农田水利用地、养殖水面、渔业水域滩涂以及其他农用地建设建筑物、构筑物或者从事非农业建设的，依法缴纳耕地占用税。但占用耕地建设农田水利设施的，不缴纳耕地占用税；占用园地、林地、草地、农田水利用地、养殖水面、渔业水域滩涂以及其他农用地建设直接为农业生产服务的生产设施的，不缴纳耕地占用税。

（二）耕地占用税纳税人的筹划

避免成为耕地占用税纳税人的方法主要有两点：一是从事建筑物、构筑物或者非农业建设时避免占用《中华人民共和国耕地占用税法》及其实施条例所界定的“耕地”；二是占用耕地时不要脱离农业用途。比如，根据《中华人民共和国耕地占用税暂行条例》第十四条规定，建设直接为农业生产服务的生产设施占用规定的农用地的，不征收耕地占用税。按照《中华人民共和国耕地占用税暂行条例实施细则》的解释，直接为农业生产服务的生产设施，是指直接为农业生产服务而建设的建筑物和构筑物。具体包括：储存农用机具和种子、苗木、木材等农业产品的仓储设施；培育、生产种子、种苗的设施；畜禽养殖设施；木材集材道、运材道；农业科研、试验、示范基地；野生动植物保护、护林、森林病虫害防治、森林防火、木材检疫的设施；专为农业生产服务的灌溉排水、供水、供电、供热、供气、通讯基础设施；农业生产者从事农业生产必需的食宿和管理设施；其他直接为农业生产服务的生产设施。因此，单位和个人占用耕地建房时如果能够使其成为直接为农业生产服务而建设的建筑物和构筑物，则可以避免缴纳耕地占用税。

二、税率的筹划

（一）耕地占用税税率的法律规定

《中华人民共和国耕地占用税法》第四条规定：“耕地占用税的税额如下：（一）人均耕地不超过一亩的地区（以县、自治县、不设区的市、市辖区为单位，下同），每平方米为十元至五十元；（二）人均耕地超过一亩但不超过二亩的地区，每平方米为八元至四十元；（三）人均耕地超过二亩但不超过三亩的地区，每平方米为六元至三十元；（四）人均耕地超过三亩的地区，每平方米为五元至二十五元。各地区耕地占用税的适用税额，由省、自治区、直辖市人民政府根据人均耕地面积和经济发展等情况，在前款规定的税额幅度内提出，报同级人民代表大会常务委员会决定，并报全国人民代表大会常务委员会和国务院备案。各省、自治区、直辖市耕地占用税适用税额的平均水平，不得低于本法所附《各省、自治区、直辖市耕地占用税平均税额表》规定的平均税额。”

《中华人民共和国耕地占用税法》第五条规定：“在人均耕地低于零点五亩的地区，省、自治区、直辖市可以根据当地经济发展情况，适当提高耕地占用税的适用税额，但提高的部分不得超过本法第四条第二款确定的适用税额的百分之五十”。

《中华人民共和国耕地占用税法》第六条规定：占用基本农田的，应当按照本法第四条第二款或者第五条确定的当地适用税额，加按百分之一百五十征收。

（二）耕地占用税税率的筹划

耕地占用税实行地区差别幅度定额税率，在条件允许的情况下，单位和个人可根据自身情况选择耕地占用税税率较低的地区使用耕地。另外，对于同样的用途，如果占用的农用地类型不同，计征耕地占用税时适用的税率也会有所差异。比如，《中华人民共和国耕地占用税法》第六条规定："占用基本农田的，应当按照本法第四条第二款或者第五条确定的当地适用税额，加按百分之一百五十征收。"《中华人民共和国耕地占用税法》第十二条规定："占用园地、林地、草地、农田水利用地、养殖水面、渔业水域滩涂以及其他农用地建设建筑物、构筑物或者从事非农业建设的，依照本法的规定缴纳耕地占用税。占用前款规定的农用地的，适用税额可以适当低于本地区按照本法第四条第二款确定的适用税额，但降低的部分不得超过百分之五十。具体适用税额由省、自治区、直辖市人民政府提出，报同级人民代表大会常务委员会决定，并报全国人民代表大会常务委员会和国务院备案。"因此，单位和个人从事建筑物、构筑物或非农业建设时，占用基本农田所负担的耕地占用税会高于占用其他农用地，在其他条件相差不大的情况下，应尽量避免占用基本农田。

三、税收优惠的筹划

（一）耕地占用税税收优惠的法律规定

1. 免征耕地占用税

（1）军事设施、学校、幼儿园、社会福利机构、医疗机构占用耕地，免征耕地占用税。

（2）农村居民经批准搬迁，新建自用住宅占用耕地不超过原宅基地面积的部分，免征耕地占用税。

（3）农村烈士遗属、因公牺牲军人遗属、残疾军人以及符合农村最低生活保障条件的农村居民，在规定用地标准以内新建自用住宅，免征耕地占用税。

2. 减征耕地占用税

（1）铁路线路、公路线路、飞机场跑道、停机坪、港口、航道、水利工程占用耕地，减按每平方米二元的税额征收耕地占用税。

（2）农村居民在规定用地标准以内占用耕地新建自用住宅，按照当地适用税额减半征收耕地占用税。

依照《中华人民共和国耕地占用税法》免征或者减征耕地占用税后，纳税人改变原占地用途，不再属于免征或者减征耕地占用税情形的，应当按照当地适用税额补缴耕地占用税。

3. 退还耕地占用税

根据《中华人民共和国耕地占用税法》第十一条规定，纳税人因建设项目施工或者地质勘查临时占用耕地，应当依照本法的规定缴纳耕地占用税。纳税人在批准临时占用耕地期满之日起一年内依法复垦，恢复种植条件的，全额退还已经缴纳的耕地占用税。

（二）耕地占用税税收优惠的筹划

通常情况下，只有特定单位和个人占用耕地或用于特定用途的耕地才可享受耕地占用税的减免税待遇，这些特定单位和个人应注意享受减免税的条件。对于一般单位和个人而言，直接利用耕地占用税优惠政策进行税收筹划的空间不是很大。这里主要提出两点：一是临时占用耕地的单位和个人应尽可能在期满之日起一年内恢复耕地原状，以便能够退还已纳耕地占用税；二农村烈士遗属、因公牺牲军人遗属、残疾军人以及符合农村最低生活保障条件的农村居民占用耕地新建自用住宅时应尽量将占用的耕地面积控制在规定用地标准以内，从而可以享受免税优惠，一般的农村居民占用耕地新建自用住宅时应尽量将占用的耕地面积控制在规定用地标准以内，从而可以享受按照当地适用税额减半征收耕地占用税的优惠。

案例分析与讨论

学习完前面的内容后，我们现在可以回答【案例导入】中提出的问题了。公司占用的95亩土地用于猪场建设，仍属于农业用途，不用缴纳耕地占用税，另外5亩土地用于建设肉制品加工厂，属于耕地占用税的课税范围，如果公司将农业生产部分以及农产品初加工部分与深加工部分分开核算，分别办理有关用地手续，则应缴纳耕地占用税为：5×666.67×30/10000＝10（万元）。但如果整体征用，则应纳耕地占用税＝100×666.67×30/10000＝200（万元）。

通过计算对比分析，我们发现整体征用与切块分别征用多增加190万元税收费用。因此，在兴办工业或服务业项目时，在规划工业或服务业用地时，要兼顾滩涂大农业的特点，形成前农后工或农加工、服务等产业链条，充分利用耕地占用税的优惠条件。

第四节　城市维护建设税筹划

案例导入

A厂是一家乡镇企业，厂址设在B市的市区，注册资金50万元，在职职工人数35人，经营范围主要是羊毛衫、服装，经营方式为制衣加工。2018年销售收入350万元，增值税20万元，利润总额25万元，固定资产净值100万元，所有者权益150万元。

2019年10月，经税务人员对该企业"应交税费——应交城市维护建设税"账户检查发现，该账户有贷方余额1.2万元，企业账面反映2019年1月到9月已缴销售税金15万元，已缴城市维护建设税1500元，当年计提的城市维护建设税已申报缴纳，上述余额系2018年结转的余额。进一步核对该企业2018年有关收入账户与凭证，核实企业2018年应缴增值税20万元，按7%税率计提城市建设税应为1.4万元，但该企业只按1%的税率计算申报，实际缴纳城市维护建设税2000元。据企业有关人员反映，在2018年，企业按规定提取7%的城市维护建设税后，了解到其他乡镇企业按1%缴纳城市维护建设税，感到按7%缴纳城市维护建设税吃亏，故先按1%税率申报纳税，其余部分挂在账上。

思考：企业的做法是否正确？企业应如何进行城市维护建设税筹划？

一、纳税人的筹划

（一）城市维护建设税纳税人的法律规定

城市建设维护税（以下简称城建税）是对从事工商经营，缴纳增值税和消费税（以下简称“两税”）的单位和个人征收的一种税。城建税的纳税人是负有缴纳增值税、消费税和营业税义务的单位和个人。2010 年 12 月 1 日起，外商投资企业和外国企业及外籍个人开始征收城建税。对外资企业 2010 年 12 月 1 日（含）之后发生纳税义务的增值税、消费税、营业税征收城建税和教育费附加；对外资企业 2010 年 12 月 1 日之前发生纳税义务的“两税”，不征收城建税和教育费附加。

（二）城市维护建设税纳税人的筹划

由于城建税是附加在“两税”基础上的一种附加税，没有自己独立的课税对象，因此，在通常情况下，如果纳税人不让自己成为增值税、消费税和营业税中任何一个税种的纳税人，就可以避免成为城建税的纳税人。

二、计税依据的筹划

（一）城市维护建设税计税依据的法律规定

城建税的计税依据是纳税人实际缴纳的“两税”税额。纳税人违反“三税”有关税法而加收的滞纳金和罚款，是税务机关对纳税人违法行为的经济制裁，不作为城建税的计税依据，但纳税人在被查补“两税”和被处以罚款时，应同时对其偷漏的城建税进行补税，征收滞纳金和罚款。

城建税以“两税”税额为计税依据并同时征收，如果要免征或者减征“两税”，也就要同时免征或减征城建税。但对出口退还增值税、消费税的，不退还已缴纳的城建税。自 2005 年 1 月 1 日起，经国家税务总局正式审核批准的当期免抵的增值税税额应纳入城建税的计征范围，分别按规定的税率征收城建税。

（二）城市维护建设税计税依据的筹划

由于城建税以纳税人实际缴纳的“两税”税额为计税依据，因此，在城建税税率既定的条件下，减少了“两税”税额也就降低了城建税的税额。前面的章节已对增值税、消费税和营业税的筹划问题进行了较为细致的探讨，在此不再赘述。

三、税率的筹划

（一）城市维护建设税税率的法律规定

城建税采取地区差别比例税率，即按照纳税人所在地区的不同，分别设置了 7%、5% 和 1% 三个档次的税率。其中，纳税人所在地区为市区的，税率为 7%；纳税人所在地区为县城、镇的，税率为 5%；纳税人所在地不在市区、县城或者镇的，税率为 1%；开采海上石油资源的中外合作油（气）田所在地在海上，其城建税税率为 1%。自 2009 年 1 月 1 日起，西藏自治区的城市维护建设税不再按行政区域划分 7%、5% 的两档差别税率，而统一执行7%的单一税率。

（二）城市维护建设税税率的筹划

由于纳税人所在地不同，其适用的城建税税率会存在一定差异，因此，在对其他方面要求不高的条件下，纳税人可以将其机构所在地确定在县城、镇甚至农村地区，这样可以适用5%或1%的低税率。城建税的适用税率应当按照纳税人所在地的规定税率执行，但是，对下列两种情况，可按缴纳“两税”所在地的规定税率就地缴纳城建税：(1) 由受托方代收代缴、代扣代缴“两税”的单位和个人，其代扣代缴、代收代缴的城建税按受托方所在地适用税率执行；(2) 流动经营无固定纳税地点的单位和个人，在经营地缴纳“两税”的，其城建税的缴纳按经营地适用税率执行。因此，在委托加工业务中，委托方选择受托方时应当考虑受托方所在地的适用税率。比如，A公司拟委托加工一批总价值为800万元的新型化妆品，受托加工单位位于市区，由受托加工单位代扣代缴消费税400万元，也就是说加工单位同时必须代扣代缴城建税28万元（400×7%）。如果进行筹划，A公司委托某县城的加工企业加工化妆品，则只需缴纳城建税20万元（400×5%）；若是委托某乡的乡镇企业加工，缴纳的城建税仅为4万元（400×1%）。

案例分析与讨论

学习完前面的内容，我们现在可以对【案例导入】中提出的问题进行回答了。公司财务人员的理解显然是不正确的。这是因为，根据《中华人民共和国城市维护建设税暂行条例》第四条规定，纳税人所在地在市区的，税率为7%。而该乡镇企业处在市区，应适用7%的税率计算城市维护建设税，并按照7%的税率申报缴纳城建税。从税法的规定看，城市维护建设税税率的确定依据是纳税人所在地的行政区划的归属，而不是按其隶属关系，这就会产生同样隶属关系的企业，适用税率不同，税负不一致的情况，客观上使纳税人产生了横向对比税负不平衡的心理。

第五节　环境保护税筹划

案例导入

2018年1月1日起，我国第一部专门体现“绿色税制”、推进生态文明建设的单行税法——《环境保护税法》正式实施。某电池制造厂因业务发展需要，拟在中西部地区新设一家子公司从事蓄电池生产。那么，考虑到环境保护税的因素，子公司的设立地点应选在哪里比较合适？

一、纳税人筹划

（一）环境保护税纳税人的法律规定

《中华人民共和国环境保护税法》第二条规定：在中华人民共和国领域和中华人民共

和国管辖的其他海域，直接向环境排放应税污染物的企业事业单位和其他生产经营者为环境保护税的纳税人，应当依照本法规定缴纳环境保护税。

理解环境保护税的纳税人需要把握两个要点。一是环境保护税的纳税人应发生直接向环境排放应税污染物的行为。有下列情形之一的，不属于直接向环境排放污染物，不缴纳相应污染物的环境保护税。

（1）企业事业单位和其他生产经营者向依法设立的污水集中处理、生活垃圾集中处理场所排放应税污染物的①。

（2）企业事业单位和其他生产经营者在符合国家和地方环境保护标准的设施、场所贮存或者处置固体废物的。

二是环境保护税的纳税人应是企事业单位和其他生产经营者。居民个人不属于纳税人，不用缴纳环保税。

（二）环境保护税纳税人的筹划

根据环境保护税法对纳税人的界定，企事业单位和其他生产经营者如果要彻底规避环境保护税，主要途径有两个：一是加快转型升级，优化产品结构，改进生产工艺，避免向环境排放应税污染物；二是避免直接向环境排放应税污染物，可以考虑向依法设立的污水集中处理、生活垃圾集中处理场所排放应税污染物，或者在符合国家和地方环境保护标准的设施、场所贮存或者处置固体废物。以规模化养殖为例，《中华人民共和国环境保护税法实施条例》第四条规定：达到省级人民政府确定的规模标准并且有污染物排放口的畜禽养殖场，应当依法缴纳环境保护税；依法对畜禽养殖废弃物进行综合利用和无害化处理的，不属于直接向环境排放污染物，不缴纳环境保护税。从中可以看出，对畜禽养殖场征收环境保护税需要满足两个条件：一是畜禽养殖规模要达到省级人民政府确定的标准②；二是有污染物排放口。对于畜禽养殖场而言，如果养殖规模达不到规定的标准，或者将畜禽粪便、污水等养殖副产物经过无害化处理施用于农田，不超过土地养分需求，没有导致环境污染和疫病传播，就属于“用作肥料”，而不是排放污染物③，这样就无需缴纳环境保护税了。

二、计税依据的筹划

（一）环境保护税计税依据的法律规定

根据《中华人民共和国环境保护税法》第七条规定，应税污染物的计税依据，按照下列方法确定。

---

① 依法设立的城乡污水集中处理、生活垃圾集中处理场所超过国家和地方规定的排放标准向环境排放应税污染物的，应当缴纳环境保护税。企业事业单位和其他生产经营者贮存或者处置固体废物不符合国家和地方环境保护标准的，应当缴纳环境保护税。

② 《中华人民共和国环境保护税法》附表二《应税污染物和当量值表》之四注明“仅对存栏规模大于50头牛、500头猪、5000羽鸡鸭的畜禽养殖场征收”，明确了征收环保税的畜禽养殖场的品种（即猪、牛、鸡、鸭）及最低规模。

③ 《中华人民共和国环境保护税法实施条例》第四条强调“依法对畜禽养殖废弃物进行综合利用和无害化处理的，不属于直接向环境排放污染物，不缴纳环境保护税。”

（1）应税大气污染物按照污染物排放量折合的污染当量数确定。

（2）应税水污染物按照污染物排放量折合的污染当量数确定①。

（3）应税固体废物按照固体废物的排放量确定②。

（4）应税噪声按照超过国家规定标准的分贝数确定。

其中，应税大气污染物、水污染物的污染当量数，以该污染物的排放量除以该污染物的污染当量值计算③。同时，根据《中华人民共和国环境保护税法》第十条规定，应税大气污染物、水污染物、固体废物的排放量和噪声的分贝数，按照下列方法和顺序计算。

（1）纳税人安装使用符合国家规定和监测规范的污染物自动监测设备的，按照污染物自动监测数据计算。

（2）纳税人未安装使用污染物自动监测设备的，按照监测机构出具的符合国家有关规定和监测规范的监测数据计算。

（3）因排放污染物种类多等原因不具备监测条件的，按照国务院环境保护主管部门规定的排污系数、物料衡算方法计算。

（4）不能按照本条第一项至第三项规定的方法计算的，按照省、自治区、直辖市人民政府环境保护主管部门规定的抽样测算的方法核定计算。

（二）环境保护税计税依据的筹划

根据《中华人民共和国环境保护税法》第十一条规定，环境保护税应纳税额的计算方法如下。

（1）应税大气污染物的应纳税额为污染当量数乘以具体适用税额。

（2）应税水污染物的应纳税额为污染当量数乘以具体适用税额。

（3）应税固体废物的应纳税额为固体废物排放量乘以具体适用税额。

（4）应税噪声的应纳税额为超过国家规定标准的分贝数对应的具体适用税额。

因此，企事业单位和其他生产经营者应积极参与研发污染物排放净化新技术和应用环境保护专用设备，尽量减少应税污染物的排放量，进而可以通过减少环境保护税计税依据降低企业税负。

三、税率的筹划

（一）环境保护税税率的法律规定

根据《中华人民共和国环境保护税法》规定，环境保护税的税目和税额如表 7－5 所

---

① 根据《中华人民共和国环境保护税法实施条例》第七条规定，纳税人有下列情形之一的，以其当期应税大气污染物、水污染物的产生量作为污染物的排放量：（1）未依法安装使用污染物自动监测设备或者未将污染物自动监测设备与环境保护主管部门的监控设备联网；（2）损毁或者擅自移动、改变污染物自动监测设备；（3）篡改、伪造污染物监测数据；（4）通过暗管、渗井、渗坑、灌注或者稀释排放以及不正常运行防治污染设施等方式违法排放应税污染物；（5）进行虚假纳税申报。

② 根据《中华人民共和国环境保护税法实施条例》第五条和第六条规定，固体废物的排放量为当期应税固体废物的产生量减去当期应税固体废物的贮存量、处置量、综合利用量的余额，纳税人有下列情形之一的，以其当期应税固体废物的产生量作为固体废物的排放量：（1）非法倾倒应税固体废物；（2）进行虚假纳税申报。

③ 每一排放口或者没有排放口的应税大气污染物，按照污染当量数从大到小排序，对前三项污染物征收环境保护税。

示。同时，《中华人民共和国环境保护税法》第六条规定，应税大气污染物和水污染物的具体适用税额的确定和调整，由省、自治区、直辖市人民政府统筹考虑本地区环境承载能力、污染物排放现状和经济社会生态发展目标要求，在所附《环境保护税税目税额表》规定的税额幅度内提出，报同级人民代表大会常务委员会决定，并报全国人民代表大会常务委员会和国务院备案。

表 7-5　环境保护税税目税额表

<table>
<tr><th colspan="2">税目</th><th>计税单位</th><th>税额</th></tr>
<tr><td colspan="2">大气污染物</td><td>每污染当量</td><td>1.2 元至 12 元</td></tr>
<tr><td colspan="2">水污染物</td><td>每污染当量</td><td>1.4 元至 14 元</td></tr>
<tr><td rowspan="4">固体废物</td><td>煤矸石</td><td>每吨</td><td>5 元</td></tr>
<tr><td>尾矿</td><td>每吨</td><td>15 元</td></tr>
<tr><td>危险废物</td><td>每吨</td><td>1000 元</td></tr>
<tr><td>冶炼渣、粉煤灰、炉渣、其他固体废物（含半固态、液态废物）</td><td>每吨</td><td>25 元</td></tr>
<tr><td rowspan="6">噪声</td><td rowspan="6">工业噪声</td><td>超标 1～3 分贝</td><td>每月 350 元</td></tr>
<tr><td>超标 4～6 分贝</td><td>每月 700 元</td></tr>
<tr><td>超标 7～9 分贝</td><td>每月 1400 元</td></tr>
<tr><td>超标 10～12 分贝</td><td>每月 2800 元</td></tr>
<tr><td>超标 13～15 分贝</td><td>每月 5600 元</td></tr>
<tr><td>超标 16 分贝以上</td><td>每月 11200 元</td></tr>
</table>

（二）环境保护税税率筹划

根据环保税法要求，应税大气污染物的税额幅度为每污染当量 1.2～12 元，水污染物的税额幅度为每污染当量 1.4～14 元，具体适用税额的确定和调整，可由地方人大常委会在法定税额幅度内决定。实践中，各地在环保税法规定的税额幅度内制定了不尽相同的税额。部分省份将大气和水污染物适用税额确定为税额幅度下限。其中，吉林、江西、安徽、陕西等 8 省明确对大气污染物和水污染物每污染当量分别征收 1.2 元和 1.4 元。福建将水污染物中的五项重金属、化学需氧量和氨氮适用税额略提高到每污染当量 1.5 元，其他应税大气和水污染物则执行税额下限。个别省份对适用税额设定了过渡年限。比如，辽宁规定 2018 年至 2019 年，应税大气污染物税额标准为 1.2 元/污染当量，水污染物税额标准为 1.4 元/污染当量，2020 年及以后年度具体适用税额方案再研究决定。绝大部分省份确定的大气和水污染物适用税额都高于税额幅度下限。比如，山西省应税大气污染物税额标准执行每污染当量 1.8 元，水污染物税额标准执行每污染当量 2.1 元；四川省应税大气污染物税额标准执行每污染当量 3.9 元，水污染物税额标准执行每污染当量 2.8 元；北京征收标准走“上限”，应税大气污染物适用税额为每污染当量 12 元，应税水污染物适用税额为每污染当量 14 元。

由于各地环保税税额标准不一，实践中，在其他条件差不多的情况下，企业可优先选择环保税额较低的地区进行投资和生产经营活动。

四、税收优惠的筹划

（一）环境保护税税收减免的法律规定

《中华人民共和国环境保护税法》第十二条规定，下列情形，暂予免征环境保护税。

（1）农业生产（不包括规模化养殖）排放应税污染物的。

（2）机动车、铁路机车、非道路移动机械、船舶和航空器等流动污染源排放应税污染物的。

（3）依法设立的城乡污水集中处理、生活垃圾集中处理场所排放相应应税污染物，不超过国家和地方规定的排放标准的。

（4）纳税人综合利用的固体废物，符合国家和地方环境保护标准的。

（5）国务院批准免税的其他情形。

前款第五项免税规定，由国务院报全国人民代表大会常务委员会备案。

另外，根据《中华人民共和国环境保护税法》第十三条规定，纳税人排放应税大气污染物或者水污染物的浓度值低于国家和地方规定的污染物排放标准百分之三十的，减按百分之七十五征收环境保护税。纳税人排放应税大气污染物或者水污染物的浓度值低于国家和地方规定的污染物排放标准百分之五十的，减按百分之五十征收环境保护税。

（二）环境保护税税收优惠的筹划

纳税人应充分利用环境保护税的税收优惠规定，注意享受税收减免需要满足的条件，尽可能减轻环保税负担。比如，依照环境保护税法第十三条的规定减征环境保护税的，应当对每一排放口排放的不同应税污染物分别计算。

【案例 7-6】[①]

四川省某企业主要从事鞋模加工，经检测该企业废水排口中重金属总镍浓度含量为 2.32mg/L，总铬浓度含量 3.25mg/L，总铅浓度含量 3.15mg/L，总汞浓度含量 0.111mg/L，该企业年度总排放废水 10 万立方米。经计算得出，该企业应纳环保税税额为 146174 元。那么，企业应如何进行环境保护税筹划？

【解析】根据现行的环保税法规定，纳税人排放的污染物浓度低于国家和地方规定的污染物排放标准一定幅度的，可以减按一定比例征收环境保护税。因此，该企业可以采取以下筹划方案：

方案一：该企业在污染物排放口加增一道重金属回收利用环节，使企业排放的污染物浓度值小于等于国家和地方规定标准 30%，其污染物总镍浓度含量 0.7mg/L，总铬浓度

① 案例来源：王德贵，蒋东根，黄燕．企业环境保护税纳税筹划基本方法［EB/OL］．http：//www.zhazhi.com，2018-2-9.

含量 1.05mg/L，总铅浓度含量 0.7mg/L，总汞浓度含量 0.035mg/L。经计算得出：应纳环保税税额为 31972.5 元。

方案二：该企业引进先进技术使企业排放的污染物浓度值低于国家和地方规定标准 50%，总镍浓度含量为 0.5mg/L，总铬浓度含量 0.75mg/L，总铅浓度含量 0.5mg/L，总汞浓度含量 0.025mg/L。经计算得出：应纳环保税税额为 15225 元。

综上，方案二较方案一少缴环保税 16747.5 元。当然，不同筹划方案支付的成本也存在差异，这一点在实践中需要统筹考虑。

案例分析与讨论

学习完前面的内容，我们现在可以对【案例导入】中提出的问题进行回答了。由于环境保护税法对应税大气污染物和水污染物的税额仅规定了一个幅度。实践中，各地出台的税额标准高低不一，主要是考虑了本地区环境承载能力、污染物排放现状和经济社会生态发展目标等因素。如果仅考虑环境保护税的因素，电池制造企业可以考虑在中西部地区选择税额较低的省份开展生产经营活动，如江西、甘肃、广西、陕西、青海等，这些省份均执行的是大气污染物和水污染物税额幅度下限。

本章小结

印花税、车辆购置税、耕地占用税和城市维护建设税虽然属于小税种，与流转税和所得税类的税种相比，其筹划空间相对较小，但如果操作得当，仍然可以帮助纳税人减少不必要的税收负担。本章主要基于纳税人、计税依据、税率和优惠政策等角度分析了四个税种的筹划策略。对于印花税和车辆购置税而言，其计税依据的筹划空间较大，对于耕地占用税来说，其税率的筹划空间较大，对于城市维护建设税而言，其计税依据和税率筹划空间较大，由于城市维护建设税是附加在增值税、消费税基础上的一种附加税，其计税依据的筹划与“两税”的筹划是相通的。

思考与练习

一、思考题

1. 印花税的计税依据如何筹划？
2. 印花税税率的筹划要点是什么？
3. 车辆购置税的计税依据如何筹划？
4. 耕地占用税税率的筹划要点是什么？
5. 城市维护建设税的税率有何特点？如何对城建税的税率进行筹划？
6. 环境保护税筹划的切入点有哪些？

二、练习题

1. 甲公司因与省外一家公司发生业务，需送一批产品到广东，有与铁道部门签订运输合同，合同中所载运输费及保管费共计350万元。由于该合同中涉及货物运输合同和仓储保管合同两个印花税税目，而且两者税率不相同，前者为0.5‰，后者为1‰。

请问：甲公司应缴纳的印花税是多少？应如何进行筹划？

2. 某房地产开发公司开发销售公寓、办公用房和商业用房，注册资本6000万元，在职员工60人。2019年6月，该公司与某建筑工程公司签订财大工程施工合同，金额为13000万元，合同签订后，印花税即已缴纳。该工程于2019年11月竣工。由于工程建筑图纸重大修改，原办公楼由七层改为五层，实际工程决算金额为9600万元。该公司2019年12月签订交大工程建筑施工合同，合同金额为16000万元，并以财大工程多缴印花税为由，直接冲减合同金额3400万元，然后计算缴纳印花税。交大工程还有建筑设计合同金额400万元，电力安装工程合同800万元，消防安装合同600万元，建筑技术咨询合同40万元，均尚未申报缴纳印花税。

请问：根据我国现行印花税暂行条例的规定，该公司计算缴纳印花税的做法正确吗？该公司应如何进行印花税筹划？

3. A有限公司与福州电器销售公司签订了一笔电器购销合同，合同签订方式有以下两种选择。

(1) 在合同中注明的货物含税金额总计11300万元。

(2) 在合同中注明的货物不含税金额10000万元，增值税额1300万元。

请问：上述两种合同签订方式对A公司的印花税有何影响？A公司应选择哪种合同签订方式？

4. 甲某在一家汽车经销商（增值税一般纳税人）购买了一辆本田轿车，车辆价格为234000元，他还购买了工具用具6000元，支付汽车美容费用4000元，3项价款由汽车销售商开具了《机动车销售统一发票》，发票合计金额244000。

请问：甲某应如何筹划车辆购置税？

第八章 国际税收筹划

学习目标

通过本章的学习，掌握国际税收筹划的概念，了解国际税收筹划产生的原因及国际税收筹划对人才素质的要求，掌握自然人和法人进行国际税收筹划的主要策略及注意事项。

学习重点

法人国际税收筹划的主要策略，尤其是通过转让定价、避税地、公司组织形式、资本弱化及国际税收协定进行税收筹划的策略及注意事项。

案例导入

作为跨国公司中的“避税先驱”，苹果公司的避税之道一直被许多跨国公司效仿。相关数据显示，截至2017年底，全球500强公司以避税目的获取的利润累计超过2.1万亿美元，而苹果在此方面获利则达1800多亿美元。有数据显示，苹果在美国以外的地区每获得百万美元收入，只需缴纳50美元的税款，税率仅0.005%[①]。

2019年9月初，欧盟委员会裁定美国苹果公司应向爱尔兰政府补缴过去十年高达130亿欧元的税款及相应的利息。此举遭到了爱尔兰政府及苹果公司的强烈反对。苹果公司认为，通过复杂的税制设计，利用现行国际税制体系的漏洞进行避税是合理的，并没有违法偷漏税。爱尔兰政府表示，税收作为一种主权国家的权利，现存没有任何超主权国际机构可以干涉国家税收，欧盟也不例外。类似苹果避税案等国际避税事件并不罕见，谷歌、IBM、Facebook、通用电气等众多高科技跨国企业成功应用苹果模式，进行跨国避税。同时，苹果避税案中欧盟、爱尔兰、苹果的三方博弈也反映出了全球化大背景下国际税制的问题以及国际治理的新挑战[②]。

思考：苹果公司是如何在全球范围内进行税收筹划的？

---

① 蔡昌，单滢羽，李蓓蕾. 苹果公司税收筹划攻略［J］，新理财，2017年Z1期.

② 白彦锋，苏璐璐. 苹果公司避税案与国际税收治理新挑战［J］. 税收经济研究，2017，(1)

第一节　国际税收筹划概论

一、国际税收筹划的概念

随着各国对外开放程度的提高及经济全球化进程的加快，各种要素的跨国流动日益普遍，跨国经济活动不断涌现，由于各国的税制及税收管辖权不同，跨国经济活动主体享受的税收待遇不尽一致。对于跨国经济活动主体来说，如何在坚持整体利益最大化原则的前提下尽可能降低其在全球范围内的税负成为值得关注的课题。所谓国际税收筹划是指跨国纳税人在不违法或合法的前提下，利用各国税收法规的差异、漏洞及国际税收协定中的缺陷，通过对自身各种经济活动的合理事先安排，按照整体利益最大化的原则，尽可能减轻其在全球范围内税收负担的行为。理解国际税收筹划的概念应把握以下几个要点。

(1) 国际税收筹划的主体是跨国纳税人，并因此涉及多个国家的税制及税收法律文件。

(2) 国际税收筹划的主要目的是降低甚至免除有关的税收负担，但这并不是唯一目的，某些情况下需要考虑非税目的。

(3) 国际税收筹划所采用的手段必须不违法或者合法。

对国际税收筹划的理解有广义和狭义之分。广义的理解是国际税收筹划包括国际节税和国际避税。国际节税筹划不仅合法，而且纳税人筹划行为的实施是符合东道国立法意图的。国际避税从表面上看尽管不违法，但纳税人是通过钻税法的漏洞来实现减税目的的，违背了东道国的立法意图。狭义的理解是国际税收筹划仅指国际节税筹划。从实践来看，国外不少跨国公司在经营中，均存在着不同程度的避税行为，实施的是广义上的国际税收筹划策略。

国际税收筹划与国内税收筹划既有联系又有区别。联系在于：国际税收筹划是国内税收筹划在国际范围内的延伸和发展，两者使用的方式和最终达到的目的都基本一致。区别在于：国际税收筹划是在国际经济大环境中存在的，其产生的客观原因是国家间的税制差别。如果各国税法都千人一面，那税收筹划就不会有国际、国内的区别了。另外，跨国纳税人跨越了国境，涉及两个以上的国家，其所得来源、渠道、种类、数目等都比较复杂，所以，跨国纳税人必须根据错综复杂的税务环境制订不同的税务计划，其着眼点不在于在一个征收国家内税负最小，而追求全球范围内总体税负最小，因而国际税收筹划比国内税收筹划更复杂、更普遍。另外，国际税收筹划与国际逃税不同。国际逃税（International Tax Evasion）是指跨国纳税人在从事国际经贸活动中，利用征税国在国际税收征管上的漏洞，运用欺诈、隐瞒等非法手段，使税务机关难以掌握其真实的所得状况，以减轻和逃避在征税国纳税义务的行为。

还需要指出的是，税收筹划的概念有相当程度的弹性，它是一个相对的概念。由于各国法律标准不同，差异较大，且各国的法律也在不断完善之中，因此，某一跨国纳税者所进行的某种减轻税负的合理税收筹划行为，在另一个国家或者同一国家的不同时间，有时会被认为是应禁止的避税行为，甚至是逃税行为。

二、国际税收筹划的客观条件

跨国纳税人作为独立的经济利益主体，有其特定的利益诉求。在所得为一定的情况下，纳税越少则获利越多。但跨国税收筹划得以成功仅有纳税人的主观愿望还不够，还必须具备相应的客观条件使其筹划行为变为现实。总的来说，国际税收筹划的客观条件主要表现在以下几个方面。

（一）各国行使税收管辖权范围和程度上的差异

所谓税收管辖权是指一国政府在征税方面的主权，它表现在一国政府有权决定对哪些人征税、征哪些税及征多少税等方面。各国行使的税收管辖权有居民、公民和地域管辖权三种类型。居民管辖权，是指征税国对其境内所有居民的全部所得行使征税权力；公民管辖权是指征税国对具有本国国籍的公民在世界各地取得的收入行使征税权力；地域管辖权是按照本国主权达到的地域范围确立的。世界各国一般是以一种管辖权为主，以另一种管辖权为补充，也有单一行使地域管辖权的。

1. 两个主权国家同时实行居民管辖权，但是各国的居民身份判定标准不同

在确定自然人居民时，有的国家采用住所标准，有的国家可能采用时间标准，还有的国家则可能采用意愿标准；在确定法人居民时，有的国家采用登记注册标准，有的国家采用总机构标准，还有的国家则可能采用实际管理中心标准。这就为避税创造了条件。

（1）两国均采用停留时间标准，但是时限并不一致。有的国家采用半年期标准，有的国家采用1年期标准（如中国），还有的国家在规定当事人在某一年度是否为本国居民时，不仅要看其在本年度停留的天数，而且还要考虑其在以前年度在本国停留的天数（如英国、美国等）。因此，个人如果了解了相关国家的停留时间标准，可以对本人在这些国家的停留时间进行灵活调整，从而避免成为该国居民。

（2）两国均以住所为标准。住所一般是指一个人固定的或永久性的居住地。目前多数国家采用客观标准来确定个人的住所，即要看当事人在本国是否有定居或习惯性居住的事实，但也有一些国家同时还采用主观标准确定个人的住所，如果当事人在本国有定居的愿望或意向，就可以判定他在本国有住所。对于那些采取主观意愿标准的国家，个人如果不想成为其居民，应避免流露出其在该国永久居住的意愿。

（3）若两国判断法人居民时，采取标准不同，也会导致避税。例如，有一家跨国公司在甲国注册成立，而实际管理机构设在乙国。甲国是以实际管理机构认定法人居民身份的，而乙国则是以注册地为标准。因此，该跨国公司按照乙国和甲国的国内法，都被判断为非居民。这样，该跨国公司就可以成功地在两国均逃避税收义务。

所以同时实行居民管辖权的国家，由于法律认定居民身份的标准不同，容易为国际纳税筹划创造条件。

2. 两国同时实行地域管辖权，由于有关国家采用的收入来源地标准不同，也可能形成真空地带，为避税提供可乘之机

目前，各国对于所得范围及其来源的判断不尽一致。有的国家规定某一所得属于所得税的征税范围，而有的国家则规定不纳税。对于同一类所得，A国可能采取这一种标准确定其来源地，B国则可能采取另一种标准确定其来源地。比如，对于经营所得，大陆法系的国家通常采用常设机构标准来判定纳税人的经营所得，而英美法系的国家比较侧重用交易或经营地点来判定经营所得的来源地。对于劳务所得来源地的判定标准又包括了劳务提供地标准、劳务所得支付地标准及劳务合同签订地标准等。了解了各国对所得来源地的判定标准就可以采取适当的行为避免将其所得判定为相关国家的所得。

3. 一国实行居民管辖权，一国实行地域管辖权，则更可能发生避税情况

实行居民管辖权的国家，只要该跨国纳税人不是该国居民，就不向其行使征税权，实行地域管辖权的国家，只要该项收入不是来源于本国，也不进行征税。

总之，各国税收管辖权的差异可为纳税人进行国际避税提供空间。卡特是英国一名发明家，他将该项发明转让给卡塔尔一家公司，并以专利持有者的身份获得50000美元的技术转让费。而技术转让费获得者非卡塔尔政府规定的纳税人。与此同时，他又将英国的住所出卖，来到中国香港地区，英国政府无法向其征税。而中国香港地区，亦实行单一的所得来源地管辖权，对卡特的收入无能为力。这是利用各国税收管辖权差异避税的一个典型案例。

（二）各国税制的差异

尽管世界上绝大多数国家都实行复合税制，但没有任何两个国家的税制是完全相同的，这些差异表现在税种、税率、课税对象、计税依据等多个方面。

（1）税种的差别。世界各国开征的税种当中，有些是相同或类似的，具有一定的普遍性，如个人所得税、公司所得税等，但也有些税种体现出了较强的国家特色，仅在个别国家得以开征。有的国家开征了增值税、遗产赠与税，也有的国家没有开征这些税种。这就为个人或企业从事跨国经济活动时规避相关税负提供了选择空间。

（2）税率的差别。各国税率高低不一，而且有的采取比例税率，有的采取累进税率。对纳税筹划者来说，这种征收方式和税率高低的差异就是税收筹划的基础。通过人和资金所得，从高税负地区流向低税负地区，可以享受因税率差异带来的税收利益。

（3）税基范围差别。同是一种税，其税基可能是相同的，但税基的外延是不同的。许多发展中国家，政府为了吸引外商前来投资，在涉外税法中做了一些优惠规定，在一定程度上缩小了税基。有许多国家规定某项成本费用可以扣除，但另一国家可能不予扣除，这就引起税基范围的差别。

（4）各国税收优惠措施不一致。实行国际税收优惠的国家，一般对外国纳税人提供了种种优惠条件，尤其对投资所得提供优惠，不仅在发展中国家，就是在发达国家也较常见。由于税收优惠，使一些国家的实际税率大大低于名义税率，即使在一些高税率国家也会出现避税机会。各国为吸引外国资金和技术，在税收优惠方面也展开了竞争，花样不断翻新，税收优惠无疑对跨国公司提供税收庇护。由于各种优惠措施是税法中明确规定的，所以人们利用这些措施也是合理的。此外，各国税收优惠措施存在程度上的差异，这自然为跨国纳税人选择从事经营的活动的国家和地区提供了回旋余地。跨国公司利用有关国家的税收政策可以有效地进行税收筹划。

（三）避免国际重复课税方法的差异

所谓国际重复课税是指两个或两个以上的国家，在同一时期内，对同一纳税人或不同纳税人的同一课税对象征收相同或类似的税收，它包括法律性重复课税和经济性重复课税。法律性重复征税是指两个或两个以上拥有税收管辖权的征税主体对同一纳税人的同一课税对象同时行使征税权产生的重复征税。比如，甲国的居民公司A在乙国设立了分公司B，乙国对分公司B课征了公司所得税，甲国对分公司B也课征公司所得税，由于居民公司A和分公司B是同一法人实体，这就构成了法律性重复课税。经济性重复课税是指两个或两个以上征税主体对不同纳税人的同一课税对象同时行使征税权产生的重复征税。比如，甲国的居民公司A在乙国设立了子公司B，乙国对子公司B课征了公司所得税，甲国对居民公司A从子公司B分得的股息红利也要课征公司所得税，由于A公司和B公司均为独立的法人实体，而两者的课税对象属于同一税源，从而构成了经济性重复课税。目前，在各国税法和国际税收协定中通常采用的免除国际双重征税的方法有免税法、扣除法、抵免法和减免法。各国从合理调整税收负担，充分运用国际资金方面考虑，都采取了免除国际双重征税的措施。但是，有些国家采用免税法，有些国家采用抵免法；有些国家采用分国抵免限额，有些国家采用综合抵免限额；一些国家允许税收饶让，而另一些国家不允许饶让。总之，各国都先选择于自己有利的方法，这就诱发了国际税收筹划，使跨国纳税人有机可乘。

（四）国际避税地的存在

避税地又称“避税港”，是指对收入和财产免税或按很低的税率课税的国家或地区。也就是说一个国家或地区的政府为了吸引外国资本流人，繁荣本国或地区的经济，弥补自身的资本不足和改善国际收支水平，吸引国际投资，在本国或本国的一定区域和范围内，允许并鼓励外国政府和民间在此投资及从事各种经济贸易活动，同时对在这里从事投资、经营活动的企业和个人给予免纳税或少纳税的优惠待遇。避税地在不同的国家有不同的名称，如，英语国家称其为“避税港”，法国人称其为“财政天堂”，德国人习惯称其为“税收绿洲”，避税地国家和地区往往自称为“金融中心”。避税地通常具有以下几个方面的特征。

（1）无税或相对低税率。

（2）交通和通讯便利。

（3）银行保密制度严格。

（4）有稳定的货币和灵活的兑换管制。

（5）有一个重要且不合比例的金融业，而实质性的交易活动相对比例较少。

（6）提升和推广避税地成为离岸金融中心。

（7）税收条约的存在与运用。

尽管国际上的避税地有很多，但避税地与避税地之间还是有所差异。一般认为，国际避税地可以分为以下几种类型。

（1）不征收任何所得税的国家和地区。这种避税地被称为“纯避税地”或“典型的避税地”，如巴哈马、百慕大群岛、开曼群岛、瑙鲁、瓦努阿图等。

（2）征收所得税但税率较低的国家和地区。这类避税地包括瑞士、列支敦士登、海峡群岛、英属维尔京群岛、所罗门群岛等。

（3）所得税课征仅实行地域管辖权的国家和地区。这类国家和地区虽然课征所得税，但对纳税人的境外所得不征税，如巴拿马、利比里亚、中国香港地区等。

（4）对国内一般公司征收正常的所得税，但对某些特定公司提供特殊税收优惠的国家和地区。例如，卢森堡的所得税税率并不低，但该国对符合条件的控股公司不征所得税，结果使卢森堡成为这些控股公司的理想设立地。

（5）与其他国家签订有大量税收协定的国家，典型代表是荷兰。目前，荷兰签订生效的避免对所得双重征税的协定已达 80 多个，它与美国、中国、英国、德国、日本等主要经济大国均签订了双边税收协定。根据这些协定，荷兰对向在本国公司中实质性参股（参股比例一般须在 25%以上）的协定国居民公司支付股息只征收很低的预提税，在与捷克、丹麦、芬兰等国签订的协定中，该税率甚至降至零。同时，根据荷兰税法，荷兰对向外国居民支付的利息、特许权使用费免征预提税。这样，外国公司在荷兰建立中介性的控股公司、金融公司就非常有利。

不同类型国际避税地的存在为跨国纳税人进行国际避税提供了较大空间。在大多数情况下，跨国公司把避税地和转让定价、中介金融/贸易公司、滥用税收协定、信托等避税方法结合使用，构成复杂的交易网络和交易性质，让高税国税务局难以追查交易的来源去向。

（五）世界各国在税收征收管理方面存在着许多缺陷

1. 税务当局对跨国涉税行为的调查取证难度大

一般来说，由于条件的限制，一国不可能经常去境外调查，有时还由于其他因素，而根本无法取得境外配合，又可能由于政治的或其他的原因而遭拒绝；同时，由于各国行政司法制度不同，即使是相同的一种税收筹划行为，可能两国间在处理方式及确认标准方面也难以取得一致意见。

跨国纳税人的经营活动是国际性的，想要有效地防止其避税，必须对纳税人的跨国经营活动进行调查，但这项调查工作困难很大。一方面跨国纳税人本人为了进行税收筹划活动，可以少提供资料，以确保税收筹划的有效性；另一方面，即使税务局想从跨国公司雇佣的各类专业人员，如注册会计师、审计师等人员处获取情报，这些人员由于为客户服务和保密的目的也不愿提供，这就给税务当局的调查工作带来了极大不方便。

2. 税务当局防范避税的手段较为落后

现在世界上一些精明的跨国纳税人往往利用各国之间征管水平的差距，有针对性地采用一些先进的避税工具和方法。国际税收筹划的执行者和研究者们都在不断寻求更为高明的手段和更为先进的工具。与其相对应的，许多国家的税务当局还采用传统的方法和落后的手段，对其涉外税收进行僵化管理。许多国家对税务信息处理慢，就可能达不到有效的防范目的。

3. 涉外税务人员素质有限

不管税法制定得如何严密，最终都要靠税务人员执行，涉外税法能否严格执行在很大程度上依靠涉外税务人员的素质。涉外税务人员要熟悉和掌握各种业务，不仅要了解税法，而且还应该掌握诸如财务会计、审计、统计、国际贸易和金融等方面的知识。但在实际工作中，涉外税务人员在这些方面离国家的要求相距甚远。

上述种种差别，客观上都为跨国纳税人进行跨国税收筹划创造了前提条件，跨国纳税人一旦拥有选择纳税的权利和机会，就会采取避重就轻的纳税选择。

三、国际税收筹划对筹划人员的素质要求①

（一）筹划人员必须精通国际税收法律法规和国际会计

一方面，筹划人员必须对各涉税国或地区的税收及相关法律法规进行充分分析、掌握和研究，尤其是要充分了解各国与其他国家签订的国际税收协定，找到实施税收筹划的合理空间。另一方面，筹划人员必须注意税收筹划中的法律风险，因为相当一部分筹划方法的运用，是在合法与非法之间打“擦边球”，稍微过分，便要受罚，加之各国的税法不仅十分复杂，还经常变动，各国的反避税力度不断加强，筹划空间不断随之变化，如果不能掌握筹划的法律界限，那么公司面临的风险将会难以想象。除了理解法律精神、掌握政策尺度、精通法律条文外，全面了解各国的具体税法执法实践、熟悉各国的执法环境对筹划人员也是十分必要的，仅根据法律条文闭门造车，筹划效果可能会大打折扣。

此外，由于会计与税法的天然联系，筹划需要合法、准确、严谨的会计处理和准确、及时的会计信息来支持；筹划人员必须精通涉税国家的会计制度，掌握国际会计惯例及其发展趋势，利用税法差异，通过会计政策选择等途径，达到税收筹划的目的。

（二）筹划人员必须擅长跨国公司财务管理

税收筹划是财务管理的一项重要内容，它服务并服从于公司的财务管理目标，筹划人员必须擅长跨国公司财务管理。为此，筹划人员应在充分认识企业拥有的资源、企业的管理基础、企业的生产经营情况及涉税经济行为的基础上全面了解公司的筹资、经营、投资活动，从多个筹划方案中进行全面比较和正确选择，对筹划中提供的纳税模式运行效率及被税务管理当局认可的程度有准确把握，从而挑选出最有利的筹划方案，以有助于实现公司全球整体税后收益最大化。

（三）筹划人员必须熟悉国际财政金融、国际贸易

跨国公司税收筹划往往利用国际金融实现预提税的最小化、税收抵免限额的最大化、纳税延期最长化、利用控股公司积聚利润再投资等，达到筹划的目的，如设立国际控股公司、金融公司、投资公司、信托公司等多种多样类型的金融公司，利用国际资本运营、信

① 李其峰，杨媚．跨国公司国际税务筹划形成原因之我见［J］．全国商情（经济理论研究），2006（10）．

贷、证券投资、信托及离岸银行活动等花样繁多的业务。进行国际税收筹划还必须与企业的经营活动相结合，如通过国际贸易，将采购或销售业务的利润“沉淀”在国际避税地。筹划人员必须对这些国际金融、贸易业务及相关国家的财政背景十分熟悉，然后才能巧妙地利用它们达到筹划的目的。

（四）筹划人员还必须具备其他一些素质

企业的差别性和企业要求的特殊性要求筹划人员不仅要精通上述多方面的知识，而且还应具有较强的沟通能力、协调能力、文字综合能力、营销能力、专业判断能力等，在充分了解筹划对象基本情况的基础上，运用专业知识和技能，为企业出具筹划方案或筹划建议。

此外，国际税收筹划也需要一定的经验积累。例如筹划中的一个常用技巧转让定价“五年才能入门，十年后才有可能成为专家”，各国转让定价的从业者多是长期的专业人员。

（五）跨国公司国际税收筹划不可缺少高水平的管理

首先，跨国公司有着十分庞大复杂的公司体系，多业跨国经营，面临不同的经营环境和不同的风险水平，公司的设立和经营必须考虑税收因素，何况有时有些内部组织结构就是为税收筹划专门设立的，要成功达到其意图，高水平的管理必不可少。其次，筹划方案要在集团的全球范围内付诸实施，且它往往以牺牲局部利益为代价，需要公司有良好的管理基础，需要管理者很好地协调各种利益关系。再次，由于税制等因素的频变性，需要有灵活应对的管理机制，以规避其带来的风险。最后，筹划方案的贯彻实施要求实施主体建立一整套机制，确保全球范围内的集团上下层级共同努力，管理者还必须在内部进行必要的沟通、主动收集数据、考核计划的实施情况、进行方案的动态分析、保证方案的可调节性，规避筹划风险，确保筹划成功。很显然这一切都对公司管理者的管理水准要求极高。

第二节　国际税收筹划的主要策略

一、运用纳税主体转移法进行国际税收筹划

纳税主体（含跨国自然人和跨国法人）转移，又称纳税人的流动。它包括自然人和法人的国际迁移，一个纳税人在一国设法从居民身份变化为非居民身份及设法避免成为任何一个国家的居民等方法。

对一个实行居民税收管辖权的国家来说，无论是该国的自然人居民还是法人居民，通常要承担无限纳税义务，也就是说，该国居民不仅要就其国内所得向本国政府纳税，而且还要就其境外来源的所得向本国政府纳税。因此，通常情况下，一个国家和地区的居民纳税人承担的税负总体上重于非居民纳税人承担的税负。

由于各个国家对居民身份的判定标准不同，纳税人可以通过一定的手段实现角色转换，从居民身份变化为非居民身份及设法避免成为任何一个国家的居民，从而减轻在该国

的纳税义务。

（一）自然人的纳税主体转移法

1. 避免成为居民

对自然人而言，居民身份的判定标准主要有住所标准、居所标准及停留时间标准。如果一个国家采用住所标准，那么，自然人可以考虑将住所转移出该国，而不在任何地方取得住所，从而可以避免成为任何国家的居民，或者将住所从高税国转移至低税国，从而减轻纳税义务。一般来说，以迁移居住地的方式躲避所得税，不会涉及过多的法律问题，只要纳税居民具有一定准迁手续即可，但要支付现已查定的税款，按一定的资本所得缴纳所得税。如果一个国家采取停留时间标准，那么，自然人可以通过灵活调整在一个国家或地区的居住时间，使其达不到任何一个国家的居民身份标准，从而避免承担居民的纳税义务。尽管各国对判定居民身份的住所或居所标准规定很严格，使跨国纳税人要想长期在某国停留而又避免形成住所或居所难以成功，但是，在一年或更长的一段时间里，跨国自然人还是有可能避免在某一国家缴纳所得税。比如，通过在各国间旅行，而在不同的旅馆中只逗留不长的时间，甚至有时住在船上或经常住在私人游艇上，以避免在任何一国形成居所而受居民管辖权的制约。国外的有关文献中，使用“税收难民”一词，来称呼这些为躲避居民管辖权而东奔西走的人。

2. 避免成为高税国居民

高税国通常是指征收较高所得税、遗产税、赠与税的国家，但最主要的还是指征收较高所得税的国家。居住在高税国的居民可以移居到一个合适的低税国，通过迁移住所的方法来减轻纳税义务。这种出于避税目的的迁移常被看作“纯粹”的居民。一般包括两类：第一类是已离退休的纳税人，这些人从原来高税国居住地搬到低税国居住地以便减少退休金税和财产、遗产税的支付；第二类是在某一国居住，而在另一国工作的纳税人，他们以此来逃避高税负。

高税国居民为了逃避无限纳税义务，有的彻底断掉了与原居住国的关系，真正移居到他国，但也有的只是采取虚假移居的手段。为了防止自然人利用移居国外的形式逃避税收负担，有的国家规定，必须属于“真正的”和“全部的”移居才予以承认，方可脱离与本国的税收征纳关系，而对“部分的”和“虚假的”移居则不予承认。荷兰政府也规定，本国居民到国外定居不满一年就迁回，尚未取得外国居民身份者，应连续视为荷兰居民征税。有的国家还规定，自然人只有到了退休年龄才准许移民国外。还有的国家对移居到国际避税地的自然人有许多限制性条款的规定。对于“税收难民”，有的国家采用对短期离境不予扣除计算的对策。有的国家则采用前一两年实际居住天数按一定比例加以平均，与本年居住天数相加，来确定某个人在本年是否达到居住天数标准。美国在 1984 年规定的对 183 天居住天数的计算，就具有这种特点。

（二）法人的纳税主体转移法

各国判定法人居民身份的标准通常包括注册地标准、管理机构所在地标准、总机构所在地标准及选举权控制标准等。对于上述四种标准，有的国家采取了单一标准，也有的国家同时采取多种标准。跨国公司可以根据各个国家对法人居民身份的判定标准，避免成为相关国家的居民。比如，甲跨国公司同时在 A、B 两国开展业务，A、B 两国均行使居民管辖权，但 A、B 两国对判定法人居民身份采取不同标准。其中，A 公司采取注册地标准，B 国采用总机构所在地标准。如果甲公司在 A 国注册登记，但将总机构设在 B 国，在 A、B 两国没有签订国际税收协定的条件下，甲公司会同时被 A、B 两国判定为本国的居民，甲公司对其全球范围的所得要同时向 A 国和 B 国缴税。相反，如果甲公司在 B 国注册，但将总机构设在 A 国，理论上，甲公司不会被任何一个国家判定为居民，从而无须承担居民的无限纳税义务，减轻了税收负担。

利用公司居住地的变化与个人居住地的变化来避税，二者有明显的不同。公司很少采用向低税国实行迁移的方法。这是因为许多资产（厂房、地皮、机器设备等）带走不便，或无法带走；在当地变卖而产生资产利得，又需缴纳大量税款。而且，许多国家为了防范企业通过移居规避税负，都采取了限制法人移居的措施。为了防止本国的居民公司迁移至低税国，一些国家（如美国、英国、爱尔兰、加拿大等）规定，如果本国居民公司改变在他国注册或总机构、有效管理机构移到国外从而不再属于本国居民公司时，该公司必须视同清算，其资产视同销售后取得的资本利得，要在本国缴纳所得税。美国《国内收入法典》规定，本国居民公司若要在清理后并入外国居民公司，必须在 183 天内向税务局证明该公司向外转移没有规避美国税收的意图，否则公司向国外转移将受到法律限制。

二、充分利用各国的税收优惠政策进行国际税收筹划

在跨国企业经营中，不同国家和地区的税收负担水平有很大差别，且各国也都规定有各种优惠政策，如加速折旧、税收抵免、差别税率和亏损结转等。企业选择有较多税收优惠政策的国家和地区进行投资，通常能够长期受益，获得较高的投资回报率，从而提高在国际市场上的竞争力。同时，还应考虑投资地对企业的利润汇出有无限制，因为一些发展中国家，一方面以低所得税甚至免所得税来吸引投资；另一方面又以对外资企业的利润汇出实行限制，希望以此促使外商进行再投资。此外在跨国投资中，投资者还会遇到国际双重征税问题，规避国际双重征税也是跨国投资者在选择地点时必须考虑的因素，应尽量选择与母公司所在国签订有国际税收协定的国家和地区，以规避国际双重征税。当然，一个国家的政治环境、经济环境、法制环境等非税因素也是需要考虑的重要因素。毋庸置疑，在一个政治动荡和财产权难以得到有效保护的国家，即便税收政策优惠力度再大，企业也未必能够持久获利。

三、通过转让定价进行国际税收筹划

在跨国经济活动中，利用关联企业之间的转让定价进行避税已成为一种常见的税收筹划策略，其一般做法是：高税国企业向其低税国关联企业销售货物、提供劳务、转让无形资产时制定低价，低税国企业向其高税国关联企业销售货物、提供劳务、转让无形资产时制定高价。这样，利润就从高税国转移到低税国，从而达到最大限度减轻其税负的目的。转让定价既可以用于一国内部的关联企业之间，也可用于跨国的关联企业之间，既可用于

流转税的筹划，也可用于所得税的筹划。

转让定价的方式多种多样，主要表现在以下几个方面。

（1）关联企业间商品交易采取抬高或压低定价的策略，使通过转移利润实现避税。这是一种比较常见的转让定价避税方式。比如，其涉外企业利用国内不熟悉国际行情的信息优势，高价购进商品，低价出售商品，通过转移利润规避税收。

（2）关联企业间通过增加或减少利息的方式转移利润，达到避税的目的。作为关联企业间的一种投资方式，贷款比参股有更大的灵活性。

（3）关联企业间劳务提供采取不计收报酬或不合常规计收报酬方式，根据“谁有利就倾向于谁”原则，转移收入来避税。例如，在所得税问题上，高税负企业为低税负企业承担费用；在营业税问题上，高税负企业无偿为低税负企业提供服务。

（4）关联企业间通过有形或无形资产的转让或使用，采用不合常规的价格转移利润进行避税。因为无形资产价值的评定缺乏可比性，很难有统一标准。因而，与其他转让定价方式相比，无形资产的转让定价更为方便、隐蔽。例如，将技术转让价款隐蔽在设备价款中，规避特许权使用费的预提税。

（5）通过对固定资产租赁租金的高低控制。

（6）利用关联企业间关系费用承担来转让定价。例如，企业的广告性赞助支出通过关联企业来支付，由关联企业承办本应由自身企业主办的各种庆典、展销活动等，最后通过资产置换或债务豁免、长期占用预付货款或预收账款形式来弥补。

（7）连环定价法。即参与转让定价的关联企业不是单个境内公司与境外公司之间，而是延伸到境内几家关联公司之间，经过多次交易，把最后环节因转让定价的避税成果分摊到各中间环节，从而掩盖转让定价的实质。这种所谓的“两头在外”或“一头在外”的公司，使连环定价避税更显隐蔽性。

随着电子商务的发展及国际税收协定对关联企业、常设机构等概念上存在一定的分歧，跨国公司利用电子商务更容易隐瞒他们的关联关系，转让定价的操作变得更加简便易行；无形资产的价值评定缺乏可比性，缺乏统一的标准，外资企业往往利用无形资产通过对专利、专有技术、商标等无形资产的特许权使用费采取不按常规价格作价或不收报酬的方法，实现转让定价调节利润，达到税收负担最小化的目的；在资金融通业务中，外资企业大量运用复杂的金融工具通过变动贷款利息的方式实现转让定价。总而言之，转让定价不再单纯以货物销售为载体，一些新型的载体越来越多地参与到转让定价避税的队伍中来。

【案例8-1】

全球第二大连锁餐饮业品牌星巴克（Starbucks）（SBUX-US），早于1988年进驻英国。据路透社和一家名叫“税务研究”的英国独立调研机构共同进行的一项调研显示，星巴克在英国经营14年，开设了735家分店，营业额达30亿英镑（约374亿港元），其间缴税累计仅860万英镑（约1亿港元），甚至少过快餐连锁店麦当劳及肯德基（KFC）2011年缴付的8000万英镑（约10亿港元）和3600万英镑（约4.5亿港元）税款。2011

年，星巴克在英国的营业额为 3.98 亿英镑（6.37 亿美元），却宣布亏损3290 万英镑（5264 万美元），未缴纳任何税金。虽然星巴克此举已然犯了众怒，但专家称，这些跨国企业恰恰是利用了现存法律规定中的空子，他们的做法属于合法范畴。星巴克也否认其逃税，称英国是该公司最重要的市场之一，重申在英国的税务一切合法。公司发言人称："我们是守规矩和良好的纳税人。对我们逃税的指责是绝对失实的。"该公司同时也强调星巴克为英国创造了 9000 个工作机会。英政府税务部门一位官员称："我们调查了所有有逃税嫌疑的企业或个人的收入账目，最后的结论只有一个：就是避税。"

【解析】星巴克本身是一个庞大的集团公司，旗下又有很多子公司和分公司，统称为关联公司，分布在世界各个地方。星巴克能把在英国的账目做成年年亏损的奥秘就在于集团公司之间的资金运作。据英国税务专家分析，星巴克公司采用了一系列复杂的方法来逃避缴纳税款，包括收取专利和版权费，向英国分公司提供高息贷款和利用公司的供应链将利润转移，像变戏法似的让自己在英国产生的利润消失得无影无踪，聪明地避税。具体来说，星巴克的避税策略主要有以下几种。

(1) 向总部支付昂贵的知识产权费。星巴克总部规定，在英国及所有海外经营的星巴克每年需要向"星巴克"品牌支付年销售额的 6%，远高于英国同类产业的同种比例。与此同时，星巴克集团公司又把征收所得的知识产权费用转移到税率很低的国家，纳入该国星巴克公司的应纳税所得额，以支付相对较低的税费。

(2) 抬高原材料的价格。英国星巴克公司所用的咖啡豆都来自于星巴克在瑞士的星巴克咖啡贸易有限公司（Starbucks Coffee Trading Co.），在咖啡豆运抵英国前，又需经过星巴克在荷兰阿姆斯特丹设立的烘焙公司进行烘焙加工。在此过程中，英国星巴克会支付超额的费用给瑞士和荷兰两家公司，这样就降低了星巴克在英国的应纳税所得额，同时把资金转移到税率极低的瑞士和荷兰两国，瑞士对于咖啡相关贸易的税率低至 5%。荷兰和瑞士的税务当局要求星巴克把来自于英国公司的销售利润分配到荷兰焙烧和瑞士交易中去，被称为"转移价格"。但根据荷兰阿姆斯特丹的账目，只有很少的盈利，而且 80% 的收益用作买生的咖啡豆、电烤咖啡豆及包装上。而瑞士法律没有规定公开账目，星巴克只是宣称在瑞士获得"适度"盈利。

(3) 通过借款增加费用扣除。英国星巴克公司利用公司间借贷，把利润转移到低税率国家来避税。英国星巴克公司 2011 年的财务显示其所有的经费几乎都来自于借款，并且支付了星巴克集团旗下公司 200 万英镑的利息。这种公司间借贷给跨国公司带来了税收方面的双重利益：其一，借款人可以设定任何有利于降低自己应纳税所得的借款利息；其二，债权人可以是任何一个设在不用征利息税的所在地的公司。不难看出，尽管星巴克的避税手段看起来十分复杂，但最核心的手段还是在关联企业之间进行转让定价，通过品牌使用费、利息支付标准及原材料采购价格的人为抬高将利润从英国转移到税负较低的国家和地区。事实上，类似的避税手法已为许多跨国公司所采用。

根据转让定价税收筹划的基本原理可知，跨国公司进行转让定价的主要目的是通过将利润从高税负地区转移到低税负地区进而减少应纳税额，因此，避税地的存在是转让定价避税的重要条件。跨国纳税人进行国际避税的重要手段之一，就是在避税地建立一个外国公司，然后利用避税地低税或者无税的优势，通过转让定价等手段，把跨国纳税人的一部分利润转移到避税地公司的账上。但避税地子公司的利润要按照股权比例分配到母公司名下，如果母公司所在的居住国没有推迟课税①的规定，那么跨国公司利用转让定价向避税地子公司转移利润就达不到避税的目的。所以，从长期来看，跨国公司利用转让定价也许并不能彻底规避母公司居住国的高税，只不过把当期应纳的税款延迟到以后去缴纳。目前，许多国家出台了对付避税地法规，目的就是要限制纳税人利用推迟课税规定进行国际避税。我国从未实行过英美国家那种“海外利润不汇回不对其征税”的推迟课税规定。但一些居民企业仍然利用国际避税地规避我国企业所得税，其手段主要是在国际避税地成立一家子公司，然后利用转让定价将利润尽可能多地转移到避税地子公司，并将这部分利润长期保留在子公司不做分配或只分配很少的利润。我国自2008年实施的《中华人民共和国企业所得税法》对居民企业的上述避税手段做出了相应规制。《中华人民共和国企业所得税法》第四十五条规定：“由居民企业，或者由居民企业和中国居民控制②的设立在实际税负明显低于本法第四条第一款规定税率水平的国家（地区）的企业，并非由于合理的经营需要而对利润不作分配或者减少分配的，上述利润中应归属于该居民企业的部分，应当计入该居民企业的当期收入。”根据《中华人民共和国企业所得税法实施条例》第一百一十八条规定，企业所得税法第四十五条所称实际税负明显低于企业所得税法第四条第一款规定税率水平，是指低于企业所得税法第四条第一款规定税率的50%。这样一来，居民企业借助国际避税地运用转让定价转移利润并通过不做利润分配或减少利润分配避税的空间会受到很大限制。

另外，一提到转让定价，人们往往将其与避税联系起来。但值得注意的是，避税并非转让定价的唯一目标，在很多情况下，跨国公司利用转让定价其实也是出于加强集团内部经营管理、优化绩效评价的需要，转让定价其实存在一定的非税目标，主要包括：①将产品低价打入国外市场；②独占或多得合资企业的利润；③绕过东道国的外汇管制，及时把子公司的利润汇回国内；④为海外子公司确定一定的经营形象；⑤规避东道国的汇率风险。因此，对于转让定价，跨国公司不能仅仅将其视为避税的手段，应当充分发挥其在公司经营管理中的功能和作用。

四、借助国际避税地进行国际税收筹划

跨国纳税人借助避税地进行税收筹划的常见做法是在避税地设立一个外国公司，然后利用避税地低税或无税的优势，将许多经营业务通过避税地公司开展，通过转让定价等手段，把一部分利润转移到避税地公司的账上，并利用居住国推迟课税的规定，将利润长期

① 本国公司在海外子公司的利润不汇回不对其征税，只有汇回母公司时再对其课税。此规定使得有些跨国集团将利润长期滞留在避税地子公司的账面上从而规避母公司所在的高税国的税收。

② 控制，包括：(1) 居民企业或者中国居民直接或者间接单一持有外国企业10%以上有表决权股份，且由其共同持有该外国企业50%以上股份；(2) 居民企业，或者居民企业和中国居民持股比例没有达到第（1）项规定的标准，但在股份、资金、经营、购销等方面对该外国企业构成实质控制。

滞留在避税地公司而不作利润分配或只分配不汇回，从而规避居住国的税收。跨国纳税人在避税地设立的公司通常包括导管公司、金融公司、控股公司、保险公司、贸易公司、服务公司等。

（一）导管公司

导管公司是指通常以逃避或减少税收、转移或累积利润等为目的而设立的公司。这类公司仅在所在国登记注册，以满足法律所要求的组织形式，而不从事制造、经销、管理等实质性经营活动，只是在基地国租用一间办公用房或购置一张办公桌，租用一台电话、电传，甚至仅仅挂一块公司的招牌，这种公司又被称为“信箱公司”“招牌公司”。也就是说，与导管公司的经济活动只是一种账面上的数字游戏，真正的业务活动实际上是在千里甚至万里之外的其他国家进行的。跨国投资者将在避税地的所得和财产汇集到导管公司账户下，或虚构避税地的营业和财产，再有计划地利用转让定价，将母公司和其他国家子公司的利润转移到导管公司的名下，以减轻和规避母公司和其他国家子公司所在国的高税负担。在国际避税地设立导管公司进行税收筹划的方法主要包括以下三种。

1. 虚设中转销售机构的方法

导管公司通过虚假中转并转让定价，将其他地方公司利润转到导管公司账面，达到减轻税负的目的（见图 8－1 和图 8－2）。图 8－1 显示的是税收筹划前 A 公司的交易模式，由于 A 公司与原材料供应商及产成品销售商均不存在关联关系，因此，每个交易环节均实行正常定价，由于 A 公司地处高税国，其税负相对较重。在图 8－2 中，A 公司在避税地成立一家导管公司 B，在账面上体现出如下交易：B 公司以 P_1 的价格从原材料供应商处采购原材料，然后再以高价 P_{11} 将原材料销售给 A 公司，A 公司将产成品以低价 P_{22} 销售给 B 公司，然后 B 公司再以 P_2 的价格将产成品销售给销售商。由于 A 公司和 B 公司属于关联企业，这样一来，高税国 A 公司的部分利润就可以转移到避税地的 B 公司，从而减轻了税收负担。

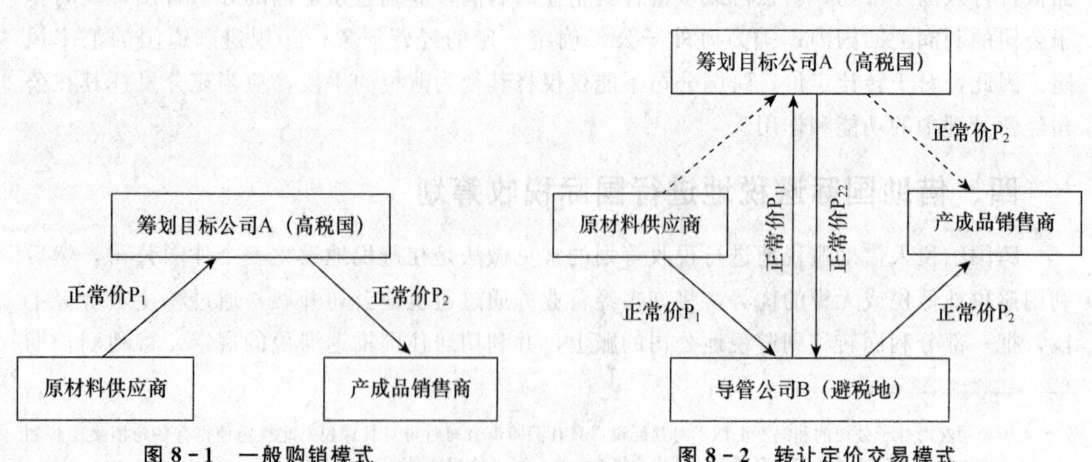

图 8－1　一般购销模式　　图 8－2　转让定价交易模式

2. 导管公司作为各种所得收益品收付代理

跨国纳税人为躲避对各种所得收入征收的各类所得税，便将设在避税地的导管公司作为收付代理，各种经营所得、劳务所得及利息、特许权使用费的收取均由该导管公司进行，将有关收入都转到避税地导管公司进行，将有关收入都转到避税地导管公司的账上。而实际上货款的借出、特许权的转让、货物的出售及劳务的提供均不在避税地。

3. 虚设信托财产的方法

它是投资者把避税地导管公司作为个人持股的信托公司，然后把远在避税地之外的投资者的财产设为避税地的信托财产，资产信托人与受益人均非避税地居民，这样信托资产经营所得就可归在导管公司名下。

但需要注意的是，现在许多国家对于通过设立导管公司避税的行为已经出台了相应的反避税措施。比如美国《国内收入法典》的 F 分部所得虽没有支付给居住国股东，但仍要归属到居住国股东应税所得之中一并申报纳税。其中的 F 分部所得就包括外国个人控股公司所得和外国基地公司[①]的经营所得。外国个人控股公司是指美国公民或居民不足 5 人做股东，但握有股权 50%以上，并且其毛所得的 60%以上属于规定的特别类型投资所得的外国公司。外国个人控股公司所得主要是指股息、利息和特许权使用费等消极投资所得，及因控股而不是实际生产或销售产品和提供服务所取得的所得，但这些所得必须是来源于受控外国公司所在国之外的所得。外国基地公司的经营所得（如销售、服务、货运、内部保险等）虽属于积极投资，但都来自于与第三方开展的业务活动，具体包括：①外国基地公司的销售所得，是指美国公司在第三国生产或销售产品，但在财务上处理为经过其外国基地公司的销售而取得的所得；②外国基地公司的劳务所得，是指美国公司在第三国提供劳务或管理而取得的但支付给了关联的外国基地公司的所得；③外国基地公司的货运所得，是指美国公司在第三国从事交通运输活动但通过外国基地公司取得的收入；④内部保险公司所得和第三国保险公司所得，是指美国公司在避税地建立内部保险公司，受保人就其在美国和外国的保险项目向内部保险公司支付的保险费。其他一些国家也有类似的规定，如丹麦的 CFC 法规规定，“融资性所得”[②] 在外国受控公司的总所得中如果占到了 1/3 以上，同时丹麦母公司对外国受控公司的控股（有表决权的股票）比例达到 50%，则母公司应就归属于它的外国受控公司的“融资性所得”申报纳税，即使该外国受控公司没有向丹麦母公司分配利润，母公司也要就其申报纳税。这样一来，这些国家的居民公司通过在避税地设立导管公司进行避税的空间就会受到很大限制。

我国一直没有实行过“海外利润不汇回不对其征税”的推迟课税规定，但在实践中，国内一些居民企业在国际避税地成立子公司，并通过转让定价将利润尽可能多地转移到避税地子公司，并将这部分利润长期保留在子公司不做分配或减少分配，从而规避了我国的一部分企业所得税。对此，《中华人民共和国企业所得税法》第四十五条规定：“由居民企业，或者由居民企业和中国居民控制的设立在实际税负明显低于本法第四条第一款规定税率水平[③]的国家（地区）的企业，并非由于合理的经营需要而对利润不作分配或者减少分

① 这里所谓的基地公司是指设在避税地的外国子公司。

② 包括利息、佣金收入、跨国租赁所得、股权的资本利得、特许权使用费所得等。

③ 这里所称“实际税负明显低于本法第四条第一款规定税率水平”是指低于 12.5%。

配的，上述利润中应归属于该居民企业的部分，应当计入该居民企业的当期收入。”同时，根据该法第四十七条规定：“企业实施其他不具有合理商业目的的安排而减少其应纳税收入或者所得额的，税务机关有权按照合理方法调整。”根据《中华人民共和国企业所得税法实施条例》第一百二十条规定，企业所得税法第四十七条所称不具有合理商业目的，是指以减少、免除或者推迟缴纳税款为主要目的。不过，国税发〔2009〕2号文还规定，中国居民企业股东能够提供资料证明其控制的外国企业满足以下条件之一的，可免于将外国企业不作分配或减少分配的利润视同股息分配额，计入中国居民企业股东的当期所得：(1) 设立在国家税务总局指定的非低税率国家（地区）；(2) 主要取得积极经营活动所得；(3) 年度利润总额低于500万元人民币。这样看来，我国居民企业通过在避税地设立导管公司规避企业所得税的做法会受到较大限制。

【案例8-2】[①]

2019年4月，一封来自上海的举报信放到了南京市国税局第一稽查局领导的桌上，来信直接反映一家外国企业A公司通过直接转让其子公司的股权，间接转让南京E公司股权。

检查人员来到南京E公司，企业财务人员对股权交易情况一无所知，更不能提供任何交易资料。检查人员再三询问，原来南京E公司股东变换后财务人员全部由新的投资公司委派，检查人员需要查看的资料全部在国外，要想取得资料一定要和国外联系。

案件此时似乎找不到突破的方向，检查人员对举报材料又进行了详细的阅读，一条信息吸引了检查人员：股权转让方A公司的母公司F是一家上市公司，这么大的交易应该会向社会公告，上网是否有收获？打开F公司网页，检查人员在公告栏惊喜地发现一份股权交易公告。公告显示：F公司间接控制的子公司A与注册在新加坡的外国企业B签署了《股份出售和购买协议》，A公司将其100%持有的子公司C的股权连同其子公司D、南京E公司100%的股权转让给注册在新加坡的B公司，股权转让价格为880668338.24元。公告中还透露了参与交易企业股权结构图，这份公告、这张结构图为检查工作的具体展开提供了明确的路径和方法。

1. 按“图”索证，分析判定导管公司

检查人员根据股权结构图分析发现：股权转让方A公司是注册在英属维尔京群岛的外国企业，接受方B公司是注册在新加坡的外国企业，股权被转让方C公司是A公司的全资子公司，注册地为英属维尔京群岛；D公司为C公司的全资子公司，注册地为中国香港地区；南京E公司为D公司的全资子公司。转让方直接转让的是境外子公司股权，其实间接转让的是我国居民企业的股权。

为了取得第一手资料，检查人员来到转让方A公司。企业提出股权转让业务已经完成，有关资料已经移交给购买方，现在的资料很少，而且是英文的。检查人员根据税法规定及时提出纳税人必须依法提供与缴纳税款相关的资料，提供资料的文字应该是中文，同

① 案例来源：徐云翔，徐璐，陆福彬，周洁瑜．一封举报信引发的税企反避税较量［J］．中国税务报，2012-10-12.

时检查人员也考虑到企业的具体情况，同意企业提出的先传递电子资料，再通过快递方式传递书面资料的方法。

在以后的两个月的时间里，企业与检查人员通过网络传递了近20份资料。检查人员根据企业提供的财务资料分析发现，此项股权转让业务A公司的确不是直接转让南京E公司股权，而是通过将其子公司C和D股权转让给B公司来完成的。根据对C公司和D公司的利润表和资产负债表分析发现，C公司和D公司既没有工资薪金支出，也没有任何管理费用，也没有取得任何收入，是两家无人员、无经营场所、无经营业务的导管公司。A公司通过转让导管公司的股权达到转让南京E公司股权的目的。由于转让的子公司在境外，发生的业务在境外，取得的收入在境外，因此逃避缴纳企业所得税。

2. 证据确凿，获批本案征税权

在约谈中，A公司坚持认为转让的安排是根据客户的需求去做的，并按照中国香港地区法律完成，业务具有明显的商业目的，不存在逃避缴纳我国企业所得税的目的。检查人员拿出他们提供的财务报表，从资金、营业收入和费用及公司员工方面指出C公司和D公司是没有实际经营的公司，是为本次转让业务精心设计和安排的，目的就是逃避缴纳我国企业所得税，并出示了我国企业所得税法和有关文件，再一次强调了我国对本次股权转让所得具有征税权。经过检查人员的反复约谈与分析，A公司税务办理人员对分析结论表示理解和接受，表示愿意接受在我国缴纳企业所得税的处理决定。

检查人员根据分析和约谈结果，迅速通过上级机关向国家税务总局进行了汇报。国家税务总局根据现行企业所得税法规定，下达了对本次转让行为我国具有征税权的批复。根据企业现行所得税法及其实施条例的相关规定，A公司就本次股权转让的增值部分，按照10%的税率缴纳非居民企业所得税。根据《国家税务总局关于加强非居民企业股权转让所得企业所得税管理的通知》（国税函〔2009〕698号）中股权转让所得是指股权转让价减除股权成本价后的差额，A公司减除192240000元的股权成本价，应在我国缴纳非居民企业所得税68842833.82元。目前，该案税款已全额入库。

【解析】《国家税务总局关于加强非居民企业股权转让所得企业所得税管理的通知》（国税函〔2009〕698号）规定，境外投资方（实际控制方）间接转让中国居民企业股权，如果被转让的境外控股公司所在国（地区）实际税负低于12.5%或者对其居民境外所得不征所得税的，应自股权转让合同签订之日起30日内，向被转让股权的中国居民企业所在地主管税务机关提供以下资料：(1) 股权转让合同或协议；(2) 境外投资方与其所转让的境外控股公司在资金、经营、购销等方面的关系；(3) 境外投资方所转让的境外控股公司的生产经营、人员、账务、财产等情况；(4) 境外投资方所转让的境外控股公司与中国居民企业在资金、经营、购销等方面的关系；(5) 境外投资方设立被转让的境外控股公司具有合理商业目的的说明；(6) 税务机关要求的其他相关资料。同时，该文件还提出，境外投资方（实际控制方）通过滥用组织形式等安排间接转让中国居民企业股权，且不具有合理的商业目的，规避企业所得税纳税义务的，主管税务机关层报税务总局审核后可以按照经济实质对该股权转让交易重新定性，否定被用作税收安排的境外控股公司的存在。本案例中，实际控制方A公司通过转让其子公司C公司和D公司股权间接转让了中国居民公司E公司，而且被转让方C公司注册地英属维尔京群岛是知名的国际避税地，实际税负低于12.5%，而被转让方D公司注册地在中国香港地区，而中国香港对其居民境外所得不征所得税，同时，C公司和D公司既没有工资薪金支出和任何管理费用，也没有取得任何收入，是两家无人员、无经营场所、无经营业务的导管公司，它们的设立旨在通过滥用组织形式等安排间接转让中国居民企业股权，显然不具有合理的商业目的，而是为了逃避缴纳我国企业所得税。根据国税涵〔2009〕698号文件规定，主管税务机关层报税务总局审核后可以按照经济实质对该股权转让交易重新定性，否定被用作税收安排的境外控股公司的存在。

（二）金融公司

这种公司是指一个企业或公司集团里建立的关于贷款者与借款者的中介机构，或是向第三者筹措款项的公司。若一高税国母公司要向其国外子公司发放一笔贷款，而且母公司所在国与子公司所在国之间没有税收协定，则子公司所在国对子公司向国外母公司支付的利息就要征收较高的预提所得税，母公司实际得到的净利息收入就将大大减少。跨国公司可通过它在第三国设立的中介公司从境外贷款者借入这笔资金，而避免负担这笔利息预提税。

如果跨国公司要通过设立金融公司避税，则金融公司所在地一般应具备以下条件：①与跨国公司所在国有国际税收协定，而且金融公司能够利用这个协定所规定的互惠条件，使跨国公司所在国对向其支付的利息免征或征收很少的预提税；②对金融公司向境外贷款者支付的利息免征或征收很少的预提税；③在对金融公司课征所得税时，允许其把向境外贷款者支付的利息作为费用项目从应税所得中扣除，以便使金融公司不会因这笔转贷业务而缴纳过多的所得税。

（三）控股公司

控股公司是指通过持有某一公司，一定数量的股份，而对该公司进行控制的公司。在企业集团中，也有可能把一家子公司建成为控股公司，使之控制其他公司。实践中，越来越多的跨国公司将对外投资的职能独立出来，有意识地选择在某个国家或地区设立专门的国际控股公司，它是为了控制而不是为了投资目的而拥有其他一个或几个公司大部分股票或证券的公司。控股公司可分为以下两种类型：①纯控股公司。这种控股公司只持有其他公司的股票（或其他决定性投票权），从而管理这些公司的经营活动和财务活动，而不经营具体业务。②混合控股公司。这是指除了具备上述纯控股公司的功能外，它还同时从事各种经营活动，如生产、贸易、信贷业务等。不管是属于哪一种控股公司，其任务是实际地控制和管理子公司的活动，接受和汇回来自子公司的股息。通常，控股者是以公司的形式掌握另一公司足够量的股份，从而对其实行业务上的控制。

跨国公司设立控股公司的一个主要目的是规避东道国股息预提税。跨国公司在海外进行直接投资或购买外国公司一定的股份，通常要直接面临两方面的税收。一是东道国对汇出股息征收的预提税。此外，股息从海外公司汇回母公司，还要缴纳居住国的公司所得税，这也是一笔不可忽视的税收负担，当跨国公司在国外建立多个子公司的时候，国际控股公司可以将各子公司汇出的收益汇总后再转入母公司，将各个子公司分别计算的税收抵免限额改变为综合计算的抵免限额，当各子公司都不出现亏损的情况下，综合计算往往比分别计算得到更多的抵免限额。

一般来说，控股公司所在地应满足以下条件才能达到理想的跨国税收筹划效果：①免除外汇管制；②政治稳定；③对非本国居民支付股息、利息或特许权使用费免征或只征低税率的预提所得税；④对来源于境内的股息、利息或特许权使用费免征或只征低税率的所得税；⑤资本利得免予课税；⑥对外缔结税收协定含有减征预提所得税的条款；⑦政府法规对从事控股公司的业务不加限制。显然，要找到拥有上述所有条件的国家和地区是不容易的，但是至少应是能满足大部分条件的国家和地区。目前，世界上控股基地公司所在国的现状，可分为以下两种类型：①拥有广泛的国际税收协定网络，但国内税收制度很严格的国家；②没有所得税、资本利得税、预提所得税，但不拥有税收协定网络的国家和地区。在第一种情况下，可以利用"套用"税收协定的原理来传导股息，但不能忽视相关的限制规定；在第二种情况下，除了传导股息外，可以积聚利润或将其用于最终消费。当然，也可以建立控股公司的双重环节结构，将这两类国家的优势结合起来。一个环节的控股公司利用税收协定，集中能以低税率或无税汇出的股息；另一个环节的控股公司积聚来自第一个环节的股息，及在所在的无所得税管辖区内将积聚的股息向外再投资。荷兰是一个拥有广泛税收协定的国家，同时对股利也不征税，这为跨国公司利用荷兰的控股公司避税提供了便利。自 2005 年以来，名列世界前 100 的许多跨国大公司有 90%在荷兰设立控股公司。根据《金融日报》报道，法国一些国有公司也在荷兰避税：如能源公司 EDF、GDF Suez、军事防务公司 Thales 和自来水公司 Veolia 都有在荷兰避税之嫌。法国政府在以上 4 家公司持有可观股份。以 EDF 为例，它在荷兰建立了 3 家控股公司，坐享其在波兰的两座发电厂的股利。荷兰对 EDF 的波兰股利收入部分税收分文不取，在法国则要缴纳 5%的税额。

（四）保险公司

主要是指受控于一个企业或一个公司集团的保险公司。近年来许多大的公司集团纷纷建立自己的受控保险公司，其原因是：建立自己的保险公司可以减少要缴纳的费用；受控保险公司可以承担第三方保险公司所不能承担的损失，甚至承担全部损失，而受控保险公司自己则可以在外部再保险市场上取得足够的补偿。受控保险公司也是跨国公司进行税收筹划的手法之一。

（五）贸易公司

贸易公司主要是指从事货物和劳务交易的公司，它们的业务包括购买、销售和其他如租赁等的交易。通过设立这些贸易公司，跨国公司可以通过转让定价将有关采购或销售业务的利润"沉淀"在国际避税地。建立贸易公司进行节税的典型模式是：甲国的产品生产公司把产品以低价销售给建立在避税地乙国的贸易公司，然后再由乙国贸易公司把产品以高价转售给丙国的客户，并从中留下一部分利润，如图 8 - 3 和图 8 - 4 所示。在图 3 中，

A 公司位于某一高税国，在通常情况下，其产品以正常价格 P_1 销售给乙国的 C 公司。在图 4 中，A 公司在某避税地（如开曼群岛）设立了一家贸易公司 B，先以低价 P_2 销售给贸易公司 B，贸易公司 B 再以正常价格 P_1 销售给乙国的 C 公司，这样，A 公司就可以将部分利润转移至避税地的贸易公司 B，从 A 公司和 B 公司组成的企业集团的角度来看，其整体的税收负担得以有效降低。

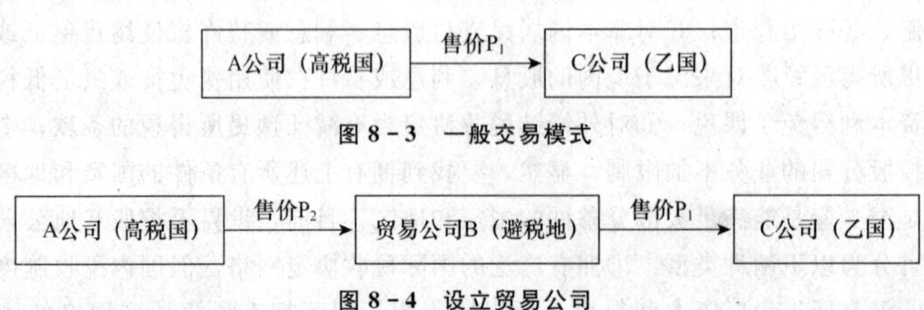

图 8－3　一般交易模式

图 8－4　设立贸易公司

跨国企业选中建立贸易公司的地方，往往是百慕大、开曼群岛、英属维尔京群岛、中国香港地区等免征所得税或所得税负较低的地区。

（六）服务公司

这种公司可以起一个企业总机构的作用，有时也可以起一个持股公司的作用。利用服务公司进行税收筹划的手法是：在某个国际避税地建立服务公司，然后通过向避税地的服务公司支付劳务费用等来转移资金，来避免高税国征收公司所得税。此外，高级管理人员也可以通过在避税地服务公司工作来避免个人所得税。

五、利用国际税收协定进行税收筹划

国际税收协定是指两个或两个以上的主权国家为了协调相互间在处理跨国纳税人征纳事务方面的税收关系，本着对等原则，通过政府间谈判所签订的确定其在国际税收分配关系的具有法律效力的书面协议或条约，也称为国际税收条约，是各国解决国与国之间税收权益分配矛盾和冲突的有效工具。国际税收协定按参加国多少，可以分为双边税收协定和多边税收协定，前者是指只有两个国家参加缔约的国际税收协定，后者是指有两个以上国家参加缔约的国际税收协定。国际税收协定的作用主要表现在以下几个方面。

（1）避免或消除国际重复征税。国际税收条约通过协调国家之间税收管辖权冲突，从而能够避免或消除两个或两个以上的国家，在同一纳税期内对同一纳税主体和同一纳税客体征收同样或类似的税。

（2）防止国际性的偷、漏税和避税，以消除潜在的不公平税收，维护各国的财政利益。

（3）国家间划分税源。通过一定的法律规范，明确划清什么应由来源国征收，什么应由居住国征收。税源的划分完全取决于缔约国各自的经济结构。就一般而言，居住国都希望国际税收条约在较大的程度上采用居住管辖权的原则；反之，来源国则希望国际税收条约在较大程度上采取来源管辖权的原则。国际税收协定可以通过一定的法律规范，在缔约国之间划分出能普遍接受的税源，从而达到避免重征税的目的。

（4）避免税收歧视，保证外国国民与本国国民享受同等税收待遇，不至于因纳税人的国籍或居民地位的不同而在税收上受到差别待遇。

（5）进行国际税收情报交换，加强相互在税收事务方面的行政和法律协助。此外，通过国际税收协定还可以鼓励发达国家向发展中国家投资，改善发展中国家的投资环境，从而促进发展中国家的经济发展。

国际税收协定与国内税法二者都属于法律范畴，体现国家意志，并且相互依存相互渗透。但国内税法协调的是一国内部的税收关系，国际税收协定协调的是一个国家与另一个国家的税收关系，并且二者法律强制力的程度和表现形式是不同的。在处理有关国际税务关系时，如果税收协定与国内税法发生矛盾和冲突时，大多数国家采取的是税收协定优先的做法，也有一些国家将国际法和国内法放在同等地位，按时间的先后顺序确定是优先还是服从。目前国际上最重要、影响力最大的国际税收协定范本有两个：一个是经济合作与发展组织的《关于对所得和财产避免双重征税的协定范本》，即《OECD 协定范本》；另一个是联合国的《关于发达国家与发展中国家间避免双重征税的协定范本》，即《UN 协定范本》。各国在签订协定的活动中，不仅参照两个税收协定范本的结构和内容来缔结各自的税收协定，而且在协定大多数的税收规范上都遵循两个协定范本所提出的一些基本原则和要求。

根据《OECD 协定范本》和《UN 协定范本》，国际税收协定仅适用于缔约国双方的居民。国与国之间签订的国际税收协定一般都有互相向对方国家的居民提供所得税尤其是预提所得税的税收优惠条款，从理论上分析，第三国居民无法直接享受这些优惠条款，但在实践中，第三国居民往往可以通过一定手段间接享受国际税收协定中的税收优惠条款。其常用的手段是在缔约国中一个国家设立子公司，如控股公司、金融公司等，使其成为当地的居民公司并完全由第三国居民控制，进而可以享受税收协定中的优惠待遇。下面以设立中介控股公司为例分析跨国公司如何利用国际税收协定进行税收筹划（见图 8－5 和图 8－6）。假定 A 公司是甲国的居民公司，其向乙国的居民公司 B 进行股权投资，由于甲乙两国没有签订国际税收协定，乙国要对 B 公司向 A 公司支付的股息、红利课征 30%的预提所得税。丙国是一个税收协定网络十分发达的国家，它与乙国和甲国均签订了国际税收协定。其中，在与乙国的税收协定中约定，乙国对于该国居民公司向丙国居民公司支付的股息、红利免征预提所得税；在与甲国的税收协定中约定，丙国对该国居民公司向甲国居民公司支付的股息、红利按 5%征收预提所得税。为此，甲国的 A 公司可以先在丙国设立一个控股公司 C，然后通过 C 公司向乙国的 B 公司进行股权投资，这样，B 公司就不再直接向 A 公司支付股息、红利，而是先由 B 公司向 C 公司支付股息、红利，然后再由 C 公司向 A 公司支付股息、红利。根据乙国和丙国的税收协定，B 公司向 C 公司支付的股息、红利可以在乙国免征预提所得税，根据甲国和丙国的税收协定，C 公司向 A 公司支付的股息、红利仅在丙国征收 5%的预提所得税。通过筹划，与原来乙国对 B 公司向 A 公司支付的股息、红利征收 30%的预提所得税相比，A 公司跨国投资获得的股息、红利负担的预提所得税得以大幅下降。

下面通过举例对上述策略进行说明。中国 B 公司由于开拓海外市场的需要，将在法国

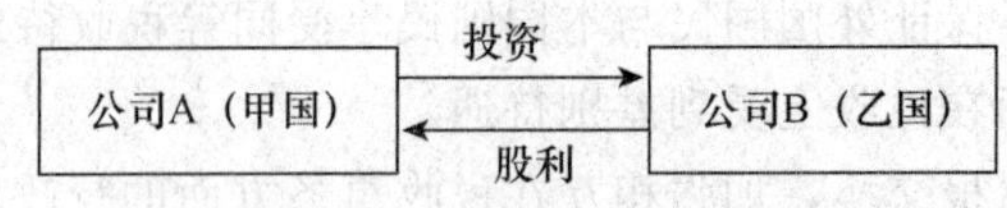

图 8-5　跨国公司直接进行海外投资

图 8-6　跨国公司通过控股公司进行海外投资

设置控股公司 C，来进行海外经营业务。按照中法税收协定的规定，该法国控股公司将股息汇回中国母公司的预提所得税的税率是 10%。B 公司为减轻预提所得税，可使用套用税收协定的纳税筹划方式。根据欧盟国家的相关规定，对于欧盟国家内部的股息支付不需要缴纳预提所得税。据此，B 公司就可以首先在一个税负较低的欧盟国家设立控股公司 D，D 公司再在法国设立控股公司 C，通过这种间接控股的方式，降低股息在汇回过程中的税负。跨国纳税人为了获得某个特定的税收协定好处，在某个缔约国建立具有居民身份的导管公司，是比较简单有效地套用税收协定进行纳税筹划的方式。

六、选择有利的企业组织方式进行国际税收筹划

跨国公司在国外进行投资时，往往面临分公司或子公司组织形式的选择问题。分公司和子公司是两个不同的概念。

分公司是与总公司相对应的法律概念，是指在业务、资金、人事等方面受总公司管理，不具有法人资格的分支机构。分公司在法律、经济上没有独立性，属于总公司的附属机构，其主要特点如下。

(1) 分公司没有自己的独立财产，其实际占有、使用的财产是总公司财产的一部分，列入总公司的资产负债表。

(2) 分公司不具有法人资格，不独立承担民事责任。

(3) 分公司的设立程序与一般意义上的公司设立程序不同，设立分公司只需办理简单的登记和开业手续。

(4) 分公司没有自己的公司章程，没有董事会等公司经营决策机构。

(5) 分公司名称为总公司名称后加分公司字样，其名称中虽有公司字样，但不是真正意义上的公司。

子公司是与母公司相对应的法律概念，是指一定比例以上的股份被另一个公司持有或通过协议方式受到另一个公司实际控制的公司。子公司具有法人资格，可以独立承担民事责任，其主要特点如下：

(1) 子公司受母公司的实际控制。母公司对子公司的重大事项拥有实际决定权，能够决定子公司董事会的组成，可以直接行使权力任命董事会董事。

(2) 母公司与子公司之间的关系基于股份的占有或控制协议而产生。一般说来，拥有股份多的股东对公司事务具有更大的决定权。因此，一个公司如果拥有了另一个公司 50%

以上的股份，就能够对该公司实行实际控制。在实践中，大多数公司的股份较为分散，因此，只要拥有一定比例以上的股份就能取得控制地位。除控制股份之外，通过订立某些特殊契约或协议，也可以使某一个公司控制另一个公司。

(3) 母公司、子公司各为独立的法人。子公司虽然处于受母公司实际控制的地位，在许多方面受到母公司的制约和管理，有的甚至实际上类似于母公司的分支机构，但在法律上，子公司属于独立的法人，以自己的名义从事经营活动，独立承担民事责任。子公司有自己的公司章程，有董事会等公司经营决策机构。子公司有自己的独立财产，其实际占有、使用的财产属于子公司，有自己的资产负债表。子公司和母公司各以自己全部财产为限承担各自的责任，互不连带。母公司作为子公司的最大股东，仅以其对子公司的出资额为限对子公司在经营活动中的债务承担责任。设立子公司必须严格按照设立公司的要求提出申请，依法取得营业执照、办理相关手续后方可营业。

从纳税筹划的角度出发，跨国公司究竟设立分公司还是子公司，应从以下方面加以考虑。

(1) 设立子公司在东道国只负有限责任的债务（虽然有些需母公司担保），但设立分公司时，总公司则需负连带责任。

(2) 东道国适用税率低于居住国时，子公司的累积利润可得到递延纳税的好处；另外，某些国家子公司适用的所得税率比分公司低。

(3) 许多国家允许在境内的企业集团内部公司之间的盈亏互抵，子公司就可以加入某一集团以实现整体利益上的税收筹划。设立分公司时，在经营的初期，境外企业往往出现亏损，分公司的亏损可以冲抵总公司的利润，减轻税收负担。

(4) 子公司有时可以享有集团内部转移固定资产增值部分免税的税收优惠；而设立分公司时，因其与总公司之间的资本转移，不涉及所有权变动，不必负担税收。

(5) 子公司向母公司支付的诸如特许权、利息、其他间接资等，要比分公司向总公司支付，更容易得到税务认可。

(6) 子公司利润汇回母公司要比分公司灵活得多，资本利得可以保留在子公司，或者可以选择税负较轻的时候汇回，得到额外的税收利益；而分公司交付给总公司的利润通常不必缴纳预提税。

(7) 母公司转售境外子公司的股票增值部分，通常可享有免税照顾，而出售分公司资产取得的资本增值要被课税。

(8) 境外分公司资本转让给子公司有时要征税，而子公司之间的转让则不征税。

设立分公司还是通过控股形式组建子公司，在纳税规定上有很大不同。由于分公司不是一个独立法人，它实现的盈亏要同总公司合并计算纳税，而子公司是一个独立法人，母、子公司应分别纳税，而且子公司只有在税后利润中才能按股东占有的股份进行股利分配。一般来说，开办初期，下属企业可能发生亏损，设立分公司，因与总公司“合并报表”冲减总公司的利润后，可以减少应税所得，少缴所得税。而设立子公司就得不到这一项好处。但如果下属企业在开设的不长时间内就可能盈利，或能很快扭亏为盈，那么设立子公司就比较适宜，可以得到作为独立法人经营便利之处，还可以享受未分配利润递延纳税的好处。除了在开办初期要对下属企业的组织形式精心选择外，在企业的经营、运作过程中，随着整个集团或下属企业的业务发展，盈亏情况的变化，总公司仍有必要通过资产的转移、兼并等方式，对下属分支机构进行调整，以获得更多的税收利益。

七、选择有利的资本结构进行国际税收筹划

根据企业所得税原理，权益资本以股息形式获得报酬，在企业利润分配前，要先按照应纳税所得额计算缴纳企业所得税；而债务资本的利息，却可以列为财务费用，从应纳税所得额中扣除，减少企业的应交所得税。因而，在同样多的投资和同样高的回报率的情况下，企业通过加大借款（债权性融资）从而减少股份资本（权益性融资）比例的方式增加税前扣除，可以降低企业税负，这也被称为资本弱化。下面通过举例对此予以说明。假设甲国A公司投资乙国B公司4000万元，拥有100％的股权，B的净利润全部汇回给A公司，见表8－1。通过资本弱化，企业和投资者的税收负担均得到减轻，但直接侵蚀了乙国政府的税收收入，高比例的境外利息扣除，将本来应该属于乙国的税收利益向境外进行转移。

表8－1　不同融资方式对税负的影响

项目	股本投资	债券投资
息税前利润	1000	1000
利息支付（5％）	0	200
应税所得	1000	800
公司所得税（25％）	250	200
净利润	750	600
预提所得税（10％）	75	80
外国投资者收益	675	720
有效税率	32.5％	28％

八、通过避免设常设机构来进行国际税收筹划

企业进行跨国经营不可避免地会在跨国经营地设立一些机构场所用于生产经营或提供劳务等活动，而这些机构场所是形成跨国经营纳税客体的重要因素。世界上很多国家在确定是否对非居民企业的所得和收益征税时，会采用常设机构标准，因此，前面提到的机构场所在跨国经营地被如何认定就显得尤为重要。对跨国经营企业来说，避免成为常设机构就避免了在非居住国有限的纳税义务，特别是当居住国税率低于非居住国税率时，避免成为高税率的非居住国常设机构，以获得非居住国的免税优惠，就成为很有效的跨国经营税收筹划策略。跨国经营企业在进行筹划前，首先要了解国际上对常设机构公认的一般规定。经济合作与发展组织和联合国分别起草的《关于所得和财产避免双重征税的协定范本》和《联合国关于发达国家与发展中国家间避免双重征税的协定范本》对常设机构做了如下定义。

（1）常设机构是指一个企业进行全部或部分营业的固定营业场所。常设机构特别包括管理场所、分支机构、办事处、工厂、车间；矿场、油井或气井、采石场，或其他开采自然资源的场所；建筑工地、建筑、装配或安装工程，或者与其有关的监督管理活动。

（2）当上一条规定难以确定时，补充和参考下述标准：非居民在一国内利用代理人从事活动，且该代理人（不论是否具有独立地位）有代表该非居民经常签订合同、接受订单的权利，即可以由此认定该非居民在该国有常设机构。

跨国经营企业可以根据上述对常设机构的一般认定标准，在进行海外经营活动中，避开可能被认定为常设机构的机构设立活动和经营活动。

目前，常设机构已成为许多缔约国判定对非居民营业利润征税与否的标准。对于跨国企业经营而言，避免了常设机构也就避免了在非居住国的有限纳税义务。特别是当非居住国税率高于居住国税率时，这一点显得更为重要。事实上，在许多税收协定中，还有一些不视为常设机构征税的特殊规定，这些特殊规定为税收筹划提供了机会。

第三节 国际税收筹划的注意事项

（一）强化税收筹划的法制意识

从法律属性的角度看，税收筹划的底线是不违法或者是合法，因此，跨国公司进行税收筹划时必须遵守相关国家的税收法规和政策及相关的国际税收协定，杜绝抱侥幸心理进行非法偷逃税款的冒险行为，以免得不偿失，给自身声誉、利益带来损失，并影响到海外投资业的拓展及国际市场的开拓。

（二）及时了解各国的税收制度和相关信息，了解所在国的法律及政策环境

随着经济全球化的发展，各国经济政策各有不同，而且世界各国税收制度千差万别，税种、税率、计税方法及征税等各种各样，因此，课税关系相当复杂。由于世界贸易组织推行的是自由、公平、平等的贸易，极大地促进了跨国公司的投资和各要素的流动，各国政府为了吸引资本和技术的流入，充分利用税收对经济的杠杆作用，所以，各国都在调整税收政策，同时，由于各国博弈，所以，税收制度一直处在不断调整之中。各国国内自然资源分布不均衡，技术密集程度等在各地区分布也不均衡，国家也会出台一些照顾和鼓励性的税收政策，随着经济的不断发展，税收政策也在不断调整完善。因此，税收筹划方案不是一成不变的，会随着各种因素而不断变化发展。

再者，由于税收筹划一般来说是一种事先的安排活动，本身就涉及许多不确定的因素。跨国公司应该充分关注各种经济政策和法律法规等的变化发展，把握各种动向。跨国公司在进行国际税收筹划时必须充分考虑税收地有关税务、政治文化等各方面的具体情况，而且应时刻注意跨国公司所处外部环境条件的变迁，包括未来经济环境的发展趋势、有关国家政策的变动、税法与税率的可能变动趋势等。

（三）密切关注各国的反避税条款

现在多数国家针对跨国公司利用转让定价、避税地、国际税收协定、改变公司组织形

式等手段避税的做法出台了反避税条款，纳税人在筹划过程中，如果没有充分了解这些反避税条款，不仅不能达到降低税负的目的，反而可能遭受相关国家的严厉惩罚。以转让定价避税为例，由于跨国公司的转让定价很容易导致所在国的税收流失，因此多数国家都出台了转让定价的相关管理法规，加大转让定价调查力度。各国的转让定价税制所制约的关联交易大多涵盖了购销货物（财产）、提供劳务、融通资金、授予财产（包括无形财产）使用权等各类业务，并明确这些业务均应按转让定价法规执行。如美国《国内收入法典》第 482 节对关联企业间的货款支付、提供劳务、有形财产的租赁、无形财产的转让和使用及有形财产的销售等，均分别做出转让定价的一般规定。有的国家出于国际业务的复杂性，还做出更为严密的补充性规定。例如，英国税法除对转让定价做出一般性规定外，还规定转让定价条款的适用范围由税务当局自主决定。加拿大除了在《所得税法案》第 69 节中制定有一般性转让定价条款外，在第 67 节中还特别规定：凡有证据证实，就劳务、无形资产或货物的支付，不符合独立交易原则的，即视为不合理支出，不准在计税时扣除。各国对遵从转让定价法规做出了不同的规定。对于企业申报相关资料的范围方面，有的国家要求对转让定价的情况填写特定的表格向税务当局申报，如美国、加拿大、澳大利亚等。在这些国家，企业除按一般规定进行纳税申报外，还要另行填写专项报表，说明转让定价有关业务的概况。美国专门制定了按年填报的 5472 表格，要求把与国外关联各方所进行的所有货币与非货币交易，全部填入该表。英国只要求纳税人进行一般纳税申报，不再填写特定表格，而由税务稽查人员在审核中提出需要查明的问题，再由跨国纳税人详细说明。法国自 1996 年 4 月起规定：税务当局可以要求纳税人说明参与交易的企业各方之间的关系、确定价格的方法和理由及境外关联企业所从事的业务在所在国的税收待遇等。日本要求纳税人提供相关海外公司的详细情况说明。韩国要求纳税人说明所选转让定价方法及选择的原因、纳税人与关联企业进行跨国交易的时间和海外关联企业的损益表概要。墨西哥税务申报书需要包括关联交易和非关联交易的损益表，必须有独立的注册会计师对文件准备和关联交易金额进行证明。如果税务机关核定价格时跨国纳税人有异议，多数国家都把举证责任交给纳税人。因此，关联企业在利用转让定价进行税收筹划时必须高度重视定价的合理性，防止被税务当局认定为“不符合独立交易原则”。在防范资本弱化方面，OECD 早在 1987 年就制定了《资本弱化政策》加强对成员国制定资本弱化政策的指导，提出了“正常交易法”① 和“固定比率法”② 两种规制资本弱化行为的方法。美国、加拿大、新西兰、澳大利亚等大多数国家都采用固定比率法，而只有英国等个别国家采用正常交易法。固定比率的高低说明各国对资本弱化避税的限制的严格程度不同。法国、美国为 1.5∶1；葡萄牙为 2∶1；澳大利亚、德国、日本、加拿大、南非、新西兰、韩国、西班牙等国为 3∶1；荷兰为 6∶1。而对于金融企业，德国规定金融企业的比率为 9∶1，

---

① 正常交易法，又称独立交易原则，指在决定贷款或募股资金的特征时，要看关联方的贷款条件是否与非关联方的贷款相同；如果不同，则关联方的贷款可能被视为隐蔽的募股，要按资本弱化法规处理对利息的征税。

② 固定比率法，又称安全港规则，指在税法上规定一个固定的债务与权益资本比例，公司的债务/权益资本比例在这个固定比率内的，其债务利息可以在税前扣除，债务/权益资本比例超过法定比率的，超过固定比率部分的利息支出不允许在税前列支。

澳大利亚金融企业的比率为 6∶1（根据特殊行业需要经批准可放宽到 20∶1），不少其他国家规定的最高债务资本比率在 13∶1 至 20∶1 之间。为了防止本国与他国签订的税收协定被第三国居民用于避税，不把本国的税收优惠提供给企图避税的第三国居民，一些国家已经开始采取防止税收协定被滥用的措施，比如，瑞士颁布了《防止税收协定滥用法》，只有法律中规定的各种条件得到满足之后，瑞士与他国签订的税收协定中的优惠才能适用于股息、利息和特许权使用费。在应对纳税人利用避税港避税方面，各国政府的主要措施包括以下几个方面。

（1）明确税法适用的纳税人。明确哪些外国公司为本国居民设立在避税港的受控外国公司。这种受控关系一般以本国居民在国外公司的参股比例确定。一般以本国居民直接或间接拥有外国公司有表决权股票 50%以上且每个本国股东直接或间接拥有外国公司有表决权股票至少 10%为标准。

（2）明确税法适用的课税对象。为防止打击面过大，各国避税港对策税制均规定，适用避税港对策税制的所得，主要是来自受控外国公司的消极投资所得，如股息、利息所得、特许权使用费，而来自生产经营活动的积极投资所得则不包括在内。

（3）明确对税法适用对象的制约措施。在明确了上述税法适用对象后，各国税法均规定，对作为避税港公司股东的本国居民法人或自然人，其在避税港公司按控股比例应取得的所得，不论是否以股息的形式汇回，一律计入其当年所得向居住国纳税。

近年来，我国的反避税力度也在不断加大。2008 年开始实施的《中华人民共和国企业所得税法》和《中华人民共和国企业所得税法实施条例》及国税发〔2009〕2 号对关联企业的特别纳税调整办法进行了全面而具体的规定。在应对转让定价方面，根据特别纳税调整办法，税务机关有权依据税收征管法及其实施细则有关税务检查的规定，确定调查企业，进行转让定价调查、调整。被调查企业必须据实报告其关联交易情况，并提供相关资料，不得拒绝或隐瞒。转让定价调查应重点选择以下企业：①关联交易数额较大或类型较多的企业；②长期亏损、微利或跳跃性盈利的企业；③低于同行业利润水平的企业；④利润水平与其所承担的功能风险明显不相匹配的企业；⑤与避税港关联方发生业务往来的企业；⑥未按规定进行关联申报或准备同期资料的企业；⑦其他明显违背独立交易原则的企业。企业与其关联方之间的业务往来，不符合独立交易原则而减少企业或者其关联方应纳税收入或者所得额的，税务机关有权按照合理方法调整，其中包括可比非受控价格法、再销售价格法、成本加成法、交易净利润法、利润分割法及其他符合独立交易原则的方法。在应对避税地方面，根据特别纳税调整办法，由居民企业，或者由居民企业和中国居民控制的设立在实际税负低于 12.5%的国家（地区）的企业，并非由于合理的经营需要而对利润不作分配或者减少分配的，上述利润中应归属于该居民企业的部分，应当计入该居民企业的当期收入[①]；对于没有经济实质的企业，特别是设在避税港并导致其关联方或非关联方避税的企业，可在税收上否定该企业的存在。在应对资本弱化方面，根据特别纳税调整

① 中国居民企业股东能够提供资料证明其控制的外国企业满足以下条件之一的，可免于将外国企业不作分配或减少分配的利润视同股息分配额，计入中国居民企业股东的当期所得：（一）设立在国家税务总局指定的非低税率国家（地区）；（二）主要取得积极经营活动所得；（三）年度利润总额低于 500 万元人民币。

办法，企业从其关联方接受的债权性投资与权益性投资的比例超过规定标准而发生的利息支出①，不得在计算应纳税所得额时扣除，而且这些利息也不得结转到以后纳税年度；应按照实际支付给各关联方利息占关联方利息总额的比例，在各关联方之间进行分配，其中，分配给实际税负高于企业的境内关联方的利息准予扣除；直接或间接实际支付给境外关联方的利息应视同分配的股息，按照股息和利息分别适用的所得税税率差补征企业所得税，如已扣缴的所得税税款多于按股息计算应征所得税税款，多出的部分不予退税。此外，企业实施其他不具有合理商业目的的安排而减少其应纳税收入或者所得额的，税务机关有权按照合理方法调整。对存在以下避税安排的企业，启动一般反避税调查：①滥用税收优惠；②滥用税收协定；③滥用公司组织形式；④利用避税港避税；⑤其他不具有合理商业目的的安排。对于企业是否存在避税安排，税务机关应按照实质重于形式的原则进行审核并综合考虑安排的以下内容：①安排的形式和实质；②安排订立的时间和执行期间；③安排实现的方式；④安排各个步骤或组成部分之间的联系；⑤安排涉及各方财务状况的变化；⑥安排的税收结果。税务机关应按照经济实质对企业的避税安排重新定性，取消企业从避税安排获得的税收利益。为防止纳税人滥用国际税收协定，《国家税务总局关于如何理解和认定税收协定中"受益所有人"的通知》（国税函〔2009〕601号）就缔约对方居民申请享受股息、利息和特许权使用费等条款规定的税收协定待遇时，如何认定申请人的"受益所有人"身份的问题做出了具体规定。

（1）"受益所有人"是指对所得或所得据以产生的权利或财产具有所有权和支配权的人。"受益所有人"一般从事实质性的经营活动，可以是个人、公司或其他任何团体。代理人、导管公司等不属于"受益所有人"。

（2）在判定"受益所有人"身份时，不能仅从技术层面或国内法的角度理解，还应该从税收协定的目的（避免双重征税和防止偷漏税）出发，按照"实质重于形式"的原则，结合具体案例的实际情况进行分析和判定。一般来说，下列因素不利于对申请人"受益所有人"身份的认定：①申请人有义务在规定时间（如在收到所得的12个月）内将所得的全部或绝大部分（如60%以上）支付或派发给第三国（地区）居民。②除持有所得据以产生的财产或权利外，申请人没有或几乎没有其他经营活动。③在申请人是公司等实体的情况下，申请人的资产、规模和人员配置较小（或少），与所得数额难以匹配。④对于所得或所得据以产生的财产或权利，申请人没有或几乎没有控制权或处置权，也不承担或很少承担风险。⑤缔约对方国家（地区）对有关所得不征税或免税，或征税但实际税率极低。⑥在利息据以产生和支付的贷款合同之外，存在债权人与第三人之间在数额、利率和签订时间等方面相近的其他贷款或存款合同。⑦在特许权使用费据以产生和支付的版权、专利、技术等使用权转让合同之外，存在申请人与第三人之间在有关版权、专利、技术等的使用权或所有权方面的转让合同。

（3）纳税人在申请享受税收协定待遇时，应提供能证明其具有"受益所有人"身份的与本通知第三条所列因素相关的资料。

---

① 其中，金融企业为5：1，其他企业为2：1。

上述反避税条款的出台对跨国公司的国际避税行为提出了新的要求。另外，需要特别注意的是，二十国集团（G20）已经启动税基侵蚀和利润转移（BEPS）项目[①]。BEPS是二十国集团（G20）领导人在2013年圣彼得堡峰会委托经济合作与发展组织（OECD）启动实施的国际税收改革项目，旨在修改国际税收规则、遏制跨国企业规避全球纳税义务、侵蚀各国税基的行为。BEPS项目由34个OECD成员国、8个非OECD的G20成员国和19个其他发展中国家共计61个国家共同参与。其一揽子国际税改项目主要包括三个方面的内容：一是保持跨境交易相关国内法规的协调一致；二是突出强调实质经营活动并提高税收透明度；三是提高税收确定性。OECD在整合2014年9月发布的BEPS项目首批7项产出成果的基础上，于2015年10月5日发布了BEPS项目全部15项产出成果。这些成果已由10月8日G20财长与央行行长会议审议通过，并将提交11月G20安塔利亚峰会由各国领导人背书。15项行动计划成果的完成，为国际税收领域通过多边合作应对共同挑战提供了良好范例。世界主要经济体在共同政治意愿推动下，通过密集的多边谈判与协调，在转让定价、防止协定滥用、弥合国内法漏洞、应对数字经济挑战等一系列基本税收规则和管理制度方面达成了重要共识。这些成果和一揽子措施的出台，标志着百年来国际税收体系的第一次根本性变革取得了重大成功。国际税收规则的重构，多边税收合作的开展，有利于避免因各国采取单边行动造成对跨国公司的双重征税、双重不征税以及对国际经济复苏的伤害。BEPS项目实施后，未来跨国纳税人的国际税收筹划行为将会面临许多新挑战。

（四）加强跨国税收筹划的风险管理

税收筹划可以使跨国企业获得筹划收益，但同时其风险又是客观存在的。例如一些具有优惠税收环境的国家或地区，可能存在政局不稳、法制不健全、基础设施不完善、市场狭小、汇率不稳等不利因素，这些因素可能使投资经营产生巨大风险。同时，市场风险、利率风险、债务风险、汇率风险、通货膨胀风险等也不容忽视。跨国公司在进行税收筹划时，往往会因为筹划方案设计不当或操作过程中生产经营活动的变化，及对当地的税收政策理解不当，从而导致税收筹划失败，这不仅造成企业经营上的损失，还会对企业的公众形象产生一定的影响。所以，公司必须建立一套完整、全面、系统的风险管理体系，包括事前的预警、事中的检测、事后的应对。针对事前的预警，主要是利用现代的先进科学技术，建立一套集财务、税收、信息于一体的科学、迅速的税收筹划警报系统，一旦发现危险信号立即发出预警，以便采取积极的应对措施。针对事中的检测，主要是建立一套风险监控系统，对企业生产经营的全过程进行全面的检测和控制，并根据全面检测的结果对企业整体做出风险管理评价报告，对企业面临的风险程度进行评估，从而合理控制企业的筹划风险。对于事后的应付，主要是建立一套风险应对系统，对企业发生的筹划风险进行全方位的补救，从而将风险降到最低。

另外，跨国公司的税收筹划能否成功在很大程度上取决于其筹划方案能否得到税务当局的认可。跨国公司在进行税收筹划时，应与当地税务机关建立良好的沟通与交流渠道，通过沟通、交流、请教，解除疑惑，达成税收筹划的一致性意见。一些大型国际著名跨国公司IBM、麦肯锡等都单独设有专门的税务部门及公关部门，主要负责与当地税务部门联系与沟通，并建立了长期、密切的合作关系，这是规避和防范跨国税收筹划风险的重要手段之一。

（五）树立全局观念和长远观念

跨国公司作为一个企业集团，在进行税收筹划时，首先，要以集团为重，把集团利益最大化放在首要位置，在企业经营及投融资战略中进行税收筹划时，不能仅仅对单一税种或单一项目进行税收筹划，应将税收筹划纳入集团的整体发展战略中。其次，企业进行税收筹划的最终目的是为了实现集团利益的最大，但是需要从减少税收能否达到集团利益的最大化进行全面综合考虑。企业在进行税收筹划时，不能仅仅把税收作为唯一的考虑因素，应该进行综合的权衡，防止因疏忽导致税收筹划的失败。这样不仅不利于企业集团节约税负，而且会给企业的长远发展带来一定的负面影响。

（六）提高国际税收筹划的专业水平

税收筹划是一门综合性非常强的学问，它不仅要求相关人员要具有较高的专业素质，而且还必须熟练掌握税法边缘学科的一些知识。跨国公司税收筹划面临的是国际税收环境，对专业人才的要求比较高，企业必须把人才的培养及引进放在重要的位置，切实提高国际税收筹划的专业水平。

案例分析与讨论①

介绍完前面的内容后，本章【案例导入】中提及的苹果公司避税策略也就不难理解了。苹果公司运用现行不同国家税制体系的差异，通过跨国经营以及税收筹划，构建了“爱尔兰三明治”的公司运营模式，在爱尔兰和荷兰成立公司，进行内部生产交易及利润转移，有效地规避了大量的企业所得税。

1. 苹果运营国际公司（Apple Operations International，以下简称 AOI）。苹果公司首先在爱尔兰设立子公司 AOI。一方面，AOI 注册地在爱尔兰，但是实际管理机构在英属维京群岛（该地免征企业所得税），根据爱尔兰税收管辖权的实际管理机构标准，爱尔兰无权对 AOI 企业所得征税；另一方面，AOI 与苹果美国母公司签订成本分摊协议，共同开发拥有母公司的无形资产，因此，当母公司将无形资产转让给 AOI 时，AOI 只需支付少部分的“加入支付”，且其定价符合转让定价规则。且根据《美国收入法》第 367 条规则，AOI 在获得无形资产后，可以进行进一步的开发。AOI 对于该无形资产的处理所得，不属于 F 分部所得。所以，美国母公司仅需要就其“加入支付”缴纳极少的税款。

2. 苹果运营欧洲公司（Apple Operations Europe，以下简称 AOE）。苹果公司在荷兰注册成立子公司 AOE。按照打钩规则，该公司被视为无形实体。业务上，AOI 将无形资产转让给 AOE，AOE 支付大量的特许权使用费。一方面，根据打钩规则，AOI 与 AOE 属于同一法律实体，该特许权使用费不属于 Subpart F 所得，无须在美国纳税；另一方面，爱尔兰税收管辖实行实际管理机构标准，也无须对该特许权使用费纳税。

① 白彦锋，苏璐璐．苹果公司避税案例与国际税收治理新挑战［J］．税收经济研究，2017（1）．

3. 苹果销售国际公司（Apple Sales International，以下简称 ASI）。苹果公司又在爱尔兰设立子公司 ASI，通过打钩规则，该公司被视为无形实体。其主要业务为：购买 AOE 的无形资产并支付大量特许权使用费；与非关联企业进行积极营业活动，收取广告费、特许权使用费等收入。一方面，根据打钩规则，AOI、AOE、ASI 被视为同一法律实体，其内部交易支付的特许权使用费不属于 Subpart F 所得，无须在美国纳税。根据 Subpart F 条例，受控外国公司与非关联企业的积极营业所得也不属于 Subpart F 所得，无须在美国纳税；另一方面，ASI 在欧洲的运营所得扣除支付给 AOE 的大量特许权使用费后，只需要在爱尔兰按照 12.5%的低税率缴纳税款。

从机构架构上来看，苹果公司在爱尔兰、荷兰设立子公司 AOI、AOE、ASI；从生产链上来看，无形资产分别由母公司转让给 AOI、AOE、ASI；从运营收入上来看，其在欧洲地区的运营收入又分别由 ASI、AOE、AOI 汇入英属维京群岛的免税机构。正是基于各个国家的税收政策以及税收优惠，苹果成功规避了数百亿美元的税款。

本章小结

经济全球化使各种经济主体在世界市场和国际经济中的联系日益密切。公平、自由的竞争条件加速了国际商品、资金和信息的流动，从而推动了资源在世界范围内的优化配置及资本和生产的全球化。伴随着经济全球化的进程，跨国公司成为世界经济舞台上的明星，扮演着越来越重要的角色。跨国公司在跨国经营时处于种种复杂各异的投资经营环境里，不同国家有着不同的税制及相关政策要求，并且时刻处于变化不定中，双重交叉征税等一系列税负问题接连而来，给跨国公司带来了沉重的负担，于是国际税收筹划越来越得到重视。国际税收筹划是指跨国纳税人在不违法或合法的前提下，利用各国税收法规的差异、漏洞及国际税收协定中的缺陷，通过对自身各种经济活动的合理事先安排，按照整体利益最大化的原则，尽可能减轻其在全球范围内税收负担的行为。跨国经济活动主体对自身利益的诉求是导致国际税收筹划产生的主观原因，同时，国际税收筹划的产生也具备相应的客观条件，其中包括：各国行使税收管辖权范围和程度上的差异，各国税制的差异；避免国际重复课税方法的差异，国际避税地的存在，世界各国在税收征收管理方面存在着许多缺陷。国际税收筹划对人员素质有着较高的要求，筹划人员必须精通国际税收法律法规和国际会计，擅长跨国公司财务管理，熟悉国际财政金融、国际贸易，具有较高的经营管理水平和能力等。

国际税收筹划的策略复杂多样。从实践来看，比较的常见的国际税收筹划策略主要包括：运用纳税主体转移法进行国际税收筹划，充分利用各国的税收优惠政策进行国际税收筹划，通过转让定价进行国际税收筹划，借助国际避税地进行国际税收筹划，利用国际税收协定进行税收筹划，选择有利的企业组织方式进行国际税收筹划，选择有利的资本结构进行国际税收筹划，通过避免设常设机构来进行国际税收筹划。不同筹划策略之间并非完全独立，部分筹划策略往往是同时进行的，比如，利用避税地进行国际税收筹划时通常离不开转让定价，通过资本弱化避税有时也需要借助转让定价手段。但不管采用何种筹划策略，纳税人在进行国际税收筹划时，必须注意以下事项：及时了解各国的税收制度和相关信息，了解所在国的法律及政策环境；密切关注各国的反避税条款；树立全局观念和长远观念；强化税收筹划的法制意识；提高国际税收筹划的专业水平；加强跨国税收筹划的风险管理。

思考与练习

一、思考题

1. 什么是国际税收筹划？它与国内税收筹划有何不同？

2. 国际税收筹划产生的客观条件有哪些？

3. 转让定价的目标有哪些？如何看待企业的转让定价行为？

4. 资本弱化避税的原理是什么？各国应对资本弱化避税的措施有哪些？

5. 利用避税地进行税收筹划的主要做法有哪些？应注意什么问题？

6. 国际税收筹划的注意事项有哪些？

二、练习题

1. M集团公司在甲、乙、丙三个国家分别设立了A、B、C三个公司，公司法人所得税税率在甲、乙、丙三国分别为50%、40%、20%。A公司为B公司生产组装冰箱用的零部件。现集团提出两种定价方案：

(1) A公司以1000000美元的成本生产了一批零部件，本应以1200000美元的价格直接售给B公司，经B公司组装后按1500000美元的总价投放市场。

(2) A公司没有直接对B公司供货，而是以1050000美元的低价卖给C公司，C公司转手以1400000美元的高价卖给B公司，B公司以成本价1500000美元的总价格出售。

要求：试分析两种定价方案对集团税负的影响。

2. 一家总部在北京的跨国公司，2018年在上海设立一个销售公司。2018年底，上海这家销售公司亏损100万元，而北京总公司盈利1000万元，假定不考虑应纳税所得额的调整因素。

请问：从税收的角度来看，在上海的销售公司应设为分公司还是子公司？

3. 案例分析[①]

税务机关在对“走出去”企业A公司开展风险管理时发现，A公司在英属维尔京群岛设有一家全资子公司B公司，注册资本44398万元人民币，经营范围涉及移动通信等多个领域。经过与财务人员的约谈了解，B公司目前的职能仅为投资控股，并未开展任何其他实质性的经营活动，也没有公司员工，属于“壳公司”。

B公司会计报表上显示，2018年未分配利润为1919.85万元人民币，全部来自于另一家境外子公司分红所得，并且上述利润长期沉淀在境外低税率地区，不向境内母公司A公

① 王然．低税率地区设立中介控股公司应谨慎［J］．中国税务报，2018-03-25.

司分配，也没有其他合理的使用用途。A公司境外投资多年长期得不到应有的投资回报，税务机关认为其可能存在较大的受控外国企业税务风险。

根据《企业所得税法》第四十五条以及《特别纳税调整实施办法（试行）》（国税发〔2009〕2号）第八章第八十四条关于“受控外国企业管理”的规定：中国居民企业股东能够提供资料证明其控制的外国企业满足以下条件之一的，可免于将外国企业不作分配或减少分配的利润视同股息分配额，计入中国居民企业股东的当期所得：一是设立在国家税务总局指定的非低税率国家（地区）；二是主要取得积极经营活动所得；三是年度利润总额低于500万元人民币。

根据上述规定，A公司符合受控外国企业（CFC）的全部风险特征：B公司为“壳公司”，且是由居民企业A公司100%出资设立在英属维尔京群岛，年度利润大于500万元人民币，实际税负水平明显偏低。税务机关因此判定，A公司符合受控外国企业风险特征，应该将B公司的股息红利收入视同分配，征收企业所得税。

请问：本案例低于纳税人在低税率地区设立中间控股公司有何启示？

参考文献

[1] 计金标. 税收筹划（第六版）[M]. 北京：中国人民大学出版社，2016.
[2] 梁俊娇. 税收筹划（第六版）[M]. 北京：中国人民大学出版社，2017.
[3] 盖地. 税务筹划（第五版）[M]. 北京：高等教育出版社，2016.
[4] 黄凤羽. 税务会计与税收筹划 [M]. 北京：人民邮电出版社，2017.
[5] 中国注册会计师协会. 税法 [M]. 北京：经济科学出版社，2017.
[6] 王素荣. 税务会计与纳税筹划 [M]. 北京：机械工业出版社，2017.
[7] 刘蓉. 税收筹划 [M]. 高等教育出版社，2015.
[8] 张中秀. 公司避税节税转嫁筹划 [M]. 北京：中华工商联合出版社，2001.
[9] 何鸣昊，何旻燕，杨少鸿. 企业税收筹划 [M]. 北京：企业管理出版社，2002.
[10] 张博卉. 对税收筹划健康发展的理性思考 [J]. 税收征纳，2009（11）：48-49.
[11] 刘颖. 论税收筹划的风险. [J]. 湖南工程学院学报 [J]，2010（12）：21-24.
[12] 陈华亭. 论企业税收筹划的基本原则 [J]. 市场研究，2004（11）：31-32.
[13] 陈华亭. 税收筹划的目标应是企业价值最大化 [N]. 国际商报，2006-4-10.
[14] 李大明. 对税收筹划若干问题的认识 [J]. 财政监督，2010，（4）：3-6.
[15] 李成峰，韦航. 怎么合理避税 [M]. 经济科学出版社，2013.
[16] 谭韵. 对影响企业税务筹划因素的探讨 [J]. 市场论坛，2005（7）.
[17] 朱佳谊. 白酒类生产企业消费税筹划策略 [J]. 财会通讯. 综合，2011，（7）：140.
[18] 崔海霞. 浅谈消费税的纳税筹划 [J]. 会计之友，2009（5）（下）.
[19] 申嫦娥. 消费税筹划中的平衡点分析 [J]. 财会学习，2011（9）：56-57.
[20] 郭淑荣. 纳税筹划 [M]. 成都：西南财经大学出版社，2011.
[21] 朱亚平，黄超平，赵建群. 税务筹划 [M]. 长沙：湖南师范大学出版社，2013.
[22] 杨志清. 税收筹划案例分析 [M]. 中国人民大学出版社，2010.
[23] 朱青. 国际税收（第八版）[M]. 北京：中国人民大学出版社，2018.
[24] 李英. 固定资产折旧对企业所得税的影响 [J]. 财会通讯，2010（19）：60-61.
[25] 彭昕宁. 要准确理解营业税纳税义务发生时间. 中华会计网校，2009-12-10.
[26] 胡俊坤. 承接装修业务：清包工还是全包工. 中国税网，2007-12-29.
[27] 吕芙蓉. 印花税的几种筹划方法 [J]. 税收征纳，2009（6）：52-53.
[28] 薄异伟. 印花税筹划探索 [J]. 财会通讯，2008（6）：111-112.
[29] 周宁. 不可忽视的小税种——印花税 [J]. 湖南地税，2010（2）：24.
[30] 舒玲敏. 方寸印花税之我见 [J]. 财经界（学术），2010（8）：225-226.

[31] 丁宁. 勿以利小而不为——浅议企业印花税的税收筹划 [J]. 财会学习，2008 (9)：58.

[32] 朱亚平. 企业印花税筹划方法探讨 [J]. 鄂州大学学报，2013 (1)：31-33.

[33] 程辉. 购车进行税收筹划可省车辆购置税 [J]. 税收征纳，2011 (8)：30-31.

[34] 黄洪. 基于汽车型号的车辆购置税筹划 [J]. 会计之友，2012 (8)：118-119.

[35] 徐海荣，王真. 借鉴国际经验遏制利用避税地恶意税收筹划 [J]. 涉外税务，2010 (7)：32-26.

[36] 郭勇平，杨贵松. 转让定价税制的国际比较与发展趋势 [J]. 涉外税务，2010 (5)：40-43.

[37] 何寿伦. 我国国际税收筹划的可行性与策略选择 [J]. 现代商业，2013 (2)：35-36

[38] 杨钊. 跨国企业税收筹划方略 [J]. 施工企业管理，2014 (2)：78-79.

[39] 蔡昌，单滢羽，李蓓蕾. 苹果公司税收筹划攻略 [J]. 新理财，2017，(Z1)：77-82.

[40] 白彦锋，苏璐璐. 苹果公司避税案与国际税收治理新挑战 [J]. 税收经济研究，2017 (1)：73-82.